国家出版基金项目
NATIONAL PUBLICATION FOUNDATION

21世纪中国城市图书馆丛书

WENZHOU SHI TUSHUGUAN

温州市图书馆

主　编　张永苏
副主编　章亦倩

天津大学出版社
TIANJIN UNIVERSITY PRESS

图书在版编目（CIP）数据

温州市图书馆 / 张永苏主编 . —天津 ：天津大学出版社，2017. 11

（21 世纪中国城市图书馆丛书）

ISBN 978 - 7 - 5618 - 5932 - 2

Ⅰ. ①温… Ⅱ. ①张… Ⅲ. ①市级图书馆—介绍—温州 Ⅳ. ①G259. 252. 2

中国版本图书馆 CIP 数据核字（2017）第 273238 号

出版发行	天津大学出版社
地　　址	天津市卫津路 92 号天津大学内（邮编：300072）
电　　话	发行部：022 - 27403647
网　　址	publish. tju. edu. cn
印　　刷	北京华联印刷有限公司
经　　销	全国各地新华书店
开　　本	202mm × 265mm
印　　张	30. 25
字　　数	586 千
版　　次	2017 年 11 月第 1 版
印　　次	2017 年 11 月第 1 次
定　　价	190. 00 元

"Series of China's City Libraries in the 21st Century" Editorial Board

Wenzhou Library Editorial Board

总　序

中华文化源远流长，历久弥新。中华优秀传统文化是我们最深厚的文化软实力，也是中国特色社会主义植根的文化沃土。要实现“两个一百年”的奋斗目标、实现中华民族伟大复兴的“中国梦”，就必须充分运用中华民族数千年来积累下的伟大智慧。图书馆作为文献机构，汇集了由中华文化五千年精华浓缩而成的一本本图书，具有极高的文化价值。自古代的藏书楼发展至今天的公共图书馆，图书馆的本体在不断生长和变化着，图书馆事业在党和政府的积极扶持下，蓬勃发展，呈现出一片欣欣向荣的景象。

与此同时，我国正在努力构建的公共文化服务体系，是中国特色社会主义事业总体布局的重要内容，是实现经济、政治、文化、社会协调发展战略布局的重大安排。公共文化服务体系的建设关系到最广大人民群众的利益，是促进社会和谐稳定、建构中华民族共有精神家园的重要保障。而公共图书馆服务体系作为其中的重要组成部分和支撑力量，在公共文化服务的标准化、均等化建设和公共文化网络的布局上有其天然优势，责无旁贷。现代图书馆虽然延续了传统图书馆的储存功能，但更加偏重于知识的传播。面向大众的公共图书馆以阅读为中心功能，跳出了传统的知识特权与垄断，实现了书籍和知识的社会化和民主化。在中国当今的图书馆事业中，最具活力的当推公共图书馆，而在公共图书馆之中，又以大中城市的图书馆最有特色。

城市图书馆总是与文化生活联系在一起。城市图书馆是隐藏在喧闹匆忙城市中安静隽永的一隅，巧妙融合传统文明与现代化都市时尚，镌刻属于一座城市的特有的文化印记。在这里，一缕书香、一次活动就将城市的文化生活唤醒了。市民们在图书馆中畅享活色生香的世俗生活与传统民族文化，感受着城市图书馆对于城市文化的保存与维护、传承与发扬。

城市图书馆及其体系是城市化进程中的重要一环。城市中由公共图书馆组成的公共图书馆服务体系和以公共图书馆等公共文化设施为重点构成的公共文化设施网络，是全面推进基本公共文化服务标准化与均等化的重要措施与手段。通过城市图书馆与公共图书馆服务体系建设推动现代公共文化服务体系的发展、提高公共文化服务效能，是当代中国图书馆的发展目标之所在。

城市图书馆是集中展示图书馆职业专业性的场所。图书馆职业从诞生至今一直与非专业化的职业刻板印象进行抗争，我国的图书馆员也在为职业形象的专业化不懈奋斗。好在这样的付出已经收获了回报，我国图书馆职业的专业性已经得到读者的广泛认同。这之间，城市图书馆与图书馆员功不可没。图书馆员将专业性融入图书馆的愿景、规划、改革举措、日常运行、读者活动之中，让市民体会着职业专业性为城市文化生活带来的亮色。

中国的城市图书馆是对外宣传的文化名片。提高国家文化软实力，是党和国家的一项重大战略任务。作为公共文化设施之一的城市图书馆，一直履行着夯实国家文化软实力根基的责任，使中华民族最基本的文化基因与当代文化相适应、与现代社会相协调。在本套丛书中，我们不难发现城市图书馆在此方面付出的努力，这也是我们想要通过本套丛书向外传达的信息。

“21 世纪中国城市图书馆丛书”第一批收录的 12 个图书馆是我国 21 世纪城市图书馆整体风貌的缩影，由南至北分布在近 10 个省，具有很强的代表性。这 12 个图书馆各具特色，在管理运营、文化活动、资源开发与服务等众多方面有许多创新之处被总结积累下来。值此“一带一路”倡议推广之际，双语版的形式能更好地将我国城市图书馆在 21 世纪的创新与特色与世界分享，将优秀文化传播出去，让更多的人了解中国的城市图书馆，进而了解中国。

吴慰慈

2017 年 9 月 20 日

General Preface

Chinese culture has a long and eternally renewed history. Excellent Chinese traditional culture is the most profound cultural soft power and the cultural fertile soil where the socialism with Chinese characteristics is rooted. In order to achieve "Two Centenary Goals" and realize the "Chinese Dream" of the great rejuvenation of the Chinese nation, we must make full use of the great wisdom that the Chinese nation has accumulated for thousands of years. The library, as the institution of literature, which has collected a large number of books involving the essence of Chinese culture with five thousand years, has high cultural value. The library has been evolving from the ancient library to the public library today. The librarianship, supported by the Communist Party of China (CPC) and Chinese government, shows a vigorous and flourishing trend.

At the same time, China is trying to construct a public cultural service system, which is an important part of the overall layout of the cause of socialism with Chinese characteristics and the important arrangement of the strategic layout to achieve the coordinated development of economy, politics, culture and society. The construction of the public cultural service system, closely related to the people's interests, is an important guarantee to promote social harmony and stability and build the common spiritual home of the Chinese nation. The public library service system, as an important part and supporting strength of the public cultural service system, has its own natural advantage and responsibility in the construction of standardization and equalization of public cultural services and the layout of the public cultural network. Although modern libraries retain the storage function of traditional libraries , they focus more on the spread of knowledge. With reading as the core function, public libraries are open to the public. They get rid of the traditional privilege and monopoly on knowledge and realize the socialization and democratization of books and knowledge. The most dynamic libraries in Chinese modern librarianship are public libraries , among which the ones in the large and medium-sized cities are the most distinctive.

City library is always associated with cultural life. As a quiet and meaningful place hidden in the noisy and busy city, city library offers a subtle blend of traditional civilization and modern urban fashion, engraved with the unique cultural mark belonging to a city. One book or one activity will wake up the cultural life of a city. Citizens in the library can enjoy the rich and colorful secular life and the traditional culture, and feel the efforts of the city library in preservation and maintenance, the inheritance and spread of urban culture.

City libraries and their system are an important part of the process of urbanization. The public library service system composed of public libraries in cities, and the public cultural facilities network focusing on the public cultural facilities such as public libraries, are the important measure and means to comprehensively promote the standardization and equalization of the basic public cultural services. To promote the modern public cultural service system and improve the efficiency of the public cultural services by constructing the service system of city library and public library is the goal of Chinese libraries.

City library is a place to intensively show the professionalism of the library profession. Since the birth of the library profession, it has been resisting against the non-professional stereotypes. Librarians also strive to establish a professional image. Fortunately, such efforts have been paid off. The library profession has been widely recognized by readers. City libraries and their librarians have made a great contribution to it. Librarians integrate the professionalism into the vision, planning, reform initiatives, daily operation and reader activities of their libraries, so that the public are able to enjoy the beauty of urban cultural life created by the professionalism.

City library in China is a cultural card for publicity. Improving the national cultural soft power is a major strategic task of the CPC and the nation. City library, as one of the public cultural facilities, has been performing the duty to consolidate the foundation of the national cultural soft power, and coordinate the most basic cultural genes of the Chinese nation with contemporary culture and modern society. It is not hard to find the great efforts of city libraries, which we want to spread through the series.

12 libraries of the first batch included in "Series of China's City Libraries in the 21st Century" are the epitome of the overall scene of China's city libraries in the 21st century. From the South to the North, they are distributed in nearly 10 provinces and have strong representativeness. These 12 libraries with their own characteristics have a lot of innovations in various aspects such as management and operation, cultural activities, resource development and service. On the occasion of promoting the Belt and Road Initiative, the bilingual version will be helpful in sharing the innovations and characteristics of China's city libraries in the 21st century with the world, and spreading the excellent culture, trying to enable more people to know China's city libraries and to know China well.

Wu Weici

Sept. 20, 2017

目 录

历史篇

当代篇

资源篇

CONTENTS

History

New Era

CONTENTS

CONTENTS

Library Collection

70

历史篇

温州市图书馆的发展历程

01

第一章

温州和籀园图书馆

老温州

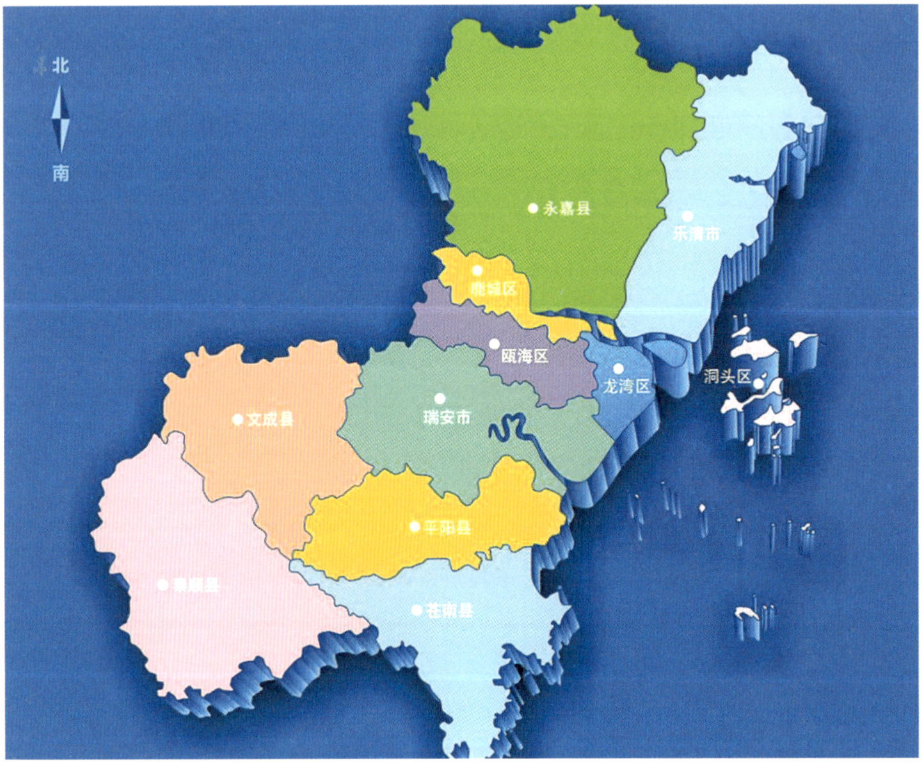

温州地域图

温州是我国东南部著名的滨海城市，历史文化源远流长。依山傍海的自然环境，曾铸就了两度辉煌的温州文化。温州市图书馆就是这座城市里一颗璀璨的文化明珠，她的诞生和兴盛与20世纪温州的两次文化开放紧密相关：其前身籀园图书馆诞生于风云激荡的“五四”时期，当代的兴盛得益于20世纪80年代发轫的改革开放浪潮。从1919年开始，温州市图书馆走过的近百年风雨历程，既是对温州文化传统的继承，也是温州人“敢为人先”精神的体现。在改革开放的浪潮中，温州人把“崇实、重商、创新、变通”的事功之学发挥得淋漓尽致，经济社会发展的“温州模式”脱颖而出，社会文化欣欣向荣，温州市图书馆也进入了飞速发展的黄金期。作为温州地区最重要的公共文化设施之一，城市图书馆已成为市民和莘莘学子不可或缺的精神家园。

第一节

崇尚事功的地方文化与藏书史实

温州古称“瓯”，最早记载见于《山海经》，是中国南方百越民族中的一支——瓯越族团的中心，其历史可追溯到三千多年前的两周时代。秦末汉初，温州几度变迁，直至两晋，郡城创立，永嘉之名始传华夏。两宋以来，温州人文蔚盛，享有“东南滨海邹鲁”之美誉。永嘉学派，义利并举，令人耳目一新；温州南戏，声情并茂，曾经风靡神州。清末以降，西风东渐，温州处于思想解放的前沿，一度为维新重镇，风云人物辈出，社会发展与时俱进，教育救国、文化兴邦成为有识之士的共识。心兰书社现身浙南大地，被誉为我国公共图书馆的雏形；玉海楼第二代主人孙诒让的非凡学术成就以及对家乡文教事业的贡献等推动了籀园图书馆的诞生。

东瓯王庙

东瓯国和白鹿城

东瓯为温州的古称。东瓯越王之称始于勾践。至公元前 306 年，勾践六世孙无疆为楚所杀，越国灭，诸族子或分散于东越江南故地，或臣服于楚，或自立方国，称王称孤。其中一支于东海之滨，即今温州、台州、丽水一带立国，自号东瓯，故“东瓯”成了温州市的古称。公元前 221 年，秦吞六合，推行郡县制，在现在的福建和浙江东南设闽中郡，原东瓯、闽越两地的君主被废，改称君长。秦二世元年（公元前209年），各地抗秦义军蜂起，原两地废君驺摇和无诸率越人从鄱阳令吴芮并加入了反秦行列，在汉楚之争中成了刘邦的骁将。《史记·东越列传》记载，汉惠帝三年（公元前192年），皇帝刘盈“举高帝时越功，曰闽君摇功多，其民便附。乃立摇为东海王，都东瓯，世俗号为东瓯王”。这个驺摇就是勾践的后裔，是东瓯国中兴之祖。汉武帝建元三年（公元前138年），摇的后人东瓯王望，迫于周边交恶的闽越压力，“请举国徙中国，乃悉举众来，处江淮之间”，率领族属、军队四万余人北上，被安置在江淮流域的庐江郡（今安徽西部的舒城地区），东瓯国就此消失，其地也逐渐为闽越即后来的东越王余善所据。从驺摇复兴东瓯，至望内迁江淮，前后历时55年，是温州地区第一次正式设立行政建置的时期，也是正史中关于温州的首次记录。由此，驺摇被温州人奉为人文始祖。

元封元年（公元前110年）汉武帝灭东越，为了彻底消除后患，以“东越狭多阻，闽越悍，数反覆”为由，“诏军吏皆将其民徙处江、淮间，东越地遂虚”。

汉昭帝始元二年（公元前85年），因原东瓯（东越）遗民复出日多，乃于东瓯故地置回浦县，原来的“东瓯国”成了“东瓯乡”。东汉顺帝永和三年（138年），随着人口增多，时属章安县的东瓯乡升格为永宁县，虽西犹兼处州地，但户不满万户，是为温州建县之始。入晋，东瓯故地重现兴旺。东晋明帝太宁元年（323年），临海郡的温峤岭南部被分拆设立永嘉郡，郡治永宁设在瓯江南岸，即当代的温州市区。传说筑城之日，有白鹿衔花而过，士民以为是祥瑞之兆，故名曰“白鹿城”。美丽的白鹿城内九山分列，错落有致，与天上的星斗遥相呼应。这是温州设立郡治和以永嘉为名的开始。永嘉郡地域辽阔，包括今温州市和丽水地区在内的整个浙南地区，自此“东晋江山称永嘉”。

至唐高宗上元二年（675年），从括州分出永嘉、安固两县设置温州，这是温州得名的开始。因温州地处温峤岭以南，冬无严寒，夏不酷热，气候温润，所以称为“温州”。

永嘉学派和温州文化的两度辉煌

公元324年，永嘉郡学置于华盖山麓。南北朝时期著名诗人谢灵运、颜延之，为《三国志》作注的史学家裴松之，均担任过永嘉太守。文学家丘迟任永嘉太守期间有《永嘉郡教》之作。公元420年左右，郑缉之编纂了温州第一部地方志《永嘉郡记》。这些史实表明温州地区重文重教由来已久。唐宋以后，温州文化发展数度辉煌，留下了“东南滨海邹鲁”的美誉。

两宋时期，温州出现了前所未有的繁荣。北宋绍圣年间，苏轼的诗友杨蟠以承议郎知温州，曾作诗赞吟：“一片繁华海上头，从来唤作小杭州。水如棋局分街陌，山似屏帷绕画楼。”北宋后期中原连年战乱，大批民众南迁，特别是南宋迁都临安（今杭州）后，全国政治、经济、文化中心南移，带动了温州农业、手工业和商业的快速发展。文化活动随之蓬勃发展，温州南戏脍炙人口，成中国戏曲之滥觞。儒学永嘉学派异军突起，与朱熹的道学、陆九渊的心学呈三足鼎立之势。温州地区文风鼎盛，人才辈出，进入了文化史的第一个辉煌期。

温州永嘉学派又称“事功学派”“功利学派”，是南宋浙东学派中的一个先导学派，以北宋温州学者王开祖和周行己、许景衡等为源头，开创者为薛季宣，继之者为陈傅良，集大成者为叶适，这些代表人物均出生于永嘉，该派因而得名。在哲学思想上，永嘉学派的特点是提倡“经世致用”的功利之学，提出“以利和义，不以义抑利”的“事功”思想，主张利与义的一致性，反对理学和心学空谈义理、不务实际，强调实践的重要性，提出义理不能脱离功利，反对陈腐的观念，不迷信权威思想，不讲究来历依据，不袭用前人做法，积极倡导独立思考，鼓励开拓创新，不避追求功利。这种“东方的实用主义”思想，不但对明清时期浙东学术有较大影响，而且在其发祥地温州的公众文化中也有着广泛而深刻的影响。据冈元司《宋代温州的进士合格者数》记载，南宋之后温州士子每次科登第人数不少于10人，占据了科举的制高点，获得了话语权并从边缘走向中心。孙衣言《题会文书院》称，“伊洛微言持敬始，永嘉前辈读书多”，即当年温州学界真实的写照。温州人“敢为天下先”的精神可在永嘉学派的事功之学中溯源。

温州造纸业发展较早，唐宋时期所产蠲纸以洁白、细密、匀称、光滑而闻名。北宋至道年间（995—997）曾被列为贡品，与嵊县剡藤纸、余杭由拳纸同列浙江三大名纸。瓯海区泽雅镇、西岸乡一带俗称纸山，还保留着四连碓造纸作坊群，自元末明初以来沿用至今，是罕见的传统造纸工艺重要存留地，被誉为古代造纸术“活化石”。

同期的温州印刷术发达，雕版印刷技术相当高，刻印书籍数量多、质量高、流传广，“永嘉兰亭刻本宋理宗收入内府，列在丙集”（姜准《岐海琐谈》卷四）。1965年2月，温州市郊白象塔内发现《佛说观无量寿佛经》残页，有专家考证认为是北宋（1103年前后）

活字印刷本，是迄今发现存世最早的活字印刷品。保存至今的宋代善本，字体规范，墨色均匀，经文清晰，如1966年仙岩慧光塔出土的宋大中祥符八年（1015年）《妙法莲华经》、明道二年（1033年）兵部侍郎胡则施印《大悲心陀罗尼经发愿文》、庆历年间（1041—1048）《陀罗尼经》等。如今，瑞安市西南部的平阳坑镇及曹村镇一带依旧传承使用的东源木活字印刷术，是中国已知唯一保留下来且仍在使用的木活字印刷技艺，被列入联合国急需保护的非物质文化遗产名录。

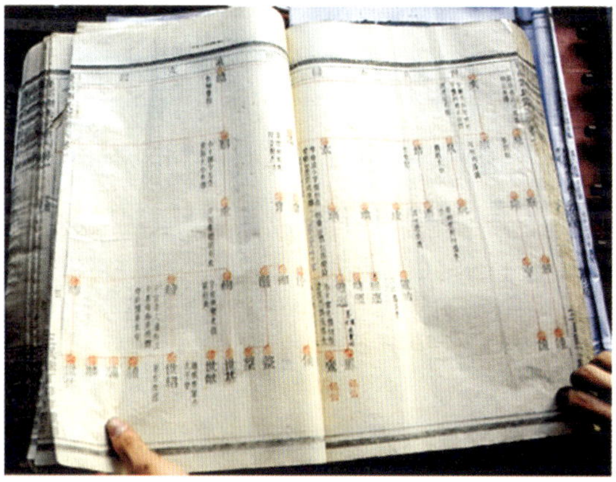

东源木活字印刷

在造纸术和印书业繁荣的两宋时期，温州地区文化教育活动得到了长足发展，学术思想活跃，藏书事业开始兴旺，出现了私人藏书、官府州学藏书、书院藏书、寺院藏书等各种藏书形式。永嘉学派的先行者周行己、郑伯熊、薛季宣等人的藏书都相当可观，周行己讲学的浮沚书院藏书冠书院藏书之首，该学派的继承者陈傅良“作屋皆三益，藏书可万家”，“拥书如城，其乐欣欣”（叶适《陈傅良墓志》）。乐清藏书家万世延筑楼五楹，专门用来藏书。永嘉薛高的藏书规模达到“万卷编抄高似屋”。官府藏书以瑞安府衙署和温州州学为主体，多为本地刻本，如《仪礼》《止斋先生文集》《永宁编》《大唐六典》《温州进士题名》等。开元寺、天宁寺、江心寺等三地寺院藏书主要为各种佛经。

温州文化的短暂辉煌很快被蒙古铁蹄终结，元、明、清时期，温州地区整个社会的经济文化进入了漫长的徘徊。直到鸦片战争之后，“西学东渐”改变了这一颓势。同治五年（1866年）英国传教士曹雅直（George Stott）从宁波来温州传教；次年，在花园巷建立了温州基督教内地会。光绪二年（1876年）七月二十六日中英签订《烟台条约》，辟温州为通商口岸，温州成为中国历史上较早对外开放的16个沿海城市之一。光绪三年（1877年）

二月二十八日温州海关成立，八月改称瓯海关（新关），英人好博逊（H. E. Hobson）为首任税务司。同年四月二十九日，英国怡和洋行所属康克斯特（Conguest）客货轮自上海载棉布等洋货抵温，各国洋行随之纷入温州，呈现出“瓯为海国，市半洋商”的景象。1897年，英国传教士苏慧廉（W. E. Soothill）在府城杨柳巷首次开办了西医院——定理医院，在瓦市殿巷设立艺文书院，有英语、数学和古汉语等课程，开西式教育之先河。

深受永嘉之学滋养和熏陶的温州，原有一批以天下为己任的经世之士，其中有出身殿堂的名门贵胄，也不乏躬耕陇上的市井布衣。他们很快适应了中西文化交融的环境，积极传播西学，宣传维新思想，寻求救国道路。素有“东南小邹鲁”之称的瑞安，是温州乃至浙江地区维新思潮的重镇，先后涌现了“三孙五黄”（孙衣言、孙锵鸣、孙诒让和黄体芳、黄体立、黄体正、黄绍箕、黄绍第）、“东瓯三杰”（陈虬、宋恕、陈黻宸）等维新志士群体。他们所代表的温州士人从“天朝大国”的迷梦中惊醒，放弃了传统的科举仕途，转而开始思考和探索强国新路。如孙诒让所言：“一国文明的表征，不在一二个有大名的通儒，要在全国人民个个都有普通智识，程度不相上下。总而言之，国民普通智识总要人人平均，才能够共同努力，以谋文明进步”（见《朱庐笔记（续）》，孙宣所录的孙诒让在温州艺文学堂开学演说手稿，载《青鹤》1935年第15期）孙诒让最终的结论是“自强之道，莫先于兴学”。他秉永嘉事功之学，从教育入手推动温州文化建设。改良派思想家陈虬于光绪十一年（1885年）创办了应用欧美教学机制的中医学校——利济医学堂。在维新知识分子的多方努力下，温州文化开始进入了第二个辉煌时期。

心兰书社——现代图书馆活动的雏形

同治十一年（1872年），有感于瑞安地处“浙江尽头”，“苦无书读”，许启畴、陈虬等26人发出倡议，组织合资聚书，以供学生借阅。他们以自献书籍在瑞安城内成立“心兰书社”，并购田40亩，以田租收益作为日常图书添置的经费。陈虬在《拟广心兰书院藏书引》中说：“瑞安值全浙尽处，由省垣东南行，历婺、括万山入东瓯，而县治屹然斗出滨大江，风气阻上郡，故邑鲜以文学、功名自见。其嵚奇英多之士，皆苦无书可读。邑既鲜藏书家，非雅有故者，又不易借。……吾友许拙学先生于同治壬申尝首创心兰书社，同人以为便。”心兰书社聚书的起因在于“为同人便利使用”，突破了传统公私藏书的利用限制习俗。书社对社会开放，除了书院师生还供部分市民有限利用，这是中国图书馆事业发展史上值得记述的一笔。北京大学教授林损在《心兰书社碑记》中说："醵金集书，置在陋巷，今之所就"，"而当年之情，可谓筚路蓝缕，以启山林者矣"。心兰书社的建立，反映了"布衣士绅"服务平民、求知向学的意旨，有了公众文化服务的特征，故可视为中国最早的公共图书馆雏形。心兰书社的管理制度颇具特色，尤其是在资金保障层面，除了会员集资购书外，还规划了合资购买田地、用田地出租所得的资金购买新书的可持续发展模式，具有温州地区特有的鲜明人文印记。

心兰书社

心兰书社的创立，得益于永嘉之学，更有助于永嘉之学的复兴，对开启当地学风和民智、推进维新改革事业起了很大作用。晚清著名思想家宋恕说："及同光间，随院书商则皆言浙属购书之数，温之瑞最多矣；乙未后新出之事报、学报，其购数亦然云。盖昭昭之效也。"可见当时瑞安民众的买书、阅报活动已经蔚然成风。

玉海楼——浙南学术文化之坐标

光绪十四年（1888年），瑞安孙衣言满怀建功立业的宏伟抱负，以太仆寺卿致仕回乡。因十余年所积藏书达数万卷，暂藏于诒善祠塾东之逊学斋，不敷使用。遂于次年新筑享誉当世的玉海楼，与嘉业堂、皕宋楼、天一阁，并称浙江四大藏书楼。孙衣言建楼的目的，一是为儿子孙诒让和孙家后世建一个读书藏书之所，二是"校梓以广流传"，故而"凡遇先哲著述，片纸只字罔不收拾"。楼中庋藏古籍众多，以名家批校本、乡邦文献和珍籍善本闻名于世。近代温州的文献整理活动以此为滥觞，其中规模较大的有四次。清同治光绪年间，瑞安孙衣言汇刊《永嘉丛书》15 种 252 卷；民国 4 年，如皋冒广生编刻《永嘉诗人祠堂丛刻》14 种 22 卷；20 世纪二三十年代，永嘉黄群刻印《敬乡楼丛书》38 种 289 卷；抗战爆发之前，永嘉区征辑乡先哲遗著抄缮地方文献 402 种 1259 卷。

玉海楼将 19 世纪的温州文化推到一个前所未有的高度。以孙衣言、孙锵鸣、孙诒让为代表的文化精英，成为当时温州文化的领军人物。他们传承王开祖、林石、周行己、许景衡、陈傅良、叶适等开创的永嘉学派，实践晚清东瓯文化务实创新的事功理念。尤其是孙诒让于社会大变革之际，身体力行，革故鼎新，后半生以弘扬传统学术为己任，让经世致用的学说广布于世。

玉海楼

清末民初，温州的私家藏书楼众多，其中以瑞安黄家的蔘绥阁、项氏兄弟的水仙亭和珠树楼、张棡的敨隐园、平阳黄群的敬乡楼以及永嘉潘国纲的养心寄庐等最为有名。丰富的私家藏书成为日后温州市图书馆藏书的重要来源之一。

第二节

拓荒时期的籀园图书馆（1919—1934）

光绪三十二年九月初十（1906 年 10 月 27 日），清朝中央政府通饬各省兴办图书馆、博物院、动物园、公园等（《中华民国大事记》第一卷，序编），推动了各地藏书楼向图书馆的转化。1919 年“五四”运动前后，新文化、新思想的广泛传播，推动了温州地区现代图书馆的成长。籀园图书馆诞生的时代与我国现代图书馆发展大致同步，促使它诞生的直接原因，则是为了追念本地区的朴学大师孙诒让先生。

籀园图书馆的诞生

孙诒让（1848—1908），字仲容，号籀廎，温州瑞安人，中国近代著名学者、教育家。孙诒让精研古学四十余年，著书三十余种，在经学、诸子学、文字学、考据学、校勘学以及地方文献的整理等方面都有卓越的成就，章太炎赞誉他为“三百年绝等双”。其所著《周礼正义》为清代群经新疏中杰出之作；《墨子间诂》亦为注墨的权威之作；《契文举例》为考释甲骨文开山之作；《温州经籍志》被誉为“近世汇志一郡艺文之祖”；《四库全书简明目录批注》二十卷、《四部别录》二卷则是目录版本学的专著。孙诒让晚年曾担任温处学务分处总理，在短短的数年之内办起了各级各类学校约 300 所。

1908 年孙诒让逝世。为纪念孙氏的功绩，1913 年，温州学界商议筹资建立籀公祠，购定大士门底窦妇桥附近九山湖畔曾氏“依绿园”故址为祠基，同时决定于祠旁建立六县公共藏书室。

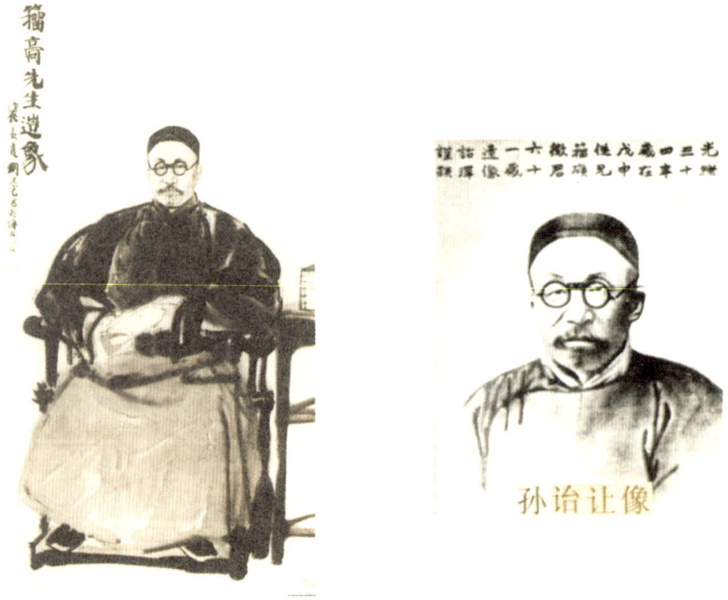

孙诒让像

同年，温州师范学堂改归省立，原温州府属地永嘉、乐清、瑞安、平阳、泰顺、玉环六县议会议员集议，设立学款经理处，从师范与中学（1911 年改归省立）两校的原有经费（原府学田租、戏捐等）中提出两千数百元，作为建立六县公立图书馆启动资金。后因温州师范学堂附属模范小学经费短缺，遂将图书馆规模缩小，改为藏书室。1914 年秋，六县自治委员会会议决定给藏书室建筑费 1800 元，再从原府学田租支出一百数十元作经常费，并呈省府立案。为筹建藏书室，温州六县各举绅士一人为经理员：永嘉叶寿桐，乐清张侯佐，瑞安郭凤诰（郭先生辞世后，由洪炳锵接替），平阳王宗尧，泰顺林宗强，玉环陈宝厘。六县经理员的集体管理组织，可谓现代图书馆理事会的雏形。此种联办模式在中国现代图书馆发展史上少见，“敢为人先”的温州精神也在图书馆建设中得到印证。

1915 年 5 月 4 日，浙江巡按使屈映光批复瓯海道详永嘉县查明师中两校旧款及处置方法：“藏书室一项应仍照原案，改名为图书馆，并准入馆阅览，妥订章程送核。”（1915 年 5 月 13 日《浙江公报》）

1917 年，籀公祠工程竣工，祠宇木构建筑，构造精致，我国著名书法家谭延闿题书“籀公祠”匾额。台门青石匾额“籀园”二字为晚清状元张謇题书，并撰联：“故垒初开又燕语；裁笺遥隔一牛鸣。”祠内供奉孙公遗像，两侧悬挂我国教育家蔡元培手书楹联：“博学于文，约之以礼；多闻阙疑，慎言其余。”

1918 年 3 月，图书馆馆舍落成，占地 4550 平方米，馆址门牌为保安桥一号。建造整个籀园共耗银 3150 元。1919 年 5 月 9 日，图书馆正式对外开放，定名旧温属公立图书馆，因为图书馆在籀园内，习惯上称为“籀园图书馆”。

籀园位于温州城区松台山麓，落霞潭畔。此地山光水影交相辉映，环境幽雅，风景秀丽。籀园图书馆建成后，本地文人士绅经常聚会于籀园，煮酒论文。社会公众及学校师生也可以到馆阅书读报，获取新知。

籀园旧照

筚路蓝缕的先驱们

籀园图书馆的诞生标志着温州市首家公立图书馆的出现，在温州社会文化事业发展中具有里程碑意义。籀园图书馆的诞生既受近代社会大背景的影响，也是温州文化发展的必然。因此，不可忘记为温州图书馆事业发展筚路蓝缕的先贤们，他们是：首倡者郭凤诰及六县经理员，首任馆长王毓英，及继任者严文翩、刘绍宽、姚平子、王学羲、孙延钊、梅雨清等。有了这些先辈们的赤忱爱乡，集腋成裘，坚韧努力，温州市图书馆才能馆藏称富省内，为后人留下丰富的文献资源。

开拓者郭凤诰

郭凤诰（1867—1916）字筱（小）梅，号椵斋。同治六年（1867 年）出生于瑞安县城大隐庐郭氏书香家庭。父郭庆章（梅笛），光绪十七年（1891 年）举人。郭凤诰少时聪颖，读经史、习诗文。光绪二十三年（1897 年）获选优贡，试用训导，先后在吉林、苏州等地任职，曾掌教乐清梅溪书院、瑞安普通学堂。光绪三十二年（1906 年）来温州襄助孙诒让兴学，任温处学务总汇处文牍科科长。光绪三十四年（1908 年）春，孙诒让倡办的温州师范学堂新校舍于温州道司前校士馆落成，郭凤诰出任温州师范学堂首任监督。

1913 年，郭凤诰任永嘉教育科长。同年向温属各县发起筹建籀公祠倡议，执笔撰文《筹建籀公纪念祠启》。经温属六县知名人士解囊相助，在温州九山河畔购得曾儒章依绿园，在其旧址上营建了籀园和籀公祠。作为筹建图书馆六县经理员中的瑞安代表，当图书馆建设资金不足时，郭凤诰从募建籀祠款中补足，并与吕渭英等呈请省厅核准，从师范与中学两校戏捐、统捐的 2000 元岁收中拨出 1000 元作为图书馆日常经费。

籀园和籀公祠刚建成，郭凤诰即因积劳成疾于 1916 年病逝，年仅 49 岁。

首任馆长王毓英

王毓英（1852—1924）字学训，号隽庼，永嘉县永强镇（今龙湾区天河镇）人。廪贡生。肄业于杭州诂经精舍。光绪末年，任广州两广方言学堂监学，佐理校务，被同人誉为“老成持重”。宣统三年（1911 年）任永嘉县教育会会长。辛亥革命后，出任永强镇自治会董。1914 年，任永嘉县第一平民习艺所所长。1919 年，温属六县联立图书馆开馆，经过公推后由省教育厅任命为首任馆长，主事五年直至辞世。

王毓英在近代新式教育、图书馆建设、社会公益事业、诗文创作诸方面均有贡献，是晚清民国之交温州很有代表性的一位开明绅士。他有《继述堂文钞》《诗钞》《继述堂中西教育合纂》《大罗山人生前辞别诗》等著述，还留下了《温属图书馆文稿》一册及 1919 年至1920年公文底稿46件。建馆当年他撰写了《温属图书馆碑记》。

王毓英担任馆长期间，图书馆仅有一名工作人员，其常年经费主要来自原府学田租及戏捐，办馆条件之简陋可想而知。从当年的收支表中可窥一斑。

收入：戏捐1000元（依照原案，旧历正月至十月每月领取100元），涂租约200元，合计1200元左右。

支出：馆长夫马费（即车马费）96元（每月8元），馆员兼文牍144元（每月12元），门房60元（每月5元），馆夫（杂勤）60元（每月5元），办公杂费并油茶炭等项120元（每月10元），合计480元。

王毓英撰图书馆联

图书馆馆长是一个不支薪水的义务岗位，在有限的经费中，王毓英“乃能撙节赢余，岁置书报数百金”。由于经费拮据，籀园图书馆开馆时藏书只能以成本价，向浙江省立图书馆购置浙江官书局刊本《十三经古注》等，不到3000册。故早期馆藏主要源于社会捐赠。温州著名实业家吕渭英捐献私人藏书3000余册，瑞安黄氏蔘绥阁也将其近万册藏书寄存于图书馆。

1923年10月，吕渭英倡议并资助设立图书馆分馆于郡城谯楼，馆长王毓英呈文《为谯楼开办分馆呈瓯海道尹文》于瓯海道尹沈致坚，要求于“本月二十二日始行开阅”，以便市民就近借阅书刊。

当时一酒馆亦设在谯楼之内，其喧闹之声影响读者阅览，王毓英勉力以垂老之躯与之纠缠，未能看到结果即撒手尘寰，仅留下中华民国13年1月所写《为乐园酒馆迁离分馆呈瓯海道尹文》一纸。直到第二任馆长严琴隐1925年初离任前夕，酒馆迁移才得以实现。以后的馆史将分馆开设时间定于1925年。1929年1月，分馆因其所在地改办民众教育馆而停办。

继任者严琴隐馆长

1924 年 2 月王毓英故于任上。按照籀园图书馆创建伊始的规定，馆长的产生须由六县经理员推选提名，经永嘉县公署报浙江省教育厅任命。后按省长令，图书馆归口瓯海道尹公署管理，日常经费则仍由永嘉县财政支发。瓯海道尹沈致坚命六县各推代表协商继任人选。当时有四人参与竞争，永嘉严琴隐胜出，3 月接任。小小的图书馆馆长居然有多人竞争，缘于当时温州城区文教界有影响的职位，除了温州中学（师范学校已并入中学）之外，就是图书馆了，其他机构大都为私立。由此可以看出当时籀园图书馆在文人心目中的位置。

严琴隐

严琴隐（1893—1996），名文黼，一作“文虎”，以字行。慎社、瓯社社友。任馆长时 32 岁，是历任馆长中较年轻者。严琴隐是温州古琴名家，著有《乐律金鉴》四卷（1929 年）、《琴隐联语录》，后来担任过东山图书馆馆长。20 世纪 80 年代受聘为浙江省文史馆馆员。1996 年去世，享寿 103 岁。

严琴隐任期仅有一年，次年 4 月解任。原因在坊间有两种传说。一是新任瓯海道尹张宗祥在梅冷生陪同下视察籀园，发现图书馆闭门谢客而不悦，认为馆务须整顿，严琴隐与之争辩，于是失去馆长职位。二是年初过节，严琴隐会友饮酒，返馆后在座椅上打盹，恰好被由梅冷生陪同的张宗祥撞个正着。严琴隐自觉惭愧，遂主动提出辞职。然而严琴隐本人对此终生守口如瓶，给后人留下难解之谜。

刘绍宽的《厚庄日记》和梅冷生的《劲风阁日记》对此均有记载，其中乙丑年（1925 年）正月初五至十四日的《劲风阁日记》更为详细，记载了梅冷生向张宗祥推荐刘绍宽出任馆长，并为此积极联系，可见梅冷生在此番人事变动中的作用。

严琴隐任馆长期间的主要业绩有三。一是补充馆藏，他亲至杭州与瑞安黄体芳后人林同庄商定，促使蔘绥阁藏书全部捐赠给图书馆。二是图书编目，依四库全书凡例，编定藏书目录六册（到刘绍宽任内完成）。三是制定管理制度，逢周一休息，馆内禁绝吸烟，不得设宴酬宾；收支款项列单呈报瓯海道尹公署审核，并在图书馆门口公示；核算府学田租及戏捐，将七都涂田、瑞安塘下乡涂田共数千亩早晚两季作物的收入全部用于购书，入藏图书全部上架陈列；为馆员加薪，严琴隐个人则一文不取。

当时馆内有位馆员张扬，颇具才华。后来曾在武汉大学、之江文理学院等学校图书馆工作，著有《仙岩山志》，1963 年被聘为浙江省文史研究馆馆员。

刘绍宽馆长和鲜为人知的“馆长之争”

1925 年 4 月，刘绍宽任第三任馆长，任期两年。

刘绍宽（1867—1942）字次饶，号厚庄，平阳刘店（今属苍南龙港）人。光绪 1896 年补廪生，次年举拔贡。光绪二十八年（1902 年）任龙湖书院山长。同年秋赴省乡试，回程经过上海，拜著名教育家马相伯为师。因书院改为县学堂，旋即回乡任中文教习。光绪三十年（1904 年）赴日本考察教育。光绪三十一年（1905 年）六月，参与筹办温处学务分处，任编检部主任。次年四月，任温州府中学堂监督。在任六年，锐意兴革，学校事业和声誉蒸蒸日上。1912 年夏，任平阳县教育会会长。旋改任县教育科长，后调永嘉县第一科科长、乐清县第三科（教育）科长。1917 年 10 月，接任省立第十中学校长，至次年底因学潮辞职。修编《平阳县志》。1935 年，第三特区（永嘉区）征辑乡先哲遗著委员会成立，任副主任委员主持工作。著有《厚庄文钞诗钞》五卷，《厚庄诗文续集》十卷以及《厚庄日记汇抄》未刊稿四十册等。

刘绍宽

刘绍宽到任后，于同年 8 月邀梅冷生，通过瓯海道道尹张宗祥寄发《征书通启》，遍寄国内名家。《征书通启》由词学名家夏承焘起草，“阐永嘉之学，五派征梨洲之书；分小酉之藏，百城拜李谧之赐”，呼吁海内名家向籀园图书馆赠书。此举收获颇丰，“得赠书百数十种，中多善本”。赠书人中有多位江浙、广东藏书大家，如吴兴刘翰怡、张石铭、周梦坡，海盐张元济，杭县徐仲可，南海黄秩南等，永嘉本地人吴钟镕也将《续藏经》捐赠。

此时，馆藏书籍增至26192册，继续编印了线装书《阅览室检查书目》（24828册）和平装书《阅览室近著书目》（1346册）两种书本目录，分订6册，按经、史、子、集、丛分类。刘绍宽撰写的《籀园笔记》，分42条记叙了籀公祠与图书馆设立、藏书来历与馆务始末等。

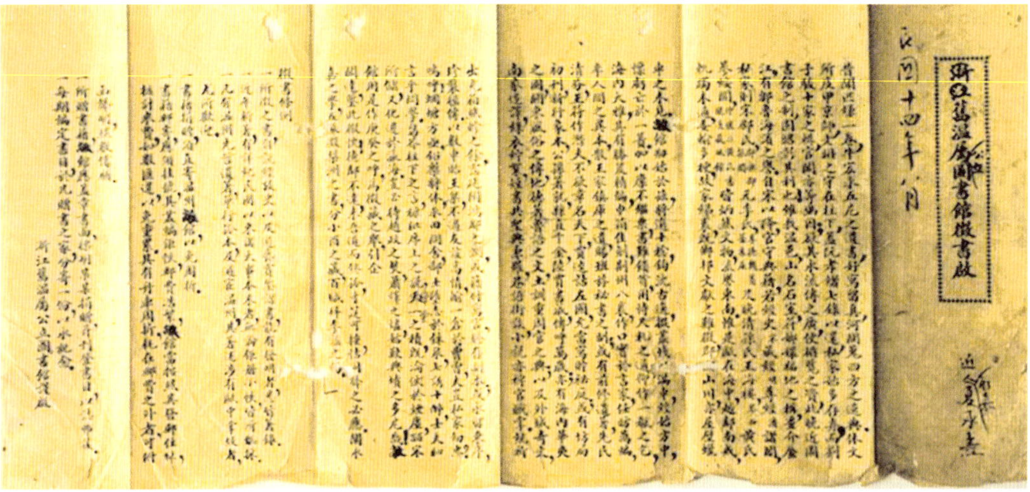
浙江旧温属公立图书馆征书启
民国十四年八月

旧温属图书馆征书启

1926年底，刘绍宽将满60岁，就以身体原因要求辞职，道尹没有接受。不久道制取消，刘绍宽只得改向省里请辞。未料，在此期间发生了“馆长之争”。

刘绍宽请辞消息传出，就有多人觊觎馆长之位，只是看重图书馆馆长一职的社会地位。长期流寓温州为官的符璋在日记《翳彗旍斋日札》中记述：

丁卯年，共和十六。五月初六日，庚午，五。晴。严琴隐来，谈陈仲陶谋图书馆长不成及通告事。

十五日，己卯，十四。阴，旋日出。诣次饶一谈，知陈、钱、梅、叶各人谋图书馆甚忙。

此处所记陈、钱、梅、叶四人，即陈仲陶、钱伯吹、梅冷生、叶寿桐，均为本地士绅名宿。岂料半途杀出程咬金，一个叫陈经的人被国民党永嘉县党部联席会议委派到图书馆当馆长，颇有戏剧性。更令人意外的是，史料记述中居然还反映了国共两党之争。引发这场纷争的是一个叫戴树棠的共产党员。

戴树棠1891年生于瑞安鲍田，早年就读于杭州法政专门学校，是浙南地区最早的共产党地下组织——温州独立支部（简称“温独支”）的成员之一。

温州市图书馆珍藏的文献中有国内最早的《共产党宣言》，陈望道译，1920年8月首印，目前存世只有 9 册。该藏书红色封面错印成“共党产宣言”，右下角盖有一方红色印章，四个阳文“荫良藏印”的篆刻清晰可辨，“荫良”是戴树棠的字，旁边有蓝墨水写下的“一九二四备置”钢笔字样。1924 年是共产党员谢文锦和胡公冕回温州创建党支部的年份，12 月由郑恻尘、胡识因夫妇建成的“温独支”成立。次年初，戴树棠被谢文锦吸收为“温独支”第一批新成员，担任宣传委员。1926 年 12 月，戴树棠当选国民党永嘉县党部执行委员兼组织部主任，1927 年 2 月任永嘉县党部秘书，是国民党永嘉县党部联席会议代表。他听闻刘绍宽辞职，意识到这是一个机会，就在 1927 年 3 月 18 日的国民党永嘉县联席会议上推选他的老朋友、瓯海公学教师陈经为馆长，并电请浙江省政务委员会委任。未等到省里批复，戴树棠即让陈经到馆履职，定于 4 月 12 日后交接。岂料就在此日，“四一二”事变爆发，陈仲雷、戴树棠等“温独支”成员被捕。2 月份刚加入共产党的陈经也遭到通缉，悄然出逃。刘绍宽只得继续担任馆长。

《刘景晨集》中保留了一份《为温属图书馆馆长由六邑教育局公举呈浙江省务委员会文》，是旅杭旧温属六邑人士章献猷、刘景晨、黄式苏、周锡经、林大同等 15 人于 1927 年 5 月 11 日联名给浙江省政务委员会的呈文。他们认为，籀园馆长一职“向章由瓯海道尹召集各县教育局长集议，公举荐请道署委任”，所以建议：“此馆为六邑所共有，故馆长之进退，道署主之。今道尹制废，无所系属。以后馆长一职，拟由六邑教育局公举有学识者，呈请加委，著为定章，以昭慎重，不能由一县为政，致多争执。至新馆长未委定以前，所有馆务仍责成刘馆长继续任事，庶免停顿。”（《刘景晨集》，上海社会科学院出版社，2008 年版，136 页）

陈经并非等闲之辈。他 1893 年出生于温州城区小南门一个小商人家庭，字啸秋，早年以字行，后来改名陈竺同。1915 年毕业于浙江省立第十师范学校。1921 年回到温州，任永嘉县第四高等小学校长。1925 年任教于温州艺文学校，因为反对校方开除参与五卅运动、举行罢课、进行游行的青年学生，与谷寅侯、林醒中等带领一些学生离开艺文中学，筹建了“瓯海公学”。“四一二”事变以后，他先是逃往上海，次年赴日，入东京帝国大学研究院攻读中亚哲学和文化史。留学回国后，他先后在复旦大学、中国公学、桂林师范、温州中学以及平阳郑楼的省立温师、广西大学、中山大学等校教书。1955 年陈经因病在广州逝世。他是外来文化史和亚洲文化史专家，有《二十年来日本势力下之满蒙》《中国上古文化史》《中国文化史略》《两汉和西域等地的文化经济交流》《中国哲学史》《中国工业技术史》以及《中国戏剧史》等多部著作存世。

后来居上的女馆长姚平子

1927 年 7 月，经旧温属六县教育局长的联名推举，籀园时代唯一的女馆长——姚平子接任馆长。

姚平子也是共产党员。她本是“温独支”首任书记胡识因在大同女学时的同窗。1924 年 12 月“温独支”成立后，郑恻尘、胡识因夫妇就和姚平子积极筹建国民会议温州女界促成会，姚平子被发展为中共党员。姚平子在“四一二”事变后能逃过一劫，又被推荐为籀园图书馆馆长，是因为她入党不久，于 1926 年 9 月随“温独支”早期党员庄竞秋（又名琴秋）一起去舟山定海小学任教，后来又到了杭州，直到 1927 年 8 月 1 日才回温州。因为没有参加过政治活动，外界不了解她的底细。这样她不但避开了政治旋涡，还利用社会关系赢得国民党实力派人物吴江冷等人的支持，在这场“馆长之争”中脱颖而出。

回顾这场“馆长之争”，其历史原因在于北伐节节胜利，国共合作尚能维持，国民党永嘉县党部执委中就有陈仲雷、项强、戴树棠、苏中常、庄竞秋、王纪、戴国鹏等多名共产党人，各县市党部联席会议也基本由共产党及国民党左派主持。国民党内西山会议派反感这种局面，两党都在基层努力发展自身力量，扩大社会影响。籀园图书馆馆长之争表面上国民党获胜，未料暗中共产党仍为赢家。造化弄人，留下一段有趣的历史记录。

姚平子

姚平子（1897—1941）是瑞安人，出身于温州城区的知识分子家庭。父亲姚养吾曾留学日本，辛亥革命时期温州光复义勇军的主要组织者。公公胡润之为陈虬的女婿，温州名医。姚平子少时就读于大同女学，是温州第一批“女秀才”，1915 年毕业于杭州省立女子师范学校。她当过永嘉高等女子小学校长、国民会议温州女界促成会组织委员会委员，是当时温州女界的领袖人物。曾在定海、上海、永嘉岩头等地教书。后来因病去世，年仅 44 岁。温州首任市长胡景瑊是她的长子。

1927 年 8 月 1 日，30 岁的姚平子接任馆长，是历任馆长中年纪最轻的一位。图书馆聘用了吴莲影女士为馆员、司书兼文牍，在当时温州公共机构中颇为罕见。随后馆名改为“旧温属联合县立图书馆”。1928 年，平装图书开始采用卡片式目录，按杜定友《世界图书分类法》分类。1930 年 1 月姚平子离任时，藏书累至 3615 部 26580 册。

姚平子任内解决了困扰多年的府学田租纠纷，从后京（现鹿城区仰义）一带已被永嘉县政府划归地主吴宗乐所有的300多亩涂田中争回府学涂田150亩，并且促使瑞安港和乡一带的府学涂田重新丈量并恢复收租，女馆长的魄力由此可见。（见卢礼阳《话说籀园当年》，新刊《瓯风》第一期，2010年9月）

承前启后的王希逸馆长

王希逸（1897—1992），名学羲，戏曲大师王季思的兄长，永嘉人。省立十中毕业。“五四”时期编辑《救国讲演周刊》。曾任永嘉县立第三高等小学校长，平阳县政府民政科科长。1930年1月至1935年4月任旧温属共立图书馆馆长。后任梧田区金田乡乡长，县参议员。中华人民共和国成立后参加民革。1985年被聘为省文史研究馆馆员。

馆史资料中有关王希逸的文字不多，不过他也是个藏书家，他祖父清末诗人王德馨的雪蕉斋给他留下了4000多册藏书，中华人民共和国成立后亦均归图书馆收藏。王希逸任内接收泰顺刘渠川（在外地做过知县）后人刘锡荣赠书2244册。黄群出资补刻馆藏永嘉诗人祠堂丛刻缺版30片，王希逸承担校勘，还向地区专员许蟠云等人募得书款，购买了《四库全书珍本》一部。

王希逸

1931年2月，浙江省教育厅将馆名改为“旧温属共立图书馆”；1932年5月，又改称“旧温属联立图书馆”；1935年3月，馆名再次改为“旧温属联立籀园图书馆”，“籀园”首次出现于图书馆名中。

王希逸是一位承前启后的馆长，因为在离任前，他完成了一件大事：1935年3月，成立了“旧温属联立籀园图书馆理事会”。图书馆理事会章程共十条，主要内容为：理事任期两年，“无给职（俸禄）”，得连聘连任；馆长任职期限为四年；每年二月、八月各举行常会一次；理事会职责主要有两方面，一是讨论通过工作计划与经费预算、决算，二是推选馆长人选并呈请省教育厅委任。理事会成立之初即重新任命馆长。地区行政督察专员与六县教育科长为当然理事，理事长由专员担任。理事则由旧温属各县聘定热心图书馆事业者若干人担任。第一届聘任理事四人，分别为刘绍宽（平阳人，永嘉学艺会副会长）、梅雨清（永嘉人，永嘉区征辑乡先哲遗著委员会委员兼总务股主任）、孙延第（瑞安人，瑞安县图书馆协会会长）、徐元长（即徐堇侯，乐清人，温州有名的中医、画家）。

第三节

桂冠和荆棘下的籀园图书馆（1935—1949）

与籀园图书馆相随始终的是几乎连绵不断的战火，期间有令人自豪的辉煌，也有刻骨铭心的磨难。

短暂的鼎盛期

1935 年 5 月，经首届旧温属联立籀园图书馆理事会推选，孙诒让哲嗣孙延钊出任第六任馆长，籀园图书馆进入了一段鼎盛发展时期。

孙延钊

孙延钊（1893—1983），字孟晋，号勖庵，瑞安人，孙诒让之子。民国初年国立北京法政专门学校政治经济科学士。历任北京政府财政部佥事、盐务署科长，财政部总务厅会办。温州籀园图书馆馆长兼永嘉区征辑乡先哲遗著委员会委员，浙江省立图书馆馆长，浙江通志馆总纂。1949 年后任浙江省文物管理委员会委员，1953 年受聘为省文史研究馆馆员。毕生从事地方文献的搜集和整理工作。部分著作有今人整理的《孙衣言孙诒让父子年谱》《孙延钊集》，列入“温州文献丛书”第一、三辑出版。

孙延钊重视搜集地方文献，多方募款征集，馆藏总量增至五万册。图书馆修订了藏书、阅览、外借等制度。抗战爆发后，图书馆支持爱国学生在籀园成立了“永嘉战时青年服务团”，举办了抗日宣传活动，增强了图书馆的社会影响。孙延钊的主要成绩有五个方面。

一是增加经费，人员增至 9 名；1936 年起获省教育厅补助拨款，1940 年度数额为法币

3200元。二是每周一馆休，确定5月9日为馆庆纪念日。三是于1940年11月举办了抗战建国木刻漫画展览，展品1500件，展期三天，观众多达7000人次，轰动一时。四是建立青年读书会，举办多场讲座，并设置了乡村流动图书站。五是提高图书馆文化品位，1937年6月创刊《蓡绥年刊》，1940年出版《籀园月报》。（见卢礼阳《话说籀园当年》，新刊《瓯风》第一期，2010年9月）

籀园青年读书会是当年温州最大的读书团体。据20世纪40年代的《籀园月报》“青年读书会成立专号”记载，读书会成立于1940年11月10日，时有会员73人，至年底增至117人，孙延钊馆长亲任会长。

青年读书会照片

籀园青年读书会的组织严谨，除了会长外，干事会设总干事1人，负责日常工作；另有9位干事，4位候补干事，下设总务、组织、研究、出版4股，每股设正副主任1人和股员多人。读书会《简章》有总纲、会员、组织、会议、经费、导师和附则，共7章25条。《籀园青年读书会工作计划纲领》中阐明了读书会的目标、原则，细列了组织、研究和出版三方面内容，计划周密完整。同时，开创“籀园讲坛”，先后有王季思、汪远涵等文化名家应邀演讲。

籀园青年读书会成员构成很有意思，据现年 96 岁的老馆员李作宇回忆，读书会创办伊始，国共两党均视其为争夺青年一代的阵地，斗争或明或暗。14 位干事中，籀园图书馆 3 人，县政府 2 人，国民党县党部 1 人，三青团分团 2 人，警察局 1 人，小学教师 3 人，媒体 1 人，药房学徒 1 人，其中来自党政机关的过半。媒体人沙迦耶是国民党官办中国文化服务社永嘉分社社长，还是《温州新报》创办人，曾任永嘉县党部秘书、监察委员，是永嘉县图书杂志审查委员会成员。中共地下党员、时年 22 岁的庄文俊曾任政工队区队长、干事长、政工室指导员，公开身份是三青团永嘉分团宣传副股长、青年服务队队长，颇受孙馆长器重。

《七十春秋录——温州市图书馆馆庆纪念集》一书将孙延钊任职期间称为籀园图书馆的"鼎盛时期"。其原因之一是孙延钊在学术界有广泛人脉，如获得行政督察专员许蟠云的支持等。另一个原因是社会大环境所赐。这一时期，温州成为华东地区抗战的后方城市，港口业务空前繁荣，1938 年进出口船舶有 940 艘次，瓯海关税收达创纪录的 301 万元。海运繁荣带动温州工商业蓬勃发展，史称"小上海"时代。社会文化活动也因此趋于活跃，书刊出版空前繁盛。1935 年 4 月，温州成立浙江第三特区征辑乡先哲遗著委员会，各县也先后成立分会，整理罕见之书 185 种。1937 年，籀园图书馆接收永嘉区征辑乡先哲遗著委员会移交的六邑乡先哲遗著 500 余部，其中钞本 402 种 1257 卷。

尤为可贵的是，孙延钊离开籀园后依然挂念家乡图书馆的发展。夏承焘在日记中提到，1946 年他曾与孙先生拜访浙江省教育厅厅长李超英，商讨籀园图书馆改为省立之事："一九四六年八月廿七日，与孟晋访超英，商改籀园图书馆为省立。孟晋谓：他日可尽出玉海楼藏书移贮，与文澜阁东西浙相抗。"（《天风阁学词日记》）1947 年和 1974 年，孙延钊两次将大批玉海楼珍藏赠予温州市图书馆，1974 年捐献的是本人随身携带的家传图书，如孙衣言和孙诒让的诗文、日记、手稿与他本人的《经微室遗集》《瑞安五黄先生系年合谱》等手稿和一批珍贵的名人字画。孙延钊终身关注图书馆事业的拳拳之心，人天共鉴。

漫漫的磨难期

20 世纪 40 年代，抗日战争进入艰难的相持阶段，温州三次沦陷。在日寇铁蹄的蹂躏下，温州百业凋零，生灵涂炭，人民遭难。1945 年抗日战争胜利后，还没缓过来，温州又陷入内战，社会经济近乎崩溃，百姓生活困苦不堪，籀园图书馆也进入漫长的磨难期。

1941 年 2 月，孙延钊调任浙江省图书馆馆长。始终关注籀园图书馆发展并为之立下汗马功劳的梅冷生成为第七任馆长。

梅冷生（1895—1976），名雨清，以字行，永嘉城区（今温州鹿城区）人。民国初年就读于私立东瓯法政学校。1917 年籀园尚在建设中，梅冷生就与友人从瓯海关署驻军的炊灶底下抢救出《永嘉诗人祠堂丛刻》版片 335 块，运至籀园收藏（后来移交文物部门）。1920 年梅冷生创办《瓯海潮》周报；参与组织“慎社”，后从瓯海道尹林鹍翔学词。1921 年参与创立“瓯社”，同年为省议会第三届议员。1935 年任第三特区（永嘉区）征辑乡先哲遗著委员会委员、总务兼印行股主任。1949 年后继续担任温州市图书馆馆长，1952 年后曾兼任温州市文管会副主任。晚年主编《馆藏古书目录》十册。梅冷生长期留意本地遗闻轶事，陆续辑录《温州区地方资料汇编》。“文革”期间梅冷生因中风卧榻十载。有《劲风阁遗稿》和《梅冷生集》遗世。

梅冷生

从 1941 年 2 月至 1976 年 9 月，梅冷生是温州市图书馆历史上任职时间最长的馆长，也是贡献最大的馆长。他为募集书款、征集文献、保护图书苦心孤诣，不辞劳苦，事例不胜枚举，其中最令人难忘的有两例。

一是保护馆藏珍本。他到馆之日，正是日寇铁蹄蹂躏温州之时，刚到任的梅冷生馆长主要任务就是组织员工转移珍贵图书，躲避战火的劫难。1941 年 4 月、1942 年 7 月、1944 年 9 月，温州三次沦陷，为了保护馆藏，梅冷生数次将善本、重要图籍和古籍版片运到农村保藏。尤其是在第三次沦陷期间，他先把馆藏善本抢运到瑞安仙岩寺，随后又转移到更偏僻、更安全的山区大峃龙川（今属文成县）文昌阁，委托馆员潘国存保管。他本人前往瞿溪一所中学执教，薪水给潘国存用于伙食费。1945 年 6 月日军溃败，珍藏图书全部安全运回，永嘉县政府为此专门发文嘉奖。

二是抢救私家珍藏。梅冷生学识渊博，与学术文化界交往甚密，对温州地区重要私家藏书了如指掌。抗战胜利后，图书馆即接受了永嘉黄群敬乡楼藏书 6400 余册及瑞安孙氏玉海楼部分藏书，以后又陆续接受了瑞安杨绍廉䩍鄦楼、乐清朱镜宙、永嘉潘国纲诸家藏书以及旅居上海的王国桐、李鸿文和温州旅沪同乡会捐赠的图书。1949 年，接受吕氏于园藏书3465册，潘氏养心寄庐藏书5630余册。同时，梅冷生将自己收藏多年的劲风阁私家藏书2019册，其中有明版和清初写刻本多种、清人诗文集400余种以及《南社丛刻》《青鹤》等书刊连同书架一起捐献归公。

1951年初，温州各县陆续开展土地改革运动，为了不让温州各地的私家藏书流失和遭受损失，梅冷生上书军管会政委李培南，建议将土改中收缴的私家藏书统一移交给市图书馆。李培南当即下达文件并电话通知各县土改工作队，命令对搜集到的全部图书妥善保管，悉数归市立图书馆接收。梅冷生率馆员风尘仆仆奔赴各地接收，从土改队、造纸厂，甚至从废品堆中抢救出数以万计的珍贵古籍。在他的努力下，瑞安陈黻宸的烛见知斋、张棡的敦隐园、平阳吴承志培英图书馆，永嘉戴家祥、王学羲以及平阳刘绍宽等人的私家藏书全部或部分得以保全，再加上接受了瑞安孙氏玉海楼藏书22000册、项氏染学斋和温州弘一图书馆、东山图书馆的赠书，温州地区著名藏书家的藏书基本上聚集于温州市图书馆，馆藏古籍骤然从6万册增至20万册。梅冷生在下乡期间还有一个意外收获，他在一个以饴糖换废品的流动货担上，发现一部明万历年间刻印的《温州府志》，后被证实为国内唯一存本，这一珍贵的温州地方文献也因此绝处逢生。

在不断补充馆藏的同时，梅冷生还注意发挥图书馆的社会文化服务功能，曾聘请知名学者李笠、夏承焘、徐桂芳、王季思、贾祖璋等到馆举办学术讲座，还为抗日救亡和民主革命做了许多工作。1946年9月，与学生组织“温州专科以上学校学生联合会”（简称“大联”）合作，在五马街国货公司二楼联合开办中心阅览室，陈列进步书刊，受到读者好评。进步学生组织“社会科学研究会”常在籀园开展活动；中共地下党组织也多次利用籀园这一场所与进步学生接触、联系，指导学生运动。所有这些使得籀园图书馆在新民主主义革命洪流中留下了光辉一页。

作为图书馆馆长，梅冷生的道德文章堪称楷模。刚接任籀园图书馆馆长之职时，他就把已在图书馆工作多年的儿子梅之芳叫来，郑重其事地说一家两口同在馆里不方便，特别是他作为馆长不好办，让梅之芳另谋出路。后来梅之芳在回忆文章里说：“我对父亲的突然决定愤愤不平，第二天就毅然离开了图书馆，以后好久才找到一份差事。”（《劲风楼主的道德文章》）

以梅冷生为代表的一代籀园人骨子里透着一股“傻气”，他们对图书馆热爱、痴迷、虔诚，近乎一种宗教情怀，体现了爱书、爱才、爱乡、爱馆的籀园精神。图书馆工作无经济利益可言，但图书馆的前辈们始终兢兢业业，不懈耕耘，历经几代人的努力，才让籀园这棵幼苗成为温州的文化代表。梅冷生被称为温州文化的“保护神”。1955 年满 60 岁后，梅冷生有意退休，夏承焘在《天风阁学词日记》中提道：“一九五五年十一月十九日：得天五函，告冷生复书，欲辞温市图书馆，入浙江文史馆。”

但事实上梅冷生未能离职休养，即便到了病瘫卧床的状态，直到他 81 岁病故之前，依然未能如愿退休，是名副其实的终身馆长。20 世纪 50 年代担任过温州市文教局局长的冯增荣是这样回忆他的：“梅先生无愧是功在桑梓的乡贤前辈，自 1941 年担任温州市图书馆馆长达 35 年之久，尽心竭力，乐此不疲，贡献之巨，无可估量。他呀，似乎是天遣的文化使者呢。与其说图书馆工作是他自愿献身的事业，毋宁说是他的生命因子和生存的方式，图书馆离不开他，他也离不开图书馆。图书馆本来就是一个城市的文化标志。那时，社会文化机构不多，图书馆自然居于重要的地方文化中心，传播文化，启迪民众，造就学人，厥功甚伟。我想，梅先生这样天遣的文化使者默默奉献，泽被乡里，实为温州学人之幸，温州之幸！”（摘自《天遣的文化使者》，《瓯歌二集》，上海远东出版社，2014 年，154 页）由此可见梅先生因对图书馆事业的贡献而获得广泛的社会尊重。

02

第二章

1949 年以后的温州市图书馆

中华人民共和国成立后，温州市图书馆和其所在的城市一样，随着社会大环境的变化，经历了四个阶段：政权变革的转型期、运动频繁的停滞期、凤凰涅槃的新生期、展翅高飞的发展期。每一个时期都给人留下了难忘的回忆。一个个鲜活的图书馆活动事例也印证了温州社会文化发展的历史。

第一节

政权变革的转型期（1950—1965）

1949 年 5 月 7 日，温州和平解放。6 月，市军管会派林大夏为军代表接管籀园图书馆，梅冷生继续担任馆长。同年 8 月 26 日，温州市人民政府成立，籀园图书馆正式由政府接办，划归市文教局管辖。

中华人民共和国成立初期，百废待兴，行政经费紧缺，图书馆经费仍以田租收入为主，政府予以适当补助。为节约开支，普华电气公司为图书馆免费提供照明用电，图书馆则集中经费用于购买新书刊，配合公众了解新社会政治理论和时事政策。

1950 年 6 月起，图书馆改名为温州市立图书馆，经费由政府全额按月拨款，取消书刊借阅的铺保模式，业务得到全面发展。图书馆在日常开放的同时，还用图书车把书刊送到中山公园等地，开展流动阅览服务，并借用五马街国货公司三楼开设书报阅览室。1955 年，正式改名为温州市图书馆。

从落霞潭到沧河巷

1952 年，因籀园馆舍年久失修，存在安全隐患，外借和阅览部暂迁借用的石坦巷王姓旧宅开放。同年市政府拨专款 8000 元，购得沧河巷金氏三进楼房一幢，使用面积约 1300 平方米。后继续拨款用于房屋修缮布置、添置设备。1953 年 5 月温州市图书馆迁入新址。

图书馆迁址同时，陆续配置 2 名副馆长，年近花甲的梅冷生退居二线，重点负责古籍管理工作。同时新进 8 名业务干部，职工最多时有 14 人。图书馆设置了采编、外借、阅览、推广、儿童阅览和总务等机构，强调科学管理，修订规章制度，工作要求为服务对象工农化、服务目的实用化、服务任务多样化。主要活动有以下几项。

沧河巷馆舍照片

新书采购与编目。1953 年起，年均购书 7000 余册。1956 年，市政府拨款 3000 元购置科技图书 2500 册。同时接收了市中苏友协赠送的《苏联大百科全书》和市文化馆图书室的全部藏书，向北京等地古旧书店配全了《燕京学报》等期刊，还在本市旧书摊购得恽代英于 1925 年主编的《中国青年》等进步书刊。馆藏书刊先是采用浙江图书馆金天游新编的《图书分类表》对平装书编目，1958 年再次改用《中小型图书馆图书分类表》，并配合社会政治需要编印多种书目索引。

在读者服务方面，初设 150 个座位的综合阅览室，图书为半开架借阅，报刊全部开架。1956 年起，新设文史、科技研究室，开架陈列专业学术性较强的书刊和相关工具书，对专业读者开放。

图书馆经常组织读者座谈会，举办科技、文史、时事讲座，平均每年 15 次以上。学术名流夏鼐、苏渊雷、俞寰澄等曾应邀来馆做讲座，由图书馆在活动前印发讲座内容大纲和资料索引。图书馆举办了“古籍版本”“孙诒让著作”“鲁迅著作”“祖国的宝岛——台湾”等多种文献展览，并在其他单位巡展。馆内还有墙报“读者园地”，成为读者阅读与交流的空间。

服务基层图书馆方面，图书馆为企业、街道、农村的图书馆（室）提供业务辅导，举办了基层图书室业务培训班。在部分工厂、农村、居民区设立图书流通站，定期送书、办理个人外借，并编印《积极开展农村图书流通工作》《工会图书馆业务学习资料》等小册子，帮助基层图书室工作人员提高业务水平。

1953 年“六一”儿童节，图书馆新购儿童读物约 2 万册，设立有 60 个座位的儿童阅览室和儿童读物外借处，图书馆员组织小读者自我管理，每月举办故事会或讲座，活动基本座无虚席，受到小朋友、教师和家长的欢迎。1958 年 6 月，儿童阅览室迁至华盖山资福寺，改称“温州市儿童图书馆”。1961 年，温州团市委在华盖山开办少年宫，图书馆由少年宫接办。

馆员送书下乡照片

儿童分馆照片

古籍征集整理成绩斐然。温州市图书馆古籍收藏经数十年的搜集积累，20 世纪 50 年代已经达到 20 万册之多。由于场地、经费和人力等限制，当时的书籍大多用草绳捆扎后堆积起来，面临霉烂和虫蛀鼠噬的厄难。1957 年，由梅冷生主持并开始整理古籍。由一名副馆长具体负责，雇用两名临时工，利用大小不同、式样各异的旧书箱与 10 个简易书架，先将古书拆捆上架，然后逐一登记、分类编目。古籍图书分类基本采用金天游新编的《十进分类法》，同时参照其他分类法适当增加细目。在这一过程中，工作人员多次更换，但梅冷生坚持不渝，终于在 1959 年国庆十周年之际，油印出 10 册书本式《馆藏古籍目录》。编目上架的古籍近 15 万册，复本 3 万余册拨交各县其他图书馆，残缺复本约 2 万册留作馆际文献交换备用。

爱岗敬业的馆员

中华人民共和国成立初期，百废待兴，图书馆经费不足，人手不够，条件相当艰苦。全馆 7 个部门，工作人员只有 8 位，不是每人独当一面，而是要应对多面。

2014 年温州市图书馆馆刊《籀园》第一期上有一篇文章《母亲琐忆》，作者邱笑春是老馆员黄东君的女儿。黄东君是中华人民共和国成立后温州市图书馆最早的那批馆员之一，从 1952 年直至 1972 年，在图书馆的平凡岗位上工作了 20 年。文章写得很细腻，重现了当年的情景。当时黄东君家随图书馆从籀园搬到沧河巷，与图书馆只有一墙之隔，房子与图书馆原先同属一个金氏房东，后院有一扇两排门，打开可直通图书馆内右面的小院。由于与图书馆住得如此之近，邱笑春三姐妹每天不在家里，就在隔壁的图书馆里。因此，她们母亲和图书馆的点点滴滴如今仍历历在目。

在邱笑春姐妹童稚的眼里图书馆就像一个大家庭，有“戴着黑框眼镜、高大儒雅而慈祥的梅老馆长，从部队转业到这里，总是穿着一身军装、留有军人风范的何浩副馆长”，一楼借书处有“穿着朴素、总是两臂套着袖套忙碌、亲切的徐笑中阿姨”，农村部有“红扑扑脸蛋，笑声爽朗、工作起来不知疲倦的倪新桢阿姨”，采编部有“白净、文气、身材高挑的若华阿姨”，“会计室兼传达室有不苟言笑、工作严谨的黄舜卿叔叔”。

图书馆的二楼是阅览室，邱笑春的母亲就在那里工作，同时还兼管基本书库及“九间书库”，工作忙碌、琐碎又繁重。为了做好开馆准备，每天早上母亲提前一小时到馆，先到一楼的水井里打水上楼，把阅览室的每张桌面擦干净，然后整理隔日报纸，再把当天报纸一一上架。由于每天来借还图书的读者络绎不绝，馆员忙得不可开交。因为人手紧缺，在服务岗位的馆员总要等其他科室同事饭后来顶班才能去就餐。闭馆人去楼空之后，母亲先将图书报刊一一归位，然后洒水扫地、整理桌椅，等回到家里往往已是夜里十点钟了。三姐妹也经常充当母亲的小助手，做义务管理员，晚上闭馆时帮着整理书、打扫卫生。最让她们难忘的有两件事：一是帮母亲装订报刊合订本，二是数豆豆记人数。

阅览室有几十种报纸杂志合订本出借。每份杂志要按年装订，报纸则按月装订。这是一个既要耐心又花力气的活儿，那一叠叠的报纸和杂志的合订本都由母亲手工装订而成。稍有空闲，母亲就像工匠似的系着围裙，一手拿锤子，一手握锥子，在一块装订专用的、硕大的、雕着龙头的镇纸石上敲敲打打，装订报纸杂志。后来邱笑春姐妹也经常帮妈妈搞装订，小心翼翼把一个月 30 张报纸一张张平平整整放好，然后吃力地在上面钻洞、穿针引线，久而久之她们都成为熟练的“装订工”。

不过姐妹们最喜欢做的事情是帮妈妈数黄豆，当时进阅览室的读者都要在门口的一个小柜子里投一粒黄豆，小柜子设有 5 个小洞用来分类统计工、农、商、学、兵读者人数。不过后来数黄豆改进成翻小纸牌了，小柜子上放着一叠叠数字渐进的小纸牌，读者进来根据自己的身份翻一张，统计人数时看最后一张小纸牌数字即可。

与黄东君同一年代入馆的倪新桢记得同样忙碌的还有设在一楼的图书馆外借处。“馆门一开，外面排队的读者就像潮水般涌了进来，有借书的，也有还书的。多年来坚守这个岗位的是徐笑中，她反应快，业务也熟练，忙而不乱，沉着应对。当时一个书库，藏书几万册，书架几十个，整个工作日她就是这样忙着借书还书。走东跑西，不断地奔波在书架间，计算起来一天要走好多里路，几年下来绕地球都有好几圈呢！”

倪新桢本人在图书推广（辅导）组，主要工作是下基层为工农兵服务。当时温州市区有 8 个行政区、40 多个公社（乡镇）、500 多个农（渔）业生产大队，大小工厂也有几十个。但公共交通是一片空白，馆内也没有一辆自行车，出门全靠步行。

到市内或近郊的工厂搞读书推广工作比较容易，那里工人比较集中，有场地，只要宣传得法、领导重视，采取单位出钱购书与向市馆借书相结合的办法，解决成立图书室的书源问题，一个工厂的图书室很快就可以建立起来。

到城市周边的农村开展阅读推广工作困难就多了。那里村庄面广，居民分散，群众文化水平较低，几乎找不到几本书，完全靠送书下乡。但是，“送书进山”确实是一件艰苦工作。据倪新桢回忆，她经常是带着一大捆书，翻山越岭辛苦地走一天，才到达目的地。因那些地方没有旅馆，也没有招待所，寒冬进山，自己还要带棉被，在公社里找个睡觉的地方。有一次，她和郁宗鉴一起去林垟公社，一大早就从泽雅上山，接着是翻过一座座山，蹚过一道道水，直到双脚打颤，才到了那里，时间已是掌灯吃晚饭的时候了。

老馆员照片

这样一批爱岗敬业的馆员成了读者眼里最可爱的人，图书馆成了读者们的“天堂”。黄东君的女儿提道：“母亲为人正直热情，与不少读者结成了挚友和忘年交。当时在阅览室还有好多坚持自学的青年读者，其中有因家庭出身不好不能考大学的，有因家境困难辍学的，还有具一定技能暂时找不到出路的，图书馆就成了他们的学习场所。母亲总是力所能及地关心和支持他们，鼓励他们用知识改变命运。她常说，爱学习爱读书的孩子不会错。”在那个物质匮乏的年代，正是图书馆给了这些读者源源不断的精神滋养。他们当中的许多人通过图书馆自学，以后成为大学老师、报社总编、出色的科技人员、专家。如现为中国社科院语言学研究员的郑张尚芳，当年家境不好，又因国家困难时期精简工作人员失去了工作。由于他对语言学有特别爱好，图书馆不但为他看书学习、查阅资料提供方便，而且还让他在图书馆兼职。郑张尚芳成名之后，自称是“温州图书馆大学”毕业，对黄东君这样的馆员，他是没齿难忘，他说：“回忆在温州图书馆的日子，她给我多么热情的帮助与关怀。想到东君同志的深情帮助，想到她对其他读者也是这样的热情，令人无限怀念。她对读者的爱将永远留存在温州图书馆读者心中。”

“世上如果有天堂，就应该是图书馆的模样。”正如博尔赫斯所言，当年的沧河巷图书馆对爱读书、爱学习的年轻人来说，就如心中的天堂，而黄东君和她的同事们就是“甘愿搭建天梯的人”！

中华人民共和国成立后17年，是籀园图书馆向温州市图书馆过渡的发展时期，其特点是，馆外运动多，馆内任务多，图书馆各项业务活动相对活跃。

20世纪50年代中期起，为了配合形形色色的运动，图书馆经常编写一些专题图书报刊索引、资料。如“大跃进”时，全市开展工矿企业的技术革新活动，图书馆自身资料有限，就探索将报刊上的成功经验摘录后印成小传单，送给有关工厂和公社参考。图书馆曾经在一个季度中为53个生产单位送去了15种经验资料、150份传单。这一做法深受工矿企业的欢迎。图书馆为此增加了很多工作量，馆员每天翻阅馆藏30多份报纸、100多份刊物，搜集、整理、誊写和印刷资料，夜以继日地工作。配合社会运动的突击式活动虽然有着时代局限，但一代图书馆人爱岗敬业、任劳任怨的苦干精神依然值得敬佩。

1964年5月15日，全国人大常务委员会副委员长、中国科学院院长、中国文联主席郭沫若到温州视察，参观了温州市图书馆，并留下一幅题词。如今温州市图书馆馆名的字迹就取自他当年的题词。

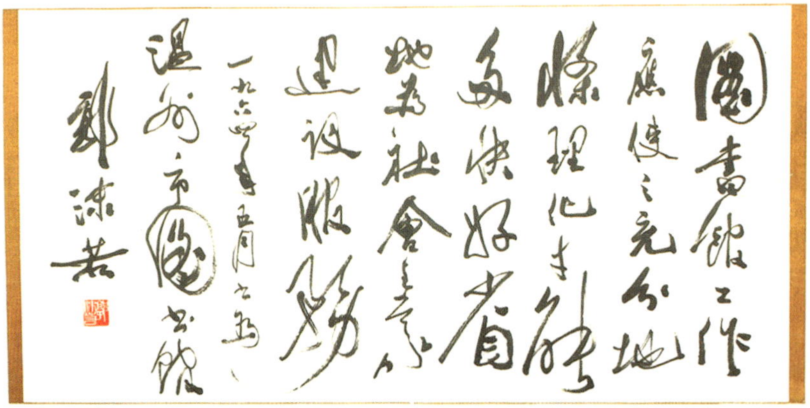

郭沫若题词

第二节

闭关自守的停滞期（1966—1976）

1966 年开始，神州大地陷入“十年动乱”之中，中华文化遭受了巨大的灾难。温州是“文化大革命”重灾区，在派系斗争和“打砸抢”的混乱时代，作为社会文化活动中心之一的图书馆受到极大冲击。

劫难中抢救图书

“文化大革命”初期，温州市图书馆被迫闭馆四年之久。当时社会上刮起的烧书歪风也蔓延到温州。幼稚无知的“红卫兵”到处查抄文物图书和私人藏书，藏书逾 40 万册的市图书馆自然成了“封资修图书的大本营”，好几批“红卫兵小将”连续上门。据“文化大革命”后的第一任馆长郁宗鉴和老馆员阮延陵回忆，为了保护这几十万册来之不易的图书，当时馆里八位病弱“老将”“忧心如焚，苦思对策”，最后采用“苦肉计”，把一批本来要报废的破损图书和连环画集中到一个库房，贴上“大毒草准备烧毁”的封条；古籍书库也一一贴上封条，封条写得很有趣，有“判处死刑，缓期执行”，“反面教材，留着待用”，还有“留待审查，分别处理”。“红卫兵小将”来了，就领他们各处参观，向他们反复解释，耐心把他们打发了，使图书文献免遭劫难。

1967 年，温州古旧书店停业。温州市图书馆在当时艰难的条件下竟然购下了该店 2 万册图书，包括《共产党宣言》国内最早译本等珍贵文献。图书馆员们还到农村、学校以及居民区去搜集“四旧书画”，抢救了大批珍贵图书文物。社会上部分私人藏书被查抄后，也汇集到图书馆保存起来，数量超过 2 万册。“文化大革命”结束之后，这部分图书文物得以物归原主。

当时馆员们冒着政治风险，到全市各个“四旧”集中点，用人力三轮车把成千上万册的图书资料一车车抢运到图书馆。面对红卫兵“这些都是大毒草，你们怎么能运走”的质疑，黄东君的回答中所表现出的智慧和勇气让她女儿记忆犹新：“图书馆是一个特殊的地方，它像一个中药铺，药铺里既有补药也有毒药，既要有人参，也要有砒霜。”

“文化大革命”十年，温州的两次武斗对图书馆的书库构成了极大的威胁。但由于老馆员阮延陵等人的机智应对和耐心劝导，武斗结束，除了那些旧报、旧复本被用作掩体之外，图书本身没有受到损失，只是书库建筑上留下了累累弹痕。

还有一件事也要记上一笔。虽然在此期间温州市图书馆业务活动基本停顿，但馆员并没有闲散成为“逍遥派”。他们一有机会就上街收集传单和资料，共集聚了传单21785种6万余件，图书2000余册，为研究温州的那一段历史存留了难得的文献资料。

废墟上盖起新楼

“文化大革命”期间，温州市图书馆不但珍贵藏书得以保全，还增加了10万余册馆藏，并在县前头盖了一幢4层图书馆大楼。

县前头图书馆新舍

新图书馆建在原解放电影院废墟上。“文化大革命”初期，电影院在造反派武斗时被烧毁。行政管理部门拟重建电影院，但觉得原址面积太小，土地因此闲置。此时，图书馆与文管会合并成立“温州市文化系统革委会图书文物组”，之后又改名“温州市文物图书馆”，于1970年10月对外开放。因为馆藏增加，场地不敷使用。时任温州市文物图书馆革命领导小组组长张正银适时向市革委会提出了建设新馆的要求。当时的革委会负责人原先是部队的师政治部主任，有一定的文化意识。1971年底，新图书馆建筑在电影院废墟上破土动工。

1973 年 7 月新馆落成，使用面积 1484 平方米，共有 6 个书库、2 个阅览室和 1 个外借处，同年 10 月 1 日正式开放。在这一阶段，经费、人员有所增加，但出版物品种稀少，购入图书复本量大。

“文化大革命”十年期间，温州市堪称“重灾区”。温州市图书馆人在险恶的社会环境中坚守岗位，不但保全了原有馆藏，还大量补充藏书，建设了新馆，这在那个特殊的年代是个奇迹。传统的籀园文化精神在图书馆人身上得到完美再现，也为温州市图书馆后来的兴旺发达奠定了基础。

第三节

凤凰涅槃的新生期（1977—1990）

1976 年“文化大革命”结束，全国人民迎来了新生的喜悦，图书馆也感受到了春天的温暖。1979 年 3 月，图书馆与文管会分离，恢复了“温州市图书馆”原名。

1984 年，温州市被列为 14 个对外开放的沿海城市之一，随后又被定为经济试验区。第二次改革开放的历史机遇让温州开始发生巨变。在以经济建设为中心的社会大潮中，图书馆找到了新的努力方向，主动为温州的商品经济发展提供资料信息，为温州地区的经济起飞做出了贡献，凸显了这个时期图书馆服务工作的特点。

用户服务出新招

为满足社会读者的文献需求，图书馆先是陆续增加借书证发放数量，从 1983 年起向全社会敞开发放借书证，图书馆开放时间由原来的每周 48 小时逐步增加到 67 小时。为改善阅览条件，图书馆于 1985 年和 1988 年两次调整布局，添置阅览设备，美化阅读环境，实行报刊开架阅览，部分流通率较高的图书也实行开架外借。

阅读辅导活动除日常新书推荐外，1978 年起编发《图书评论》，聘请著名学者王季思、赵瑞蕻、张立文、骆寒超等到图书馆举办讲座。配合“振兴温州”的社会动员，1984 年举办了五次“温州乡土知识讲座”，1986 年举办了“读者知识竞赛”等活动，不断探索当代城市图书馆公众文化服务的新模式。

同时，温州市图书馆开始探索服务经济建设的途径，为科研类文献读者提供各种优惠政策，如延长借阅期限、增加借阅册数、代办馆际借阅、帮助他们尽快获得科研前沿信息。图书馆增设了科技信息咨询部，与市文化局合编《文化改革信息》，举办了“国外新产品样本展览”和科技信息发布会等活动。1988 年，汇编《收录机》《电风扇》《照相器材》《钟表》等 4 种专业科技文献信息交流刊物，共印发了 90 期，获得了良好的社会反响。1987 年，浙江省文化厅举办“浙江省公共图书馆服务成果展览”，温州市图书馆有 27 项成果入选，1988 年重大成果又增加了 10 余项。

文献建设上台阶

随着城市经济实力增强，图书馆经费也逐年增加。温州市图书馆在原有馆藏特色基础上，书刊采购突出服务本地区经济发展的中心需求。同时，继续加强传统文化和地方文献的搜集。1987 年至 1988 年，订购了影印文渊阁《四库全书》《清实录》和《道藏》等大型古籍丛书，并开始有计划地向在全国各地工作的温州籍专家、学者征集相关图书。

1982 至 1984 年，馆藏书籍全部普通图书按《中国图书馆图书分类法》进行书目改编。1985 年起，普通图书和连续出版物全部推行标准化著录，编成分类目录 3 套，书名目录 2 套，为文献的科学管理奠定了基础。

1980 年，温州市图书馆对馆藏古籍进行了全面清点，同时完成了文化部《中国古籍善本书目》的核对和验收。其中被收录《中国古籍善本书目》的古籍有 223 部 6914 卷 2105 册，补报的有 222 部 11119 卷 2961 册，连同未被收入此目录但符合善本条件的古籍及地方文献中的珍贵典籍，合计有善本 9000 余册。1982 年起，对馆藏古籍重新分类编排，制作分类目录、书名目录各一套。图书馆成立了古籍修补组，制订了破损古籍的整修计划。

1983 年，一座 3 层、使用面积 1047.58 平方米的古籍文献部馆舍在上村路开始兴建，1986 年 12 月 20 日落成，图书馆的古籍保护和利用从此又上了一个新台阶。

上村古籍部馆舍照片

专业能力大改观

1980 年，温州地、市合并，改行地级市管理体制，温州市图书馆随之成为本地区的中心图书馆，为各县基层馆提供业务辅导成为市图书馆的基本职责之一。

为增进全市图书馆行业内部交流，1980 年至 1981 年，1986 年至 1987 年，温州市图书馆分别编刊《图书馆通讯》和《温州市图书馆》各 3 期，供各级基层图书馆业务学习之用。为了提高基层图书馆（室）的业务水平，市图书馆举办了不同类型的业务培训班，并派人到各县业务培训班讲课。1985 年，温州市图书馆承办了省文化厅组织的“浙江省图书馆基础知识培训班”，全省公共图书馆 73 名学员参加，时间长达 42 天，受到省文化厅和学员的一致好评。1985 年起，温州市图书馆先后开办了 2 期电大图书馆专业班、2 期中专函授班，图书馆行业的整体专业能力开始有了根本性提高。

电视大学图书专业班学习

浙江省图书馆基础知识培训班照片

温州市图书馆重视提高馆员业务素质，曾多次派馆员前往北京、承德、杭州参加业务培训，先后保送 2 名青年职工脱产到杭州大学进修。有 5 名青年员工参加电大学习并获得毕业证书。温州市图书馆多次派人参加华东地区和省学会组织的学术研讨会，两次组织本地区专业人员到广东、湖南等兄弟图书馆参观学习。1987 年在全国公共图书馆界首次专业职务评审中，温州市图书馆有 2 人获得副研究馆员，7 人获得馆员，9 人获得助理馆员，8 人获得管理员等专业技术职称。

1980 年 12 月，温州市图书馆发起成立了浙江省图书馆学会温州市会员小组。这一组织协助市教育局、总工会举办了多期业务培训和两次学术讨论会。1984 年 11 月，温州市图书馆发起成立了本省第一个市级学会——温州市图书馆学会，推动学术研究和交流，促进了本地区图书馆事业的发展。

有偿服务苦乐事

1980 年，为弥补事业经费不足，根据上级开展社会服务“以文补文”的精神，有着事功之学传统的温州市图书馆人自然应声而动，开展了有偿服务。主要有以下两个项目。

一是设立复印服务部，对外营业。时任美工的前馆长潘旭龙记得当时温州仅工科所拥有复印机，他去看了觉得很先进，认为图书馆用得着。于是图书馆自筹资金购置了复印机，开展复印业务的市场服务。当时温州市场上没有复印店，图书馆复印服务是独家生意，经济效益很好。1983 年图书馆就正式领取营业执照，成立了温州地区第一家复印服务营业部。尽管复印工作又脏又累，服务人员晚上回家鼻孔都是黑的，但复印业务的开展，既方便了读者，提高了图书的利用率，又获得了一定的经济收益。于是陆续添置装备，有了电脑、打字机、复印机、小胶印机等齐全的轻印刷全套设备，服务内容也越来越丰富。除了为读者和学术机构复制图书资料外，市馆还根据各地图书馆、地名办、方志办的要求，翻印了《万历温州府志》《永嘉县志》《乐清县志》《分疆录》《岐海琐谈》《普陀山志》等馆藏古籍，供各馆收藏；同时积极开展社会服务，为企事业单位印制厂报、信息汇编、产品介绍、图纸和教材等，社会反响良好。

二是图书馆兼营书店。1985 年四、五月间，温州市新华书店的退休老经理沈萍受省出版总社之托，为下属的东南图书公司物色合作伙伴。沈萍找市图书馆商量，与图书馆拟筹措资金开办书店的意向不谋而合。双方议定，图书馆提供场地和人员，东南图书公司提供图书。

1985 年 7 月 22 日，东南图书公司温州分公司成立。县前头图书馆东侧的阅报围墙被推倒，改建成长廊式的临街门市，书架、书柜、背景等由擅长美工的潘旭龙馆长亲自设计和定制。据负责经办书店的老馆员陈寿楠回忆，由于坚持自己的经营理念，书店就逐渐形成了特色，也赢得众多的读者。但由于种种原因，书店不到两年就关闭了，给当事人平添了几分惆怅。

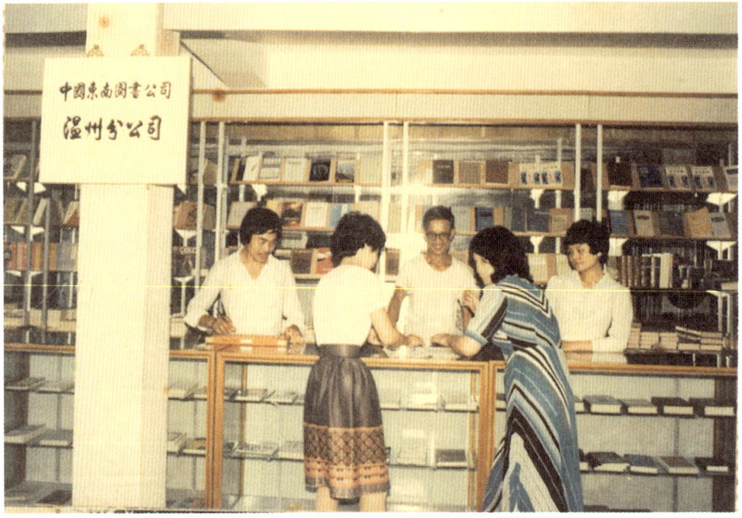

书店照片

为了千万个读者

1981 年 2 月 14 日，《浙江日报》在“周末特写”专栏中，发表了一篇记者沈利民采写的题为《为了千万个读者——记温州市图书馆》的通讯，系统反映了这一时期温州市图书馆的变化。文章详细记述了图书馆人努力学习，提高业务水平，全心全意服务读者的具体事例，表达了通过利用图书馆取得成效的读者的感激之情。图书馆人的辛勤付出获得了切实的回报。

浙江日报

金钱为之黯然失色

为了千万个读者

《为了千万个读者》新闻报道

1990 年，温州市图书馆工作人员达到 40 名，机构设置有行政、采编、地方文献、外借、普通阅览、报刊阅览、复印 7 个组和古籍、辅导 2 个部。馆舍分设 3 处，总计面积 3000 平方米，年财政经费 30 万元，藏书超 50 万册，书刊年借阅量超 50 万册。

第四节

展翅高飞的发展期（1991—2000）

在20世纪90年代进一步开放的热潮中，温州社会经济快速起飞，文化建设日新月异，图书馆也步入发展的“快车道”，在全国图书馆界独树一帜，引领信息时代风骚。

构筑新的知识大厦

进入20世纪90年代，温州城市建设飞速发展，瓯江江畔高楼大厦如雨后春笋般拔地而起，温州大学、温州师范学院、温州体育馆等文化设施也旧貌换新颜，而温州市图书馆设施陈旧，无法实现现代化图书馆的服务功能，建设新的图书馆大楼的任务被提上了日程。

1992年10月24日，温州市图书馆召开读者座谈会，交流经验，表彰优秀读者。会场上意想不到地掀起了“百元建馆”的热浪，图书馆老读者、温州著名的史学家胡珠生说：“有73年历史的温州市图书馆培育了多少学者名人，如今温州百业兴旺，却没有一座与之相称的图书馆，拥挤简陋的馆舍实在有损温州形象。听说市政府正在积极筹建新馆，可是资金严重不足。我们作为图书馆的常客，滴水之恩当涌泉相报，大家都来为建设新图书馆捐上100元吧……”言罢，他掏出200元递到馆领导手上，到场众人纷纷解囊响应。事后众多没有与会的读者闻讯后赶来送上各自的心意，其中有年逾古稀的老诗人马骅等。虽然到20世纪

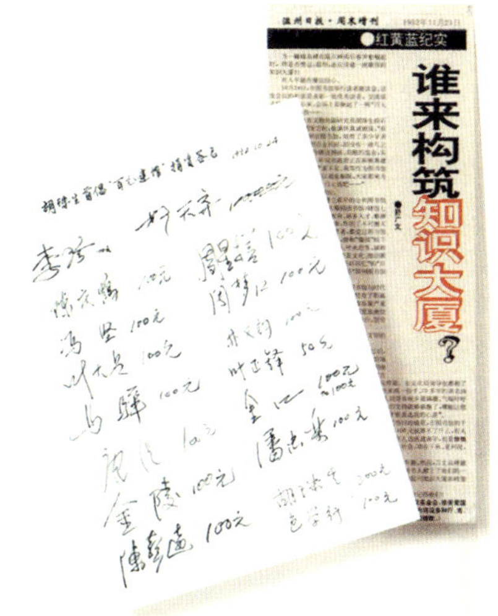

1992年10月24日胡珠生首倡“百元建馆”捐资签名

捐资签名照片

90 年代之时，100 元已算不上大钱，与建馆所需的上千万资金相比只是杯水车薪，但是万丈高楼需要一砖一瓦垒起，而率先献上这一砖一瓦的是囊中羞涩的读书人。读者的情意感动了图书馆人，也感动了全市同胞。因此，温州市文化局设立了图书馆建设基金会，接受海内外爱国爱乡人士的资助。

1995 年，台胞张姚宏影女士怀着振兴温州文化、造福家乡人民的爱心，慷慨捐资 100 万美元。同年，市政府决定将上村路现馆舍转给市园林管理处，在积谷山麓、春草池畔的园林管理处原址兴建新图书馆。1996 年 6 月新馆动工，至 1998 年 5 月 26 日落成，耗资 2600 万元，同年 10 月 1 日开放。

新馆占地 2500 平方米，建筑面积 9263 平方米。馆舍地处市中心，交通便捷，积谷、华盖两山前后夹峙，中山公园和池上楼左右为邻，馆舍掩映在青山绿树、碧水蓝天之中，环境幽雅宜人。新馆建筑按照 20 世纪 90 年代图书馆服务需求设计，为图书馆现代化管理奠定了基础。为纪念张姚宏影女士的捐资义举，新落成的图书馆大楼被命名为“宏德大楼”。新馆开馆之际，温州书画家们纷纷送来各自的书画作品，为新馆增添了一道亮丽的风景。

园西巷馆舍照片

焕然一新的温州市图书馆

搬入新馆后，温州市图书馆呈现出全新的面貌。

馆员队伍素质大改善。人员编制增加到61 名，60% 以上的员工具有大专以上学历，中高级职称的专业人员占编制内总人数的65% ，每年都有高质量的论文在《图书馆学》及相关专业的刊物上发表，研究型著述连年迭出。

服务环境大转变。开辟了社科图书借阅室、科技图书借阅室、报刊阅览室、外文书刊阅览室、电子阅览室、古籍地方文献阅览室、亲子阅读室、自习室等多个专业服务场所，读者只需持有借阅证即可通行无阻。除了古籍和特藏书库，各类书库均对读者开放，读者可以进库查找所需要的图书资料。

馆藏达到70 余万册，其中古籍 15 余万册，报刊 5. 4 万册。古籍数量多且具有较高品位是馆藏的主要特色。1987 至 1989 年全国文献资源调查后，温州市图书馆被列为具有研究级学科（温州地区研究）文献的单位。

自动化建设迈上新台阶。计算机系统建设是新馆建设的重点项目，为了加强图书馆自动化基础建设，1996 年开始进行图书馆自动化建设的前期准备，引入 ILAS 系统，着手馆藏书目数据化。该系统采用 AMP 结构化综合布线系统、高速交换式以太网技术，设置相当数量的奔腾 586 以上 PC 机和多台精良的服务器以及中心交换机，使用 128KpsDDN 专线，组成 Internet/Intranet 网络信息开发、发布平台，构建馆内网络服务中心和数据交换中心，实现业务流程全面自动化。开设了全省地级馆中的第一个电子阅览室，利用电子阅览室、咨询导读系统和“温图在线 Web 站点”为读者提供网上浏览、信息存取、文献检索、光盘阅读、数据下载、资料复制、多媒体视听以及远程拨号登录等多种服务。同时，建立了馆藏机读书目数据库，数据达 17 万条，并自建了具有地方特色的全文数据库 10 种。

大放异彩的第二课堂

温州市图书馆人员不断更新，但始终保持主动热情的社会服务传统，本着“读者第一，服务至上”的宗旨，在敞开发证的基础上，实现了全年无休、不间断开放，每周开放时间79小时，主要读者服务部门达到了每周82.5小时。在全开架借阅的基础上设立了14个专题阅览服务窗口。除进行传统借阅工作外，图书馆还为读者提供信息咨询、网上下载、专题剪报、资料代查、文献复制、馆际互借、预约借书、网上续借等多项服务。同时不断开拓服务渠道，经常给部队、街道、乡镇、企业送书上门，建立馆外流通点9个。

图书馆是市民的终身学校。为让更多的人走进和利用图书馆，温州市图书馆人倾注全力打造市民的“第二课堂”，定期举办各种各样的读者活动。丰富多彩的展览引导社会风尚，弘扬了时代精神，其中“温州当代百家著作展”“温州文化名人厅”“时事科普长廊”等给市民留下了深刻的印象。形式多样的演讲比赛、知识竞赛使读者在亲身参与的乐趣中增长了知识，陶冶了性情。专家学者们在假日举行的讲座和学术报告，内容从古典文学、科普、法律到保健、旅游等，适合不同群体的需求，几乎场场爆满。温州市图书馆培训中心开展外语、计算机、艺术课程的长期培训，开设女子学堂等，是人们接受文化教育的第二课堂。

《温州读书报》的创办以及“温州当代十佳藏书家庭评选”和温州读书协会活动的开展，对“倡导全民读书，建设阅读社会”，实施全国“知识工程”与温州市“书架子工程”起了有力的推动作用。

“尘世未容淹没的一方净土”

从1919年到2000年，从落霞潭到园西巷，温州市图书馆在80年的历程中跨越了两个不同的时代：前30年，它在崎岖小路上步履维艰；后50年，虽然多有坎坷，但依旧勉力前行。当迎来80周年生日时，温州市图书馆藏有70多万册（件）文献，成为浙南地区重要的文献信息中心。图书馆拥有持证读者3万多人，2000年全馆接待读者85万人次，图书借阅达140万册次。

数十年中，温州市图书馆兢兢业业服务读者，让图书馆成为名副其实的“没有围墙的大学”，赢得了社会的众多褒奖。温州市图书馆获得“温州市文明服务示范点”“温州市文明单位”“浙江省图书馆先进集体”“浙江省文明图书馆”和“全国文化系统先进集体”等多项殊荣。从这个“图书馆大学”走出的众多读者留下了发自肺腑的热情话语。

已故中国民主同盟中央委员、原温州大学副校长、物理史学家洪震寰表示，从籀园图书馆建馆以来，这里的不少同志具有广博的古文献知识。他们不仅是古籍保管者，而且是精通古籍的研究者。读者在使用古籍时所遇到的问题，往往都能得到满意的解决。他对温州市图书馆的印象可以归纳为一句话：这里的“书好，人更好”。

上海交通大学教授胡毓达 20 世纪 40 年代小学毕业后，在籀园图书馆里自学了中学课程，中华人民共和国成立后考入华东师范大学数学系，并成为声名卓著的数学家。他认为“从籀园开始培养起来的自学能力，使我在大学学习与以后长期从事教学和科学研究中受益匪浅。拥有适合自己的自学方法，使我不断地吸取新思想，掌握新知识，并取得新成果”。

中国会党史专家胡珠生说：“几十年来，我坐过国会街和沙滩的北京大学图书馆、文津街北京图书馆，逛过上海图书馆、杭州文澜阁图书馆，借过人大和杭大图书馆的书，复印过第一历史档案馆的资料，但是全面地提供给我主要资料的则是温州市图书馆。因此，我的学术道路主要是依靠（温州）市图走过来的。”

长期在市政协任职的金陵是图书馆的忠实读者，曾以《拜金浊浪中一方净土》一文，介绍了马蹄疾、郑张尚芳、周梦江、胡珠生、张乘健等知名学者借助图书馆自学成才的经历，记录了 20 世纪 50 年代到 90 年代温州市图书馆的服务和奉献，“温州市图书馆，这浙南文籍宝库，绵延不绝地培育了不知多少的学术精英。这里是东南尘世未容淹没的一方净土，一直以它拥有的海内珍本、孤本及其他丰富的古今图书和诚恳无私的接待赢得众多读者……”

更多的社会团体和个人则是直接用行动表达自己对图书馆的关爱。如星际控股集团、挺宇集团、迈克外语培训学校等企业，以及赵瑞蕻、唐湜、陈燊、孟庆江、胡雪冈、李珍等许许多多的温州籍专家和一大批普通读者，或捐赠藏书，或提供资金支持图书馆的建设。

温州市图书馆近30年荣誉一览表

年度	荣誉称号	颁发部门
1986	图书馆工作先进集体	浙江省文化厅
1988	文明图书馆	浙江省文化厅
1991	省文化工作先进集体	浙江省人事厅、文化厅
1995	文明图书馆	浙江省文化厅
1997	图书馆先进集体	浙江省文化厅
1998	一级图书馆（第二次全国公共图书馆评估定级）	中华人民共和国文化部
1999	全国文化工作先进集体	中华人民共和国文化部、人事部
2000	读者喜爱的图书馆	全国知识工程领导小组
2005	一级图书馆（第三次全国公共图书馆评估定级）	中华人民共和国文化部
2009	“籀园讲坛”被评为“浙江省优秀讲座品牌”	浙江省文化厅
2010	一级图书馆（第四次全国公共图书馆评估定级）	中华人民共和国文化部
2010	浙江省文化共享工程（公共图书馆）十佳网站	浙江省文化厅
2010	第六届浙江省未成年人读书节创新奖	浙江省文化厅
2013	温州市图书馆老年分馆获第一届“全国敬老文明号”荣誉称号	全国老龄委
2013	一级图书馆	中华人民共和国文化部
2013	浙江省文明单位	浙江省文化厅
2013	全国文化系统首批60家“廉政文化教育基地”	中纪委、监察部
2013	“儿童知识银行”获得第十届中国艺术节“群星奖”	中华人民共和国文化部
2014	国家公共文化机构法人治理结构试点单位	中华人民共和国文化部办公厅

荣誉证书
温州市图书馆荣获浙江省图书馆
先进集体。特发此证,以资鼓励。
浙江省文化厅
一九九七年十一月
温州市图书馆
全国文化工作先进集体
中华人民共和国人事部
文化部
一九九九年
浙江省文化工作
先進集体
浙江省文化厅
浙江省人事厅
一九九一年
文明圖書館
浙江省文化厅颁发
浙江省
图书馆先进集体
浙江省文化厅颁发
一九九七年十一月
荣誉证书
温州市图书馆
在全国公共图书馆开展的评选“读者喜爱的图书馆”活动中，荣获“读者喜爱的图书馆”称号。
特发此证。
荣誉证书
全国知识工程领导小组
授予
温州市图书馆全国文化工作先进集体荣誉称号。
一九九九年
全国文化工作先进集体
荣誉证书

部分奖牌奖杯照片（组图）

当代篇

21世纪的温州市图书馆

03

第三章

扬帆起航的温州市图书馆

进入21世纪，温州经济持续迅猛发展，温州市图书馆也迎来了事业蓬勃发展的黄金时期。在市政府的支持下，温州市图书馆在市府路再建新馆，从此有了第五个新家，以新馆建设为发展壮大的重要契机，建设一座充分体现当代图书馆社会职能的新馆，迎接新世纪挑战，敢为人先的温图人再一次开始了新的探索。

第一节

世纪新貌

当代城市图书馆需要以服务的开放性、综合性、多元性，资源的数字化、网络化为基本特征，以适应公共图书馆集教育、科研、信息、休闲功能于一体的时代要求。温州市图书馆新馆建设以此为目标，开始了新一轮创新发展。

乔迁之喜

从20世纪后期开始，世界图书馆事业开始出现重大的变革，数字网络环境下图书馆的社会信息中心功能越来越受到关注。公众在获取知识的同时，对图书馆的服务质量有了更高的要求。温州市图书馆的新馆建设力求把握时代脉搏，适应温州城市发展目标，同时凸显瓯越历史文化内涵。在这一基本理念指导下，图书馆面向全国就新馆项目设计方案公开招标。

建筑招标先后收到六件竞选设计作品，图书馆将设计模型等公开展出，先让全市市民评论与票选，综合意见后交由专家组织科学评审，最终选定北京建筑设计院提出的1号方案。该方案的建筑外部造型简洁大方，内部结构采用当今国际图书馆大空间、大开放、藏阅合一的新格局，考虑了图书馆自动化、网络化、数字化的阶段性需求，为数字时代的图书馆的长远发展奠定了的基础。

新图书馆选址于中心城区，与市档案馆合用一栋建筑，总用地面积2.1万平方米，图书馆建筑面积3.2万平方米，设计藏书量300万册，阅览座位2000多个，日接待读者5000人次。2002年8月破土动工，2005年7月新馆基本建成。

为及早发挥新馆的社会效用，温州市图书馆在短短的三四个月内完成了开馆前的所有搬迁和准备工作。2005年9月1日，外借、阅览、古籍等部门与办证处暂时关闭，其余部门开放时间保持不变。全馆同人仅用一个半月时间，将80余万册的图书下架打包，10月

15 日起运，随后上架。计算机系统安装、调试，馆舍内部精细装修等工作同步进行。11 月 14 日，新馆开放试运行。12 月 10 日，3.2 万平方米的新温州市图书馆正式全面开放，温州效率与温州精神又一次得到全面体现。

2005 年 12 月 10 日上午，温州市行政中心区的温州市图书馆新馆洋溢着节日的气氛，新馆南广场上彩旗飘飘、乐韵悠悠、人头攒动，温州市图书馆新馆开馆仪式隆重举行。温州市政府官员、专家学者、书画界名人、多年来向图书馆捐书的个人及优秀读者代表等 500 余人参加了开馆庆典。10 位优秀读者在仪式上获得了温州市图书馆读者证。书画名家们现场创作了 30 多幅色彩纷呈的作品，以表达他们对图书馆的美好祝愿。

开馆庆典照片

新馆雄姿

温州市图书馆新馆位于世纪广场以西、市府路以北，北临划龙河，东临府西路，坐北朝南，临水而立，像一艘满载知识的巨轮停泊在港湾，蓄势待发。它的落成给温州这座活力城市增添了独具特色的文化景观，向市民展示了文化殿堂的独特魅力。

作为温州市十大标志性城市建筑之一，图书馆外墙采用金属板与玻璃幕墙，光亮通透，整体面向世纪广场，与市博物馆、科技馆、大剧院遥相呼应，形成众星拱月之势。建筑外形设计为梭形，如同一艘巨大的飞船倚靠着一湾碧水。图书馆正门两旁和中央大厅各装饰着一副对联，可称“温州之最”。正门两旁的对联是：“刚日读经，柔日读史；十年树木，百年树人。”鎏金大字，笔力遒劲，浑厚端庄，与图书馆内涵契合。书写者孙锵鸣是瑞安玉海楼主孙衣言的胞弟。新馆中央大厅的对联是：“书从历事方知味，理到平心始见真。”系原瑞安蓼绥阁主人黄体芳撰书，行楷取法于王、颜，阴刻石绿，文气雅正。两副对联均以硬木制作，高 5.2 米，宽 0.8 米，气势磅礴，每片硬木重达 200 公斤。

新馆地上 7 层，地下 1 层，规模在当时全国地级市级图书馆中名列前茅。地下一层具备多种功能，有 500 平方米的展厅、提供快餐服务的餐厅等。二层为服务大厅，设总服务台，提供办证、咨询、还书等服务，另设亲子借阅室，内有绘本、期刊等各类未成年人读物。三层是社科图书借阅室，还有10余个教室用于提供继续教育，开展学习、培训等服务。四层为科技文献和多媒体文献借阅区，实行借阅合一。附设信息参考阅览室、休闲吧。五层为报刊阅览室，内有全国各地的报纸、期刊，提供借阅服务，还有配置了200台电脑的电子阅览室。六层是特色主题图书馆——服装与鞋革图书馆，专为温州鞋革、服装工商企业服务，也是当地学校相关专业院系的学生实践基地。本层还设有个人自习区和视听放映室。七层是古籍与地方文献阅览室，藏有古籍图书16万册，其中善本1万多册，包括"镇馆之宝"《万历温州府志》、孙诒让手稿、夏承焘日记手稿、元刻本《柳柳州集》，以及地方文献3万余册。另有停车库设于地下。

新馆馆貌（1）

新馆馆貌（2）

新馆大厅（1）

新馆大厅（2）

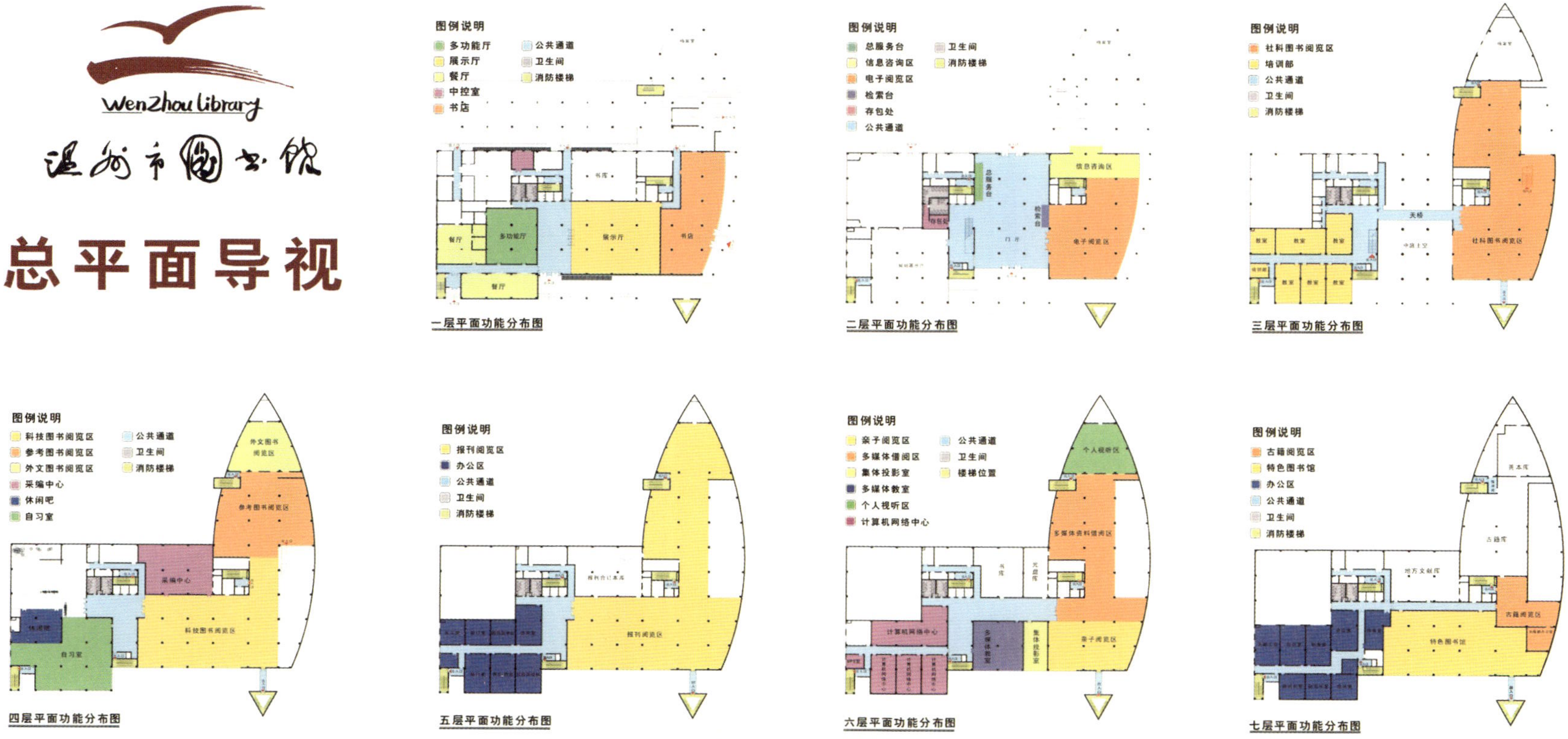

温州市图书馆新馆平面导视图

新馆内部组图（1）

新馆内部组图（2）

新馆内部组图（3）

新功能新设计

温州市图书馆新馆在馆舍设施上力求完备，装备了智能楼宇管理系统、办公自动化系统等，为设施现代化、服务网络化、管理智能化奠定了基础。作为一个集文化、教育、科研、休闲等功能于一体的大型现代化公共图书馆，新馆形成了四个新功能：借阅合一是指把传统的阅览和外借服务合并于一体，方便读者最大限度利用馆藏资源。自助借还系统引进美国3M公司的自动借书系统，无须工作人员帮助读者即可在机器上自助完成借还书；图书馆大门外设置了一台24小时还书机，方便读者随时还书。所有阅览室都配置了电脑，并提供2000个上网接口，读者可自带手提电脑或使用馆内电脑随时上网，不收取任何费用。纸质图书阅读与电子资源阅览自由选择。同时，市图书馆与全市11个县级图书馆联网，通借通还，实现了全市公共图书馆联网、资源共享，构筑起一个“大图书馆”。

新馆的服务方式体现了浓厚的人文关怀，彻底颠覆了“图书馆是看书借书的地方”这一惯性思维。“读者为中心，以人为本”的理念在硬件设施上得到体现。敞开式层面布局让读者踏进借阅室就感受到“人在书中，书在人中”的氛围。行走在林立的书架中，各种图书资料随手可得。在网络信息点的电脑中设置了阅览桌面，读者能在图书报刊、电子文献及网络资源之间，享受便捷获取信息的快乐。舒适的桌椅、沙发让读书成为休闲生活的一部分。在多功能厅和报告厅，除了各种读书活动，还可获得电影、DVD 等视听享受。专供家长和孩子共读的亲子服务区，让刚刚学步的孩子在家长带领下走进图书馆，与父母共同接受文化熏陶。专为残障人群设置的电梯和无障碍通道方便他们进入所有服务点。

新图书馆还设计了书店、休闲吧、展厅、餐厅等区域，彰显了图书馆提供的人性化关怀。温州市图书馆还通过向社会招标的方式，探索新馆整体形象设计及环境美化方案，并要求识别导向标识上显示温州的地方文化元素，反映温州历史悠久、人杰地灵的文化特性。这些设计将温州的地域特点、历史文化、名人轶事等整合于标识的设计内容上，同时具有现代感的创新，获得了公众的赞美。

第二节

管理文化

21 世纪以来，温州市图书馆在图书馆业界以制度特色鲜明、业务管理规范而闻名。图书馆坚持与时俱进的发展精神，以人为本的管理模式，刚柔并济的管理方法，优化与完善着图书馆内部的文化氛围。

体制改革的先锋

2001 年，温州市图书馆被列为全市人事制度改革试点单位，引进竞争机制，实行全员聘用制。事业单位的用人政策变化，触发了图书馆职工的自身发展紧迫感。馆员纷纷针对自身知识“短板”，主动参加各类在职继续教育。同步的内部分配制度改革激发了全馆员工的主动性和创新热情。

2003 年，温州市图书馆作为市文化系统三个试点单位之一，对专业技术评聘机制进行改革，实施了专业技术资格与职务评聘分离的制度。这为图书馆专业技术队伍注入了新动力，对推动图书馆各项工作产生了积极影响。

2004 年，温州市图书馆开始实施以面向社会公开招考、择优聘用的员工录用制度，“公开、公平、公正”选才环境吸引了武汉大学、浙江大学、西北大学等高校优秀毕业生加入。

2005 年 3 月，温州市图书馆被列为市级文化系统纯公益性事业体制改革试点单位之一。温州市图书馆人事管理改革覆盖了机构改革、人事制度改革、分配制度改革，建立了员工能进能出的合约管理机制、职工双向选择和竞争上岗机制以及以岗定酬的分配激励机制。

改革的第一步是中层管理干部人选安排。各部主任竞聘人选通过个人自荐、群众推荐和领导推荐等方式产生，竞聘人公开演讲，阐述履职内容，然后通过群众、领导小组两轮现场投票，产生了11位部门主任。最终，除古籍部主任年龄稍大，其他新任中层干部平均年龄仅30岁，为发挥青年人才的能力创造了良好氛围。

用人机制管理是在本单位核定的职称指数范围内，按各个岗位需求采取职工双向选择和竞争上岗机制，允许同职同聘、低职高聘和高职低聘。若一个岗位有两名以上员工同时申报，需要通过竞争上岗方式确定最终人选。这一变革，改变了以往“要我干”的被动选择，形成了“我要干”的进取氛围，向人尽其才、各得其所、各尽所能的方向迈出了一步。

分配激励机制变革，按照“效率优先，兼顾公平”的原则，将管理、技术、责任、劳动强度等纳入分配要素，强化分配的激励功能，实际工资和档案工资分离。定酬标准根据岗位责任大小、技术含量高低、劳动强度和实际工作量等划分六级，实行按岗定酬、按任务定酬和按业绩定酬三类办法，打破了“干不干一个样”、“干好干坏一个样”的传统分配模式，为员工构建了发展空间。

中共十八届三中全会以后，国家提出了文化事业单位建立法人治理结构，推动公共图书馆、博物馆、文化馆、科技馆等组建理事会，吸纳社会人士参与管理组织的要求。2014年2月，温州市图书馆积极开展了法人治理的试点筹备工作，一方面广泛了解国外同类文化事业单位法人治理的实践，另一方面深入学习广州、深圳、无锡等地图书馆率先推行法人治理改革单位的经验，在理事成员招募、章程制订、运行机制等方面深入研究，探索适合温州市图书馆的法人治理改革创新路径。

温州市图书馆为了真正吸纳社会人士参与图书馆管理，以面向社会公开招募的方式吸引各阶层市民代表加入理事队伍，寻求理事会成员结构的多元性、来源的广泛性、身份的公开性，真正实现社会公众的参与性。这也是自国内“事业单位法人治理”改革以来，首次面向社会公开招募理事的大胆探索。通过与拟招募对象面谈，按照其热心程度、履职能力、阅历及业界威望等要素进行筛选，再经有关行政主管部门评审，确定理事会成员构成。现有的13名理事中，主管部门委派人员1名，图书馆人员2名，来自社会各界的人员10名。10名社会成员包括文教界人士3名，工商界人士3名，读者3名和图书馆志愿者1名。社会各界成员比重之大，是温州市图书馆法人治理改革的一个亮点。

温州市图书馆理事会于2014年6月6日成立。在第一次理事会议上，投票选举温州总商会副会长李国胜为首届理事会理事长，李国胜推荐《温州晚报》高级编辑郑雪君为副理事长，得到理事全票通过。理事长由社会人士出任，表明了公共图书馆保障社会公众参与权利的姿态。随后拟定了《温州市图书馆章程》，明确了理事会、监事会职能，梳理了理事会与行政管理机构之间事权委托与被委托的关系。依照《温州市图书馆章程》赋予理事会职权，理事会对图书馆建设发展规划、重大项目、重要服务、高额经费开支、薪酬分配等事项具有决策权，具有组织开展社会文化服务的事权，而行政主管部门则依照法规行使监管职能。

温州市图书馆是十八届三中全会以后全国首批启动法人治理改革并取得重大突破的单位。面向社会公开招募理事，引进社会力量参与，聘用工商界代表出任理事长等做法，实现了政府对图书馆事业的“管办分离”，保证了政府的有效领导，实现了利益相关群体的共同治理，激发了社会力量参与公共文化事业建设的积极性，因此得到国家文化部、省文化厅的肯定，在业界引起广泛影响。经浙江省文化厅推荐，温州市图书馆成功入选文化部全国 10 家公共文化机构法人治理结构试点单位。

图书馆理事会活动照片组

与时俱进的机构

根据图书馆事业发展的规划，温州市图书馆科学设置管理机构，设馆长 1 人，副馆长 3 人，业务管理分为基础、阵地、延伸三个板块，下设 12 个部门。

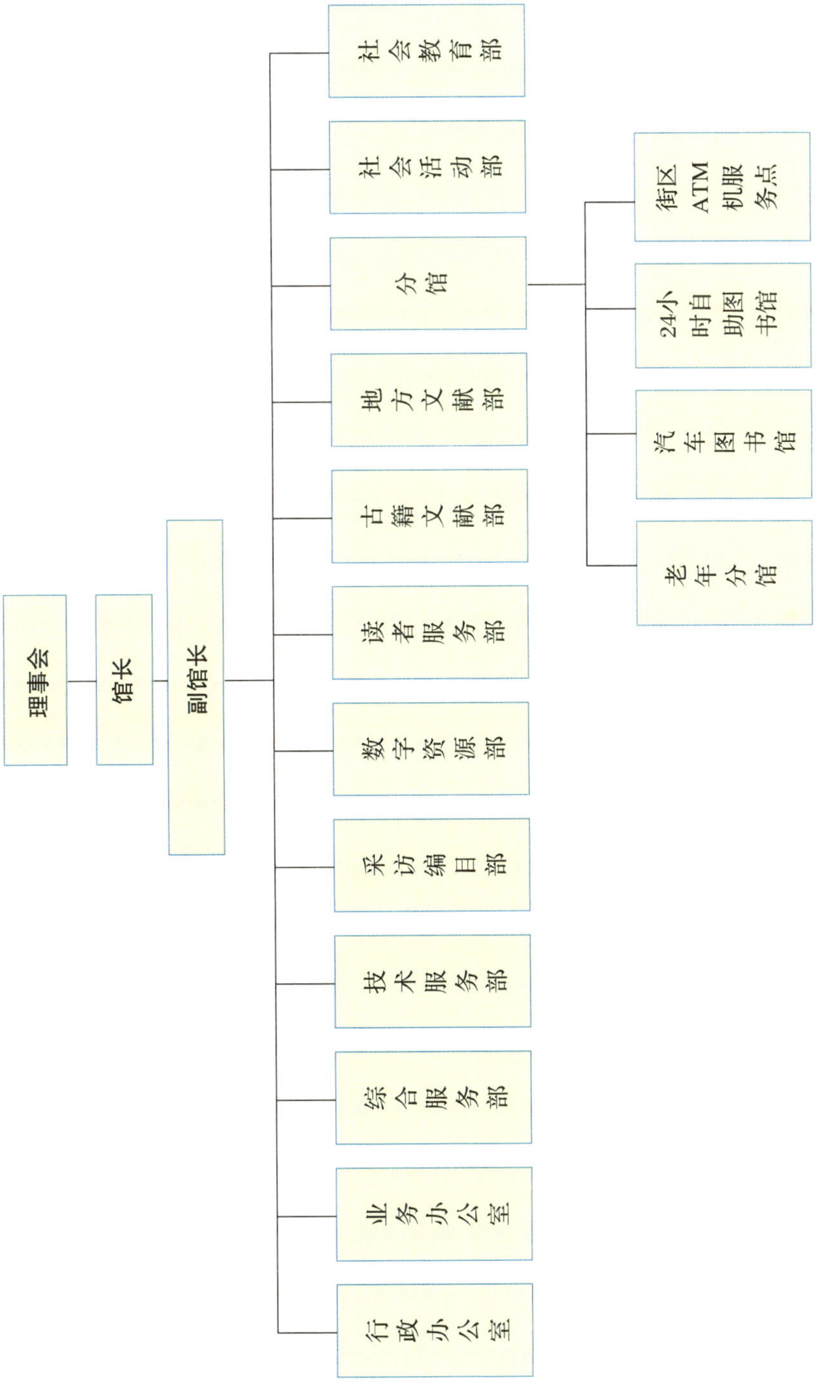

温州市图书馆组织机构图

2013年温州市图书馆内设机构设置表

序　号	内设部门	职　能　范　围
1	行政办公室	负责全馆人事、工资、资产、文书、财务、业务档案的管理，负责来访接待和对外交流以及全馆重大活动的组织和实施等工作；协助馆领导做好各项制度的修订和监督考核管理，组织开展本馆文明单位创建活动，负责国有资产管理
2	业务办公室	承担全馆业务数据统计、分析和有关的业务协调工作；负责开展职工业务培训工作；做好各分馆和基层图书馆（室）的业务辅导及培训工作；配合文广新局做好乡镇分馆和社区图书室的创建工作；负责图书流动车、ATM借阅机及实体图书室的调查、布点工作；负责图书馆学会日常工作以及馆刊《籀园》和温州市图书馆学会刊物的编辑发行
3	综合服务部	负责全馆消防、安全保卫、物业管理、环境卫生
4	技术服务部	负责中心馆与各类型分馆自动化、网络化的规划、建设与实施；承担计算机网络及网站管理与维护，负责计算机及其他各种自动化电子设备等国有资产的管理与维护；承担软件应用、开发与维护，IT服务项目建设与管理；负责中心馆与各类型分馆工作人员及基层图书馆的自动化、网络化技术培训与指导；负责数字资源平台的技术维护和后台搭建
5	采访编目部	负责全馆文献资源建设的规划，制定执行本馆文献采访方针，负责中外文图书、特色鞋服资料采购。承担中外文图书、特色鞋服资料、视听资料的标引、编目、加工、册送工作，负责新书推荐工作，处理读者“荐购”图书信息
6	数字资源部	负责数字资源及非书资料的建设，推进数字资源的协作与共享，负责共享工程管理，同时对本馆数字资源库进行管理、维护、推广，对读者进行培训；开发建设有本馆特色的数据库，负责多媒体采集与编辑制作
7	社会活动部	面向全市开展讲座、展览、视频等多种形式的公益性社会文化活动，负责对外媒体的宣传推广，负责对全馆形象设计的策划、组织实施和图书馆服务、各种读者活动的平面广告设计，负责场租活动；负责鞋和服装特色文献的借阅、温州鞋服资讯网的网站服务、鞋服设计师专业服务与读者普及服务

（续）

序　号	内设部门	职能范围
8	社会教育部	负责对外开展各类社会教育、公益培训活动；负责各类社团管理；负责亲子阅览区读者服务和亲子活动的策划开展
9	古籍文献部	负责古籍文献的收集、整理、保管和研究开发工作；做好古籍读者服务工作；负责古籍编目、普查及安全保护等工作；负责《温州文献丛刊》《温州读书报》的编辑工作
10	地方文献部	负责地方文献的收集、整理、保管和研究开发工作；做好地方文献读者服务工作；完成地方文献征集目标任务；负责温州地区地方文献工作的协调和辅导工作
11	读者服务部	负责本馆期刊、视听资源的采购；承担读者服务部各类文献的流通服务工作，包括文献资料外借、阅览、复印、检索、咨询、代检代查、专题服务以及文献宣传、阅读指导、读者活动等服务（包括二楼服务总台，三楼社科借阅区，四楼科技区、多媒体区、外文区、信息区，五楼现报现刊阅览区、电子阅览区等）；负责做好本部门文献保管、借阅区读者管理以及安全保卫工作
12	分馆	负责老年分馆、24 小时自助图书馆、汽车流动图书馆、ATM 借阅机的读者服务、读者管理、图书调配等各项业务的开展，负责老年人培训管理和实施

刚柔并济的管理

温州市图书馆将制度管理与人文关怀有效结合。在制度面前人人平等成为图书馆有序运行的基本保障。全员统一挂牌上岗，即便是馆长没有挂牌也按章处罚。

图书馆制度、章程、决策的制定要求通过集体充分讨论后决定，以保证制度的共同遵守。每周五上午对本周全馆工作进行点评，也是职业道德修养建设的一种方式，让馆员理解该做什么和该怎么做，最终形成全体馆员的自觉行为。良好的馆风氛围能使新成员很快适应这一环境。

图书馆经常举办活动，为馆员提供业余活动的平台。通过组织球类、拔河、演讲、知识竞赛等以及节日联欢和集体参观学习等活动，保证全体馆员参与，融洽彼此之间的感情，增强团队的凝聚力。“温图是我家，我们都要爱护她”成为温州图书馆人发自肺腑的呼声。

第三节

馆员风范

温州市图书馆馆舍几经变迁，馆长几代更换，唯一不变的是自强创新的馆风。图书馆馆员的充沛活力来自两个方面：一是队伍的年轻化，二是人员的高素质。

风姿绰约的馆员

温州市图书馆的工作人员平均年龄为 32 岁，是一支年轻有为、充满活力的队伍。21 世纪以来，通过面向社会公开招录，全国各地图书馆学、情报学、外语、计算机等专业的高校毕业生源源不断地加入馆员行列之中。目前全馆人员编制 80 人（在职 68 人），合同工核编数 64 人（在职 53 人）。具备大专及以上学历者占 90% 以上，本科以上占近 80% 。获得中高级专业职称的技术人员近 50 人。

温州市图书馆一线工作人员的大专及以上学历者占 95% 以上，有多位具有副高级职称。一线是图书馆的窗口，图书馆的价值往往通过一线服务得以体现。因此，一线人员基本代表了图书馆在社会公众心目中的形象。随着读者文化水平的整体提升，馆员要为读者解答疑难，指导文献检索，开展网络导航。因此，让优秀人才站在第一线，是现代社会对图书馆服务的要求。目前，除了网络管理、文献采编等专业的岗位外，温州市图书馆大多数优秀馆员都到窗口服务，一线服务人员占编制内员工的 75% 以上。

2008年7月，温州市图书馆参加在上海举办的中国图书馆学会第四届青年学术论坛服务礼仪展演。四位馆员以自编自导自演的“书车舞”，借助书车、图书等道具，通过欢快的音乐和优美的肢体语言并结合图书馆实际服务场景，展现了当代图书馆馆员忙碌、充实、快乐的工作画面，讴歌了当代图书馆馆员的服务精神，更在全国图书馆人面前展示了温州市图书馆馆员的风采。该节目深深感染了现场评委和与会代表，连声称赞：“原来图书馆工作可以这么快乐，这么美!”在指定图书馆服务规定动作中，四位馆员也能灵活应对，处置得当，发挥出色。四位馆员组成的表演团队众望所归地捧回了论坛“礼仪展演优胜奖”。

书车舞

书车舞表演团队

训练有素的团队

《温州市图书馆服务规范》从职业道德规范、环境规范、仪表规范、行为规范、语言规范五个方面制订定了严格的标准。每年定期邀请专家进行文明服务礼仪培训、文明用语规范培训，从形体塑造、化妆艺术、服务用语、肢体语言等各个方面，塑造馆员的良好形象。在岗位实践中，工作人员不允许倚靠工作台站立，不准在岗位座椅上跷二郎腿。接待读者必须站立服务，双腿并拢；交谈时语气必须温和。图书馆还不定期邀请媒体主持人和专业教师到馆进行普通话培训，培训率、达标率均为100%，其中有35名职工持有普通话等级证书。

训练有素的团队照一组

要为读者提供高质量的服务，需要馆员有健康的精神世界。内心健康的外在表现就是精神风貌。从岗位工作的积极性和责任感，到着装举止、待人接物，图书馆人的精神体现在工作的各个具体细节中。2006 年 11 月，浙江省图书馆学会学术研讨会在温州市召开，作为承办馆的温州市图书馆凭借良好的团队精神风貌，给与会代表留下了深刻的印象。很多参会代表觉得温州市图书馆的工作服漂亮，穿在馆员身上很得体。事实上，温州市图书馆的工作服样式普通，工作人员也并非个个靓丽，其秘诀全在于馆员的自身气质。合适的发型、服装颜色与饰物等灵活搭配，提升了馆服着装的整体效果，加上高素质馆员自身的特定气质，就形成温州市图书馆人特有的精神风貌。

温州市图书馆经常组织职业技能竞技等活动，不断提升馆员的各种专业能力。如每年的职工主题演讲比赛、业务技能知识季度比赛等促进了馆员自主学习意识的养成。日常的“互教互学”活动则是馆员之间知识分享的主要途径，方式有“馆员讲坛”“新技术课题技术兴趣研讨会”等。“馆员讲坛”主要由知识广博的资深馆员主讲，内容以城市历史、温州人物、社会文化与图书馆事业等为主。“新技术课题技术兴趣研讨会”则由青年骨干为主力，内容主要为图书馆学领域的学术进展，图书馆工作和信息技术发展，以及各种当代科学对图书馆的影响等。众多馆员走上讲台，与同事分享自己的学习知识、工作经验和研究成果。

2010 年起，温州市图书馆开始设立基于自身发展的科研课题项目，鼓励基层年轻馆员加强业务学习，提高学术研究能力。基本做法为：一是将全馆承担的省市大课题分解成若干小课题，由不同的研究小组来完成，如温州历史名人数据库项目就被拆分为 10 个子课题；二是鼓励青年馆员成立各种研究组，以岗位业务为研究方向申报课题项目，馆级业务会议通过后，通常以一年为课题完成周期。这些举措激励了年轻馆员的工作热情，提高了他们解决工作难题的主动性。温州市图书馆也因此发展为学习型组织，提高了图书馆人自觉的团队合作意识。

迈检站图书分馆揭牌

流动阅读 便民服务

04

第四章

温州模式的城市图书馆服务体系

公共图书馆系统是社会公共文化服务体系的组成部分之一，由于经济、体制等历史原因，以往的温州公共图书馆服务体系相对薄弱。近年来，温州市图书馆人积极探索，创建了具有温州特色的城市图书馆服务体系，建立起图书馆社会服务的温州模式。

第一节

全方位联创——温州公共图书馆服务体系特色

2008 年起，温州市图书馆作为本地区最大的公共图书馆和地区中心馆，以温州市图书馆学会为依托，在温州公共图书馆服务体系中，发挥中心馆的协作、协调功能，组织馆际业务交流、提供业务辅导、举办各类业务培训班，同时积极探索延伸服务，结合总分馆建设，初步形成了阵地服务与流动服务相结合的公共图书馆全方位联创模式。

公共图书馆总分馆联创模式的探索

全方位联创总分馆模式在城区—县市—乡镇—社区四级图书馆基础架构的基础上，面向社会不同层面，联系全市各行各业，以市图书馆为总馆，各县（市、区）图书馆为区域中心，中心镇图书馆为纽带，社区图书馆为基础，校园、企业、机关、军营等独立分馆为补充，以图书自助服务 ATM 机、汽车流动图书馆、24 小时自助图书室等各种设施为平台，基本形成了互为补充、相辅相成、共同发展的城市公共图书馆网络服务的全新格局。

2005年，温州总分馆模式提出了初期构想。2012年，完整的温州市公共图书馆服务体系初步建成。在温州市的总分馆联创实践中，以下一些关键节点留下了温州市图书馆人的足迹。

2005年，新型的温州公共图书馆服务体系开始起步。以温州市图书馆新馆为总馆，与龙湾区图书馆、洞头县图书馆、泰顺县图书馆、文成县图书馆、平阳县图书馆一起，按照规范标识、集中管理、统一平台、凸显特色、共享资源的总体要求，围绕建立联合书目中心，实现文献编目工作标准化和规范化，进行业务自动化建设。实现了书刊借阅“一卡通”，文献通借通还，数字资源共建共享，为全市图书馆行业的总分馆联建奠定了基础。

2008年9月27日，温州市图书馆下属四个分馆同时开放，分别是一级分馆瓯海分馆，二级分馆黎明分馆、鞋都分馆、灵昆分馆，地域分跨鹿城、瓯海、龙湾三区，它们与市府路总馆、县前分馆一起，连接了温州城区的东西南北中，实现了市图书馆的区域发展合作梦想。当天，各分馆与市图书馆实现图书通借通还、数字资源共享。全市读者在各分馆也能参与籀园讲坛、展览、读书沙龙等文化活动，温州市民开始真切地感受到图书馆无处不在的服务。

2010年，温州市图书馆开始设立军营分馆、老年分馆。

2011年，图书自助服务ATM机走进校园、企业、社区，现代图书馆管理技术助力“联创模式”进一步发展。温州各县（市、区）图书馆全面升级更新计算机管理系统。

2013年，温州城区设立图书自助服务ATM机，汽车图书馆也全面启动，“温图小巴”等流动文化服务项目开始送书、送讲座、送展览下乡，开始了阵地与流动相结合的全方位服务。

目前，温州地区形成了由1个市级图书馆、3个区级图书馆、8个县级图书馆、74个中心镇分馆、5个24小时自助实体图书馆、6辆流动图书车、12个配置图书自助服务ATM机的图书服务站点组成的立体化服务网点。社区实体分馆、流动图书车、街区微型图书馆三位一体，覆盖了城乡的社区、校园、企业、军营，功能完善、资源共享、管理规范，显示出普遍、免费、无障碍的公共图书馆服务网络已基本建成。

城市文化流动的风景线

2013年8月30日，温州的汽车图书馆服务全面启动，由市馆的6辆图书车和市少儿馆的2辆图书车组成。图书车由客车改装而成，每车可容纳2000余册图书，车内图书架、电脑、登记柜台等配置齐全，每车安排一名驾驶员和一名图书馆馆员。流动图书车每周进入36个社区，覆盖了70%以上的城区。

温州市汽车图书馆流动服务模式为“进社区、进校园、进弱势群体聚居地”的“三进”服务，以及定点定时的“公交路线式”服务和灵活机动的“定制路线式”服务相结合。

汽车图书馆组图

社区是汽车图书馆“公交路线式”服务的主体。图书馆每月初发布最新“服务路线”，6 辆“温图小巴”车按指定路线，定时抵达服务点开展服务，内容包括现场免费开通市民卡借书功能，现场办证，图书（光盘）借还和续借、年审、书目查询等项目。每辆车一天工作 6 小时，每周休息一天。汽车图书馆还根据季节的变化调整服务时间，2014 年夏天开始尝试早晚时段服务，尤其在广场和商业街等人群聚集区域的晚班服务更受欢迎。

校园是公共图书馆拓展服务的重心，也是“公交路线式”服务的补充，以服务社区周边学校为主。汽车图书馆根据学校作息时间，错开社区服务时段，实现了汽车图书馆活动效益的最大化。校园服务除了现场办证、图书借还、信息查询、资料下载等基础服务，还与学校图书馆合作，协助校园图书馆建设，普及图书馆数字资源利用等阅读指导活动，并积极推动讲座进校园。目前与汽车图书馆开展合作的学校有温州育英国际实验学校、温州市绣山中学、瓯海区第二高级中学、瓯海区潘桥中学、温州市百里路小学、温州市双桥小学、瓯海塘下中学、仰义中学、瓯海区潘桥小学等。

2013 年 10 月启动的“温图小巴 · 爱心驿站”服务目标为弱势群体聚居地，为“定制路线式”服务。汽车图书馆以“温图”品牌文化活动为依托，根据需求定制服务路线。曾先后进入温州戒毒中心、瑶溪街道环山社区文化活动中心、温州市公安局强制戒毒所等单位，开展送讲座、送展览、送阅读等活动。2014 年 4 月 23 日“世界读书日”期间，“温图小巴·爱心驿站”结对学校班级图书角建设项目启动，首站走进泰顺县畲族镇中心小学。在社会爱心人士协助下，温图为该校 24 个班建立了图书角，配置新购经典图书 2600 册。

温州汽车图书馆每月约服务 16000 人次，图书借阅量在 11000 册以上，超过了县级图书馆月借阅量的平均值，社会服务成效明显。

城市文化时空的守望者

2008 年，温州市图书馆对广东深圳、东莞等地的图书自助服务 ATM 机项目进行调研后，决定在全市城区启动 ATM 借阅机。2010 年，温州市图书馆的 ATM 机图书自助服务被列为 2010 年温州市政府的实事项目。

街区的图书自助服务 ATM 机

2011 年，温州市图书馆开始启用 RFID（Radio Frequency Identification）书刊自动化管理系统，为 ATM 机设置提供了基础技术支撑。市图书馆还在鹿城、龙湾、瓯海的 12 个社区和单位陆续设置了配备图书自助服务 ATM 机的服务站点。

2014 年，为提高 ATM 机的服务效益，温州市图书馆尝试与行业部门合作，建立 ATM 机服务点。如与卫生系统合作，分别在市中西医结合医院、温州医科大学附属第二医院建立了两个 ATM 借阅机服务点；与金融系统合作，建立了中国建设银行金伦支行 ATM 机服务点。借阅量和办证人数随之成倍增长，取得了很好的效果。

不熄的城市文化智慧灯

与汽车图书馆、图书自助服务 ATM 机不同，24 小时自助图书馆是拥有一定馆舍面积的实体图书馆，可供借阅的图书数量较多、类型丰富，基础设施齐全，突破了传统图书馆服务的时间限制，可提供24小时便捷服务，在提升城市文化品位方面发挥了积极作用。

2011年，温州市图书馆在总馆一楼开辟了首个24小时图书馆。2014年4月16日，在原市图书馆县前分馆建成了设在总馆之外的24小时自助式实体图书馆，建筑面积1800平方米，陈列书刊3万余册，其中5000册可供外借。馆内配置了自助借书机及舒适的书桌、沙发，环境幽雅又富时代气息。

24小时自助图书馆组图

自助图书馆24小时开放，平时没有馆员，读者可按照提示，自行完成办证操作、开通市民卡、办理图书借还、充值缴纳图书逾期费等。持有图书馆借阅证或市民卡的读者可进入借书、还书，也可选择坐在里面安静地阅读。

通过温州市图书馆的中央控制系统可随时观测自助图书馆的情况。由于地处闹市，深夜依然有不少读者入馆夜读，五、六月份时常能见到通宵阅读者。

在喧嚣繁华的城区街头，24小时自助图书馆创造了一个宁静的港湾。尤其是在黑暗的深夜，图书馆的一盏明灯，既给人温暖，也给人智慧与力量。

县前24小时自助图书馆运行8个月，人流量达117078人次，日均接待读者近500人次，图书外借53360册，办借阅证2738人，相当于温州地区一个县级图书馆的业务总量。

在县前24小时自助图书馆取得良好服务效应的基础上，温州市图书馆进一步推广24小时自助图书馆建设。新建项目向社会公开，凡具备建立24小时自助图书馆基础设施的单位或社区，都可以向市图书馆申请，温州市图书馆以体系化建设模式构建起“形态、技术、管理”统一的24小时自助图书馆系统。鹿城菱藕社区、鹿城东瓯智库67号、市府大院和瓯海景山社区等地先后有4座连锁式24小时自助图书馆开放。

第二节

从都市到乡村——文化共享工程覆盖温州每个角落

从2002年开始，全国文化信息资源共享工程在温州市图书馆设立支中心，在政府各相关部门支持下，图书馆不断拓展和深化合作建设模式，充实和丰富了数字资源，实现了温州地区县县建有支中心、乡乡建有基层中心，全市所有的行政村、社区都建有基层服务点的目标。

温州市基层文化共享工程服务点建设分两种方式：一是基层服务示范点建设，温州市图书馆制定了共享工程基层服务示范点的准入条件（温文〔2010〕104号），各基层单位在达到相应条件后提出示范点建设申请，由各县（县级市、区）共享工程中心组织相关人员负责安装系统；二是依托农村党员远程教育网络，实现全市文化信息共享大面积覆盖，依托温州市的5989个农村党员远程教育点，基本覆盖温州地区全部行政村。

温州市文化与财政部门出台了市文化示范村（社区）、金海岸文化网和东海明珠文化工程必须建有文化信息共享工程的规定，把共享工程建设作为申报的必备条件，在市共享工程中心验收合格后，主管局给予每个示范点1万元补助。从2008年到2012年，市级财政投入县（县级市、区）基层公共文化设施建设资金约6000万元。各县（县级市、区）也制定了相应的配套奖励和扶持政策，确保各类文化设施的建成和开放。

2008年，温州市支中心与市总工会推出了“企业书屋”建设工程，在全市企业内建成200个配备具有文化共享工程阅览功能的企业图书室。

文化共享工程和数字图书馆相互融合。温州市支中心同数字资源供应商协调，购买了所有数据的馆内读者使用权。文化信息资源整合到数字图书馆后，每个基层点都可无偿使用中心的所有数字资源。

文化信息共享工程组图

温州市级支中心坚持特色数据库建设，根据温州的地方特色和公众需求，温州市图书馆建设了温州地方文献全文数据库、籀园讲坛视频数据库等19个专题库。

在共享工程推广上温州市图书馆采取了三种方式。最早使用的是镜像服务器方式，即每一服务点配置一台服务器和若干台电脑，图书馆送数据下乡。第二种是VPN联网方式，在全省率先使用VPN组网技术建设文化信息共享工程网络。第三种是采用SSO（单点登录授权）方式，为每个基层点设立一个账号和密码，登录后就可使用共享工程的资源。

明确市、县（县级市、区）、村三级管理机构职责。市中心承担所有的资源管理和设备维护工作，县级支中心负责基层服务点的安装、维护和管理。每一基层服务点都有专人负责，实行专报制度，每个服务点的动态得以迅速反馈。市级支中心同时负责对各县（县级市、区）中心共享工程专职人员的培训，各县（县级市、区）也组织了相应的培训工作。

第三节

温州市图书馆学会——城市图书馆的纽带

1984 年 11 月，温州市图书馆牵头成立了本省第一个市级学会——温州市图书馆学会。温州市图书馆学会采用理事会管理制度，四年一届。学会现有会员 450 人，其中 77 人有高级职称（研究馆员 13 名，副研究馆员 64 名），近 400 人有中级职称，会员 95% 以上具有大专以上学历，并且知识结构趋于多元化，不仅具有图书馆专业知识，更具有外语、计算机、信息参考咨询等各种专业技能，增强了学会的整体素质。

温州市图书馆学会在全体会员的支持下，团结全市图书馆工作者，发挥学会的桥梁与纽带作用，推动城市图书馆服务体系的构建，在开展学术交流、职业教育培训、组织建设等方面取得了较好的成绩。学会先后被浙江省图书馆学会、温州市科协、温州市社科联评为“浙江省先进图书馆学会”“温州市科普工作先进集体”“温州市社会科学工作先进集体”“温州市三星级学会”。

开展学术交流与研讨

温州市图书馆学会适时组织不同主题的研讨会与学术交流活动，组织各类活动 30 余次。具体方式有多种。

组织会员参加各级各类学术交流活动

组织会员撰写论文，参与中国图书馆学会（简称中图学会）的年会学术交流，收获颇丰。参评的论文所获奖项级别从一等奖到优秀奖均有，中图学会的多个分会场经常出现温州会员的身影。学会多次组织会员参加“社区、乡镇图书馆发展战略研讨会”，推荐的论文大多获奖。此外，温州市图书馆学会还参与中图学会不同专业委员会举办的学术论坛和地区性学术交流活动，帮助会员开拓视野，展示温州市图书馆人的业绩。

2014 年 10 月 12 日，温州市图书馆承办了中国图书馆年会第 17 分会场“公共图书馆法人治理：进展、问题与前瞻”。理事长李国胜、馆长胡海荣等参加并成功主持了“图书馆法人治理”专题活动。胡海荣馆长入选 2014 年文化部表彰的“2014 年中国图书馆榜样人物”，是本年度八位获奖人中最年轻的一位。

在历年的浙江省图书馆学会学术研讨会上，温州市图书馆学会会员也有不俗表现。2008 年，10 名会员的著述入选大会论文集。2010 年，有会员获得省学会优秀学术论文二等奖；在“文化传播与推广”分会场上，有会员荣获“图书馆文化思辨会”优秀辩手奖。在浙江省公共图书馆历史文献工作和地方文献工作研讨会征文活动中，温州地区图书馆也有优异表现。

开展形式多样的学术活动

温州市图书馆学会历年举办的年会活动内容丰富、形式多样、气氛活跃，从学术成就、业务技能、职业素质等多方面展示现代图书馆馆员的风采。

温州市图书馆学会学术活动组图

2002年10月的学术年会邀请了美国俄亥俄大学图书馆名誉馆长、华裔图书馆学专家李华伟博士做了题为《数字及网络化知识时代的图书馆》的学术报告，温州图书馆界260多人到会聆听。2007年年会邀请中国图书馆学会副理事长、北京大学信息管理系主任王余光教授，图书馆史专业研究委员会副主任、南京大学信息管理系徐雁教授，图书馆史专业研究委员会主任、中山大学资讯管理系程焕文教授等做了《图书馆的社会阅读》《图书馆读者服务工作》《用户永远是正确的》等专题报告。2009年年会是一次图书馆员职业风采的展示会，设置了“图书馆服务宣言”主题演讲、图书馆服务情景现场表演和馆员风采展示等三个项目，由温州地区近十支图书馆代表队参加比赛，他们或以激昂亢奋的演说、或以灵活巧妙的现场服务解答、或以诙谐精彩的表演抒发了对图书馆事业的热爱，展示了当代图书馆馆员的职业风采。

学会还适时组织不同主题的专题学术研讨，其中有“图书馆系统国有资产清点研讨交流会”“数字参考服务合作·交流·提高专题研讨会”“人文精神与科学管理专题学术研讨会”，及《图书馆员如何撰写专业论文与投稿技巧》《图书馆中如何寻找和发现新闻》《图书馆员服务礼仪》等实用性讲座，也有华东师范大学范并思教授的《资源利用和读者阅读权利》、黄晨教授的《图书馆的范式演变：机遇与挑战》等专场报告。

鼓励会员撰写论文参与科研活动

学会每两年举办一次论文评选，每次有30余人获奖。学会连续组织论文参加第十二、十三届温州市自然科学优秀论文评选活动，其中第十二届推荐论文15篇，2篇获二等奖，2篇获三等奖；第十三届推荐论文9篇，1篇获二等奖，2篇获三等奖。

学会还推荐了论文和专著共12份参与温州市第十二届社会科学优秀成果评选，1部专著获得著作类三等奖，1篇论文获得论文类二等奖，4篇论文获得论文类三等奖，6篇获得学术进步奖。

组织会员参与科研课题申报，每年均有课题获得立项。2009年，“《侯一元集》整理”被列为浙江省图书馆学会科研课题；2010年，“数字资源长期保存及服务推广学术交流”成为市级学会重点学术活动项目；同年，温州市图书馆申报的“图书馆网站改版制作及数字资源的推广宣传增加共享工程内容，提高共享工程科普知识的利用率”被列为温州市科协2010年重点科普宣传活动类项目；2011年，温州市图书馆承担了文化部委托浙江省文化厅开展的“国家公共文化服务体系（中国东部地区）制度设计综合研究”的子课题“公共文化服务均等化指标研究”的调研工作；2013 年，温州市图书馆申报的浙江省图书馆学会科研课题“2012—2013 温州全民阅读调查研究”是全省该主题类首创项目。

经过学会组织的推动，会员发表论文的数量和质量有了提高。第七届学会期间，在省级以上刊物发表的论文有 322 篇，核心刊物占 68 篇。由潘猛补和张永苏两位会员合作的论文《温州古代造纸史略》（*The History of Ancient Paper Making at Wenzhou Area, Zhejiang, China*），被收录在国际图联 2010 年出版的英文版文集《国际图联文集第 141 卷：中国书写与印刷文化遗产和图书馆工作》（*IFLA Pulication 141：The History and Cultural Heritage of Chinese Calligraphy, Printing and Library Work*）中，是温州地区第一篇入选 IFLA 文集的论文。

潘猛补在 2006 国际图联杭州会前会上发言

学会自办刊物《温州图书馆学刊》是会员工作经验交流、开展学术研究的园地，同时也是同行间信息交流的主要渠道。编辑部结合实际，通过专题研讨会、征文比赛等方式，在保证学刊的连续性、学术性和可读性方面积极努力。从 2001 年起，先后出版 24 期，发表文章 400 多篇，其中“浙南家谱学术研讨会”“合作数字参考咨询研讨会”“人文精神与科学管理：图书馆核心价值新探索”“首届温州读书节专辑”等专辑，以及《〈温州图书馆学刊〉十周年纪念集》受到会员好评。

专业同行的内外交流

学习外省市图书馆先进理念和经验是开阔会员视野，促进温州图书馆事业发展的重要途径，为此，学会多次组织人员去省内外图书馆参观考察。

2009年8月，学会常务副理事长郑笑笑、常务理事王晓明随中国图书馆学会代表团出席了在意大利米兰举行的第75届国际图联大会，同时参观访问了德国、意大利等国家不同类型的图书馆，加深了对发达国家图书馆事业的了解。

同年10月，温州市图书馆学会中小学服务部和温州市少儿图书馆承办了“浙江省图书馆学会少图分委会阅读观摩研讨会”。会议由浙江省图书馆学会少图分委会主办，全省公共图书馆及中小学图书馆的45名代表参加。会议分阅读公开演示课、讲座、互动讨论三部分。华东师范大学信息学系主任范并思教授和浙江大学信息资源管理系副主任李超平教授分别做了《阅读与中国图书馆学》和《未成年人阅读推广的几点思考》的报告。德国布里隆市图书馆和汉堡罗普青少年图书馆的代表做了题为《儿童阅读在德国》的报告，介绍了德国的少儿阅读推广事业，开阔了会员的视野。互动环节的讨论围绕“少儿阅读指导”主题进行。

科普、培训、辅导紧抓不懈

学会借助市图书馆资源和场地，举办了多种科普宣传活动。每年一度的“全国科普日”大型广场活动先后推出“国事盛典文化印记”“低碳经济，绿色生活——环保从身边做起”等专题展板和现场科普宣传咨询，还举办形式多样、内容丰富的科普讲座和展览，向市民推广科普知识，宣传健康人生，提升图书馆学会的社会知名度。

学会每年都结合图书馆发展需求，举办不同主题与内容的专业培训。其中主要有与温州市教育装备和勤工俭学管理中心共同举办的“温州市中小学图书馆工作人员培训班”、图书资料系列中（初）级职称资格考前培训，与温州市总工会共同举办的温州市“职工书屋”管理员培训班等，还有“基层公共图书馆信息咨询检索培训班”“Interlib系统文献分编实例讲习培训班”等专题性培训。近十年先后举办各类培训班40多期，培训的学员有1500多人，在一定程度上提高了全市图书馆专业队伍的素质，推动了图书馆业务工作标准化建设，同时也为本地区培养了图书馆学师资队伍。

学会也参与了基层图书馆（室）的创建活动。2007至2013年，协助市图书馆创建包括校园、军营和社区不同类型的分馆14家、图书流通站13家，送书下基层35000册。

儿童知识银行

05

第五章

市民大书房

“让大众拥有享受公共图书馆的权利”，这在温州市绝不是一句口号。只要你爱读书，图书馆的大门就永远向你敞开！众多读者把温州市图书馆视为自己的家园和“自学成才的学校”。

温州市图书馆秉承“读者第一、服务至上”的理念，坚持服务大众和多元发展的策略，不断创新公共文化服务方式，通过优化阵地服务、强化延伸服务、抓好特色服务、结合网络服务，多种服务方式并存，打造了一个触手可及的“市民大书房”。

第一节

面向大众的服务窗口

温州市图书馆的一线服务主要为各类图书、期刊以及视听文献的流通工作，包括文献阅览、外借、复印、代检代查、专题咨询等服务，以及文献宣传、阅读指导等各种读者活动。图书馆不断优化服务手段，注重为未成年人、老年人和弱势群体等服务，赢得了市民的认可。

优化创新——打开读者服务之门的密钥

进入21世纪以来，温州市图书馆读者接待量和图书借阅量基本保持了增长态势。其原因在于坚持管理创新，不断优化服务。

温州市图书馆接待人次和借阅册次统计（2005—2014）

年份	流通人次（万人）	借阅册次（万册）
2005	73.48	36.86
2006	105.06	88.82
2007	126.14	158.12
2008	135.60	136.50
2009	138.25	134.66
2010	157.17	140.14
2011	177.70	175.48
2012	210.00	235.00
2013	226.45	246.75
2014	264.90	256.98

温州市图书馆每年都会推出新的服务措施，让图书馆的用户服务更加开放、便捷，如允许读者免存包、免刷卡进馆；免费办证和逾期停借管理，增加借阅证类型，开通市民卡的图书免费借阅功能，不断提高读者图书外借限额，以此保障读者充分的自主权和选择权，满足用户个性化的阅读需求。

阵地服务窗口组图

温州市图书馆充分利用现代计算机信息管理技术，完善手机图书馆、微博、微信、APP软件等网络服务在图书馆的应用，启用多媒体信息发布系统，利用短信随时发送活动预告、新书推荐、报刊头条等导读信息，方便读者及时了解图书馆动态、选择参与图书馆活动；开启网络虚拟办证，开通网络（电话）续借、预约，方便读者利用数字文献资源；实现图书馆WiFi全覆盖，读者的移动终端设备只需要输入读者证号和密码即可使用图书馆网络。内容创新与服务改进增加了图书馆的吸引力，到图书馆阅读成为市民的生活方式之一。

“儿童知识银行”——未成年人阅读走向全新模式

作为全社会“终身教育”的起点站之一，图书馆承担着未成年人社会教育的职责。温州市图书馆从2006年起开设“亲子阅览室”，探索各种未成年人阅读活动，在实践中不断摸索，力求创造一个常态的综合推广模式。

经过多年的努力尝试，温州市图书馆整合各种亲子阅读活动，于2012年元旦推出了“儿童知识银行”项目，把知识当作和金钱一样可以存储的财富，鼓励小读者通过参加各类阅读活动创造自己的知识财富。儿童知识银行服务对象定位于3～13周岁的未成年人。把小读者的阅读行为、阅读心得、阅读实践等知识获取行为转化为“知识币”，模拟货币银行的程序，开户、储蓄、取款、获得利息，让图书馆读书学习成为一种直观的财富。温州市图书馆未成年人阅读推广的这一创新项目，再一次凸显了温州式思维的独特性。

在“儿童知识银行”的大旗下，“海龟哥哥讲故事”“读来读往读书会”“文明阅读”“每月共读一本好书”“文明小使者—职业体验”“关爱新居民子女夏令营”等各种阅读活动滚动式推出，小读者每天都能通过图书阅读积累知识币，每周都有阅读活动可参加。这一项目带来了读者数量的井喷效应，2012年少儿图书外借量达到60万册次，比2011年翻了一番；2013年又递增45%，达到了88万册次。“儿童知识银行”项目及其服务效应吸引了媒体眼球，也引起了图书馆界同行的关注。2013年，此项目获得国家文化部颁发的第十届中国艺术节“群星奖”。

“儿童知识银行”项目组图

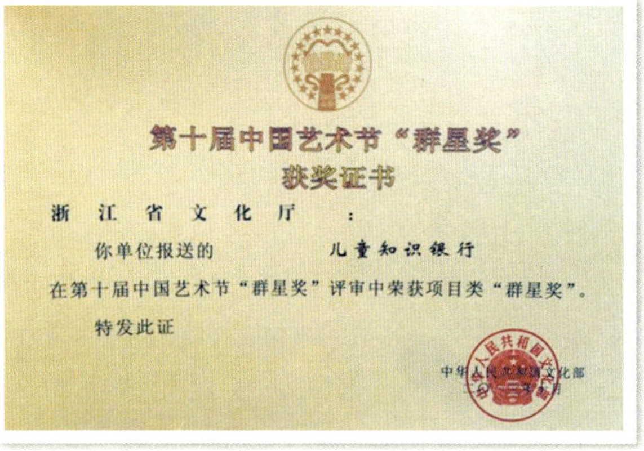

"群星奖"证书

温州市图书馆竭力为小读者提供服务，在有限的空间中，辟出了绘本借阅区。"香樟学堂""慧心学堂""萤火虫亲子阅读"等读书活动也陆续推出，覆盖了从幼儿园到小学，从低年级到高年级不同年龄段儿童的阅读需求。以社会志愿者主导的"海龟哥哥讲故事"活动成效尤为突出，展现了公众参与图书馆服务的前景。

以老服老——老年分馆读者服务谱新篇

2010 年 4 月，温州市图书馆将黎明路分馆改建为老年主题图书馆，为老年读者提供了集阅读、休闲、娱乐于一体的活动场所。老年分馆每月接待读者人次和借阅图书册次上万，针对老年读者的系列活动和培训大受欢迎。

老年分馆读者活动主要分为"老有所乐"和"老有所学"两大模块。"老有所乐"有籀园谈艺——温州鼓词、周末免费电影、元宵节灯谜竞猜、重阳节老年运动会等。"老有所学"则有籀园百姓讲坛、籀园温州话读报和籀园老年学堂等。老年培训设有计算机应用、书画艺术、体育保健等内容，开设了计算机、书法、花鸟、山水、声乐、中医药、摄影、太极拳、太极扇、健身舞、柔力球等 30 余个班级，也被誉为"社会老年大学"。

老年分馆活动的组织与开展奉行了"以老服老"的理念。即招募身有一技之长，希望体现自身价值，乐于发挥余热的老年人，组建起"寸草寸心"志愿者服务队，搭建起"老有所为"平台，让他们成为各项老年文化活动组织、策划、管理的骨干力量。学有所获的老年人也在"寸草寸心"志愿者的带动下，参与"老有所为"活动，学以致用，享受服务与被服务的快乐。

知识就是力量
老年分馆
温州市图书馆

温州市图书馆老年分馆
温州都市报晚霞俱乐部
共庆建党90周年联欢

温州鼓词

温州鼓词

老年分馆组图

志愿者团队以“负责馆员＋骨干志愿者＋媒体志愿者＋社会力量支持”为基本架构支撑活动运行。“文化活动模块”对应设计项目，遴选相对固定的志愿者骨干，实行项目负责制。负责馆员将“文化活动模块”年度计划提供给骨干志愿者，共同商议具体实施方案，最后由骨干志愿者承担活动的组织管理。在“文化活动模块”之外，骨干志愿者、媒体志愿者等还会在重要节庆日到来前，如中秋、国庆、重阳和“4.23”世界读书日，主动提出相关活动设计并组织实施。

2011年10月25日，《中国文化报》以“老年人的安乐窝”为题报道了温州市图书馆老年分馆的活动情况，文中提及多位老年志愿者，如70岁的戴元钦原先自己组织了“温州话读报”活动，有数十名多年的“老粉丝”。老年分馆成立后，戴元钦成为“籀园读报”的客座讲师，到图书馆读报说新闻，吸引了更多的老年读者。又如73岁的黄诗光每天八点半到图书馆，用电脑看新闻，到阅览室读书报，以图书馆为核心安排自己的退休生活，还经常向图书馆提出服务改进意见，不知不觉成了图书馆服务的志愿者。

老年分馆获“敬老文明号”标牌

2013年，老年分馆获得了第一届全国“敬老文明号”荣誉称号。

第二节

地域特色的创意服务

温州市图书馆坚持以广大市民为服务对象，同时服务地域社会经济发展的需要，以促进社会经济文化发展为目标，积极探索多元化社会服务战略，面向政府、企业和专业人员，组织多种创意性的信息服务。

为社会发展当好信息员

温州市图书馆的信息参考咨询服务亮点在于为政府决策提供信息支持。具体做法是委派参考咨询员进入市委信息办，近距离了解地方政府的信息需求，与相关部门、机构合作持续开展专题信息服务。温州市图书馆信息参考部是温州市决策咨询委员会下属温州民间智库的成员之一，定期参与决咨委举办的民间智库问计会。图书馆每月编印一期《新参考》，分送200多个政府部门及其下属机构。每周为市政策研究室提供一期专题《政策动态》，每周为市委信息处提供三期《涉温报道》和《专家视角》，还为浙江省政策研究室提供专题参考资料。

2011年，温州市图书馆以纸质、电子版等形式给市政府提供各种专题信息总计150多万字，多被政府简讯《温州信息》采用。2012年，温州市图书馆被评为政研信息工作先进单位和温州市决策咨询工作先进单位。2013年11月，在浙江省首届公共图书馆信息服务产品创作大赛中，温州市图书馆的《看温州》获最佳栏目编排奖，内刊《廉政参考》获金参考奖。

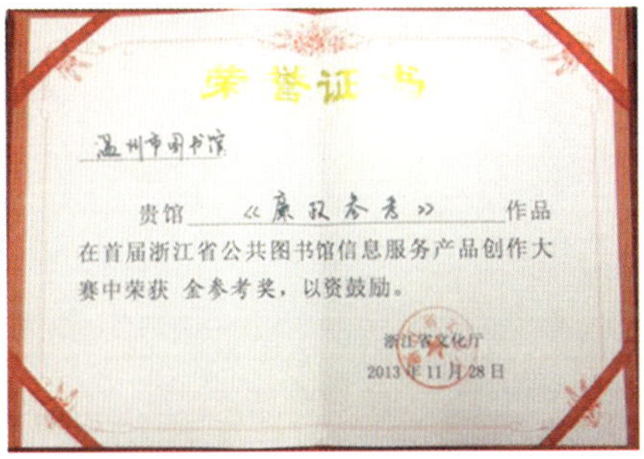

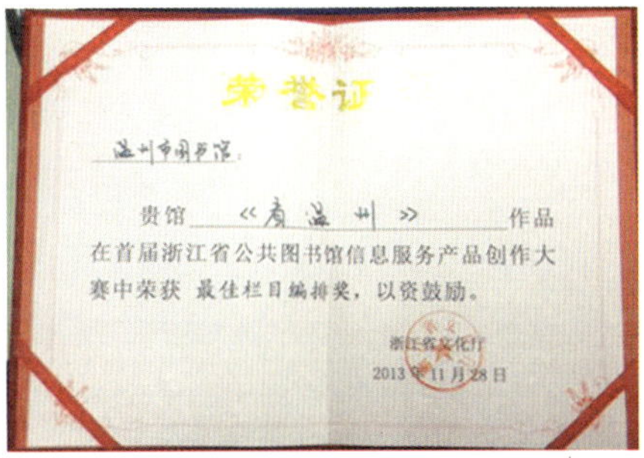

刊物与奖状组图

为经济发展创立特色馆

温州市图书馆努力拓展信息服务范围，根据温州轻工业高速发展的地区经济特点，融合多种社会资源发展经济信息服务，先后创建了中国鞋都图书馆和温州服装图书馆，闯出了一条专业化经济信息服务之路，图书馆也形成了自身的品牌服务，成为温州区域经济发展的重要助力之一。

2001 年 11 月，“中国鞋都”落户温州，市图书馆抓住机遇，与温州皮革协会合作创建了全国首家鞋业文献图书馆——中国鞋都图书馆。图书馆形成了鞋革类专业书刊、图片以及光盘等电子资源的综合文献数据库，开始为鞋革生产和研发企业提供书刊借阅、资料检索、新款资讯、专业培训等多形式的信息咨询服务，成为专业人员汲取信息、更新知识、交流经验的重要场所。

鞋都图书馆每两个月制作一期多媒体光盘《财富商讯》，汇聚了最新鞋款、专家论述、市场信息等，受到企业界普遍欢迎。鞋都图书馆参与了各种鞋革、皮革展览会及轻工博览会，展示图书馆的信息服务与信息产品，扩大了图书馆的影响力。同时建立起中国鞋都图书馆网站，注册会员已经超出温州地区，上海、武汉、成都等地都有会员。

特色图书馆组图

在温州的意大利、印度、马来西亚以及香港等地客商也闻声而来。图书馆提供的本地鞋业信息使他们在温州投资时有了具体的方向，图书馆成为连接国际企业的信息桥梁。中国鞋都图书馆依托温州市图书馆创设，在专业资源建设、信息搜集处理能力等方面具备了专业前提。温州市皮革协会等专业组织与市图书馆协同合作，架起了企业与图书馆间资源管理与信息服务的桥梁。鞋都图书馆采用会员制模式，分为核心会员与普通会员两级，提供差异化服务。核心会员提供经费，用于添置专业图书及装备，弥补资源建设、设备添置等经费缺口。图书馆同时向普通会员提供基础文献服务。核心会员提供各种信息处理技术设备，补充满足了图书馆数字化发展的需求，取得了多方共赢的效果。鞋都图书馆阅览室内专设“企业形象专柜”，展示本地鞋革企业的产品样本、广告、自办报刊等。这些资源展示了企业形象，提升了企业文化，最终成为温州市图书馆当代地方文献馆藏的一个重要组成部分。

2004年4月，温州市图书馆与温州服装商会共同创办了温州服装图书馆。这是一个为服装行业，尤其是中小型企业提供信息服务的公共服务机构，同样实行会员制管理。该馆由图书馆与商会共同发起，首期投入100余万元，其中40万元购置介绍国内外服装款式、面料设计类的手稿和书刊，以及关于现代技术应用、企业科学管理、现代营销理念等经济管理类图书，集专业书刊服务、信息检索咨询、专题定制服务、流行趋势发布等多种服务于一体，成为本市服装行业发展的信息基地之一。

2005年温州市图书馆新馆落成后，“鞋都”“服装”两馆合并，成为服饰文献特色图书馆，继续以企业、团体为主要服务对象，延用了会员制模式，会员机构提供的经费专款专用，采购服饰类专业书刊资料。特色图书馆的文献资源以鞋革、服装专业类的精品书籍、珍贵期刊、设计手稿等为主，现有馆藏数量超过1万册。其中鞋类专业的顶级期刊近百种，书籍千余册。这些刊物书籍大多来自欧美发达国家，内容丰富，实例图片很多。尤其是色彩设计领域的文献较为完整，自成系列，有较高的参考价值。

特色图书馆先后与温州职业技术学院、温州大学联手创建了鞋业和服装业的教学科研基地，相关院校定期组织各专业的学生到特色图书馆进行现场教学，图书馆成为学生的第二课堂和企业创新设计的孵化场。2009年之后，伴随全国图书馆活动环境的变化，特色图书馆取消了有偿服务，转换工作模式，继续服务地方支柱类产业，促进了温州的经济发展。

服饰文化沙龙组图

2010 年 6 月，温图服饰文化沙龙成立，为社会时尚人士搭建了一个交流平台。它以沙龙或讲座的形式，每月推荐一本时尚文化书刊，围绕近期服饰消费时尚的一个主题，邀请各方面的专家现场点评分析，包括个人形象设计、色彩与肤色搭配、服装款式与面料的基础知识、服饰品牌鉴赏等。

2011 年，特色图书馆推出鞋服专业资讯网站——温州鞋服网，为温州鞋服类企业提供全球消费趋势预测、专业服装企划、当季流行款式、全球各大时装发布会、热门潮流图案等信息，以及温州本地鞋服行业新闻、人才招聘信息和各类专业培训活动等资讯。

第三节

不断成长的数字温图

数字图书馆是21世纪世界图书馆的发展方向。温州市图书馆的数字化建设道路经历了雏形、成长和推广三个阶段，通过网站建设、微博微信交互平台、手机图书馆服务，逐步融入数字和网络服务时代。

数字图书馆的雏形——E时代图书馆（2001—2004）

2001年8月，在联通公司温州分公司和北京世纪超星信息技术发展有限公司的支持下，温州市图书馆开通了温州E时代图书馆。E时代图书馆是数字图书馆的雏形，基本理念是“任何人在任何时间、从任何地点进入数字图书馆，都能直接获取符合自己需求的知识信息内容”。图书馆在对部分特色馆藏资源数字转化的基础上，整合文学、历史、法律、军事、经济、科学、医药、工程、建筑、交通、计算机、环保等数字图书25万种，建立起世界流行款式鞋样图片、人物传记、网络文学、地方文献等四个专题资源库，资源总量达到10TB，其中鞋样图片就有2TB，并以每年2万种数字图书、10GB数字资源量的速度不断增加或更新。E时代图书馆是传统图书馆与数字化网络的结合，开启了温州市图书馆新的发展方向。

读者拥有一张温州E时代图书馆读书卡，登录E时代图书馆，下载超星阅读器到个人电脑并在线注册，即可尽情阅读。持有E卡的读者还可以获得网络记事本、E时代广场、E时代百货、固定电话等个性化服务。2003年，网站点击率达216万次，图书下载121万次。2004年6月，E时代图书馆覆盖到温州市三个县（县级市）图书馆，探索数字图书馆服务的社会化推广。

E 时代图书馆宣传活动组图

数字图书馆的成长——基于 VPN 的数字资源服务平台（2005—2010）

2005 年，温州市图书馆在新馆开放之际，引进“超星电子图书”“书生之家”“阿帕比电子图书”“万方期刊全文数据库”等数字资源，构成了有 40 余万种数字图书、数千种数字期刊的虚拟馆藏。温州市图书馆开始采用基于 VPN 的访问方式，持有温州市图书馆有效读者证者通过网上注册，一次性登录即可访问和免费使用所有数字资源。在异构库检索系统的整合下，一个超大容量的“数字图书馆”跃然网上。虚拟馆藏与实体馆藏一并为读者提供服务，而且让实体馆藏资源的检索、查询更为方便快捷。2006 年 4 月，温州市图书馆的 CNKI、维普、万方、超星等八大数据库、电子图书和电子期刊，全部向读者无偿开放。在数字化平台上还有“南戏家园”“温州文化信息网”等具有地方特色的多媒体文化资源。

数字图书馆的推广——基于单点登录的数字资源服务平台（2011 至今）

2011 年 10 月，温州市图书馆数字资源平台再次升级，采用广州图创计算机软件开发有限公司的 InterlibSSO 产品，为读者提供一站式服务。读者只需办理一张图书证，一次登录就能直接访问图书馆中的多个资源库，获取不同资源与所有服务。对有文献需求但不方便来馆的部分读者，图书馆推出了数字读者证网上办理模式，读者在网上提交身份证、手机号码等信息，经过审核后，图书馆短信发回数字读者证的账号和密码，读者即可按该信息登录数字资源服务平台，获得所有图书馆服务。

至 2014 年底，温州市图书馆数字资源服务已经拥有电子期刊 15000 余种，自购电子图书 100 万册，远程包库图书 200 万册、35000 多个讲座视频，数字资源总容量达到 60TB。2014 年图书馆网站点击总量达到 600 万次。

数字资源服务平台组图

第四节

动静相宜的阅读推广

推进全民阅读是图书馆的重要职能，也是图书馆人的社会使命。温州市图书馆结合不同年龄段读者的阅读习惯和特点，开展多渠道的阅读推广服务，通过编印阅读刊物和推出移动平台，动静结合，相得益彰。

《温州读书报》

1997年1月，温州市图书馆创办了《温州读书报》，4开4版，每月一期。该报版面虽小但形式活泼，内容丰富，至2014年12月已出211期，累计发行42万份。

温州读書報
WEN ZHOU DU SHU BAO

《温州读书报》

《温州读书报》以立足温州、面向全国、瞭望域外为宗旨。一版“文讯”，提供图书评论和出版动态；二版“书窗”，有特约作者专栏和“新书廊”；三版“书香”，让读者一起分享读书体会；四版“瓯风”，回溯历史掌故和文化轶事。先后开辟过“独乐轩书话”“美丽的书”“淘书手记”“字里乾坤”“百堂话书”“我的签名本”“夏里札记”“故乡旧事”“振羽书话”“温州老版本”“扶桑卮言”“每月一书”“图书馆纪行”“我的第一本书”等十多个专栏，连载过“刘节日记”，发起过“书香城市建设讨论”，组织过“我与《温州读书报》”等交流专题。《温州读书报》的编印发行与图书馆地方文献征集、学术交流等日常业务相互促进，并与社会文化和读者活动形成了良性循环。

《温州读书报》的作者队伍覆盖全国21个省区，它是介绍地域文化与历史的一张名片，更成为展现温州市图书馆人精神面貌的一个窗口，受到读者的认可与支持。2007年2月5日、2010年2月3日的《中华读书报》，分别刊登了《温州市图书馆和温州读书报》（董国和）、《小报中的天地》（诸葛忆兵）。2011年9月23日的《文汇读书周报》有周振鹤《人文温州的一道风景》等评论文字，对“绝不盈利”的《温州读书报》表示赞赏。

2011年，温州市图书馆主办了全国第九届民间读书年会，首发《温州读书报》文选《瓯歌》（上海，远东出版社），随后举行了“发行200期”系列讲座，邀请朱正、周振鹤、陈徒手、王振羽、张欣等文化名人与会作报告，社会反响热烈。《温州读书报》被中国图书馆学会阅读推广委员会指定为“书香园地”，2014年4月入选中国图书馆阅读推广类“十佳”内刊。

馆刊《籀园》

馆刊《籀园》始创于20世纪40年代的原籀园图书馆时期，曾为温州市图书馆事业做出过突出贡献。2011年4月，温州市图书馆重新编发《籀园》。新刊《籀园》每季一期，以“书”为主线，刊发“知书”“读书”“用书”的相关文章或资讯。复刊4年，已出版了15期，发文80余万字，图片2000余张，赢得了读者和图书馆界的认可。

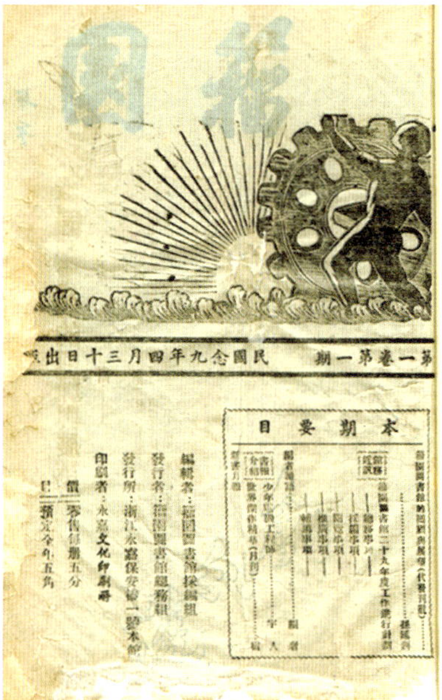

馆刊《籀园》新旧封面版式

《籀园》栏目一览表

栏目板块	栏　目　名　称	主　要　内　容
本期专题	依每期所选的主题而定	结合读书界的热点、重点，选取某一主题，组织一组文章进行深入探讨
业务探讨	统计分析、探索与实践等	图书馆业务分析和探讨
馆员天地	主编寄语、籀园特稿、琅嬛走笔、馆员抒怀、一瓣心香、馆员论坛、籀园旧影、籀园书话等	面向业界，以馆员读书学习工作体会为主，兼容社会各界对图书馆的关注
读者之窗	书人书事、东瓯往事、悦读空间、读书偶得、读图时代、品书录、书画坊等	面向社会，叙述读书人和温州文坛的轶事，记录人们读书、品画、创作的心得
活动长廊	籀园讲坛、籀园品书会、文化展厅、活动集锦、社团活动等	收录名家讲坛讲稿、读书会讲话稿，图文编发讲座、展览、读书活动实况
业界资讯	温图动态、分馆专递、信息窗等	报道本馆及业界相关信息
五花八门	新书架、借阅排行榜、编读往来等	馆藏新书推介，反馈读者信息

移动阅读服务

微博、微信服务

微博作为新兴的网络信息交互平台，被温州市图书馆及时地应用于组织管理与读者服务。2011 年 3 月，“温图微博”诞生。图书馆以此为平台，通过全馆职工参与，集中全体馆员智慧，引导读者参与，全方位展示图书馆的服务项目和活动。

“温图微博”设有 5 个栏目，包括温图发现、温图预告、温图分享、温图咨询、温图馆长在线。微博由行政办公室管理，组织全馆参与，每部门指派一名有创新意识和责任心的工作人员组成“温图微博”管理小组。保持每天发布 1 ~2 条信息的频率，现有“粉丝”1 万余人。

2013 年 3 月，温州市图书馆开通微信公众平台，开始提供信息推送服务。内容包括籀园品书会及阅读推广、《新参考》微信特刊、活动预告以及图书馆规章制度等。2014 年 4 月，微信功能做了改版，利用公众平台的图文阅读统计功能，对信息推送内容进行调整，形成以时事热点为向导、以阅读量大小为依据的主题书目推荐等基本服务。微信菜单也重新设计，分为掌上温图、馆刊馆报和精彩微刊三个版块。微信开通一年，订阅用户达到14000人，获温州市公共文化服务创新奖。该平台在《图书馆报》的大陆地区公共图书馆微信公众号影响力排行中名列第4位。该平台6次入围人民网舆情监测室发布的全国政务微信影响力榜单文教类榜单，是图书馆界入选次数最多和排名最高的图书馆微信平台。

手机图书馆服务

2012年11月，温州市图书馆推出移动端Wap服务，读者通过手机访问m. wzlib. cn，即可查询书目，了解温图最新动态和活动信息，并可在手机上对已借阅图书续借。有临时信息需求的用户，只需要填写手机号，通过短信验证码登录图书馆网站，即可获得电子图书、电子报刊和学位论文等文献的全文阅读。

2013年年底，“温州市图书馆APP”推出，读者只需下载苹果或安卓平台客户端，就可在任何地点快速查询温州市图书馆的文献及相关信息，让读者在移动终端上获得以下功能：①直接获取图书馆文献数据库全文资源，包括电子图书、期刊论文、报纸以及学位论文、会议论文、标准、专利等中外文献；②对于本馆缺藏的文献资源，移动图书馆可通过文献传递功能，检索到全国600多家图书馆的全文资源，读者只需要通过手机发送一条文献传递请求，填写自己的电子邮箱，文献全文就会被发送到读者的电子邮箱。

手机图书馆界面组图

第五节

卓有成效的文献开发研究

长期以来，温州市图书馆以弘扬本土优秀文化为己任，重视地方文献的整理、开发和利用。但因为条件局限，整个 20 世纪中仅于 1937 年编印过一册文献研究型出版物《蔘绥年刊》。进入 21 世纪以来，温州市图书馆的文献整理和研究工作有了较快发展。

新契机——浙南谱牒研究中心成立

2000 年 6 月，《中国家谱总目》在国家文化部正式立项，全国图书馆界也因而掀起了家谱收藏和研究热。同年 12 月 24 日，温州市图书馆成立了浙南谱牒研究中心，社会反响之大出乎意料。公众参与热情空前，捐赠家谱或提供相关线索者络绎不绝。浙江各地纷纷成立谱牒中心，以木活字印刷谱牒为业的瑞安平阳坑东源也因此成了中国当代木活字印刷文化村。

2001 年，温州市图书馆顺利完成《中国家谱总目》和《浙江家谱总目》（温州地区部分）的编纂任务，随后编辑出版了《浙南谱牒文献汇编》3 种和《浙南谱牒研究丛刊》7 种。

大突破——《温州文献丛书》和《温州文献丛刊》问世

2001 年，温州市人民政府投入 200 万元，成立了《温州文献丛书》整理出版委员会，规划系统抢救、整理有价值、有影响力的温州地方历史文献，责成温州市图书馆承担《温州文献丛书》整理出版委员会办公室与编辑部的日常工作。作为整个项目的执行者，温州市图书馆参与了整理出版的规划拟定、凡例编制、书稿编辑以及联系各系统专家学者等工作。同时，温州市图书馆还承担了《温州经籍志》《黄群集》《东瓯逸事汇录》等文献的整理任务。在各相关部门单位的支持下，41 位学术工作者历时 7 年精心编校整理，至 2007 年，共编辑出版了《温州文献丛书》4 辑 40 部 48 册，成为温州地区迄今为止最为完备的历史文献总汇。

《温州文献丛书》项目开启了温州市图书馆研究出版活动的先河。随后，作为《温州文献丛书》的续编，温州市图书馆又编辑出版了《温州文献丛刊》10 部 14 册。2003 年，编纂出版了浙江历史上首部综合性地方文献联合目录——《温州地方文献联合目录》。

2010 年，温州市图书馆启动了《馆藏日记丛刊》的整理出版工作，计划分影印本和标点本两种形式分别出版，影印本已由中华书局于 2015 年上半年出版。

小高潮——2011 年的突飞猛进

2011 年，温州市图书馆地方历史文献整理活动迎来高潮。先是推出《籀园书系》第一部《瓯歌》，获得了“展现温图人精神面貌的一个窗口和介绍区域历史文化的一张名片”的赞誉。随后，继承《蓼绥年刊》传统的《温州历史文献集刊》面世。年末，在著名语言学家、温籍学者郑张尚芳的提议下，温州市图书馆又着手开展《温州方言文献集成》的统筹编纂工作。

这一年，最大的项目为《温州通史》编撰工作的启动。2011 年初，温州市委、市政府决定编纂《温州通史》，温州市图书馆主动请缨揽下重任，作为通史项目的牵头单位，负责通史编纂的具体实施。《温州通史》计划分编为 7 卷，包括先秦至唐、宋元、明代、清代、晚清、民国、人物等，预计 300 万字。同时配套出版 30 本专题史书。整个编纂工作拟用 6 年时间完成。

《温州通史》的编纂是温州城市文化建设的重要项目，是历史文化名城创建的重要构成部分之一。温州市图书馆举全馆之力，为《温州通史》编纂提供文献保障，依托先进的技术支持和热情的联络服务，为编纂工程保驾护航。图书馆多次组织编纂研讨会，完成相关专题目录整理，发行《温州通史编纂通讯》，开展社会史料征集活动，建立《温州通史》网站及数据库，组织“历史文化之旅”考察。

《温州通史》签约仪式

《温州通史》系列丛书同时进行，且取得了阶段性成果，2014 年 6 月专题史第一部《温州古旧地图集》由上海书店出版社出版。

温州市图书馆的文献整理研究活动以挖掘地方文献资源和传承地域文化为主旨，发挥图书馆文献资源整理的专业能力，为学界研究者提供第一手的原始资料。图书馆重视前期调研，科学规划选题，注重规模效应。历史文献整理出版多为系列丛书，以完整和全面的资料展示，体现出文献的学术价值。

经过多年的实践与积累，温州市图书馆形成了一支具有较高文献整理研究水平的科研团队，成员大多具有文献学、历史学专业硕士等学位，在选题整理、审校编辑等方面经验丰富，主持并参与了多个整理出版项目。同时，温州市图书馆主动搭建学术交流平台，邀请国内外专业学者参与，如《温州通史》编纂项目由国内知名学者主持，《馆藏日记丛刊》的整理则请本地学者担纲，他们为图书馆的整理出版项目提供了开阔的学术视野，也让温州地方文献的整理出版吸引了海内外学界的目光。

以《温州文献丛书》为代表，地方文献研究成为温州市图书馆学术影响力的增长点，广受国内外专家学者的重视。图书馆整理出版的地方历史文献图书发行到国内各大城市，还通过中国国际图书贸易总公司发行到美、德、韩、日等国。

温图馆员著作一览（2001—2014）

序号	名　称	主要著作者	时间	出版单位
1	《吕渭英集》	潘猛补编	2001	天马图书有限公司
2	《张璁集》	张宪文校注	2003	上海社会科学院出版社
3	《黄群集》	卢礼阳辑	2003	上海社会科学院出版社
4	《王叔杲集》	张宪文校注	2005	上海社会科学院出版社
5	《温州地方文献联合目录》	郑笑笑主编	2005	北京图书馆出版社
6	《美学经纬》	阮延陵编著	2006	西泠印社出版社
7	《东瓯逸事汇录》	陈瑞赞编注	2006	上海社会科学院出版社
8	《温州山水诗选》	卢礼阳编	2006	上海书画出版社
9	《刘景晨集》	卢礼阳编注	2006	上海社会科学院出版社
10	《从传统到现代：温州市图书馆新馆建设资料汇编》	郑笑笑，孙霖冰编	2007	东南大学出版社
11	《王德馨集》	王妍编校	2009	黄山书社
12	《蒋叔南集》	卢礼阳编校	2009	黄山书社
13	《雁荡山志》	卢礼阳，詹王美校注	2009	线装书局
14	《嘉靖永嘉县志》	潘猛补点校	2010	中国文史出版社
15	《明代英桥王氏诗录》	陈伟玲校注	2010	中国文史出版社
16	《晚清温州纪事》	张永苏，李新德译注	2011	宁波出版社
17	《温州经籍志》	潘猛补点校	2011	中华书局
18	《侯一元集》	陈瑞赞编校	2011	黄山书社
19	《王毓英集》	卢礼阳编校	2011	中国文史出版社
20	《瓯歌：〈温州读书报〉文选》	卢礼阳编	2011	上海远东出版社
21	《董每戡集》	陈寿楠等编	2011	岳麓书社
22	《籀园讲坛》	苏鲜女，邵余安编	2012	上海远东出版社
23	《塘河历代诗选》	潘猛补编	2012	中国对外翻译出版公司
24	《吴鹭山集》	卢礼阳编校	2013	线装书局
25	《温州老剧本》	陈寿楠编	2013	黄山书社
26	《龙腾东瓯：温州历代龙舟题咏》	陈瑞赞编著	2013	南京大学出版社
27	《瓯歌二集》	卢礼阳编	2014	上海远东出版社
28	《温州茶韵》	卢礼阳，邵余安编	2014	黄山书社
29	《籀园受赠书目汇编》	章亦倩编	2014	上海远东出版社

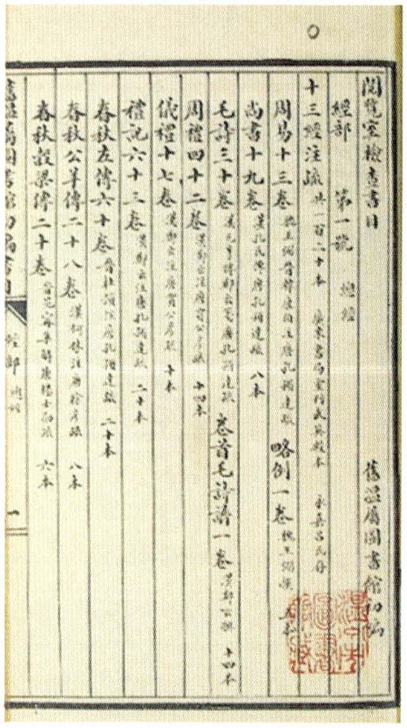

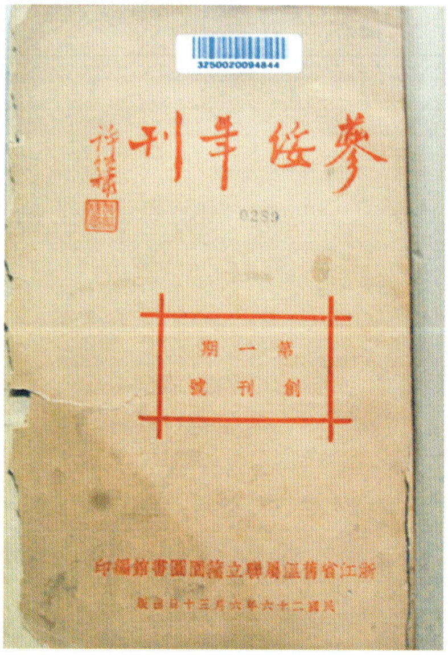

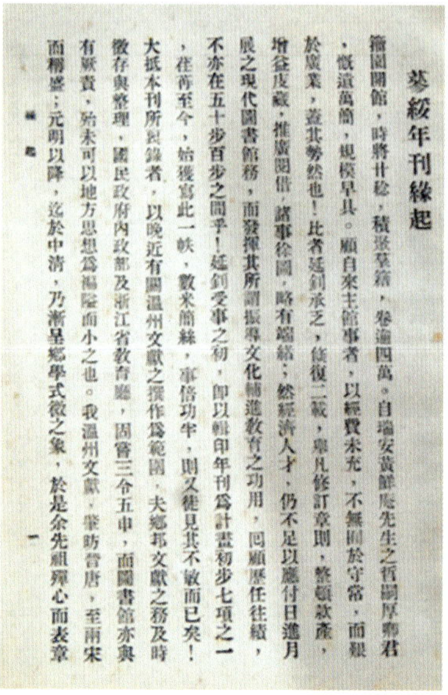

蔘綏年刊緣起

籀園開館，時將廿稔，積聚草籍，卷逾四萬。自瑞安黃鮮庵先生之哲嗣厚菴君，慨遺萬簡，規模早具。顧自來主館事者，以經費未充，不無囿於守常，而艱於廣業，蓋其勢然也！比者延釗承乏，倏復二載，舉凡修訂章則，整頓款產，增益庋藏，推廣閱借，諸事徐圖，略有端緒；然經濟人才，仍不足以應付日進月展之現代圖書館務，而發揮其所謂振導文化輔進教育之功用，回顧歷任往績，不亦在五十步百步之間乎！延釗受事之初，即以輯印年刊爲計畫初步七項之一，荏苒至今，始獲寫此一帙，數米簡絲，事倍功半，則又徒見其不敏而已矣！大抵本刊所登錄者，以晚近有關溫州文獻之撰作爲範圍，夫鄉邦文獻之務及時徵存與整理，國民政府內政部及浙江省教育廳，固嘗三令五申，而圖書館亦與有厥責，殆未可以地方思想爲褊隘而小之也。我溫州文獻，肇昉晉唐，至兩宋而稱盛；元明以降，迄於中清，乃漸呈鄉學式微之象，於是余先祖舜心而表章

一

馆编出版物照片组图（一）

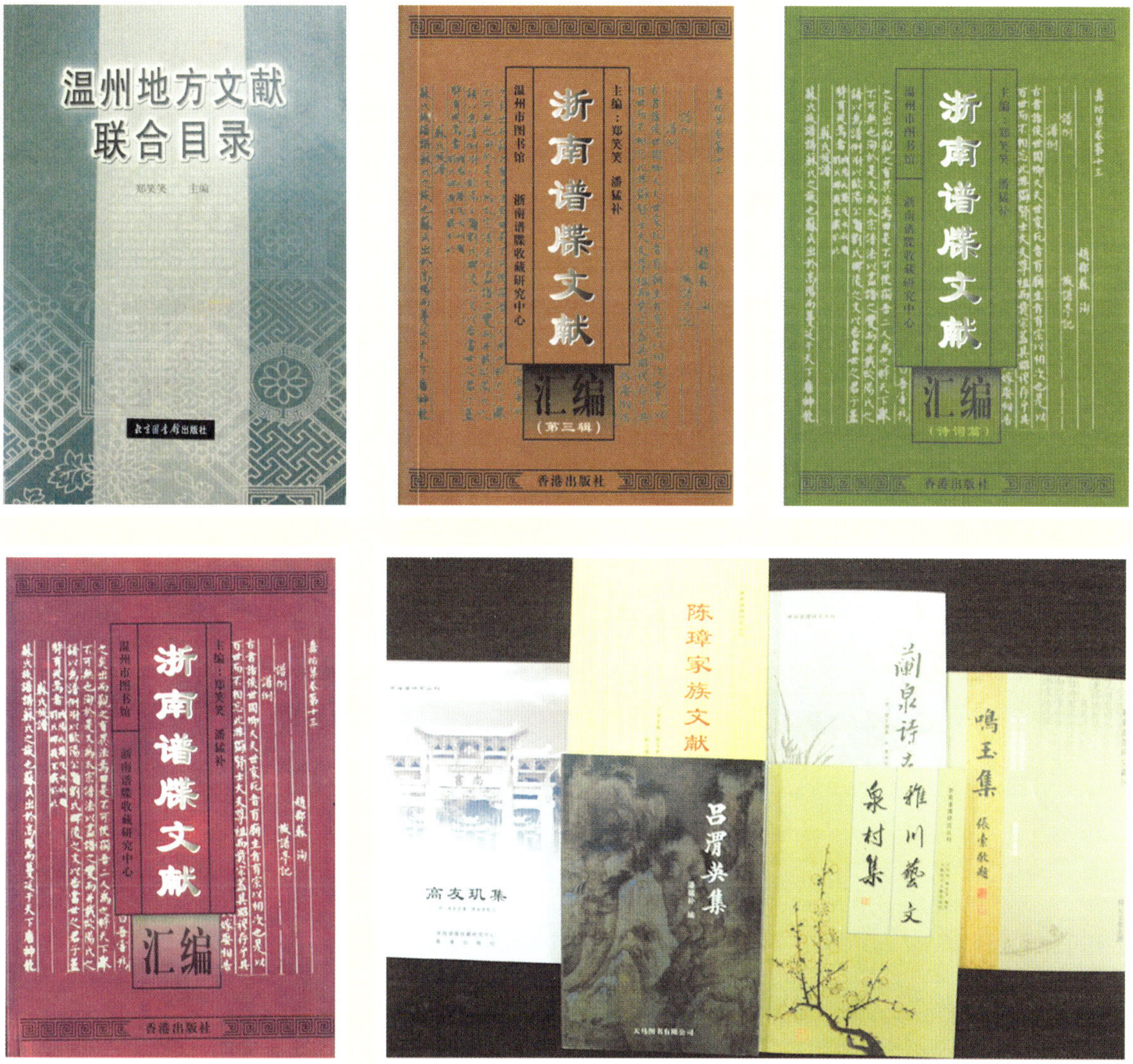
温州地方文献
联合目录
郑笑笑　主编
北京图书馆出版社
浙南谱牒文献
汇编
（第三辑）
主编：郑笑笑　潘猛补
温州市图书馆　浙南谱牒收藏研究中心
香港出版社
浙南谱牒文献
汇编
（诗词篇）
香港出版社
浙南谱牒文献
汇编
主编：郑笑笑　潘猛补
温州市图书馆　浙南谱牒收藏研究中心
香港出版社
陈璋家族文献
蘭泉诗
鳴玉集
高友玑集
吕渭英集
雅川藝文
泉村集

馆编出版物照片组图（二）

06

第六章
都市的文化驿站

温州市图书馆一贯以来有举办各类主题、各种形式的读者活动的优良传统。在阅读推广职责的引领下，通过建立社团、培训班、俱乐部、沙龙等各种阅读组织，为读者搭建学习、交流、探讨、展示的平台。图书馆的职责较多地体现为项目发起，日常活动中则多通过读者间的交流互动，逐步挖掘、整合各方面的社会力量，逐渐转化为读者主导、组织、策划和实施。活动形式不拘一格，轻松自如，如讲座、展览、群众文艺演出、社团沙龙、知识竞赛、公益课堂、免费培训等。经过多年的实践与积累，已经形成了籀园讲坛、籀园品书会、籀园学堂、老年学堂、温图展览、温图英语角、读书话剧社、新温州人演讲赛、海龟哥哥讲故事、读来读往读书会等一批特色文化活动。每到周末，市民成群结队来到温州市图书馆，选择自己喜欢的项目，会见有共同爱好的老朋友，图书馆成了都市居民生活中的一个重要文化驿站。

第一节

讲座和展览并驾齐驱

在温州市图书馆的众多读者活动项目中，讲座和展览活动的历史最为长久，也最吸引公众。成功的关键在于讲座和展览内容既贴近市民生活，也关注时事热点，主题多样，内容广泛，不仅吸引了城市公众，社会精英也以在温州市图书馆开讲座、办展览为荣。每到周末，图书馆的讲座厅和展览厅人头攒动，到图书馆听讲座、看展览逐渐成为许多市民的文化生活方式之一。

籀园讲坛的前世今生及其他

温州市图书馆有邀请文化名人、专家学者举办学术讲座的服务传统。据馆史记载，1940 年年底，籀园图书馆时代的青年读书会成立伊始，便举办了多场讲座。馆长孙延钊邀请浙江大学教授王季思做《谈读书》（1940 年 12 月 8 日）、《怎么样写时事论文》（1940 年 12 月 22 日）、《温州南戏在中国戏剧史上之地位》（1941 年 9 月 21 日）等讲座，又邀请《东南日报》总编辑汪远涵主讲《太平洋战争之透视》（1941 年 12 月 21 日）。这些是图书馆档案中最早的讲座活动记录。

1943 年夏，籀园图书馆利用各大学温州籍教授、学者返乡休假之机，邀请学界名流到图书馆，先后有夏承焘的《苦节诗人林霁山》、王季思的《时事与事业》、汪远涵的《战争新闻和新闻战争》、贾祖璋的《进化学说》、徐桂芳的《空间与时间》、潘上元的《成本会计》、蔡孔耀的《油脂之热裂工业》等七次讲座，盛况空前。

1945 年 8 月，刘景晨、夏承焘及馆长梅冷生等三十余人发起了温州菩提学会，假座图书馆进行系统佛学演讲。同年，其他讲座还有李雁晴的《如何认识文字产生的时与地》（10

月 14 日）、徐振池的《原子弹之探讨》（10 月 21 日），徐桂芳的《自然数之性质》（10 月 28 日）等，主题多样，知识多元。

1949 年 5 月 9 日温州解放，图书馆迎来一个新时代，讲座活动也展现了新时代特色。

1954 年 7 月，图书馆借用市人民大会堂，由陈纪业主讲《古典文学名著——水浒》，戴秀川演唱温州鼓词《黑旋风李逵》，谢印心演唱大鼓《武松打虎》，听众达千余人。同年 10 月，还与市科普协会合作举办了三场“台湾问题”讲座。

1955 年 9 月，图书馆与市中苏友协、电影院合作，举办了叶曼济主讲的《果戈理和他的作品〈钦差大臣〉》文学报告会。

1957 年，图书馆举办中国文学史讲座，邀请马锡鉴、王阜彤等十余人，系统讲述自先秦至清代的文学发展，分为 20 余个主题，讲座活动每半月一次。

20 世纪 80 年代，随着图书馆事业的兴盛，讲座活动重新活跃起来。特别是 1998 年馆舍迁至园西巷之后，在二楼辟有一个独立的报告厅，能容纳 400 人。第二年，图书馆成立了社会活动部，多方联系社会各界名人，每月一期的讲座活动成为图书馆的基本服务项目之一。

2005 年，图书馆迁入市府路新馆，为强化图书馆讲座在温州市民心中的影响，凝练图书馆讲座的文化内涵，讲座活动以温图旧称“籀园”为名，努力打造“籀园讲坛”这一公众文化服务品牌。

“籀园讲坛”以社会热点、市民关注点为活动导向，每周一或两次，内容涉及时政、教育、文学、艺术、历史、法律、经济、心理、保健、阅读等多个领域。至 2014 年年末已举办近千场活动，听众达 20 余万人次。“籀园讲坛”主讲嘉宾多为各地文化名流，如周瑞金、葛剑雄、曹文轩、马立诚、叶辛、韩石山、孙立群、谢泳、张鸣、张翎、阎崇年等，精彩的讲座极大地丰富了温州市民的文化生活。

由于讲座现场听众容量有限，2002 年开始，“籀园讲坛”开始争取主讲人的授权，将现场讲座录制成视频资料，上传至温州市图书馆网站，让不能来现场的听众也能一睹大师风采，获得精华文化的滋养。

2009 年，“籀园讲坛”获得“浙江省优秀讲座品牌”荣誉。2011 年，浙江省文明办授予其“先进文化品牌”称号。

与此同时，温州市图书馆还与社会合作举办了多个系列的讲座活动。

2006 年以来，先后受温州市委宣传部、温州市文明办、温州市妇联、《温州都市报》等单位的委托，图书馆在开设了“大榕树市民学堂”“学人讲坛”“文明大讲坛”“女性课堂”等讲座，丰富了市民的选择。

“学人讲坛”由《温州都市报》专栏记者金辉为主策划，邀请了叶永烈、黄本诚、诸葛忆兵、傅国涌、孟庆江、李启虎、王维熙、林冠夫、黄世中、周瑞金、郑张尚芳、项飚等一批生于温州、长于温州，且现今在学术界影响较大的专家、学者到温州市图书馆讲演。他们通过不同主题和深入浅出的专业解读，为温州学子的成才之路提供了可贵的参考知识。

“温都名博”系列的讲师，源于较早在网上开设博客并具备一定专业研究能力的本地人士，包括中医世家传人、金融理财高手、热心公益服务者以及当代文学青年。他们在家门口的讲坛上挥洒激情，与市民分享、交互新知。

籀园讲坛照片组图

温图展厅的过去和现在

温州市图书馆的展览活动最早可以追溯到20世纪30年代的抗战时期，有“战时图书展览”和“国防图书巡回文库”等。其中规模和影响最大的则是1940年11月在籀园举办的“抗战建国木刻漫画展览”，1500余件展品中，本地作家作品有1194件，不少出自国内著名版画家之手。应观众要求，原定三天的会期延展一天。尽管有两天下大雨，观众仍有7000多人次，日均观众14800人次。这次展览宣传做得很好，展览开幕第二天温州当地的两大报《浙瓯日报》和《温州日报》的副刊都发了《“抗建”木刻漫画展览会特刊》；图书馆不但在《籀园月报》第八期刊出了《“抗建”木刻漫画展览会专号》，还编辑了《展览品总目录》和《“抗建”木刻漫画选集》。

1949年后，温州市图书馆的展览活动依然活跃。影响较大的展览有1962年举办的“孙诒让遗著展览会”，吸引了众多温州地区学者和全国知名学者，如郭沫若、顾颉刚等都寄送了题词。1980年10月，图书馆与新华书店等单位联合举办的“美国时代——生活丛书出版社图书展览”深受市民欢迎，展后324册中英文图书全部都被温图收藏。

20世纪90年代，温图展览日趋活跃。1990年9月29日开展的“温州当代百家著作展”共展出近300位温籍作者的1200多册图书；展期一个月，创下温州展览活动的纪录。图书馆还编印了《温州当代百家著作书目》一书，为日后“温州人著作数据库”打下了基础。

1998年以后，伴随着图书馆馆舍的不断更新扩展和“温州文化名人厅”的开放，温图展览从阅览室、走廊走向独立展厅、专业展厅，展览服务也开始走出馆舍，直至走出温州，走向世界各地。图书馆每年举办各类展览20场次以上，内容从挂图布展、翻版制作，走向征集原创作品，举办主题专业艺术作品展览。图书馆策划制作的“百位名人谈读书”“世界温州人著作展”“回到童年——温州民俗图片展”“图说南戏”“温州女书法家作品展”“中国历代书法艺术展”“上海水彩画名家邀请展”“深圳水彩画双年展”等专题展览，获得图书馆界内外的青睐，其中“百位名人谈读书”“图说南戏”“世界温州人著作展”多次到学校、社区、机构和县（区）基层图书馆巡回展览。

温图展厅活动组图（一）

温图展厅活动组图（二）

温图展厅活动组图（三）

深圳水彩画双年展
WATERCOLOUR BIENNIAL
[温州站]
2013-2014
深圳市文学艺术界联合会
深圳市罗湖区人民政府
温州市图书馆
温州市美术家协会水彩艺委会
2014.4.5-4.20

温图展厅活动组图（四）

2011年11月，“上海水彩画名家邀请展”结束后，16位活跃于当代中国水彩画坛的上海著名水彩画家——柳毅、朱大白、王北珍、王洪、宋肇年、宋建社、冯信群、梁钢、傅钢、陈键、殷光华、池振明、王伟民等人均赞赏此次活动，认为让温州各届朋友感受水彩画原作的魅力是“一件非常美好的事情”，于是纷纷留下自己的墨宝，温州市图书馆从此又增加了一批珍贵的艺术馆藏。

2012年，温图展厅设施进行专业化改造，以适应各种美术类展品的专业展览。展览活动由此更趋活跃，陆续推出了“温州大学美术与设计学院教师书画展”“古琴历史图片展”“益阳赫山—温州瓯海青年书法交流展”“漫步英伦——十五人英国之旅油画作品展”“墨韵染林，乌牛耕春——林锡春画展”等多项展览。较高的展品艺术水准，对于培养温州市民艺术鉴赏力具有长远的文化价值。

2012年春节，温州市图书馆策划的“回到童年——温州民俗图片展”改名为“温州地方民俗文化图片展”，赴上海图书馆展出。

2012年5月，第七届“台湾·浙江文化节——温州文化周”在台北、新竹等地举办期间，温州市图书馆策划的“玄觉著作存世版本展”在台北市松山文创园区展出了26种稀世馆藏。

2012年12月，主题晚会“梦回家园”揭开“广州·温州文化周”序幕，温州市图书馆策划的“温州人著作展”在花城登场，展示了贯穿古今的温州文脉和温州精神。

2013年11月7日至9日，“2013年中国图书馆年会暨中国图书馆展览会”在上海浦东新区召开，温州市图书馆是八个应邀参展的公共图书馆之一。“温州市图书馆事业成就展”在上海世博展览馆亮相，古色古香的展区布置，既有传统图书馆的淳厚书香，也散发着浓郁的地区、时代气息，成功地展示了当代温州市图书馆兴旺发达的辉煌进程。

第二节

丰富多彩的读书活动

为了提升市民的阅读兴趣，温州市图书馆陆续推出多项专题读者活动，如2004年的“英语之星电视大奖赛”，2005年的“新温州人演讲大赛”，2006年的“春之声诗文朗诵会”，2010年的“相约在温图，共读文化年”等。图书馆针对不同的阅读群体，设计不同的活动模式，安排在春夏秋冬各个季节，纷繁的大型阅读文化活动不断为城市公众提供文化大餐。

春天里优美的读书声——春之声诗文朗诵会

自2007年起，每年4月23日“世界读书日”晚上，温州市图书馆均举办“春之声诗文朗诵会”，读书人汇聚一堂，吟咏温州山水诗文，咏叹家国古今。“春之声诗文朗诵会”活动吸引了社会各界朗诵爱好者积极参与，他们或登台表演，或台下相和。激情洋溢的词章，抑扬顿挫的朗诵，使观众在表演者的感染下，往往不自觉地共同朗诵起熟悉的篇章。集体诵读把全场活动引向高潮。

“春之声朗诗文诵会”照片组图

夏天里讲述火热的梦想——新温州人演讲大赛

温州市图书馆连续八年举办了“新温州人演讲大赛”。大赛面向城市的特殊人群——外来务工者，图书馆策划了专门平台，供他们诉说属于自己的酸甜苦辣，吸引和鼓励他们参与图书馆活动，在温州找到“第二故乡”的归属感。

“新温州人演讲大赛”活动由图书馆与市总工会、教育局、主流媒体等合作，旨在为新温州人提供一个展示风采的舞台。活动每年一届，在七八月间举行，分初赛、复赛、决赛三个环节。至今已有1000多位新温州人先后登上演讲舞台，他们声情并茂，述说在第二故乡打拼的心路历程和自己的梦想。媒体主持人、院校教授、语言专家在担任培训导师和评委的时候，都曾被他们的经历感动。有的选手通过这一舞台改变了职业道路，从中学老师华丽转身成为电视台主持人；有的选手在活动中重建信心，从落魄业务员奋斗成为职业经理人；更多的人在这个过程获得了温暖的祝福，自信地开拓着全新的人生道路。

新温州人演讲大赛照片组图

虽然从初赛到决赛舞台不尽相同，但选手们在舞台上的举止言行让社会公众形成了对新温州人的宽容和理解，以及对他们的尊重和敬意。

秋天里激烈的文化碰撞——英语之星电视大奖赛

2004 年，温州市图书馆在英语角活动的基础上，联合温州市人民对外友好协会和温州外文学会共同推出了英语口语比赛——“英语之星电视大奖赛”。活动以发现人才，培养人才，提高市民文化素养，推动温州外向型发展和学习型社会建设为宗旨。

严密的组织形式、鲜活的场景、激动人心的比赛，为温州的英语爱好者提供了一个自我展示的舞台。大奖赛跻身全市最大规模的公益性文化活动，十多年来参赛的人数从上百人发展到几千人，众多英语教师、翻译、外交官、外事工作者从这里起步走向世界。例如首届高中组“英语之星”获得者，次年获浙江省高中英语口语大赛一等奖，第三年获全球最高奖学金——美国威斯里安大学富里曼亚洲奖学金20万美元，四年后成为获得美国加州大学伯克利分校全额奖学金的博士研究生。

“英语之星电视大奖赛”照片组图

2013年，“英语之星电视大奖赛”尝试转变为英语嘉年华模式。以“快乐英语，有你有我”为基调，以东西方文化交流为主体，口语表达与综合知识并重，不分组别，摒弃笔试，实行口语海选，让参与者轻松参赛，注重在交流中提高英语水平。竞赛变身为群体性外语交流活动，寓意着温州城市文化水平踏上了新的台阶。

冬天里温暖的约会——相约在温图，共度文化年

2005年，温州市图书馆迁至市府路时，周围大多为在建工程，居民生活区未成熟，公

交线路鲜有直达，图书馆对读者的吸引力直线下降。为加强图书馆的社会文化辐射力度，图书馆策划了多项读者活动，如“墨迎新春——书法家写赠春联”和“闹元宵猜灯谜”等传统民俗活动，使读者参与度逐年提高。2010 年，图书馆将“读者阅读成功汇演”“春节百科知识闯关大赛”“墨迎新春——书法家写赠春联”“闹元宵猜灯谜”等活动，整合成了系列活动——“相约在温图，共度文化年”。

“共度文化年”照片组图（一）

A
11

相约在温图 共度文化
活动时间：2011年1月1日——2月28日
“春风脉脉亦含情”展览系列
瑞冬暖春讲座系列
活力四射广场系列

“共度文化年”照片组图（二）

历年春节期间，图书馆的文化活动中被市民们翘首期盼的当数春节前的“墨迎新春——书法家写赠春联”和节后的“闹元宵猜灯谜”。在进行赠春联活动时，等待领取者常常要排队等候四五个小时，合作单位“镜心书画院”的书法家们被市民的热情所感染，站着一写就是半天，每年赠发春联近千幅，图书馆内外充满了浓郁的文化年味。正月十五元宵节，图书馆前的广场上张灯结彩，充满欢声笑语，温州灯谜协会原创的2000余条灯谜在广场上摆开，吸引众多市民前来观赏猜谜。图书馆按照市民需求，分别设立了亲子灯谜专场、老年人灯谜专场等，并为各县区基层图书馆提供灯谜服务，让温州地区的民众在同一时间猜灯谜、闹元宵。

城市的读书盛宴——首届温州读书节

2010年，以温州市图书馆为主要承办单位的“首届温州读书节”成为温州市的一场读书盛宴。

温州读书节

读书节以书为轴，活动异彩纷呈。其序曲是“我最爱读的书”优秀图书评选活动。首先由专家委员会推出300种图书作为候选书目，供市民选择投票，最后得出一份既体现经典作品永久魅力，又反映当代社会潮流的50种图书的推荐书目，也为市民家庭提供了一份藏书目录。

围绕着这 50 种推荐图书，组委会继续推出“深阅读”活动——“爱读书、读好书、善读书”读书札记征集大赛。让参赛者从中挑选 1 ~2 本书，摘录一句或一段在阅读过程中体会深刻或从中得到启发的精彩话语，写出推荐理由和阅读感悟。1300 余名不同组别的读者参与了本次比赛。

读书节系列活动中开展了“百佳书香评选行动”，众多私人藏书家和藏书单位是“百佳”活动的主体。从报名到颁奖历时两个多月，报名参加者 155 家，遍布全市 11 个县、市、区。其中藏书逾万册的家庭 14 家，最多的藏家藏书达 8 万册。从 5 月 11 日到 6 月 10 日整整一个月，评审组成员分头前往全市各区，以及乐清、瑞安、永嘉、平阳、苍南、文成、泰顺、洞头等地，跋山涉水行程总计 4000 多公里，对 155 家参评者进行实地考察，最终评选出书香家庭 68 家，书香企业 21 家，书香社区 34 个。

“书香伴人生，阅读增睿智”名家讲座是读书节期间最吸引人的活动。诸葛忆兵、葛剑雄、谢泳、孙立群、张召忠等知名学者先后做客温州，带来了令人回味无穷的文化大餐。书本是知识的载体，与写书的人面对面，直接聆听他们的见解，对于读者来说是跟知识创造者的“第一次亲密接触”，由此而获得的精神享受大大超出了书本阅读本身。

读书节中规模最大的活动是“书香浓情百场巡讲”，主讲嘉宾多为温州本地文化界知名人士，内容有“读书与人生”“读书与治学”“读书与事业”“经典阅读”等。活动深入学校、社区、农村、企事业机构，让温州地区的学生、干部、工人、农民在工作场所或家门口就能接受到新的知识和信息。同时，各县、市、区举办了“中国最美的书图片展”“百位名人谈读书”“温州地区各公共图书馆的服务成果展”等系列巡展。

温州企业家群体参与读书节活动也是一个亮点。企业家国学班邀请台湾“天下第一才子”龚鹏程和赵玲玲两位国学名家主讲，并邀请了鲍鹏山、吴光、朱鸿召等多位当代国学界名人与企业家对话，谈经论道，分享智慧。

读书节摄影作品大赛同时开展，众多摄影爱好者拿起相机记录下了千家万户的“悦读”画面，留下了知识温州的魅力表情，成为温州首个以“读书”为主题的群众性摄影比赛。4 月 22 日发布征稿启事，不到一个月的时间就收到参赛作品 336 幅。经专家评选后有 90 幅作品入围，参加作品展览。这些作品选取了不同的视角，图书馆、书店、学校、讲座现场、展览厅、家庭书房、林间小道、崎岖山路、渔船、野外等都留下了温州人读书生活的记忆。

5月22日，读书节“图书展销交流会”在温州市图书馆举行。数十位不同年龄、不同阶层的“书虫”们，带着自己的得意藏品，在现场摆开了书摊，与有同好的读者相互交流。别开生面的“亲子淘书赛”有25个亲子组合参与比赛，把家庭阅读的风气带向市民家庭。期间，还组织了五场以“读书从孩童开始，阅读与成长同在”为主题的“图书馆亲子之旅”，近百位少儿读者和他们的家长到图书馆参加“趣味阅读活动”，进行“图书馆操作实习”，并获得了“赠送图书推荐目录”等纪念品。

6月22日，“为盲童点亮书海明灯”活动走进瓯北特殊教育学校，为孩子们带去了近百册盲文图书。温州市图书馆与该学校达成合作协议，图书一季度更换一次。图书馆为此制订了盲文图书采购计划，努力为盲童送去阅读和快乐。

读书节在温州大地上掀起了一轮又一轮的阅读热潮，180余场读书活动的参与者达到了20万余人。

第三节

读者主导型的社团活动异军突起

温州市图书馆的读者社团活动历史极为悠久，以20世纪40年代初的籀园青年读书会为滥觞；而90年代末的温州读书协会，更是以超过一千名会员的规模为历年温州读书团体之冠。21世纪以来，温州市图书馆加倍努力，打造读者主导型的活动平台，成立了各种各样的读者活动团体，充分释放读者的能量。读者直接设计和策划各类文化活动，别具一格，呈现出良好的发展态势。

这里和世界接轨——暖暖的英语角

温州市图书馆馆舍尚在公园路时，靠近中山公园长廊有个倚水而立、环境幽雅的小茶室。在那里有市民自发形成的“英语角”活动，这是20世纪80年代全国各大城市的共同人文景观之一。

2000年，在图书馆三楼一角开设了外文视听阅览室，分隔为阅览、视听两个区域，一楼的英语角也因此转移到外文视听阅览室。这里的服务与其他一线服务明显不同，除提供外文文献阅览服务，主要业务是外文视听指导，并组织各种英语学习活动。伴随活动人群的增加，“英语角”改为会员制的英语俱乐部，以“快乐学习，轻松交流，面向世界，领略风采”为主旨，提出了创新工作要求，每周有主题，每月有活动，会员每来一次都能有所收获。每周六举办的活动有电影沙龙、专题讨论、外教交流、会员联谊等。每年还举办口语比赛、圣诞晚会以及“英语之星电视大奖赛”等大型活动。

英语角组图

2005 年，温州市图书馆迁入新馆舍，英语俱乐部在四楼有了更大的空间，场地宽敞幽雅，社会服务也进一步提升。图书馆与市外国语学校合作，定期邀请学校的外籍教师或英语资深教师做客俱乐部，与英语俱乐部会员们讨论当代热点话题，领略欧美电影文化，探索英语学习技巧。英语角也成为温州市外国语学校学生的口语实践基地，每周六下午都有人前来协助辅导口语练习。

伴随全民阅读活动的深入，英语俱乐部又推出了英语学习暨原版英文绘本阅读系列课程，曾邀请温州肯恩大学图书馆馆长以及其他美籍教师到这里讲述美国文化历史。英语角活动也走向图书馆广场绿地，温情脉脉，暖心融融，迎接读者，拥抱世界。

有这样一群人——温图读书话剧社

2009 年 12 月 1 日，温州市图书馆携手温州网与《温州晚报》，响应当时社会的话剧热潮，成立了读书话剧社，尝试以话剧方式形象地展示文学精品，推动经典文学的普及。

读书话剧社组图

百余位文学青年被聘为读书话剧社的社员。他们通过改编文学名著或原创作品，进入经典作品人物的内心世界，探索作家的创作思想。话剧社定期开展话剧表演培训，举办文学讲座、影片赏析、原创剧本征集与演出等活动，全力构建一个高质量的文化场所，引领温州的都市文化发展潮流。

在话剧社这个梦想舞台上，文学阅读和舞台表演得到有机的结合。许多普通市民通过文学作品的舞台演绎，提高了自己的表演水平和文学鉴赏能力，同时也圆了自己的舞台梦，甚至还有人因话剧相知相恋，演绎出真实版的“灰姑娘和王子”牵手相携一生的故事。

五年来，话剧社排演了数十部话剧，有经典作品《日出》《雷雨》《琥珀》，也有当代新作《暗恋桃花源》《魔之椅》。2011 年 10 月 7 日，话剧社在温州大剧院举行公益演出《久违了，亲爱的同志》，以及话剧社自创的《群猴》和《人质》等，这是民间戏剧社团首次在温州大剧院登台演出。

2014 年，在读书话剧社成立五周年之际，温州市图书馆联合市文化馆和大剧院发起了“温州市话剧艺术节”活动，演绎经典话剧，展演创作精品，推动传统经典与现代生活对接，和市民观众与“话剧民星”互动。11 月 22 日，读书话剧社推出的《妻妾成群》，生动地再现苏童的经典作品。12 月 22 日，读书话剧社联手洞头县推出励志话剧《海霞青春梦》，演绎了三个洞头女孩怀着不同的青春梦想和理想追求，走出不同的人生道路的故事，表现了新时代的“海霞精神”。同时，图书馆还举办了“话剧在温州”图文展，全面回顾了温州话剧的百年历史。

在读书话剧社这一图书馆公众社团活动成功案例的基础上，2014 年，温州市图书馆又成立了阅秀汇朗诵社，并且借鉴“真人图书馆”模式开始了新的探索。

一月一书一群人——籀园品书会

2011 年 8 月 3 日，温州市图书馆四楼读者沙龙区，《晚清温州纪事》（*A Mission in China*）的中文译者张永苏、李新德与本市 30 多位文化人共同分享了传教士苏慧廉记述的温州回忆，籀园品书会由此拉开帷幕。每月一次的品书会围绕一本特定的书建立主题，以阅读为纽带，以活动为桥梁，构建起阅读交流的平台。

籀园品书会的活动一般邀请本地学者、教授、作家为主宾，以沙龙方式集体分享读书心得，带动温州地区读书人共同品味一本书。从严歌苓的《金陵十三钗》到木心的《文学回忆录》，从老子的《道德经》到本土作家王手的《温州生意经》，每次品书沙龙活动，都会激发众多参与者留下自己的心得或体悟，其中有学生、也有青年白领。故事从书中来，缘分因读书而结，智慧在这里交汇并散播。

箍园品书会组图

资源篇

温州市图书馆特色资源

温州漆艺
温州楠溪行
温州发绣
温州瓯茶
温州刺绣
温州文化史图说

國際公法總綱

07

第七章
馆藏资源概貌

温州市图书馆创馆伊始，藏书仅2000余册。在历任馆长的不懈努力下，图书馆得到社会人士的大力捐赠，先后接收了蔘绥阁、玉海楼、于园、敬乡楼、养心寄庐、鞔鄦楼、咏峨堂等私家藏书数万册。1951年，图书馆抢救了瑞安陈介石“烛见知斋”、张震轩“敳隐园”，平阳吴祁甫“培英图书馆”以及平阳刘绍宽、瑞安项慎初、戴炳骢、林损，永嘉王希逸、戴家祥等多家藏书，使得温州地区各名家的藏书基本汇集一处，形成特色馆藏，一时古籍数量达20万之巨，居全省市级馆之首，名重江南。

近年来，温州市图书馆结合温州地区政治、经济、科研、文化、教育等建设的需要，制定了文献采访总原则：温州地方文献及温籍人物著作全面购藏或征集入藏，中国内地出版的中文文献重点采购，中国港、澳、台地区以及国外出版物有选择有重点入藏。图书馆在重视纸本文献的同时，加强音像资料、电子出版物的收集，合理协调与配置实体文献资料与虚拟文献，形成类别完善、特点鲜明的馆藏体系，成为全市文献资料的收藏中心。

截至2014年12月，温州市图书馆馆藏文献总量达278万余册（件），包括纸质图书1734432册，期刊合订本133016册，报纸合订本42207册，视听资料216656件，电子图书1147402种。

书库一角

第一节

纸本文献

温州市图书馆现有馆藏资源以纸本文献为主，分为基础藏书和特色资源两大部分。基础藏书包括中外文普通图书、报刊，是图书馆藏书资源的主体和用户服务的基础资源。

中文普通图书

温州市图书馆中文普通图书馆藏154万册，覆盖了当代科学各领域的重要著作、前沿研究成果以及科普类读物。重点收藏国家重点规划出版项目书籍以及各种国家级图书奖作品，如“国家图书奖”“全国优秀科技图书奖”“全国优秀外国文学图书奖”“全国古籍整理图书奖”等获奖图书。各学科工具书较为齐全，如书目、索引、字典、词典、百科全书、年鉴、手册、年谱、报告、皮书等。哲学、法律、经济、教育、历史、文学艺术、医药卫生、计算机技术等学科资源相对比较丰富。此外，还藏有大量艺术、建筑、装潢、广告、服装等内容的精美画册，构成了学术性、资料性文献与通俗性、普及性图书结合的资源宝库。

温州市图书馆有选择地入藏了中国香港、澳门和台湾地区出版的中文图书（主要是人文社科类著作、社会生活类图书和参考工具书），及获得过世界各地重要奖项的文学作品、地方文艺作品和相关研究著述等。

儿童图书藏量丰富，注意收集当代国内外流行的绘本，世界各国的童话、寓言类文学书籍，以及英语读物和科普读物，帮助青少年扩展国际视野和熟悉多元的世界文化。2005年搬入市府路新馆后，温州市图书馆增加了为亲子阅读服务的相关图书，为建立书香家庭、促进社会和谐、探索图书馆的阅读推广功能指明了方向。

外文普通图书

温州市图书馆馆藏外文图书约 3 万册。1949 年前出版的外文图书源于私家捐赠及建国初期接收，大多为欧洲和日本十八、十九世纪的人文科学出版物，以哲学、宗教、军事、历史、地理类图书为主体。中华人民共和国成立后外文书刊的购置原则是服务本市经济科技、文化教育发展的重点需求，精选具有较高学术价值的图书，以及具有参考价值的百科全书和各种语言工具书。改革开放以来，图书馆通过美国亚洲基金会、美国亚洲之桥基金会等途径获得为数不少的赠书，主要为文学艺术、历史地理、语言文字等基础知识类科普读物，以及服务大众娱乐的旅游类图书和儿童读物。

报纸与期刊

温州市图书馆馆藏期刊 2000 多种，合订本 11 万余册，报纸 200 余种，合订本 4 万多册。全国省部级机关及全国性团体、协会、学会等编印的报纸、期刊较为齐全，基本覆盖了《中文核心期刊要目总览》所列的核心期刊。系统完整的期刊满足了本市读者的阅读需求。许多报刊从创刊号起完整入藏，是具有重要研究和参考价值的珍品。

第二节

数字资源

随着数字化时代的到来，网络技术飞速发展，新型载体接连涌现，促使图书馆资源建设有了新的努力目标。温州市图书馆数字资源主要由音像资料、电子书刊和数据库资源等构成，其中数据库资源初具规模，通过图书馆的数字化服务平台为读者提供服务。

音像资料

温州市图书馆馆藏光盘类载体音像资料总量有 21 万余片，内容覆盖了历史地理、企业管理、医疗保健、中外音乐戏曲经典、电影电视名片、外语教学和儿童读物等。国外文献主要为社会文化、历史地理、经济管理等方面的内容，如英国广播公司和探索频道的纪录片等。

电子图书和报刊

温州市图书馆有购自超星公司的汇雅电子图书和方正阿帕比公司的中华数字书苑等。自购电子图书 100 万册，包库使用电子图书 200 万余册。龙源电子期刊网的近 3000 种杂志与纸质版同步更新。

数据库资源

截至2014年年底，温州市图书馆数字资源平台上可提供的资源容量超过了60 TB，是温州地区规模最大、文献资源最全的数字图书馆。

学术信息数据库

数字资源服务平台提供中国知网六个子库服务，即中国学术期刊网络出版总库（1915年起）、中国博士学位论文全文数据库（1984年起）、中国优秀硕士学位论文全文数据库（1984年起）、中国重要会议论文全文数据库（1953年起）、中国重要报纸全文数据库（2000年起）和中国年鉴网络出版总库（1999年起），同时还拥有中华医学会数字化期刊、维普中文科技期刊数据库（1989年起）、万方期刊全文数据库（2000年起）。图书馆购买的晚清期刊全文数据库含1833年至1911年的302种期刊，是研究晚清社会历史必备的资源数据库；民国时期期刊全文数据库（1911—1949）有2.5万种期刊，全文文献近1000万篇。

视频点播数据库

视频点播资源主要来自爱迪克森网上报告厅，构建了传承中华文化的“特色文化”，满足不同人群需求的“惠民文化”，展现百姓生活的“文化共同体”三大资源版块，目前拥有视频资源3万部。同时，图书馆依托籀园讲坛、籀园品书会、籀园谈艺等主题活动，拍摄视频，制作字幕，积累本馆自有的视频资源。

自建特色资源

温州市图书馆长期致力于特色馆藏的数字化，已经建成并上线运行19个资源库。

温州市图书馆自建数字资源库列表

序号	名　称	简　　介
1	温州家谱联合目录	1300余种条目，可通过谱名、纂修者或地区进行检索
2	温州历史名人数据库	历史人物自东瓯王驺摇至民国，包括个别成就卓著、建国后去世的人物，以及部分著名寓温外籍人士
3	温州人著作数据库	温州籍和长期生活在温州的作家生平及著作资料
4	温州地方文献目录	研究与记录温州地区人、事、物的著作和资料目录
5	决策参考专题数据库	服务社会发展决策参考的资料库
6	温州市图书馆网上展厅	图书馆历次图片展、艺术展资料
7	中文电子报库	中文报纸的电子版网络地址
8	摩崖石刻	介绍雁荡人文和景物的数据库
9	泽雅造纸	世代以造纸为业的泽雅山区——“纸山”的资料
10	乐清老照片	重现乐清社会文化、地理风光的2000余张老照片
11	龙湾民俗	龙湾地区百年风俗礼节，含体育、舞蹈、曲艺、绘画等
12	永嘉山水	以文字、图片、视频全方位展示永嘉地区山水风情
13	泰顺廊桥	以文字、图片、音视频等全方位介绍泰顺廊桥
14	温州话资源库	以文字、图片、音视频资料记录的方言资料
15	温图在线讲座	温州市图书馆积累的讲座视频资源
16	泰顺木偶戏	泰顺木偶戏的专题资料
17	温州地方文献全文数据库	近6000册温州地方文献的全文数据库
18	温州伏茶	温州城区伏茶点及伏茶相关配方等资料
19	温州城区老街古巷数据库	温州城区的老街古巷资料

08

第八章

特色资源

温州市图书馆地方文献馆藏是本馆特色资源的主体，载体形态以纸本为主，包括线装古籍、手稿抄本、民国书刊及连环画、传单、舆图、书画等，分为一般地方文献和不同主题专藏。

第一节

地方文献

温州市图书馆历任馆长均重视搜集地方乡贤著述。经过一代代图书馆人长期坚持不懈地搜购和征集，目前地方文献馆藏中有古籍 900 余种，民国文献 1000 余种，当代文献近 2 万种，其中包括众多古籍善本、抄校稿本和近代以来的初版本、签名本等珍贵资源以及图书馆人组织编写的温州文献资料，由此奠定了地方文献集藏的扎实基础。

20 世纪 80 年代起，温州民间自费出版物大增，多为温州地方研究类著述。图书馆顺势建立地方文献组，配备专业人员，开始了地方文献征集活动。90 年代初改“组”为“部”。迁入园西巷新馆后，合并成立古籍地方文献部，开辟地方文献专库，开始了地方文献的征集、整理、研究等活动。地方文献收藏具有以下几个特点。

一是集部类文献蔚为大观。唐释玄觉，宋王十朋、薛季宣、陈傅良、叶适、永嘉四灵，元李孝光、高明，明林景熙、刘基、章纶、王瓒，清孙衣言、孙诒让、宋恕，近现代洪炳文、刘绍宽、夏承焘等诸名家著述丰富，为永嘉学派、永嘉四灵诗派、南戏等学术研究和文学创作积累了丰富的参考文献。

二是方志收藏独具特色。馆藏明刻本《万历温州府志》属海内孤本，清刻本《康熙乐清县志》《乾隆瑞安县志》、馆藏名家批校本《乾隆乐清县志》《东瓯金石志》及孙诒让手稿《温州经籍志》等均属珍贵的地方文献。

三是谱牒文献收藏逐步形成规模。2000 年 12 月图书馆成立谱牒收藏研究中心，通过上门采购、复印和拍摄等方式收集到一批罕见家谱。目前所收藏的家谱有 1300 余种，涵盖约 300 个姓氏。参编《中国家谱总目》和《浙江家谱总目》，申报家谱条目 1000 多条。

地方文献阅览室组图

四是抄校稿本众多。馆藏地方文献中大量珍贵的抄校稿本，来自孙氏玉海楼、黄氏敬乡楼的有数百种。抗战前夕接收永嘉区征辑乡先哲遗著委员会移交的各类抄本有400余种，加上以后多年的广泛征集，累计达2000余种，史料价值极高。清末学者孙衣言的《乡先生录》《温州氏族韵编》《瓯海轶闻》《孙氏世系表》，孙诒让的《温州经籍志》初稿、再稿、定稿和《周礼正义》，瑞安黄体芳的《钱虏爰书》和方成珪的《唐摭言》等均为重要稿本类文献。

此外，还有众多的晚清和民国时期日记手稿，包括孙衣言、孙锵鸣、张棡、刘绍宽、符璋、孙宣等共23家约350册，总字数有七八百万之巨，内容涉及清末民国时期温州的政治、经济、社会、文化、教育多个领域，为研究近现代温州历史提供了珍贵资料，其中以赵钧的《过来语》、刘绍宽的《厚庄日记》和张棡的《杜隐园日记》三部最具代表性。近几年，图书馆陆续收藏当代温州名家的手稿、书信，如夏承焘日记、夏鼐书信、赵瑞蕻和叶永烈手稿等。

五是馆藏大型地方丛书丰富齐全，如清同治、光绪年间瑞安孙衣言汇刊的《永嘉丛书》，民国4年如皋冒广生编刻的《永嘉诗人祠堂丛刻》，20世纪二三十年代永嘉黄群刻印的《敬乡楼丛书》，抗战爆发前浙江永嘉区（第三特区）征集乡先哲遗著委员会抄缮的《永嘉区征集乡先哲遗书》，以及21世纪初由温州市图书馆组织整理编辑的《温州文献丛书》和《温州文献丛刊》等，均为温州乡邦文献整理的重大成果。

此外，温州市图书馆还保存了相当数量的记录和研究温州方言的古籍文献，如明汲古阁毛晋影宋抄本《六书故》，是我国古代一部很具有特色的字书，最早记录了大量温州方言俗语。明清以来，字书、韵书编撰的迅猛发展形成了温州方言记录的高潮。永嘉谢思泽的《四声正误》、瑞安余国光的《俗字编》、乐清林大椿的《海滋方言》、瑞安杨绍廉的《瓯海方言》等都是其中的精品。

第二节

古籍特藏

温州市图书馆古籍藏量在全省公藏单位中位列第四，2009 年被列入了第二批全国古籍重点保护单位，有 36 种古籍入选国家珍贵古籍名录，28 种古籍入选浙江省珍贵古籍名录，均为历史文献性、学术资料性、艺术代表性俱佳的珍品。

温图于 2009 年被列入第二批全国古籍重点保护单位

馆藏古籍入选第一至四批国家珍贵古籍名录证书

馆藏善本 2000 多种，2 万多册，其中元刻本 1 种，明刻本 257 种，清初刻本 307 种，稿、抄、批校跋本 220 种。明刻本《正德兴宁志》《万历温州府志》《宋岳鄂武穆王精忠汇编》等为国内孤本。稀见的明嘉靖范钦天一阁刻本《范氏奇书二十种》，本馆存 16 种，居国内收藏之首。明嘉靖本《新安左田黄氏正宗谱派系二十卷文献十九卷》，刻印甚精，国内仅国家图书馆、金陵图书馆和本馆有藏。再以孙诒让的批校本为例，馆藏有《周礼汉读考》《周礼学》《周礼总义》《隆庆乐清县志》《东瓯金石志》《泉志》《齐民要术》《北堂书钞》等十余种。其他如清鲍廷博手校的《渑水燕谭录》《侯鲭录》以及吴骞手校的《西京杂记》《冷斋夜话》等，明万历《稗海》残本四种，除三色精校外，且有鲍、吴二氏相互印证、探讨的跋语，也都是稀有的珍本。

古籍特藏区

馆藏方志、清人诗文集、类书、丛书都有一定规模，史地、文学、综合参考三类古籍占馆藏的70%。本省方志中的《万历严州府志》《康熙青田县志》《雍正特开玉环志》《雍正景宁县志》等刻本和顾炎武的《肇域志》（浙江部分）抄本也属罕见古籍。文学类中清人诗文集较多，名人大家的文集较为齐全，多为初刻本。综合类中，自唐宋《北堂书钞》《艺文类聚》《太平御览》《文苑英华》，至清代的《图书集成》，历代主要类书大多入藏，且多善本。国内现存最早的《北堂书钞》是明万历二十八年海虞陈禹谟刻本，本馆不仅入藏，且经孙诒让据明正德十三年竹东书舍抄本校过，尤为可贵。丛书馆藏达453种，本省各郡邑丛书大多收罗齐备，保存浙江各地的大量历史文献。

第三节

民国书刊

民国书刊一般指1911年至1949年期间出版的图书和报刊。2011年开始，温州市图书馆对馆藏民国书刊进行回溯建库，已经完成了民国各类文献的编目工作。民国图书计19000余册、期刊1800余种，报纸70余种，舆图56张。

民国时期温州地区交通不便，地方公私机构出版的图书很少发行到外地，因此馆藏中除了一些初版本、题跋本、签名本、限印本等珍稀书刊外，主要为地方性文献资料，温籍的著名学者如王鸿年、郑振铎、林损、姜琦、周予同、许璇等人的著作较全。抗战时期，由于沪杭各地书局内迁至金华、丽水等地，留下了相当数量的图书，而温州市图书馆正是浙南地区唯一收藏这些图书的机构。

建国前温州本地刊物极为齐全。晚清至民国时期，温州出版发行的期刊有140余种，而温图收藏的就有137种，其中大多未被《1833—1949全国中文期刊联合目录（增订本）》收录。有些是国内同类期刊的发端者，如陈虬1897年创办的《利济学堂报》是国内最早创办的综合性医学期刊；黄庆澄1897年创办的《算学报》和1899年创办的《史学报》也分别为我国同类专业期刊的开山鼻祖。特别是抗日战争时期，一度成为东部抗战大后方的温州，新闻出版相当繁荣，各类刊物如雨后春笋般出现，如《浙江潮》《生线》《老百姓》《游击》《抗敌漫画》等，数量多达62种。

第四节

其他专藏

馆藏书画

温州市图书馆珍藏了近现代绘画书法作品 51 件，书法作品 34 件，绘画藏品 17 件。这些藏品或由私人捐赠，或为馆庆 70 周年及 1998 年新馆落成时名家贺赠。年代较早的藏品均系第六任馆长孙延钊于 20 世纪 70 年代捐赠，包括多位名家大师的珍贵墨迹，如梁启超、严复、齐白石、罗振玉、马叙伦、谭戒甫、丁辅之、姚茫父、阮性山、夏承焘、陈训慈、郦承铨等。最早的是齐白石赠予孙延钊的画，落款为 1922 年 7 月，题曰："山外楼台云外风，匠家千古此雷同。卅年删尽雷同意，燕市何人识此翁。孟晋仁兄大人雅属。时壬戌秋七月弟齐璜白石山翁。"另有下款"借山门外清溪曲，世外桃源却不如。今日渔人归不得，此间容否我移居。画成将付孟公，再题一绝句。白石山翁。"

藏品中以郭沫若所作最多，合计 4 幅。1962 年温州市图书馆举办"孙籀庼先生著作遗物展览会"，郭沫若、顾颉刚等著名学者寄送题词；1964 年 5 月 15 日，郭沫若到馆视察，留下题词 1 幅。1989 年馆庆 70 周年和 1998 年新馆落成，顾廷龙、王季思、苏步青、林曦明、唐达成、杨涵、王敬身、苏渊雷、张鹏翼、谢云、何厉生、韩天衡、曾联松、伍霖生、周沧米等知名书画家情寄笔端，表达了对图书馆的祝福和勉励。藏品中还有著名篆刻家方介堪创作的《温州市各界人民共同爱国公约》，含印章 37 方，298 个字，堪称精心力作。

连环画

馆藏中华人民共和国连环画7000余册。20世纪90年代市文物商店捐赠了1000余册“文化大革命”时期的连环画，温州籍连环画画家孟庆江也捐献了自己的部分作品。连环画藏品中有改编自古典名著、传统戏曲、历史故事的作品，也有反映20世纪现实的创作，如刘旦宅、程十发等国画名家的早期连环画作品，贺友直、华三川、刘继卣、王叔晖、顾炳鑫等人曾获全国美展连环画奖的作品。

09

第九章

馆藏特色资源选粹

椠版聚珍

图 1：《温州府志》（明）汤日昭、王光蕴纂修，明万历刻本。入选第四批国家珍贵古籍名录。

图 2：《兴宁志》，四卷，（明）祝允明纂修，明正德刻本。目前国内仅存此残卷一册，具有孤本性质。入选第一批国家珍贵古籍名录。

图 3：《诚意伯刘先生文集》，二十四卷，（明）刘基撰，明正德十四年（1519 年）处州刻本。

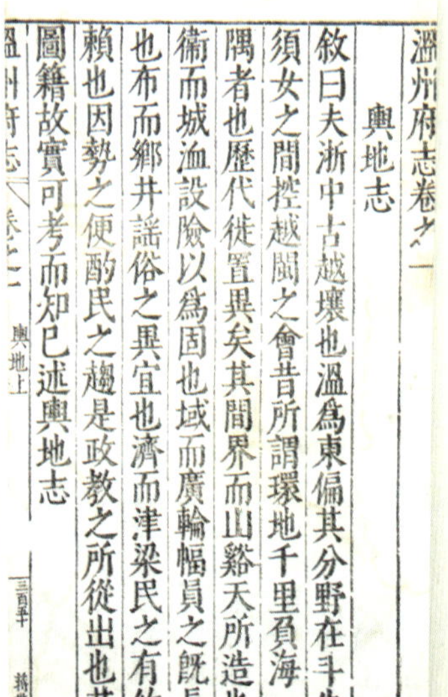

溫州府志卷之一

輿地志

敘曰夫浙中古越壤也溫爲東偏其分野在斗牛須女之間控越閩之會昔所謂環地千里負海一隅者也歷代徙置異矣其間界而山谿天所造也衞而城洫設險以爲固也域而廣輪幅員之旣長也布而鄉井謠俗之異宜也濟而津梁民之有攸賴也因勢之便酌民之趨是政教之所從出也其圖籍故實可考而知已述輿地志

图 1

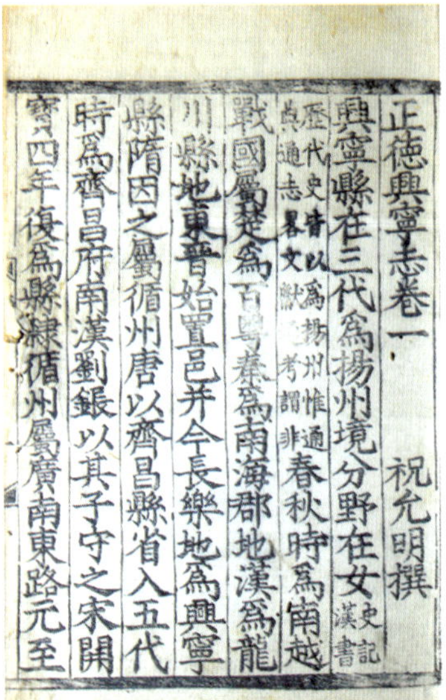

正德興寧志卷一　祝允明撰

興寧縣在三代爲揚州境分野在女史記漢書歷代史晉以爲揚州惟通典通志畧文獻通考謂非春秋時爲南越戰國屬楚爲百粵秦爲南海郡地漢爲龍川縣地東晉始置邑并今長樂地爲興寧縣隋因之屬循州唐以齊昌縣省入五代時爲齊昌府南漢劉鋹以其子守之宋開寶四年復爲縣隸循州屬廣南東路元至

图 2

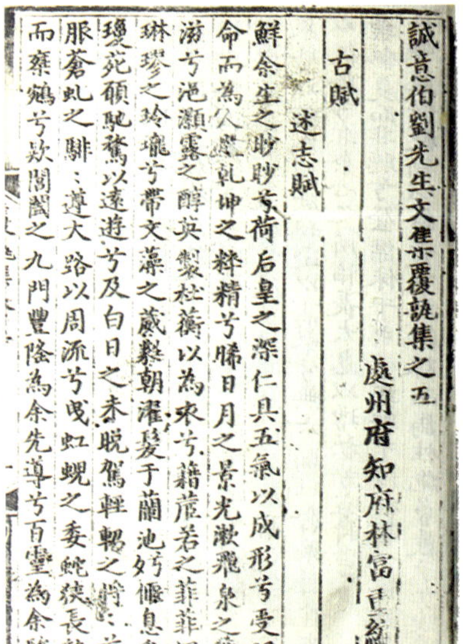

誠意伯劉先生文集覆瓿集之五

處州府知府林富編

古賦

述志賦

鮮余生之眇眇兮荷后皇之深仁具五氣以成形兮受明命而爲人處乾坤之粹精兮睇日月之景光漱飛泉之華滋兮浥灝露之醇英掣杜蘅以爲衣兮藉薜荔之菲菲佩琳璆之玲瓏兮帶文藻之葳蕤朝濯髮于蘭池兮夕儵息乎瓊苑頓駝鸞以遠遊兮及白日之未晩駕輕軺之轔轔兮服蒼虬之騑騑遵大路以周流兮曳虹蜺之委蛇狭長離而棄鵜兮歘閶闔之九門豐隆爲余先導兮百靈爲余驂

图 3

图4：《北堂书钞》，一百六十卷，（唐）虞世南撰，孙诒让校，明万历二十八年（1600年）陈禹谟刻本。

图5：《新镌增补宋岳鄂武穆王精忠汇编》，十四卷，（明）高应科编辑，明崇祯元年刻本。入选第一批浙江省珍贵古籍名录。

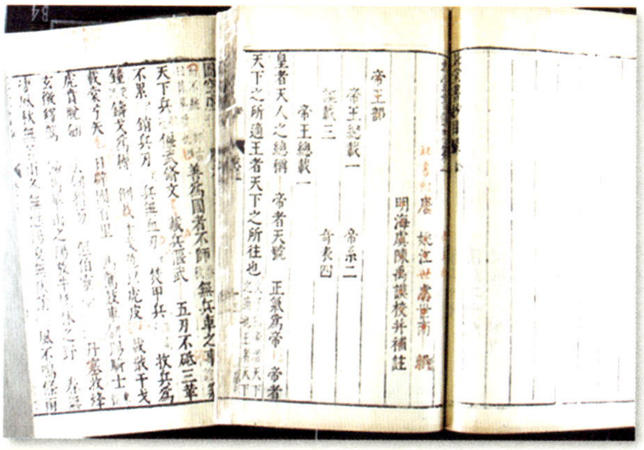
图4

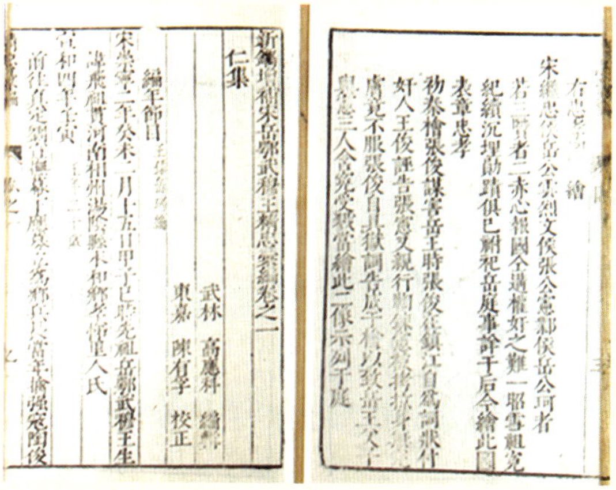
图5

图6（a）、图6（b）：《范氏奇书》，□□种□□卷，（明）范钦编，嘉靖范氏天一阁刻本。《天一阁奇书》为明代藏书家范钦所刻的一部丛书。温州市图书馆所藏共存子目十八种，为国内所藏该书子目最多的一部。入选第一批国家珍贵古籍名录。

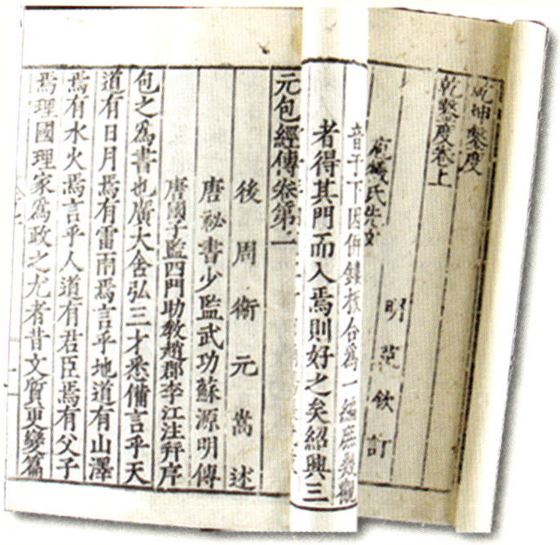
图6（a）

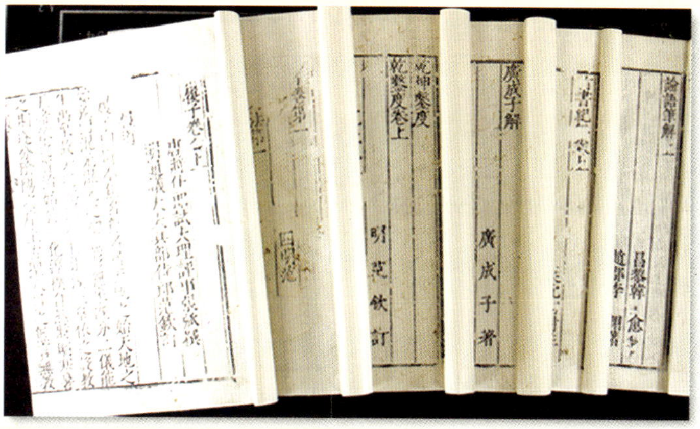
图6（b）

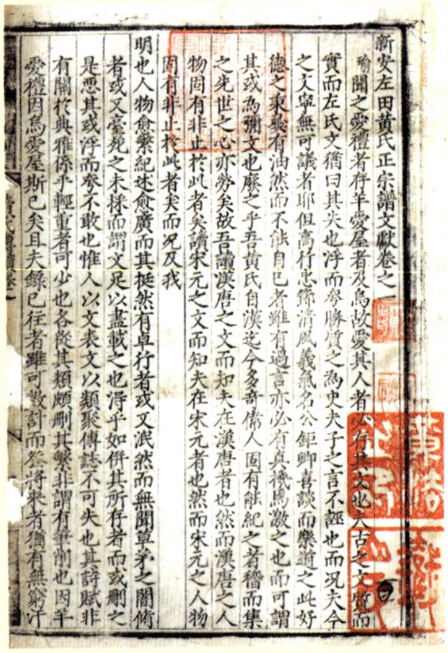

图 7

图 7：《新安左田黄氏正宗谱派系》，二十卷，文献十九卷，（明）黄积瑜纂修，明嘉靖三十七年（1558 年）自刻本。入选第一批国家珍贵古籍名录。

图 8：《东瓯金石志》，十卷，（清）戴咸弼辑，孙诒让、朱墨补校，清光绪三年（1877 年）活字本。

图 9：《稗海》（存四种），（明）商濬编，鲍廷博、吴騫校，明万历刻本。

图 10：《艺文类聚》，一百卷，（唐）欧阳询辑，明刻本。

图 11：《文苑英华》，一千卷，（宋）李昉等辑，明万历刻本。

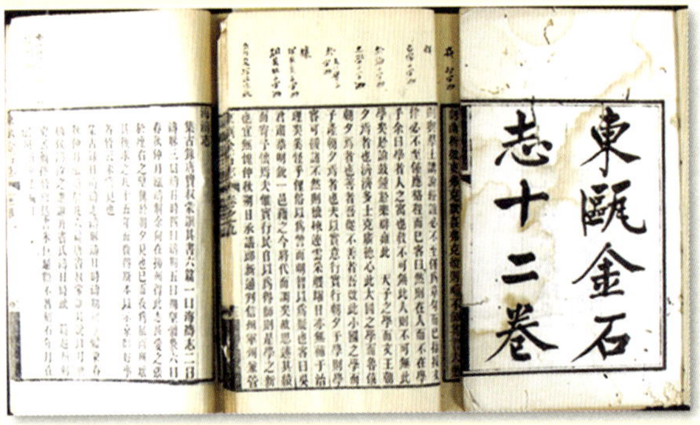

图 8

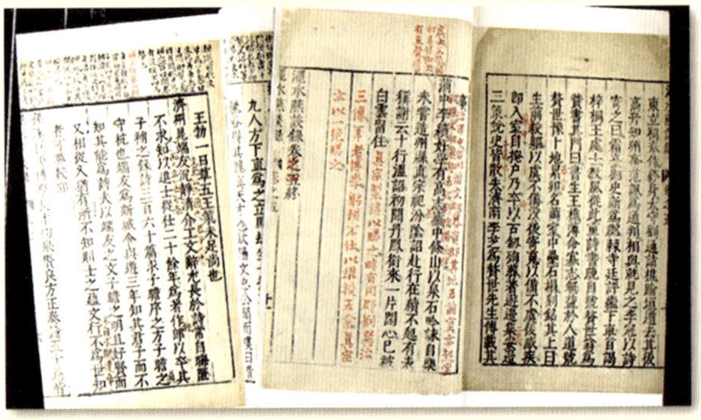

图 9

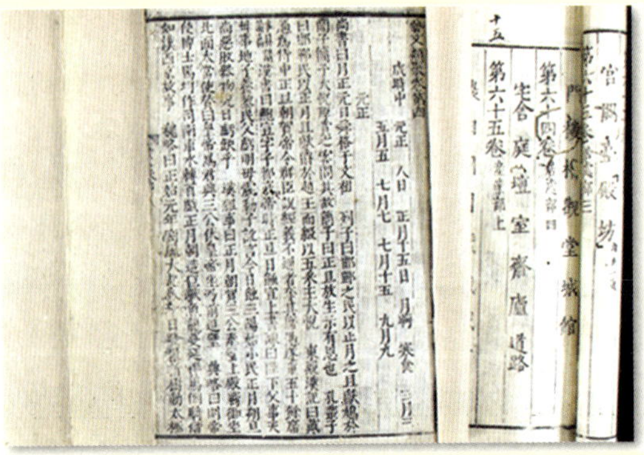

图 10

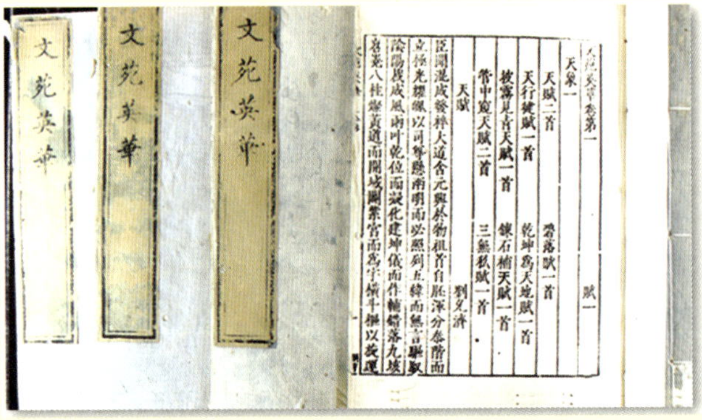

图 11

图 12：《会稽三赋》，四卷，（宋）王十朋撰，明天啓元年（1621 年）凌弘宪刻朱墨套印本。

图 13：《永嘉禅宗集注》，二卷，（唐）释玄觉撰，（明）释传灯注，明崇祯三年（1631 年）武林刻本。

图 14：《霁山先生诗文集》，五卷，（宋）林景熙撰，清康熙三十二年（1693 年）刻本。

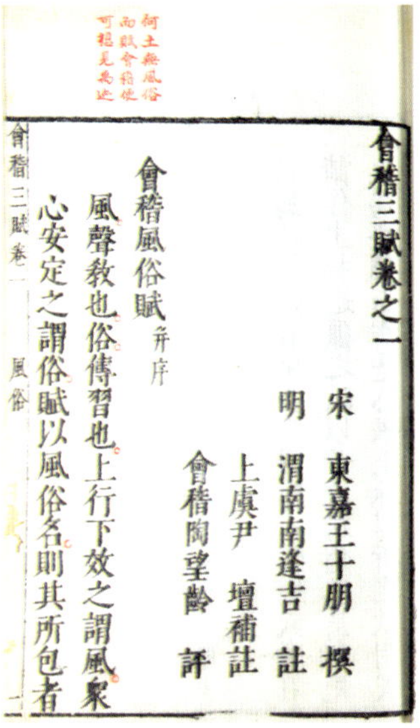
會稽三賦卷之一
宋 東嘉王十朋 撰
明 渭南南逢吉 註
上虞尹 壇補註
會稽陶望齡 評
會稽風俗賦并序
風聲教也俗傳習也上行下效之謂風衆
心安定之謂俗賦以風俗名則其所包者

图 12

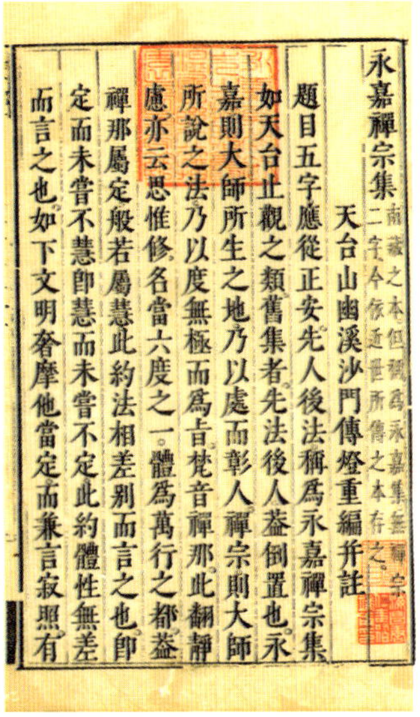
永嘉禪宗集南藏之本但稱為永嘉集無禪宗二字今依通世所傳之本存之
天台山幽溪沙門傳燈重編并註
題目五字應從正安先人後法稱為永嘉禪宗集
如天台止觀之類舊集者先法後人蓋倒置也永
嘉則大師所生之地乃以處而彰人禪宗則大師
所說之法乃以度無極而為言梵音禪那此翻靜
慮亦云思惟修名當六度之一體為萬行之都蓋
禪那屬定般若屬慧此約法相差別而言之也即
定而未嘗不慧即慧而未嘗不定此約體性無差
而言之也如下文明奢摩他當定而兼言寂照有

图 13

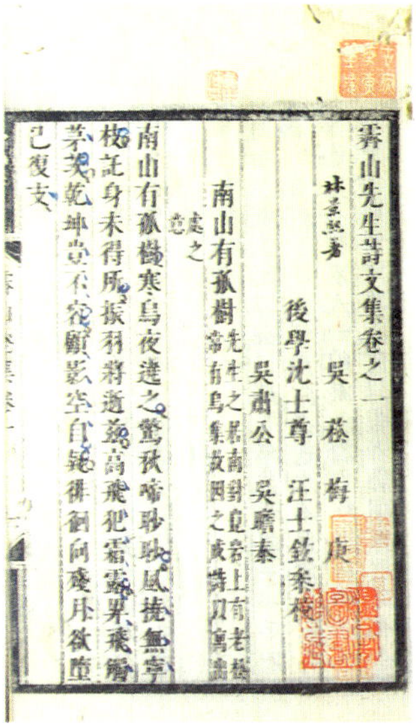
霽山先生詩文集卷之一

图 14

图 15：（雍正）《特开玉环志》，四卷，（清）张坦熊纂修，清雍正十年（1732 年）刻本。

图 16：《水心文钞》，十卷，（宋）叶适撰，清乾隆五十四年（1789 年）叶良球刻本。

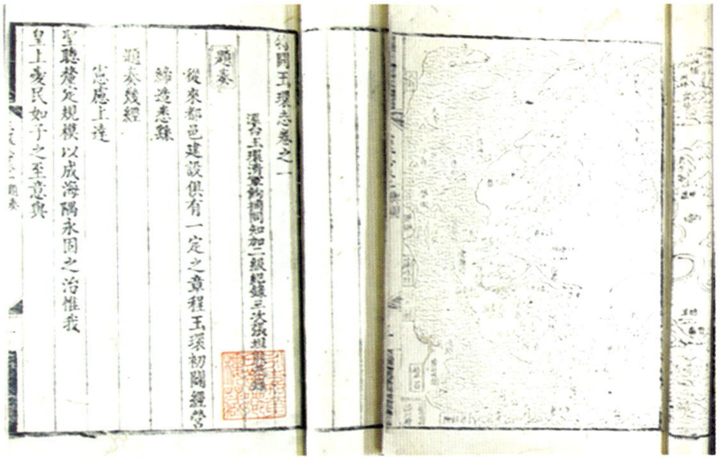
特開玉環志卷之一
題奏
從來都邑建設俱有一定之章程玉環初闢經營
皇上愛民如子之至意與

图 15

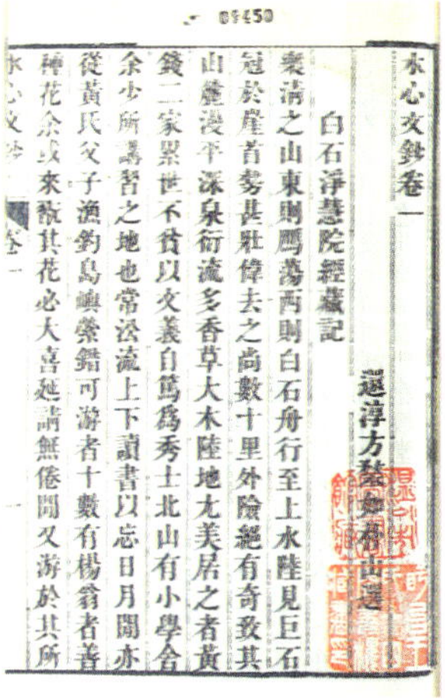
水心文鈔卷一
白石淨慧院經藏記

图 16

图 17：《广艺舟双楫》，六卷，（清）康有为撰，（清）黄绍箕批校，清光绪十九年（1893 年）南海康氏万木草堂刻本。

图 18：《四声正误》，一卷，反切法一卷，（清）谢思泽辑，清光绪二十一年（1895 年）刻本。

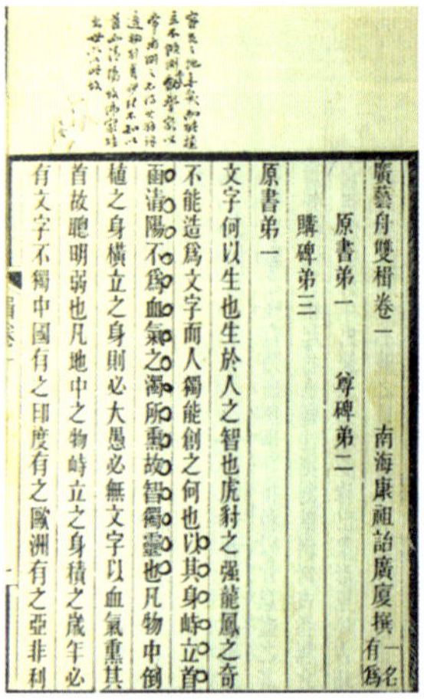
廣藝舟雙楫卷一　南海康祖詒廣廈撰 一名有爲
原書第一　尊碑第二
購碑第三
原書第一
文字何以生也生於人之智也虎豺之強龍鳳之奇
不能造爲文字而人獨能創之何也以其身峙立首
函清陽不爲血氣之濁所熏故智獨靈也凡物中倒
植之身横立之身則必大愚必無文字以血氣重其
首故聰明弱也凡地中之物峙立之身横之歲午必
有文字不獨中國有之印度有之歐洲有之亞非利

图 17

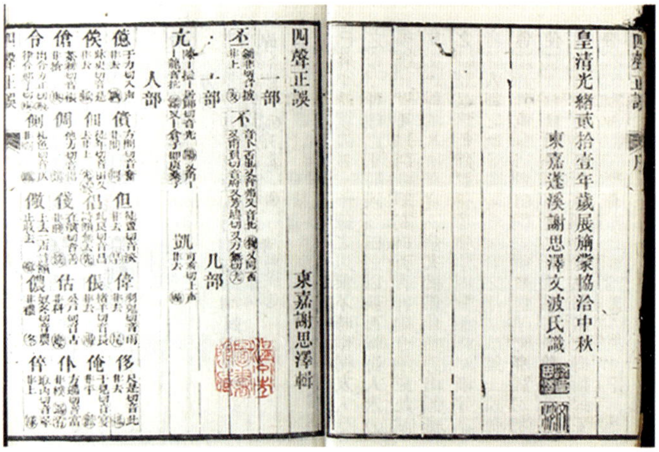
皇清光緒貳拾壹年歲展旃蒙協洽中秋
東嘉蓬溪謝思澤文波氏識

四聲正誤
東嘉謝思澤輯

图 18

稿抄荟萃

图 19：《六书故》，三十三卷，六书通释一卷，（宋）戴侗撰，清影元抄本。

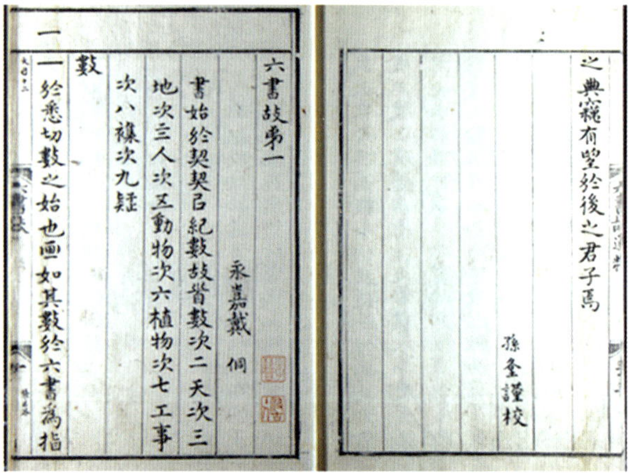
六書故弟一　永嘉戴侗
書始於契契已紀數故首數次二天次三
地次三人次五動物次六植物次七工事
次八襍次九疑
數
一於悉切數之始也畫如其數於六書爲指

之典竊有望於後之君子焉
孫丞謹校

图 19

图 20（a）：《温州经籍志》，二十五卷，外编一卷，辨误不分卷，（清）孙诒让撰，初稿本。（清）孙衣言批校。此本有孙诒让校正、改写、补写之文，约占全书十之三四。其父孙衣言亦多有批改，或书于天头，或夹附浮签。入选第一批国家珍贵古籍名录。

图 20（b）：《温州经籍志》，三十三卷，附外编二卷，辨误一卷，（清）孙诒让撰，誊清稿本。（清）孙衣言批校，存三十二卷。入选第一批国家珍贵古籍名录。

图 20（c）：《温州经籍志》，三十三卷，外编二卷，辨误一卷，（清）孙诒让撰，定稿本，杨绍廉、孙延钊校。存十二卷。入选第一批国家珍贵古籍名录。

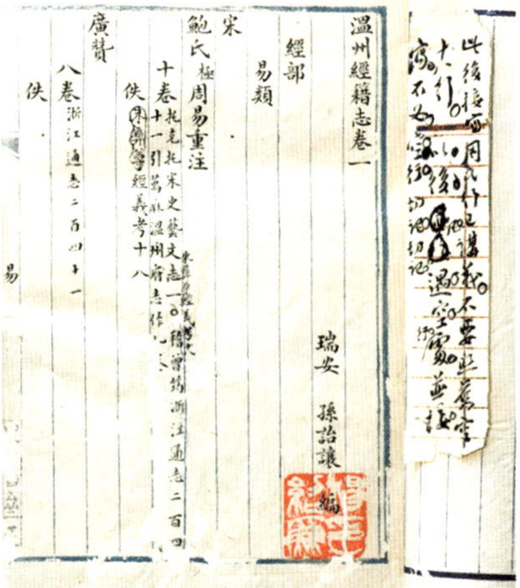
溫州經籍志卷一
經部
易類
瑞安 孫詒讓 編
宋
鮑氏極周易重注
廣贊
佚
八卷

图 20（a）

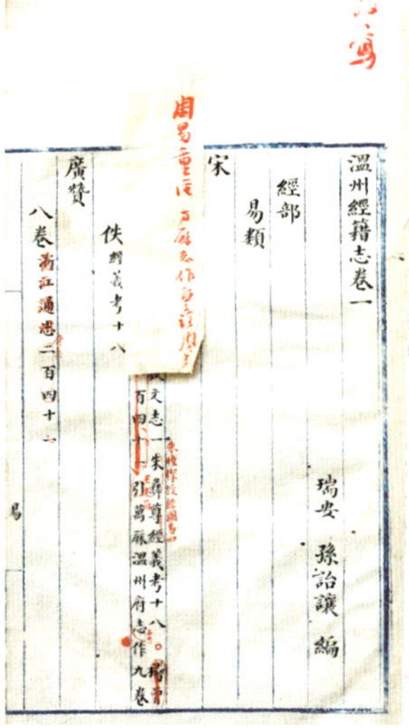
溫州經籍志卷一
經部
易類
瑞安 孫詒讓 編
宋
廣贊
佚
八卷

图 20（b）

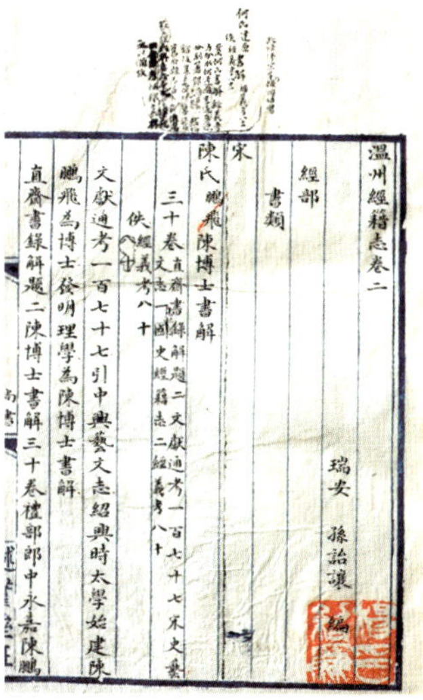
溫州經籍志卷二
經部
書類
瑞安 孫詒讓 編
宋
陳氏鵬飛陳博士書解
三十卷
佚

图 20（c）

图 21：《瓯海轶闻》，五十八卷，（清）孙衣言辑，稿本。入选第一批国家珍贵古籍名录。

图 22：《周礼正义》，八十六卷，（清）孙诒让撰，稿本。费念慈跋。存四十卷。入选第二批国家珍贵古籍名录。

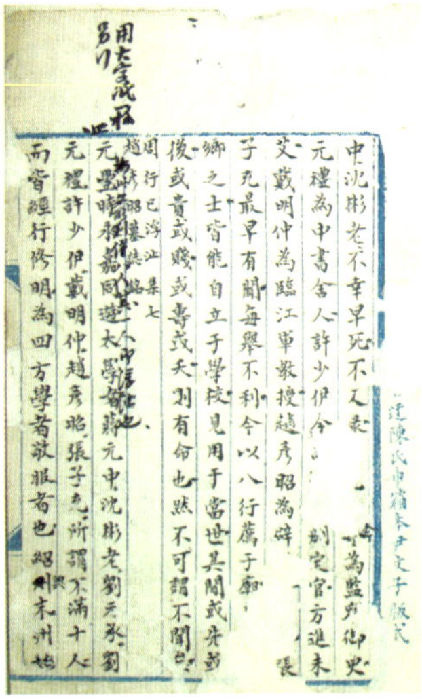

图 21

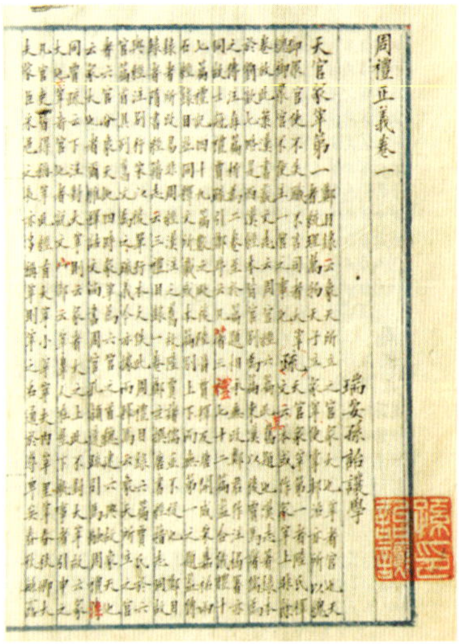

周禮正義卷一

天官冢宰第一

瑞安孫詒讓學

图 22

图 23：《钱虏爰书》，一卷，（清）黄体芳撰，稿本。入选第二批国家珍贵古籍名录。

图 24：《温州氏族韵编》，不分卷，（清）孙锵鸣撰，稿本。入选第一批浙江省珍贵古籍名录。

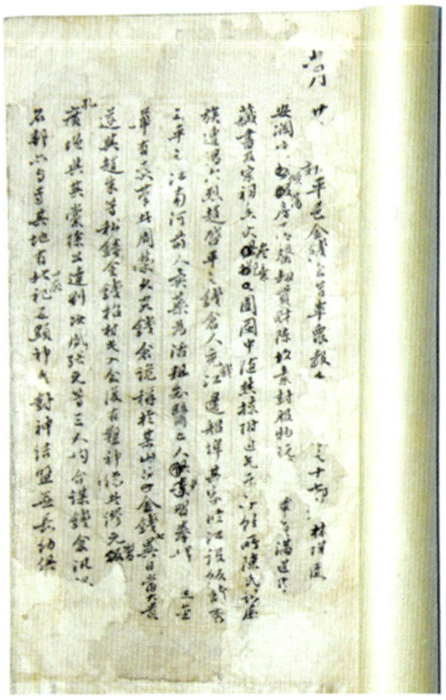

图 23

温州氏族韵编 宋一

图 24

图 25：《集韵考正》，十卷，（清）方成珪撰，稿本。入选第二批国家珍贵古籍名录。

图 26（a）、图 26（b）：《过来语》不分卷，（清）赵钧撰，稿本。入选第二批国家珍贵古籍名录。

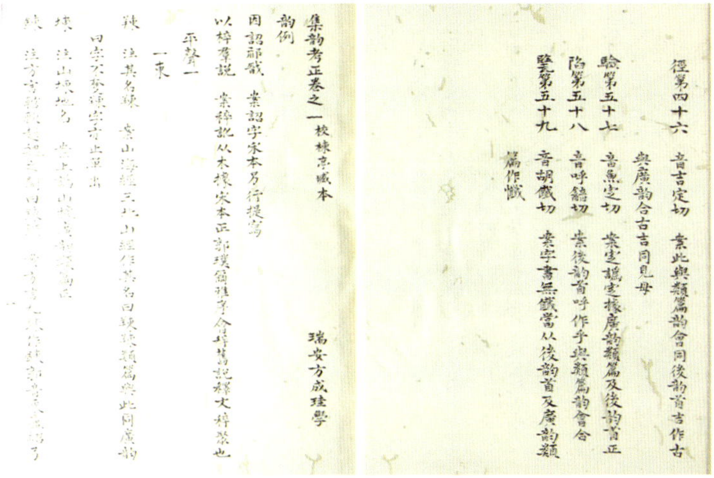
集韻考正卷之一　校棟亭藏本
瑞安方成珪學
韻例
因詔祁戩　案詔字宋本另行提寫
徑第四十六　音古定切　案此與類篇韵會同後韵首古作古與廣韵合古吉同見母
驗第五十七　音魚窆切　案窆譌定據廣韵類篇及後韵首正
陷第五十八　音呼韽切　案後韵首呼作乎與類篇韵會合
鑒第五十九　音胡懺切　案字書無懺當从後韵首及廣韵類篇作懴

图 25

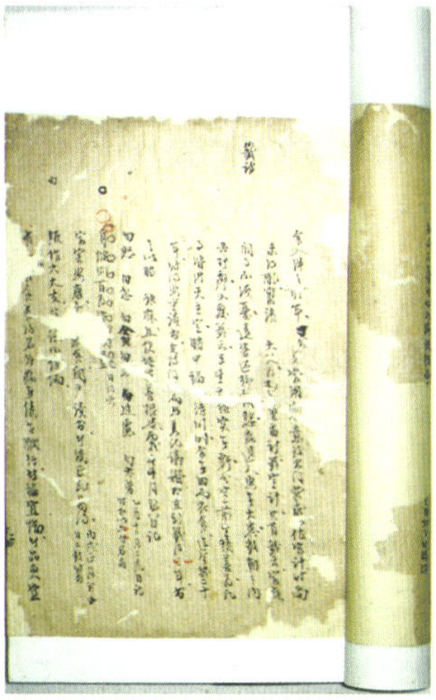

图 26（a）

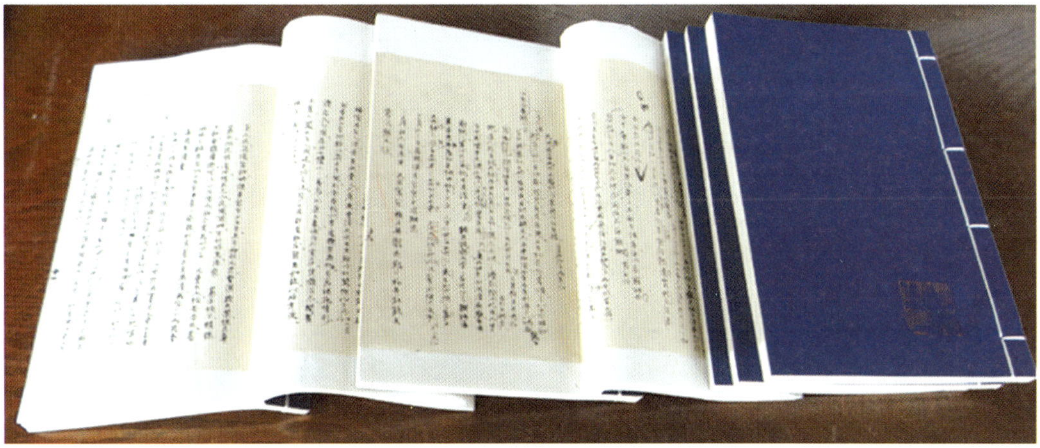

图 26（b）

图 27：《钦明大狱录》，二卷，（明）张璁（又名张孚敬）编，民国永嘉黄氏敬乡楼抄本。

图 28：《俗字编》，一卷，（清）余国光辑，民国抄本。

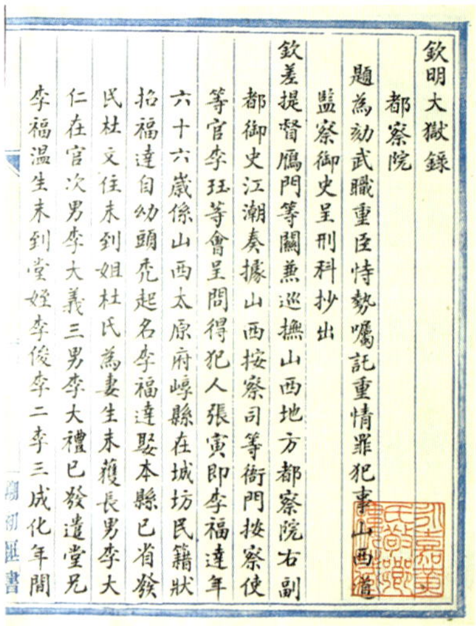
欽明大獄錄
都察院
題為劾武職重臣恃勢囑託重情罪犯事山西
監察御史呈刑科抄出
欽差提督鴈門等關兼巡撫山西地方都察院右副
都御史江潮奏據山西按察司等衙門按察使
等官李玨等會呈問得犯人張寅即李福達年
六十六歲係山西太原府崞縣在城坊民籍狀
招福達自幼頭禿起名李福達娶本縣已省發
民杜文住未到姐杜氏為妻生未獲長男李大
仁在官次男李大義三男李大禮已發遣堂兄
李福溫生未到堂姪李俊李二李三成化年間

图 27

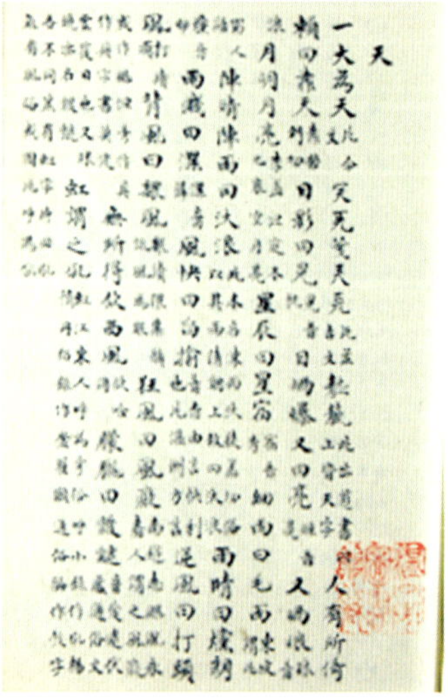

图 28

图 29：《海溢方言》，四卷，（清）林大椿撰，民国永嘉黄氏敬乡楼抄本。

图 30：《瓯海方言》，一卷，（民国）杨绍廉撰，民国永嘉黄氏敬乡楼抄本。

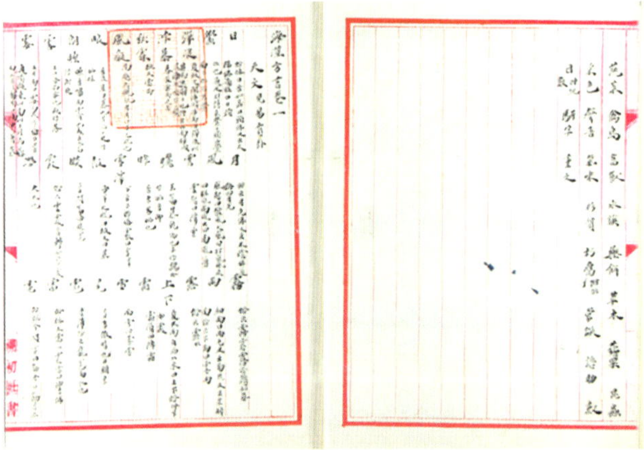

图 29

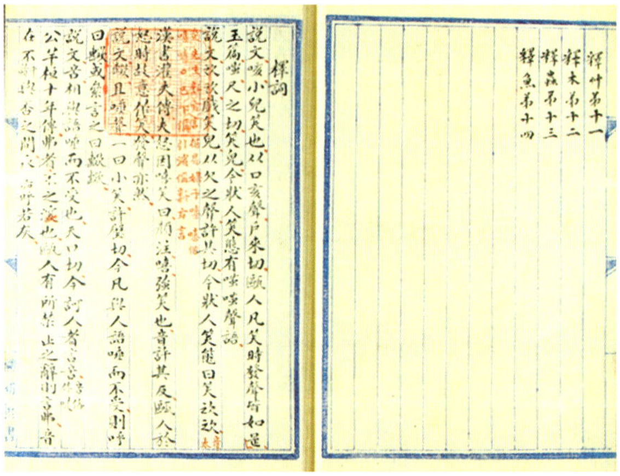

图 30

图 31（a）、图 31（b）：《厚庄日记汇抄》，刘绍宽撰，稿本，四十册。

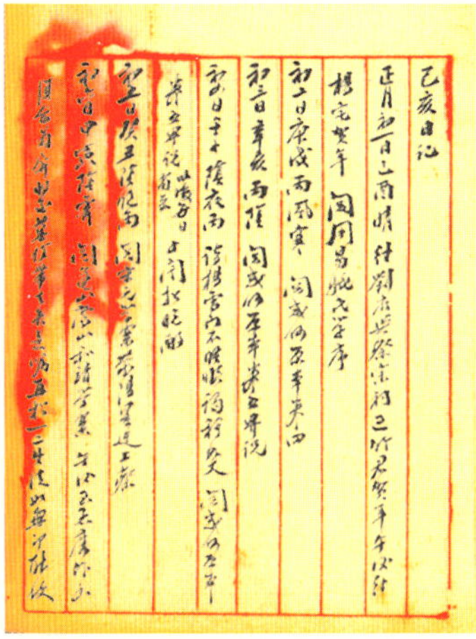

图 31（a）

图 31（b）

图 32：《敳隐园日记》，张棡撰，稿本。

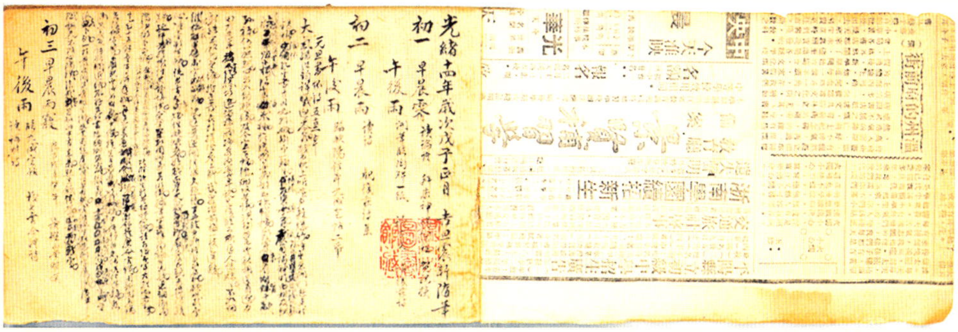

图 32

图 33：《殷墟书契前后编释文》，四卷，王国维撰，抄本。戴家祥捐赠。

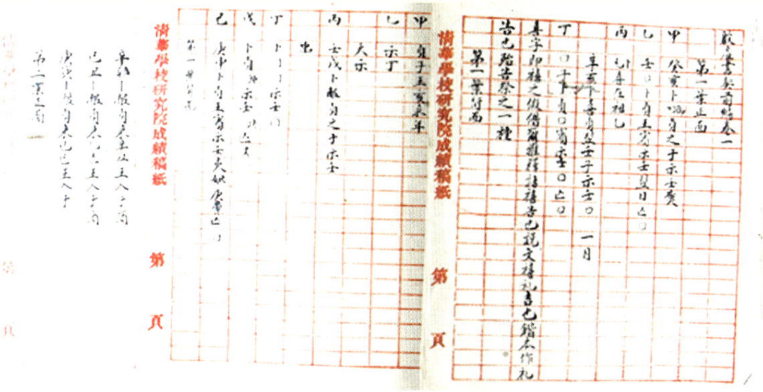

图 33

图 34：《夏承焘日记》，1922 年 10 月 25 日至 1924 年 7 月 30 日，夏承焘撰，稿本。

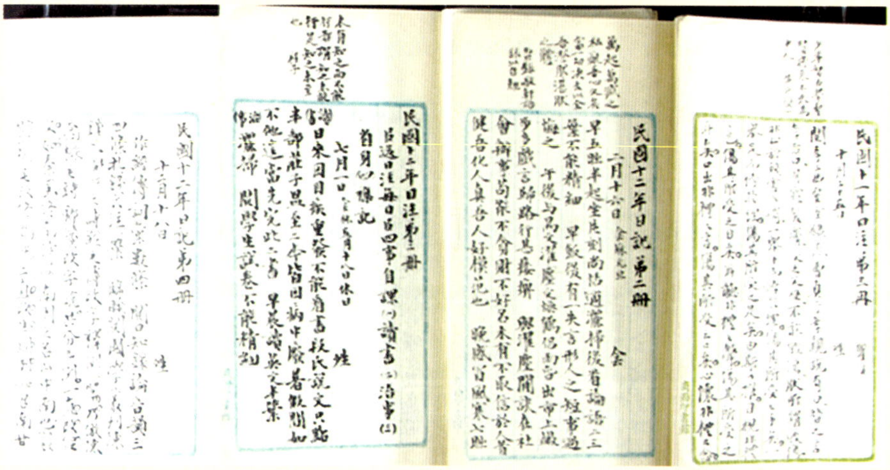

图 34

图 35：《红与黑新译评注本》，赵瑞蕻翻译手稿。1944 年，赵瑞蕻翻译完成《红与黑》首部中译本，此为其晚年重译本，1998 年春将上卷十五章赠予温州市图书馆。

图 36：《历史选择了毛泽东》，叶永烈著，手稿。系叶永烈“红色三部曲”中的第二部，1999 年 11 月 24 日捐赠。

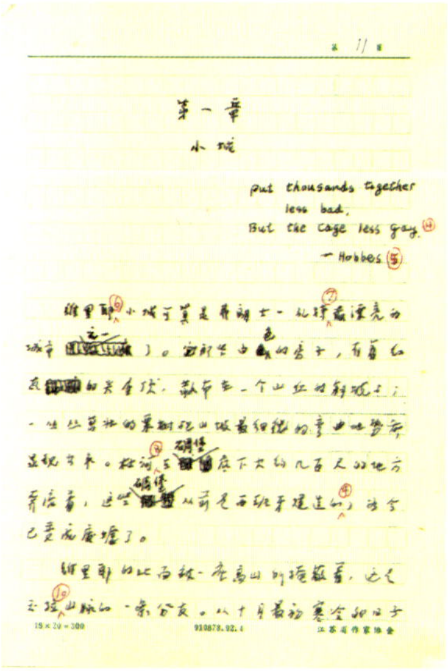

第一章

Put thousands together
less bad,
But the cage less gay.
— Hobbes

图 35

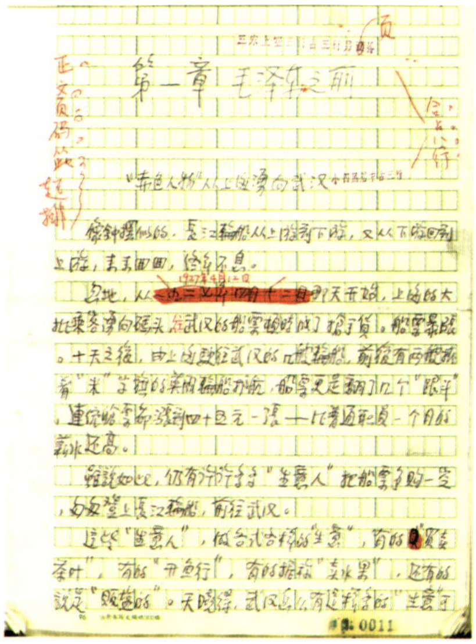

图 36

地方资料丛编

图 37（a）～（c）：《永嘉丛书》，十五种，二百五十二卷，（清）孙衣言编，清同治至光绪瑞安孙氏诒善祠塾刻本。

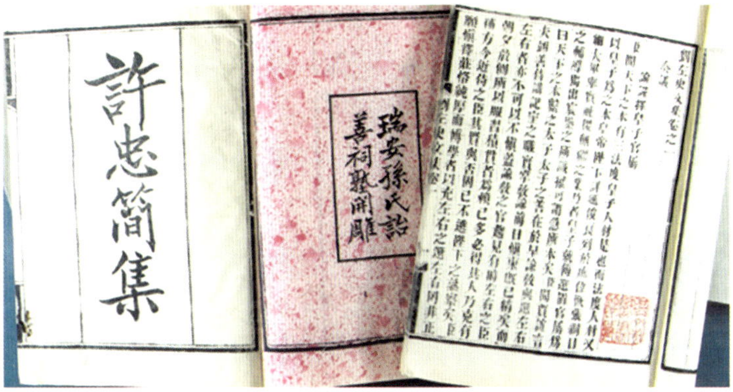

图 37（a）

图 37（b）

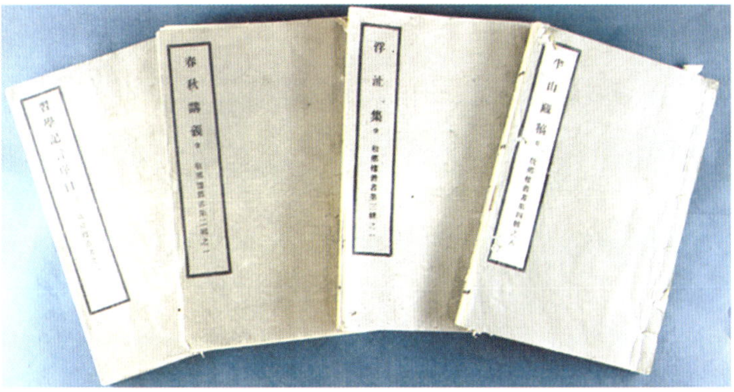

图 37（c）

图 38：《永嘉诗人祠堂丛刻》，十四种，二十二卷，冒广生辑，1915 年如皋冒广生刻本。

图 39：《敬乡楼丛书》，四辑，三十八种，二百八十九卷，黄群辑并勘印于 1928 年至 1935 年，铅印本。

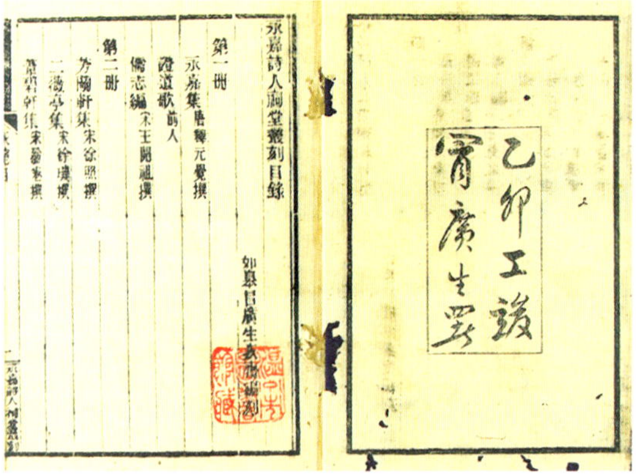

图 38

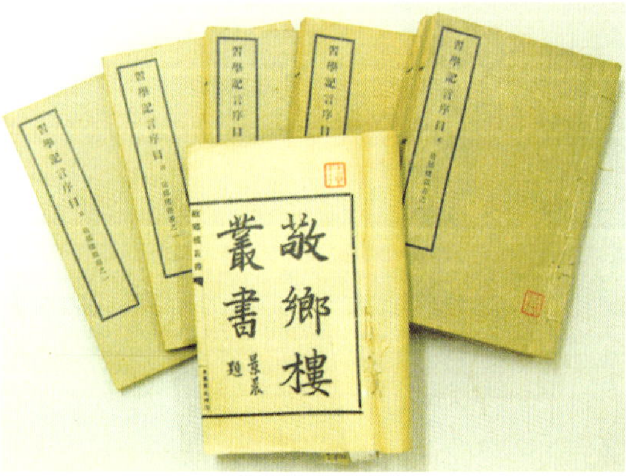

图 39

图 40：《永嘉区征集乡先哲遗书》，四百零二种，一千二百五十九卷，1935 年到 1937 年，浙江永嘉区（第三特区）征辑乡先哲遗著委员会抄本。

图 41：《温州模式丛书》，林白主编，1987 年 10 月由广西人民出版社出版，包括《温州的崛起》《温州模式的理论探索》《温州的农民企业家》《温州的干部》《温州的市场》《温州人的精神面貌》《温州新风情》《温州对话录》，共八本。这是第一套反映温州模式的丛书。

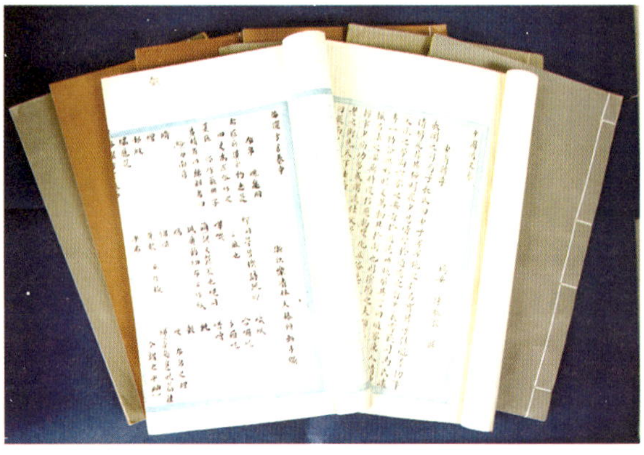

图 40

图 41

图 42（a）、图 42（b）：《温州文献丛书》，共四辑四十部，2002 年至 2008 年由上海社会科学院出版社出版，是温州市迄今为止最为完整、准确并最具权威性的历史文献总汇。

图 42（a）

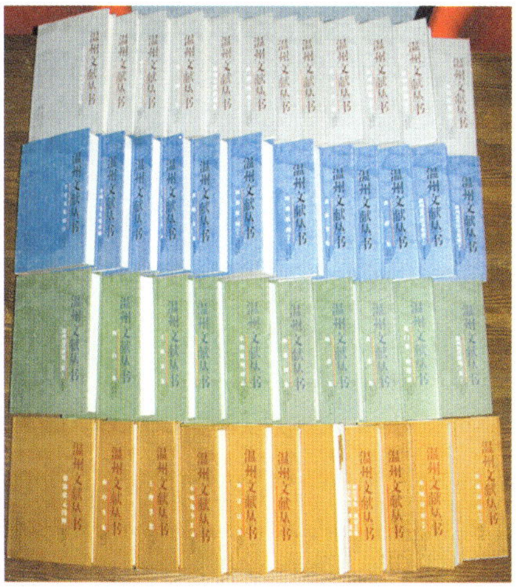

图 42（b）

图 43：《温州文献丛刊》，十部，2009 年至 2012 年由黄山书社出版，为《温州文献丛书》的续编。

图 44：《老温州系列》，温州市档案馆和温州日报报业集团图书出版策划中心合编，2012 年至 2013 年由黄山书社出版，包括《温州老广告》《温州老副刊（上、下）》《温州老新闻（上、中、下）》《温州老剧本》《温州老期刊》等。

图 43

图 44

图 45（a）、图 45（b）：《温州乡土文化书系》，十四种，2008 年至 2012 年由浙江摄影出版社出版。该书系人、地、物三者兼顾，比较全面地展现了温州乡土文化的特色与精华，有《温州望族》《温州老街》《温州花板 · 铜皮》《温州瓦当 · 花檐》《温州苍南夹缬》《温州漆艺》《温州刺绣》《温州剪纸》《温州泰顺乡土建筑》《温州发绣》《温州瓯窑褐彩青瓷》《温州楠溪行》《温州瓯茶》《温州文化史图说》等。

图 45（a）

图 45（b）

图 46：《温州学人文选》，2008 年至 2011 年由黄山书社出版，已出《胡珠生集》《胡雪冈集》《徐定水集》《徐顺平集》《章志刚集》和《陈学文集》等。

图 47：《温州书法百家百集系列丛书》，五辑二十册，温州文学艺术界联合会、温州市书法家协会编，2008 年至 2011 年由西泠印社出版社出版，共收集了 100 位当代温州最具实力的老中青书法家的书法篆刻作品。

图 46

图 47

近代报刊

清代末期

图 48：《万国公报》，1868 年 9 月 5 日在上海创刊，前身为《中国教会新报》。美国监理会传教士林乐知主办，以林华书院的名义出版，上海美华书馆印刷。该报是外国传教士在中国所办历史最长、发刊最广的中文铅印刊物。

图 49：《时务报》，1896 年 8 月 9 日创刊，旬刊，连史纸石印。该报是清末维新派在上海发行的机关报，由黄遵宪、汪康年、梁启超创办，梁启超主笔，汪康年任总经理。

图 50：《利济学堂报》，陈虬主编，半月刊，1897 年 1 月 20 日创刊于温州府前街，是瑞安利济医学堂学报，开浙江省内国人办刊先河，也是国内最早的综合性医学期刊。

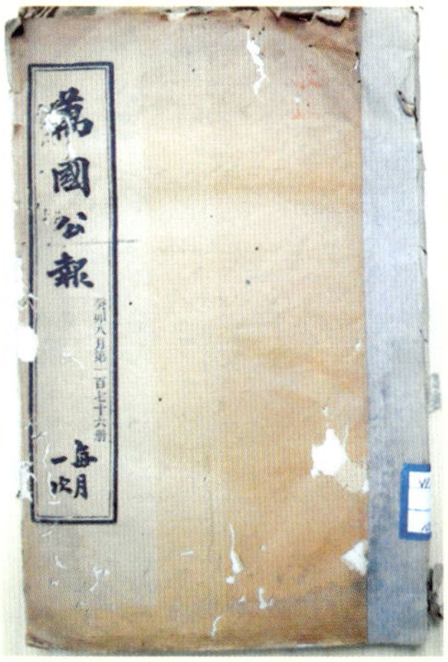

图 48

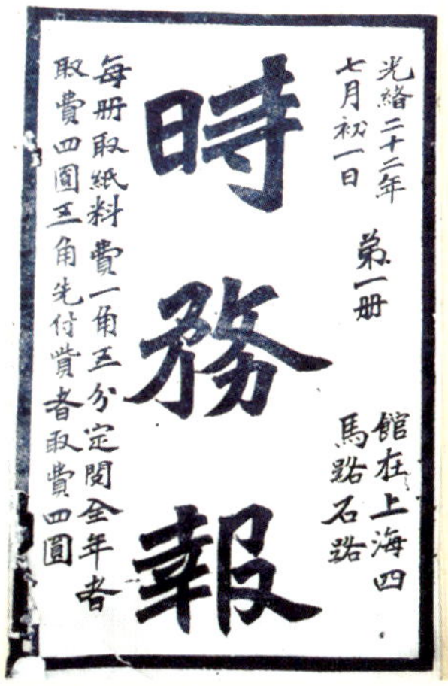

图 49

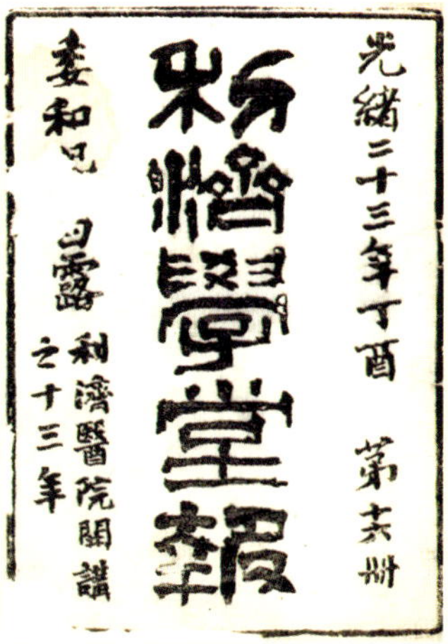

图 50

图 51（a）、图 51（b）：《算学报》，1897 年 7 月创刊于温州府前街，黄庆澄发起并任编撰，第 2 期起在上海新马路梅福里设立分馆，并在时务报馆、格致书室、六先书局和醉六堂等处设经销点，是国内最早的一份数学专业期刊。

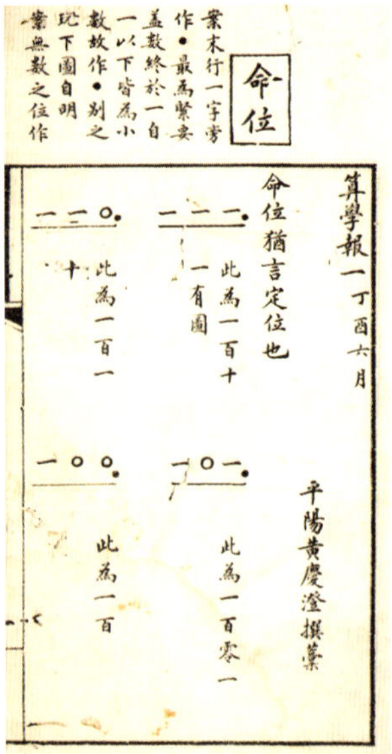
算學報一 丁酉六月

平陽黃慶澄撰纂

命位猶言定位也

图 51（a）

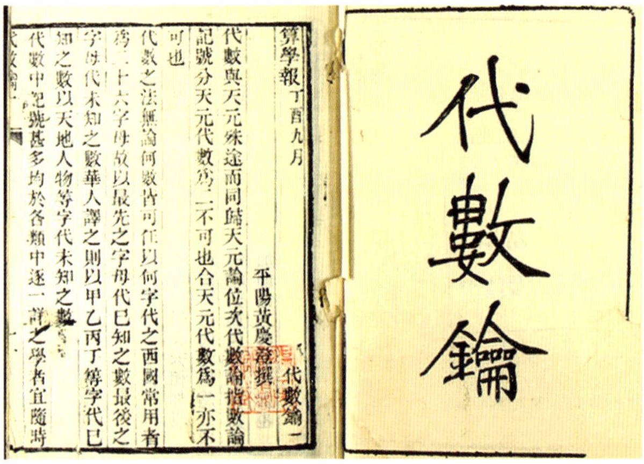
算學報丁酉九月　代數論一

平陽黃慶澄撰

代數與天元殊途而同歸天元論位次代數論指數論記號分天元代數為二不可也合天元代數為一亦不可也

代數之法無論何數皆可任以何字代之西國常用者為二十六字母故以最先之字母代已知之數最後之字母代未知之數華人譯之則以甲乙丙丁等字代已知之數以天地人物等字代未知之數

代數中記號甚多均於各類中逐一詳之學者宜隨時

代數論

图 51（b）

图 52（a）、图 52（b）：《瓯学报》，1899 年黄庆澄创办，月刊，初名《史学报》，第 3 期起改名《瓯学报》，报馆设在温州城隍庙，是我国最早的史学专业杂志。

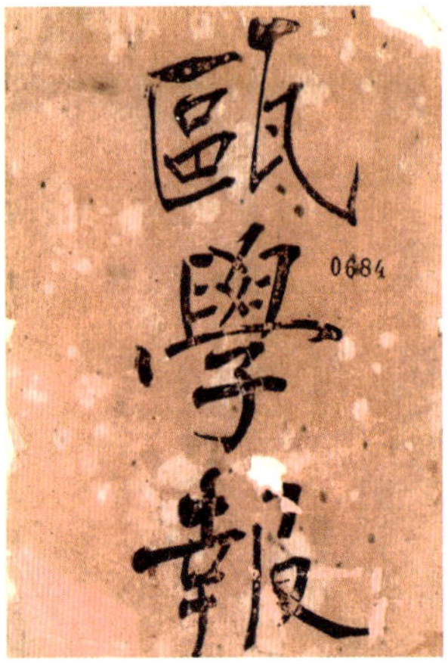

图 52（a）

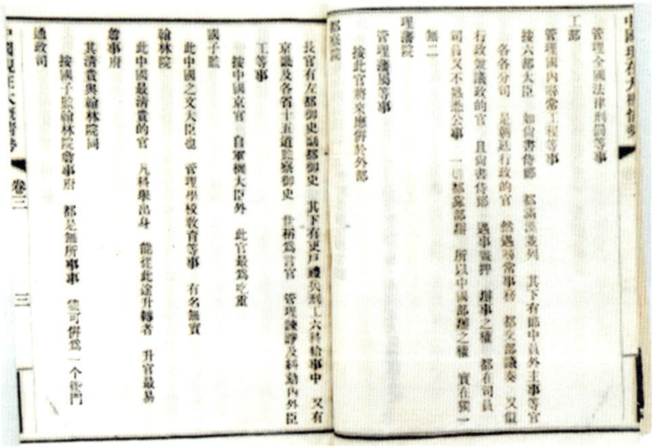

图 52（b）

图 53：《新民丛报》，1902 年 1 月创刊。日本横滨新民报社出版，铅印本。编辑和发行人署名冯紫珊，实由梁启超负责，重要文章也大都出于梁启超之笔，主张实行君主立宪、反对民主革命。

图 54：《外交报》，1902 年 1 月 4 日在上海创刊，旬刊，张元济主编，商务印书馆代印出版。中国近代第一份评述国际问题的报刊，内容包括国际形势、国际公法、各国对华政策、世界各国内政外交信息等，从几十种外国报刊中译载的时事论文较多。

图 55：《新世界学报》，1902 年 9 月 2 日在上海创刊，半月刊，温籍史学家陈黻宸主编。参照近代西方学科体系，设立经学、史学、心理学、伦理学、政治学、法律学、地理学、物理学、理财学、农学、工学、商学、兵学、医学、算学、教育学、宗教学等 17 个栏目，是较早由中国人创办的、采用双面印刷、西式装订的杂志。

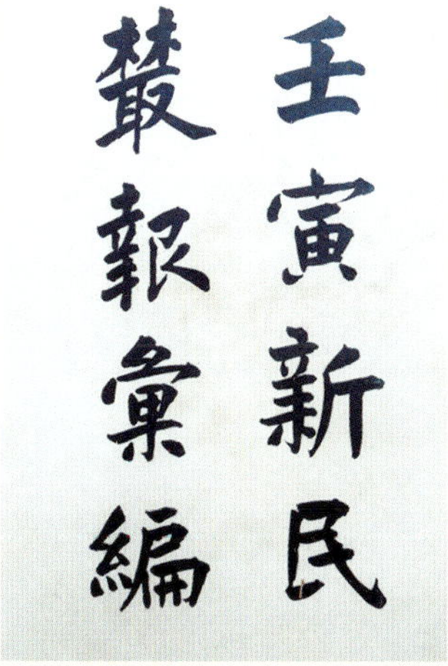

图 53

图 54

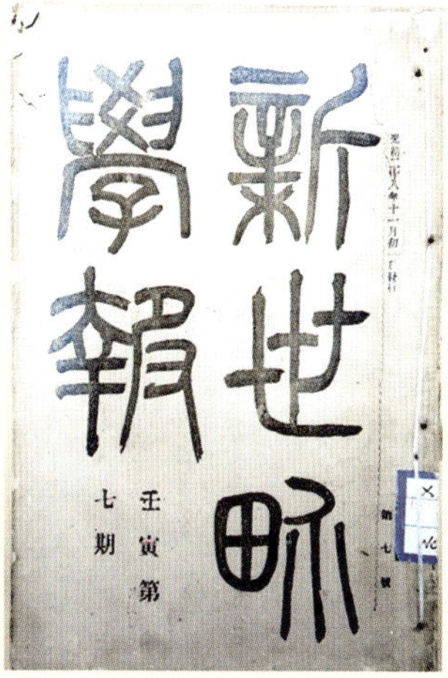

图 55

图 56

图 56：《浙江潮》，1903 年 1 月 20 日创刊于日本东京。浙江同乡会杂志部编辑，孙翼中、蒋方震、马君武、蒋智由、王嘉榘等任编辑，系浙江留日学生出版的文理综合性月刊。该刊详细记载了留日学生的抗俄运动，并陆续发表了几十篇调查报告，涉及政治、经济、国防、交通、教育、物产、税收、商业、出版、农业、宗教、风俗、人物、自然地理等各个方面，是了解当时社会状况极为珍贵的资料。

图 57：《民报》，是 1905 年 11 月 26 日在日本东京创刊的中国同盟会机关报。1908 年冬一度被日本政府查禁，1910 年 1 月又在日本秘密印行，两期后停刊，共出 26 期。署名于报端的编辑兼发行人有张继、章太炎、陶成章、汪精卫四人。宣传资产阶级民主革命主张，与立宪派创办的《新民丛报》展开激烈论战。

图 58：《商务官报》，1906 年创刊。北京农工商部商务官报局铅印本。

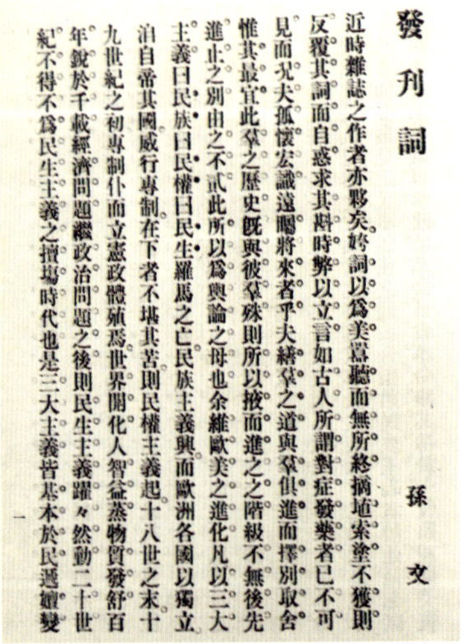

發刊詞

孫文

近時雜誌之作者亦夥矣姱詞以爲美囂聽而無所終擿埴索塗不獲則反覆其詞而自惑求其斟時弊以立言如古人所謂對症發藥者已不可見而況夫孤懷宏識遠矚將來者乎夫繕羣之道與羣俱進而擇別取舍惟其最宜此羣之歷史既與彼羣殊則所以掖而進之之階級不無後先進止之別由之不貳此所以爲輿論之母也余維歐美之進化凡以三大主義曰民族曰民權曰民生羅馬之亡民族主義興而歐洲各國以獨立洎自帝其國威行專制在下者不堪其苦則民權主義起十八世紀之末十九世紀之初專制仆而立憲政體殖焉世界開化人智益蒸物質發舒百年銳於千載經濟問題繼政治問題之後則民生主義躍々然動二十世紀不得不爲民生主義之擅場時代也是三大主義皆基本於民遞嬗變

一

图 57

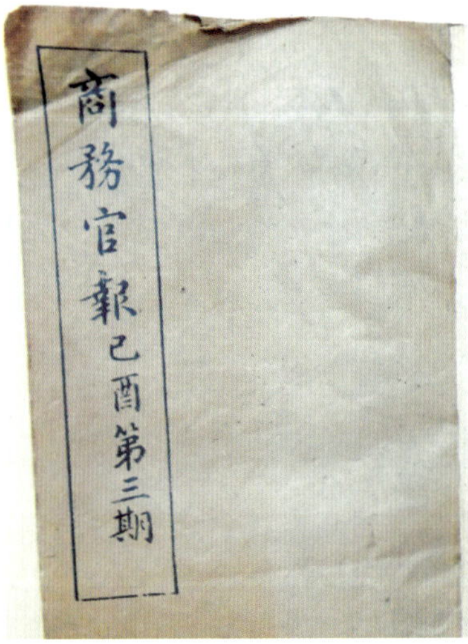

图 58

图 59：《中国女报》，秋瑾主编，上海中国女报馆出版，铅印本。辟有“社说”“译编”“文苑”“新闻”等栏目。提倡女学，宣传革命，提出妇女解放和反清斗争结合，对封建礼教和男尊女卑等观念发起批判。

图 60：《世界》，创刊于 1907 年 11 月，是中国最早的摄影画报，由中国留法学生以“世界社”名义在法国巴黎编印出版。主编姚蕙，编辑吴稚晖、李石曾。仅出两期，存世罕见。每期刊载照片 100 幅左右，配有文字说明或专文。

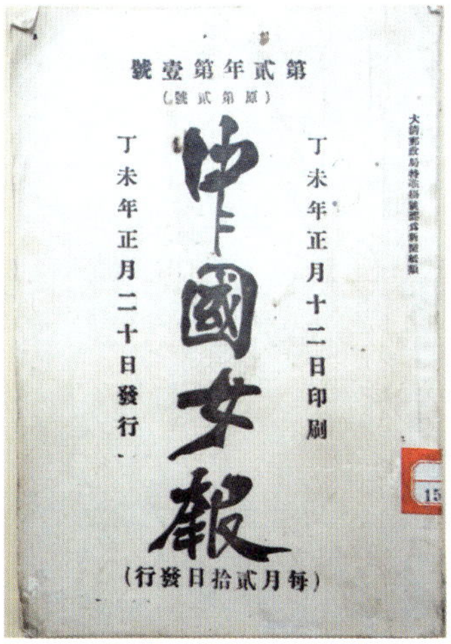

图 59

图 60

图 61

民国时期

图 61：《林损》，1913 年 9 月创刊。林损任撰述，黄尚为发行人，蒋嘉翊为编辑。由温州务本石印公司代印，发行一期即告停刊。该刊为林损独立创办，带有其鲜明个人特色。

图 62：《新青年》，1915 年 9 月由陈独秀在上海创办，1916 年 9 月第 2 卷第 1 期起改名为《新青年》，1926 年 7 月终刊，先后在上海、北京、广州等地出版。《新青年》是中国近现代史上著名的革命刊物，也是中国共产党成立后的中央机关刊物。

图 63：《瓯海潮》，月刊，1916 年由梅冷生等人创刊，石印本，1917 年停刊。

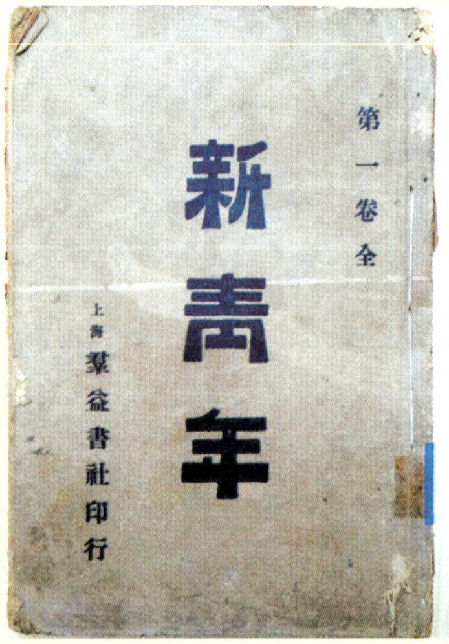

图 62

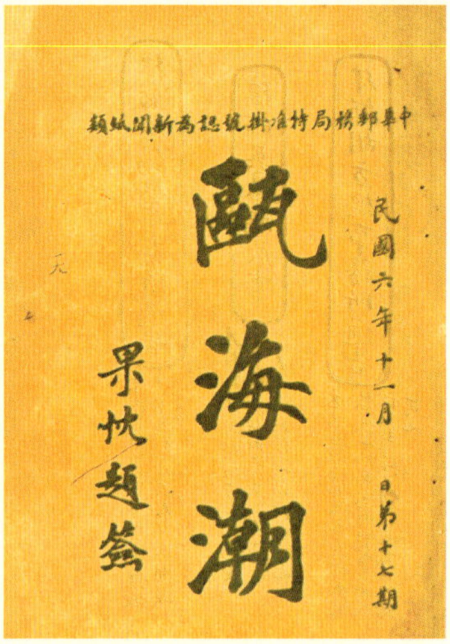

图 63

图 64（a）、图 64（b）：《救国讲演周刊》，1919 年 6 月由郑振铎、陈仲陶、王希逸在温州创办，石印。内容包括言论、时评、调查、讲演稿、别录、艺文、杂俎等，对“五四”运动后期的爱国行动做了大量报道。1919 年 8 月该刊因揭露瓯海道尹包庇奸商事被查封。共出 6 期。

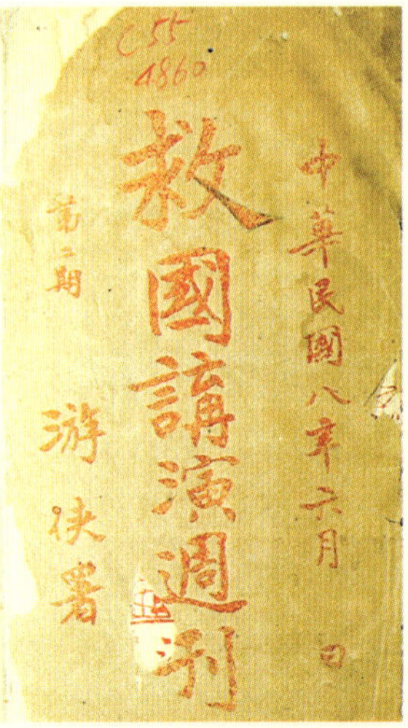

图 64（a）

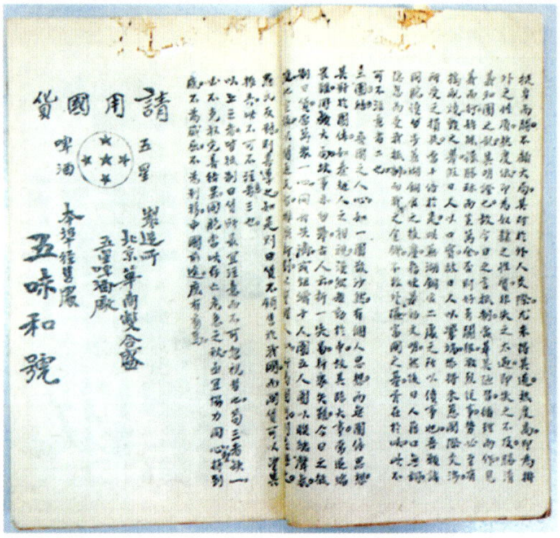

图 64（b）

图 65：《新学报》，1920 年创刊，半年刊，永嘉新学会主办，总发行所设在温州城内道后。杨其苏、姜琦、胡荣铨等任编辑。郑振铎参加编辑并发表《最高艺术的问题》《中国妇女的解放问题》《破除社会的阶级》等文章，传播爱国民主思想。次年停刊，共出三期。

图 66：《人道》，1920 年 8 月 5 日创刊，北京社会实进会（为北京基督教青年会附属机构）编辑，仅出一期。系郑振铎、瞿秋白等人创办的《新社会》旬刊被当局查禁之后所办。《人道》延续了《新社会》中“随感录”“北京社会实进会纪事”等栏目，并接续《新社会》第 19 期刊登了瞿秋白的《心的声音》。

图 67：《新瓯潮报》，1921 年 8 月李文侯、朱熙等人在温州五马街曹仙巷创办，日出对开四版一张，抗战爆发后停办。

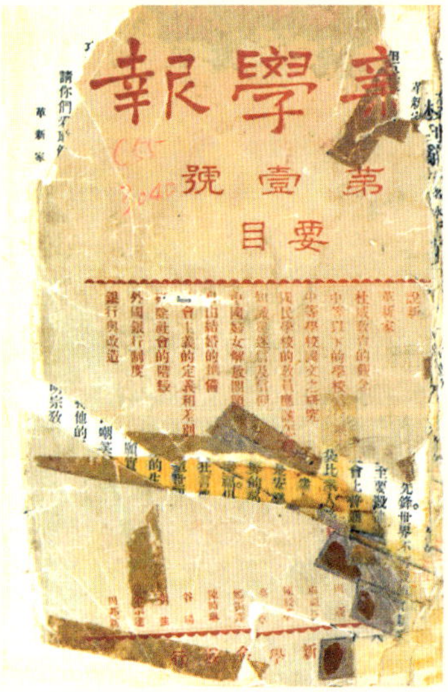

图 65

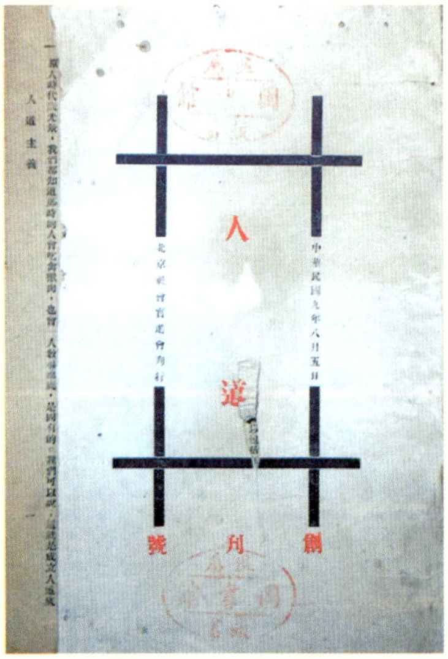

图 66

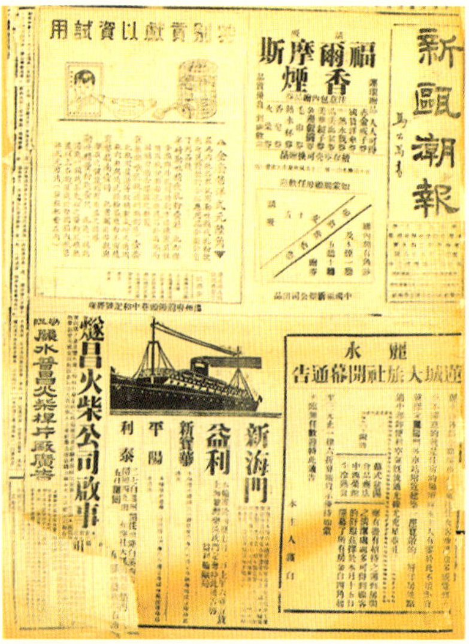

图 67

图 68：《中国青年》，恽代英主编，创刊于 1923 年 10 月，是中国共产主义青年团中央机关刊物。

图 69：《瓯风杂志》，陈谧主编，1934 年 1 月创刊于瑞安杨衙街 16 号利济医院，月刊，铅印本。

图 68

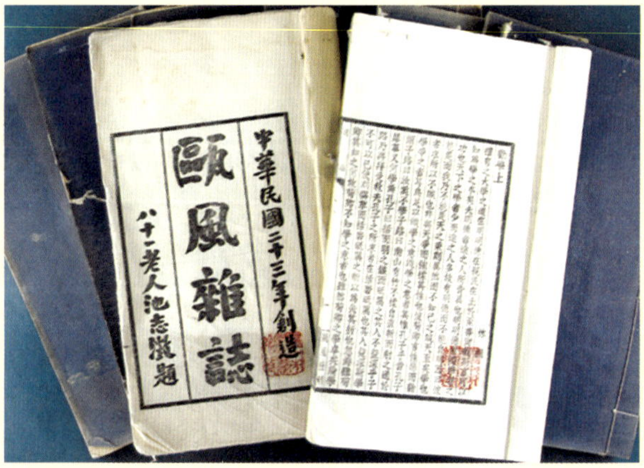

图 69

图 70：《温州新报》，1932 年底创刊，社址在五马街高公桥 5 号，主办人杨少佛、沙迦耶、姚止戈，日出对开四版一张，抗战初期停办。

图 71：《浙瓯日报》，1930 年 9 月创办，原名《温区民国日报》，1934 年 9 月改名，1949 年 5 月温州和平解放后停刊，是国民党地方党部的机关报，温州历史上第一家大型综合性日报，也是民国时期温州历时最长的报纸。

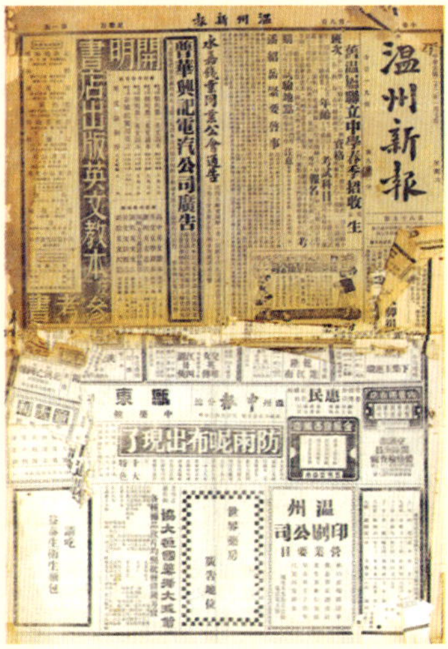

图 70

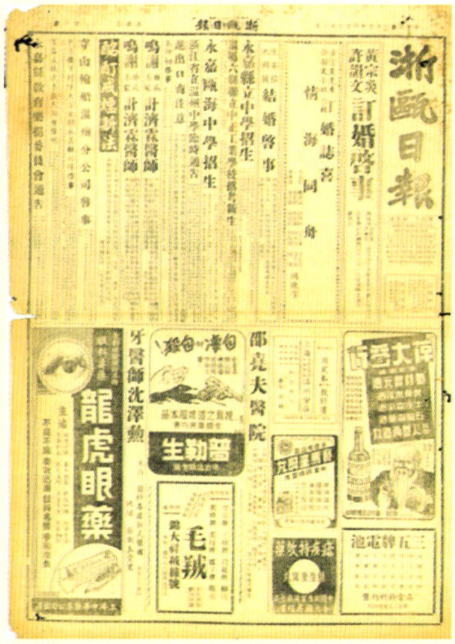

图 71

图 72：《夏铎》月刊，吴廷杨主编，1937 年 1 月 1 日创刊，中华循道会温州、宁波两教区机关刊物，设有社论、研究经筵、传记、小说、诗歌、教区通讯等栏目，刊载当时浙东教会之情形。

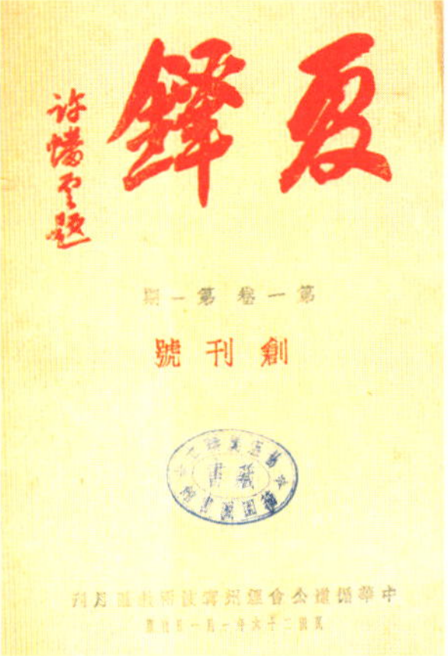

图 72

图 73：《生线》，1938 年元旦在温州创办，社址在温州高公桥 6 号。半月刊，每期印 1500 份，由中共温州地下党组织领导出版，主编谷崇熙、夏野士，参与撰稿的有胡景瑊、郑嘉治、马骅等。共出 8 期。

图 74：《浙江潮》，旬刊，1938 年创刊。严北溟任发行人兼主编。经常撰稿的除省主席黄绍竑外，还有在金华的著名学者、作家和共产党人。该刊 1 ~6 期在温州出版发行，刊发的文章多是对国内外战局状况的探讨及对浙江抗战情况的介绍。

图 73

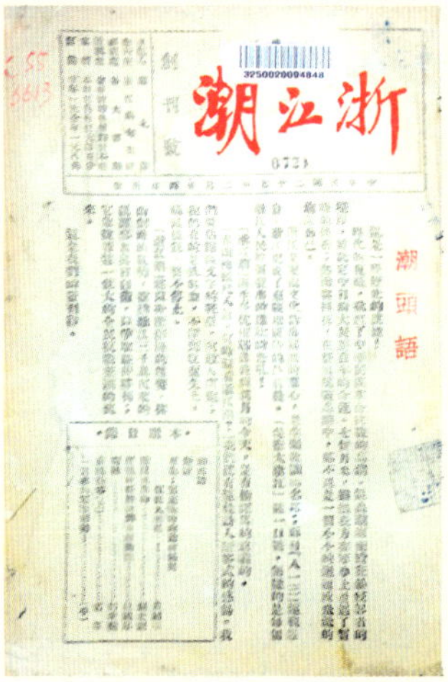

图 74

近代图书

图 75：《国际公法总纲》，王鸿年编纂，1901 年自刊发行，东京三协合资会社印刷，是中国构筑国际法学体系的最初尝试。

图 76：《新大陆圣路易博览会游记》，又名《美洲博览会记》，调查著述者陈琪、陈德辉，1905 年 6 月付印，同年 8 月发行。张謇题写书名，还有孙诒让序《陈兰薰美利坚国观会记叙》，作于 1905 年 4 月。卷首有插图 32 幅，均为黑白照片。全书共 14 章，包括圣路易大会之原始、中国赴赛历史、会场大概情形、会场之游观、各院陈列所、各国政府公所、中国会场情形、属国赛品院、游戏园、大事记等。

图 75

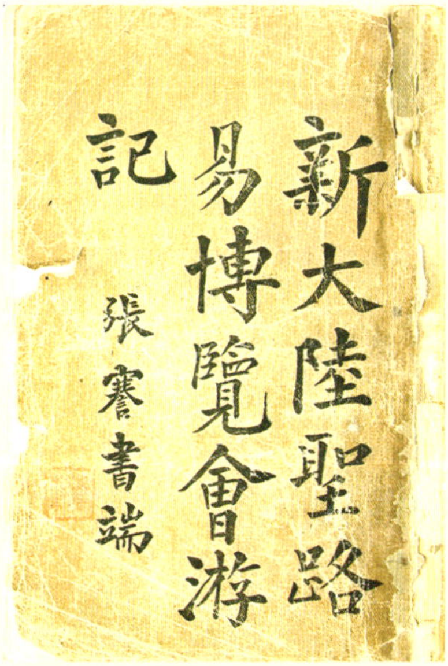

图 76

图 77（a）、图 77（b）：《中国传教纪事》（*A Mission in China*）（英）苏慧廉（W. E. Soothill）著，1907 年由奥利芬特、安德森及费里尔出版社出版。系苏慧廉在温州传教 25 年的回忆录。20 世纪 60 年代初由夏鼐捐赠。

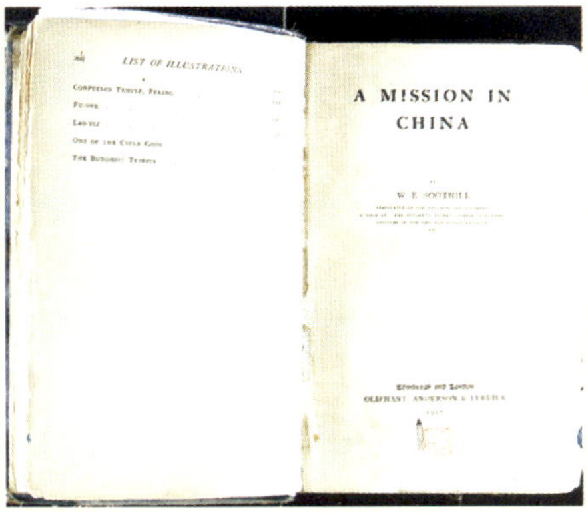

图 77（a）

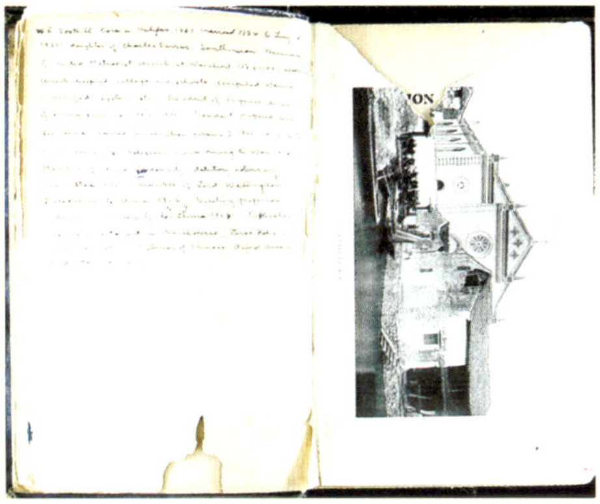

图 77（b）

图 78：《永嘉学派述》，即《永嘉学派通论》，林损撰，民国初年铅印本，题名据卷端题，版心题“中国大学讲义，宋明哲学”，版心下方题“宇寰印刷公司代印，前门外大沙土园公兴印书局代印”。

图 79：《中国国民道德概论》，姜琦撰，丙辰学社 1917 年（民国 6 年）铅印。

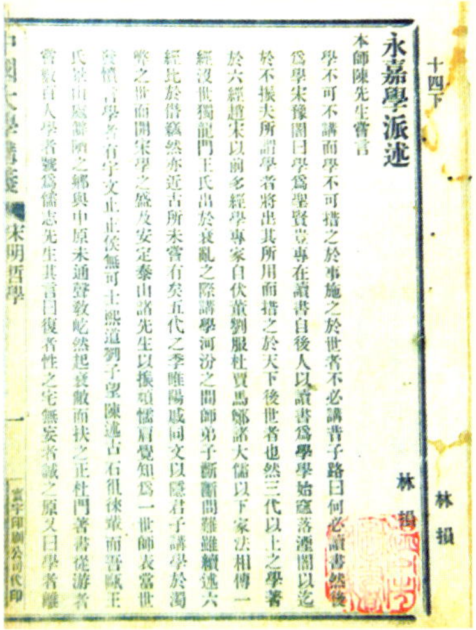

图 78

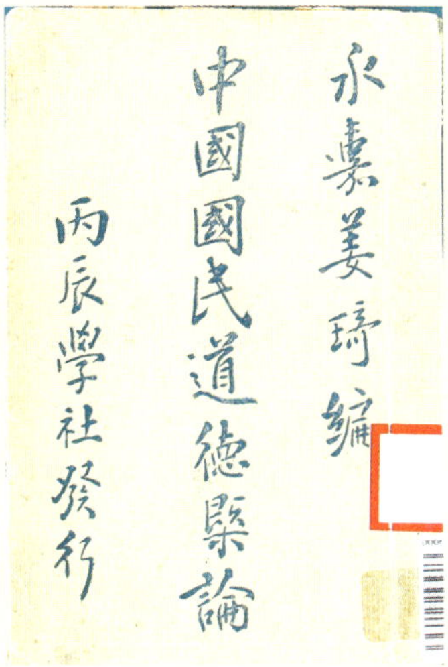

图 79

图 80（a）、图 80（b）：《共产党宣言》，陈望道中译本，1920 年 8 月首版。《社会主义研究小丛书》第一种，封面书名误排《共党产宣言》。首印 1000 册，存世 11 册。1967 年从温州古旧书店购入。

图 80（a）

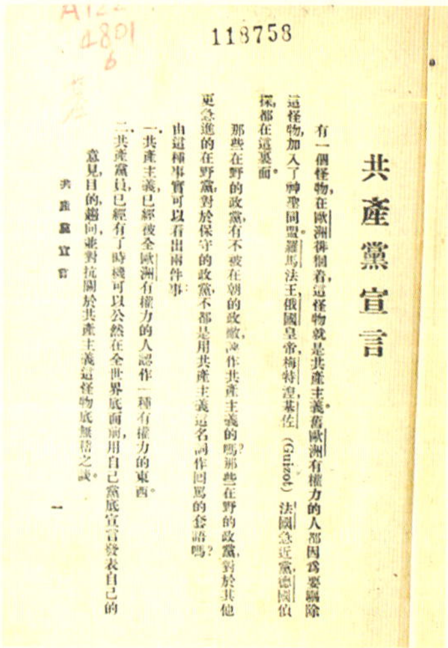

118758

共產黨宣言

有一個怪物，在歐洲徘徊着，這怪物就是共產主義。舊歐洲有權力的人都因爲要驅除這怪物，加入了神聖同盟，羅馬法王，俄國皇帝，梅特涅，基佐（Guizot），法國急近黨，德國偵探，都在這裏面。

那些在野的政黨，有不被在朝的政敵，喚作共產主義的嗎？那些在野的政黨，對於其他更急進的在野黨，對於保守的政黨，不都是用共產主義這名詞作回罵的套語嗎？

由這種事實可以看出兩件事：

一，共產主義，已經被全歐洲有權力的人認作一種有權力的東西。

二，共產黨員，已經有了時機可以公然在全世界底面前，用自己黨底宣言發表自己的意見，目的，趨向，並對抗關於共產主義這怪物底無稽之談。

共產黨宣言 一

图 80（b）

图 81：《瓯海观政录》，黄庆澜撰，1921 年铅印本。

图 82：《卞昆冈》，徐志摩、陆小曼著，上海新月书店 1928 年 7 月初版。《卞昆冈》是徐志摩与陆小曼合作的唯一作品，也是徐志摩唯一的剧本创作。

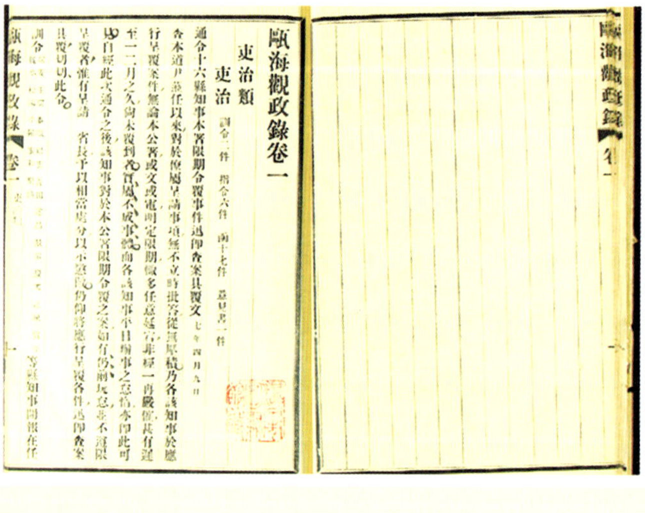

甌海觀政錄卷一

吏治類

吏治 訓令二件 指令六件 函十七件

通令十六縣知事本署限期令覆事件迅即查案具覆文 七年四月九日

甌海觀政錄 卷一

图 81

图 82

图 83：《蕗谷虹儿画选》，朝花社选印，1929 年上海合记教育用品社发行。系柔石与鲁迅合编的《艺苑朝华》第二辑，与第一辑《近代木刻选集》共同开介绍国外木刻艺术之先河。

图 84：《她是一个弱女子》，郁达夫著，1932 年 4 月由上海湖风书局出版。这部长篇小说是《文艺创作丛书》之一。由于该丛书具有左翼“战斗性”的文化背景，国民党当局对此书“出一本禁一本”，当代存书极为稀少。

图 85：《雁荡山一览》，蒋叔南著，上海西泠印社 1934 年出版发行。此书图文并茂，采用道林纸精印，分雁荡一览、雁荡古代文艺之流传、雁荡之游程、游雁荡日程概记四部分。

图 83

图 84

图 85

图 86：《温州港小轮航线图》，交通部上海航政局温州办事处 1934 年制。

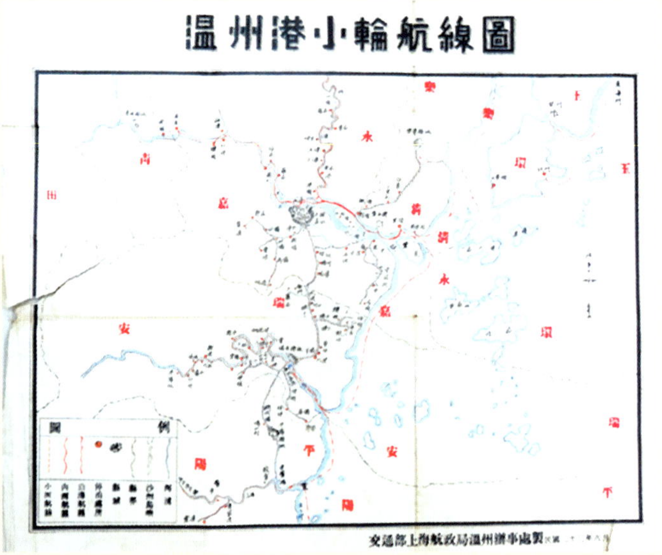

图 86

图 87：《浙江省永嘉区艺术展览会书画纪念册》，一卷，许蟠云辑，宣和印社 1936 年出版。

图 88（a）、图 88（b）：《瓯海渔业志》，方扬编，1938 年浙江省政府建设厅第三区渔业管理处出版。此书反映了民国时温州六县中永嘉、玉环、乐清、瑞安、平阳五个环海县的渔业经济概况、渔区的自然地理和人事概要以及渔业行政方面的内容，是民国时期温州地区唯一的专业志书。

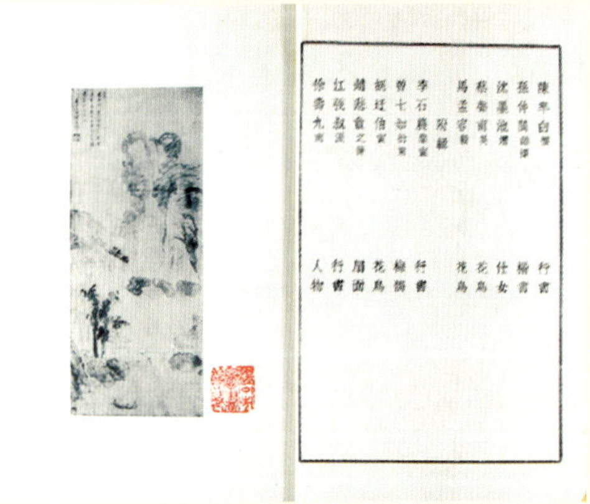

图 87

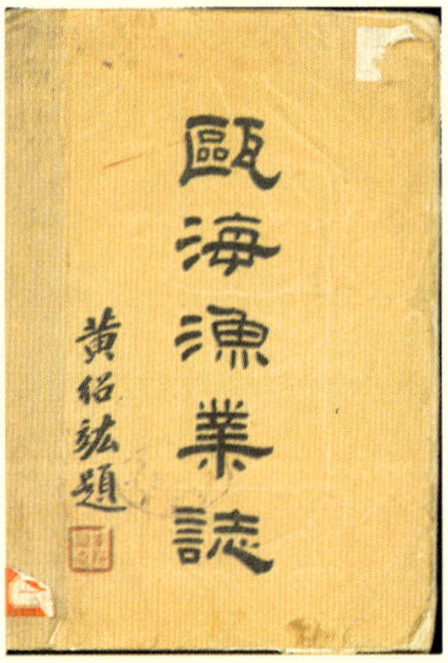

图 88（a）

图 88（b）

图 89：《伪自由书》，又名《不三不四集》，鲁迅著，1933 年由上海青光书局出版。1933 年 10 月，上海北新书局以青光书局的名义出版该书，刚出版即遭查禁。封面由鲁迅设计，并自书美术字的书名。本书是鲁迅与国民党审查机构斗争的产物，世间极少。

图 90：《章实斋方志论文集》，章学诚著，张树棻编辑，瑞安温处仿古印书局于 1934 年印刷，包括章氏对于方志例之讨论、章氏所修诸志序例、章氏参修诸志序例、丛论四篇。书后有章实斋参修诸志书目表和篇目表。

图 91：《世界文库》，郑振铎主编，1935 年上海生活书店出版发行，全十二册，系组织众多著名作家、翻译家、学者系统介绍中外古典文学名著的一部大型文学丛刊。

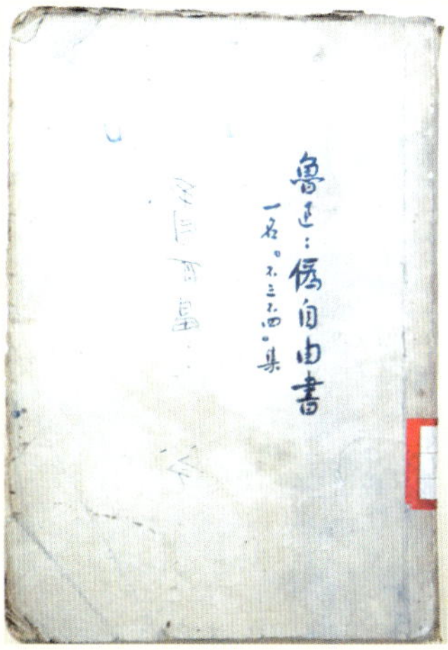

图 89

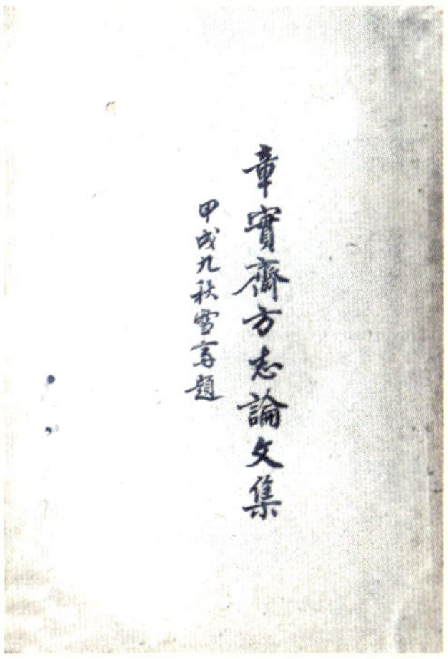

图 90

图 91

图 92：《毛泽东自传》，（美）埃德加·斯诺笔录，汪衡译，1937 年 11 月上海文摘社出版，黎明书局发售。该书系当时上海的进步书社——文摘社出版的“文摘小丛书”之一。封面左上角有毛泽东侧面照片，书后附毛泽东所著的《论中日战争》和《贺子珍小传》。

图 92

图 93

图 93：《西行漫画》，萧华作，实为黄镇绘、萧华序。1938 年上海风雨书屋初印本。书前有红军二万五千里行程图，内容为长征漫画 25 幅及文字说明，后有《西行小记》。

名人书画

图 94：1922 年，齐白石水墨山水图轴。

图 95：1924 年，梁启超楷书写的书联。

图 94

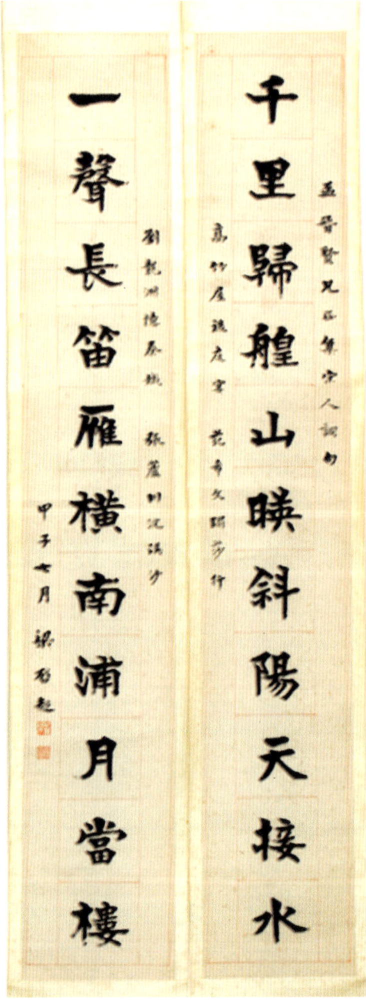

图 95

图 96（a）、图 96（b）：严复“长迷佳人七言诗”扇面和楷书联。

图 97：近代罗振玉集殷墟甲骨文九有万方七言联。

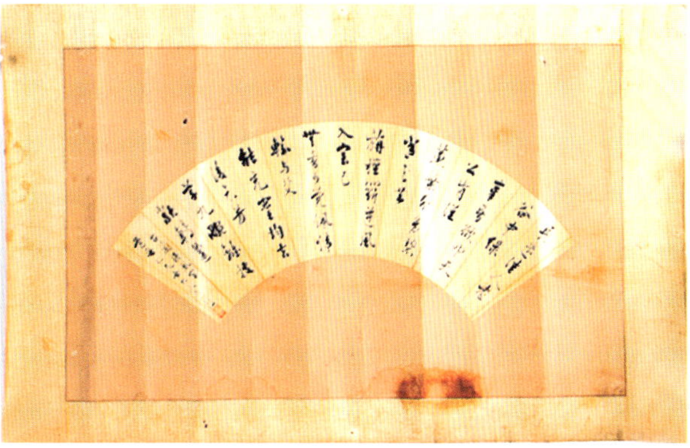

图 96（a）

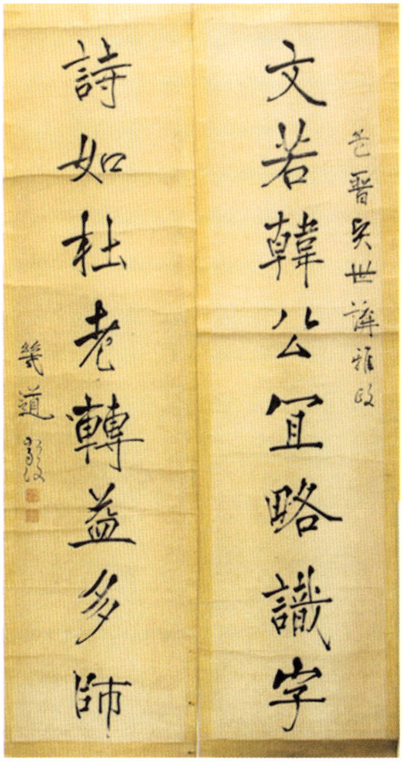

图 96（b）

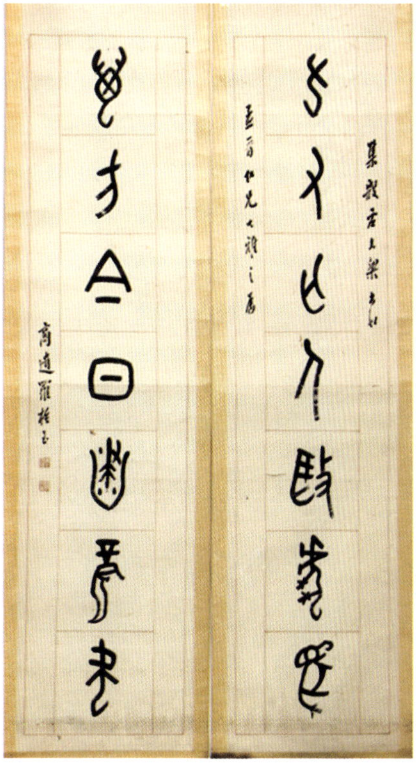

图 97

图 98（a）、图 98（b）：1934 年，刘景晨华实并茂花卉图游雁荡三折瀑诗扇面。

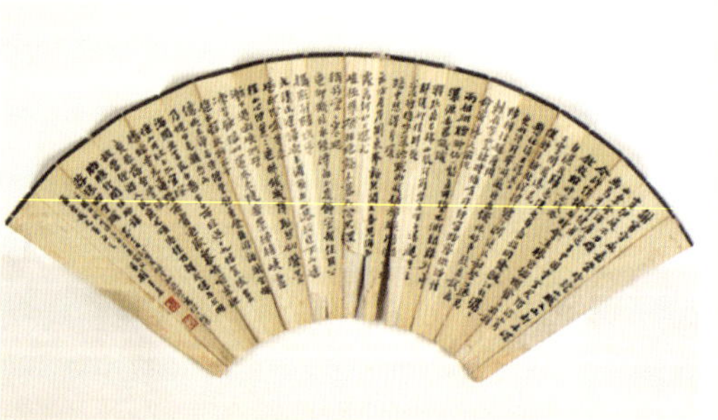

图 98（a）

图 98（b）

图 99（a）、图 99（b）：1936 年，丁辅之红梅图扇面。

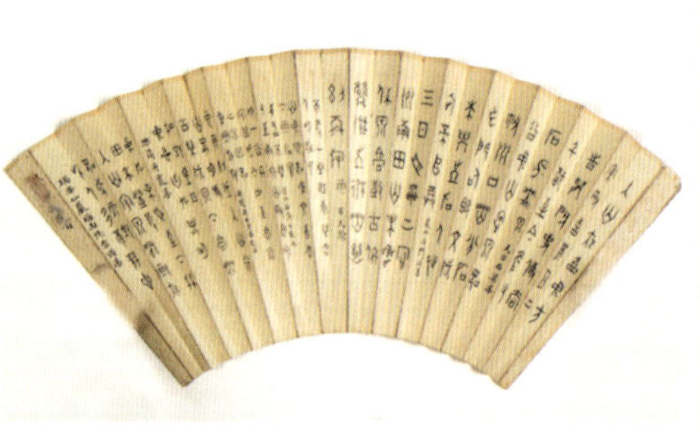

图 99（a）

图 99（b）

图 100：现代马叙伦行书扇面。

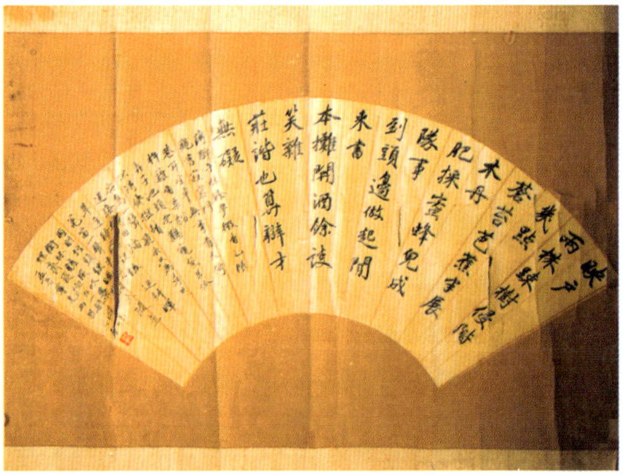

图 100

图 101：谭戒甫书法——为“孙籀庼先生著作遗物展览会”题词。

图 102：20 世纪 50 年代初，方介堪“温州市各界人民共同爱国公约”篆刻轴。

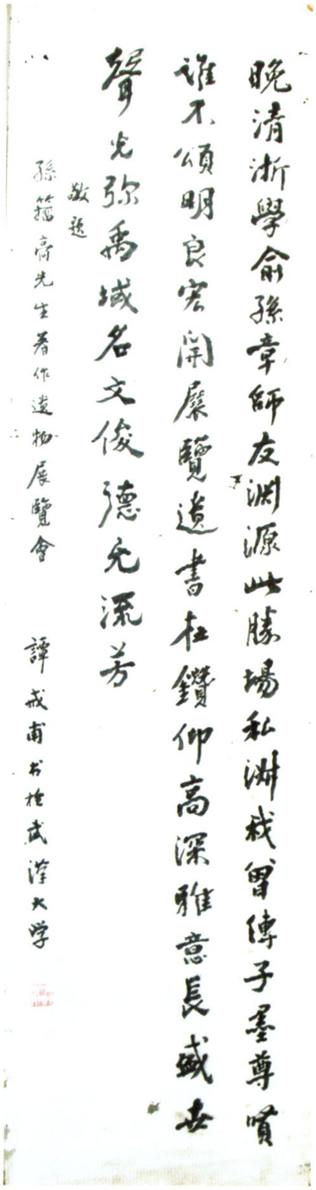

图 101

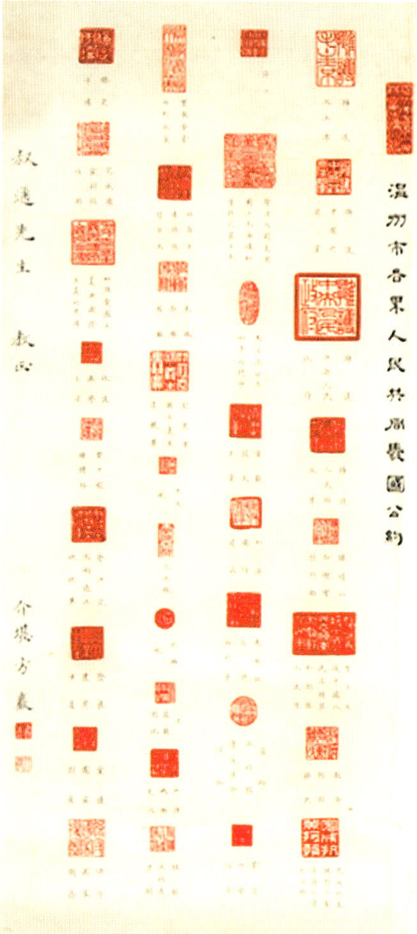

图 102

图 103（a）、图 103（b）：郭沫若评孙诒让行书立轴和题词横幅。

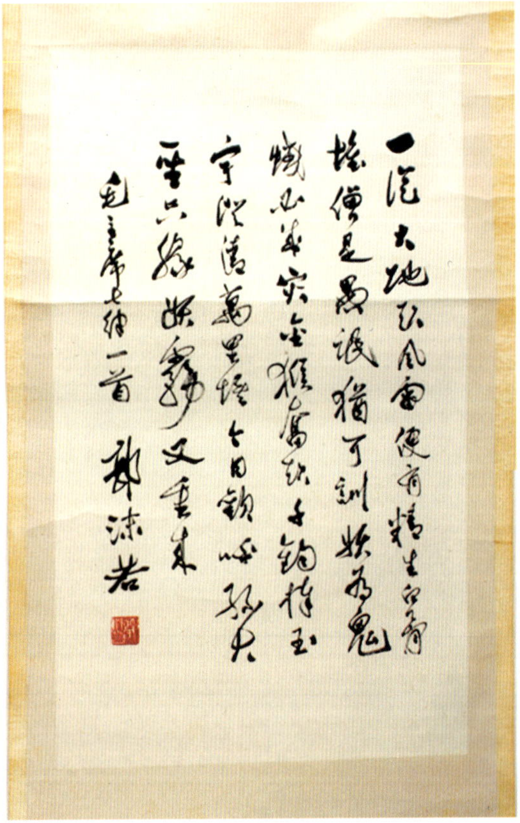

图 103（a）

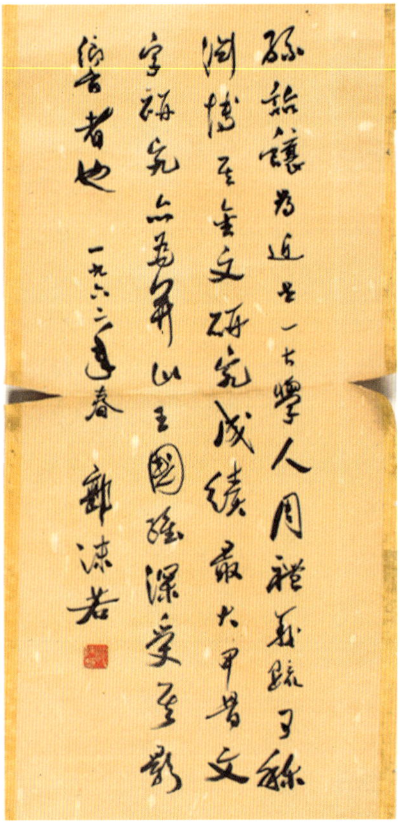

图 103（b）

图 104：苏步青为“温州当代百家著作展”题词。

图 105：顾廷龙为温州市图书馆七十周年馆庆题词。

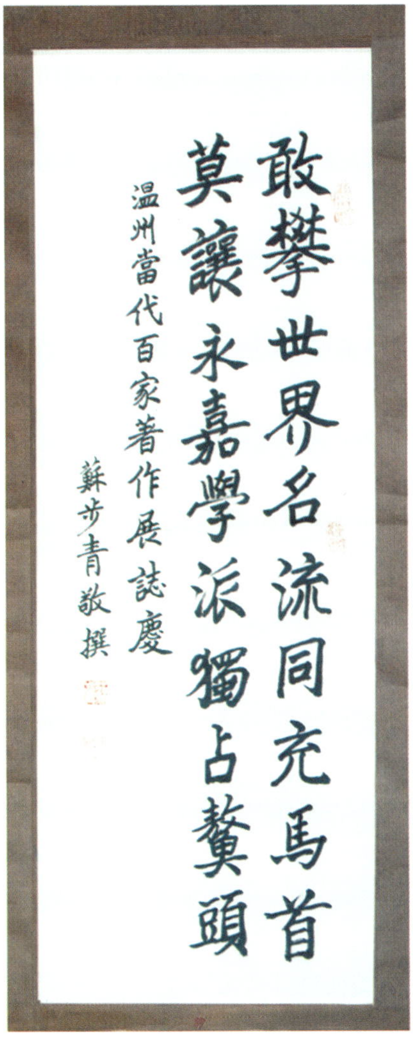

图 104

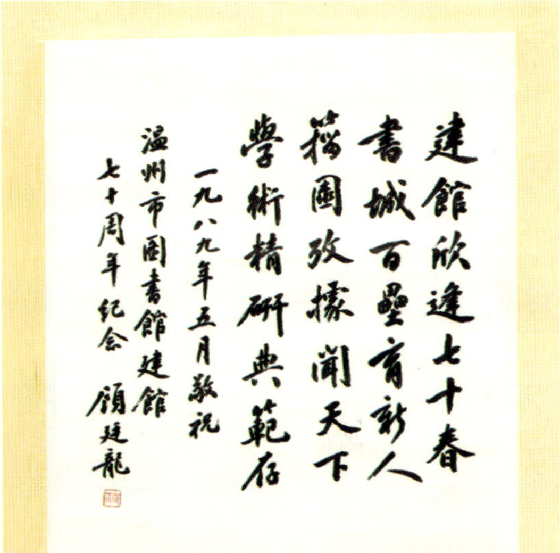

图 105

图 106：林曦明的《江上渔归图》。

图 107：周沧米的《谿山晓雾图》。

图 106

图 107

后 记

从 1919 年到 2017 年，从落霞潭到市府路，经历了近百年的风雨沧桑，当年籀园那点点新绿演化成了今日的浓浓绿荫，温州市图书馆也到了该梳理整个建馆历史的时刻。因此，当收到天津大学出版社要我们参与编写“21 世纪中国城市图书馆丛书”的邀请时，我们便欣然接受，成立了由胡海荣馆长领头，由我具体负责的编写组。随后我按照拟定的提纲，将全书编撰工作做了如下分工：第二部分当代篇由曹雪梅（第三章和第五章）和苏鲜女（第四章和第六章）执笔；第三部分资源篇由章亦倩（第七章，第八章第三、四节和第九章第四、五节）、王妍（第八章第二节，第九章第一、二、六节）和吴秀花（第八章第一节，第九章第三节）执笔；同时还邀请潘猛补和卢礼阳担任顾问，曾海宁负责美编，吴景裕担任编务；我本人则负责第一部分历史篇的撰写和全书的统稿。

原以为，我们有丰富的馆史资料，加上训练有素的团队，编写这样一本篇幅不长的书是一件轻松的事。想不到，由于缺乏统一的编写范例，加上对本书的类型定位模糊，编写工作一波三折。初稿交来后，让人傻眼。首先是文字本身，庄重、灵动、呆板形态各异，笔法有总结型、抒情型、广征博引型，五花八门。其次是对史实的描述，详略不一，详者纪事本末巨细，毫无遗漏，略者如大事记，干瘪枯燥。三是馆藏的取舍缺乏标准，杂乱无章。显然这个初稿极为芜杂，一时难以统一，与本套丛书的出版标准有较大差距。

幸好 2015 年天津大学出版社组织召开了“21 世纪中国城市图书馆丛书”编审工作会议，徐建华教授和王宗义老师帮助大家理清了思路，统一了认识，确定了“述而不论”的“志书笔法”。王宗义老师不但帮我们删改了二稿的大量引文，还提出了详细的调整修改意见。由此，我在最后统稿时作了较大程度的修改和调整，改写了大量的直接引文，充实了温州历代书藏文化的内涵，尽量避免因删除大量引文资料而造成过于干瘪的“大事记”式记述效果，使本书可读性降低。同时针对馆藏特色资源选粹部分，用地方丛编替换地方文献，换上一批富有地方特色的藏品，使整体馆藏资源分配展示更加合理。

在这里我要感谢编写团队的各位同人，你们不断的付出为这本书提供了保证；感谢猛补兄和礼阳兄，你们的宝贵意见让本书增色不少；感谢王宗义老师，您独具匠心的智慧，让我们摆脱迷茫，最终完稿；感谢天津大学出版社以及王云石副社长，没有你们的大力支持，就不会有这本书的问世。

我们所做的一切就是为了把一个真实完整的温州市图书馆呈现在世人面前。虽然我们努力了，限于水平和经验，不足之处在所难免，欢迎各界朋友批评指正！

主编　张永苏

History

The History of Wenzhou Library

圖館大門

01

Chapter 1

Wenzhou and Zhouyuan Library

北
南
永嘉县
乐清市
鹿城区
瓯海区
龙湾区
洞头区
文成县
瑞安市
平阳县
苍南县

Wenzhou is a famous coastal city of China's southeast region, with a long history and culture dating back to ancient times. Its location, with sea and hills surrounding, has made Wenzhou's culture brilliant twice. The birth and prosperity of Wenzhou Library, were closely related to Wenzhou's open culture which happened in the 20th century. Zhouyuan Library, the predecessor of Wenzhou Library, was born during the unrest period of the May 4th Movement, and its present rise is due to the reform and opening-up policy starting from the 1980s. After nearly a century's development through trials and hardships since 1919, Wenzhou Library is not only the inheritance of Wenzhou cultural tradition, but also a reflection of pioneering spirit of Wenzhou people. In the waves of reform and opening-up, Wenzhou people made the most use of utilitarianism, that is, "advocating the pragmatism, pro-business, innovation and achievement of flexibility". The economic and social development way of "Wenzhou Model" and the social and cultural prosperity have brought Wenzhou Library a golden period of development. As one of the most important public cultural facilities in Wenzhou region, the city library has become an indispensable spiritual home to citizens and students here.

Section 1

The Advocating of Utilitarianism of the Local Culture and the Tradition of Book Collecting

Wenzhou, called "Ou" in the ancient times, was earliest recorded in *The Classic of Mountains and Rivers* (*Shan Hai Jing*). Wenzhou was the center of Ouyue, an ethnic group which was one branch of Baiyue, with a history dating back to the Zhou Dynasty, more than three thousand years ago. During the end of the Qin Dynasty and the beginning of the Han Dynasty, it underwent several changes. It was not until the Jin Dynasty that a prefecture city named Yongjia was then set up there, which began to gain reputation since then. Since the Northern Song Dynasty and the Southern Song Dynasty, its flourishing culture gained a fame as the "southeast Zoulu near the sea" (Zoulu was the birthplace of Confucian culture). Yongjia School was refreshing for its promotion of both "Yi" (a term in Chinese philosophy, meaning righteousness, but the righteousness is in a Chinese way) and "Li" (interest). Southern drama of Wenzhou, full of emotion, was once very popular in China. In the late Qing Dynasty during the eastward spread of Western cultural, Wenzhou, in the forefront of thought liberation, was an important city promoting new culture, with lots of talented people. Its social development advanced with the times. Educating to save the country and developing culture to make the nation strong became the consensus of people of insight. Under such circumstances, Xinlan Reading House emerged, known as the prototype of public library in the country. The extraordinary academic achievement and contribution to the local culture and education of Sun Yirang, the second generation master of Jade Sea Chamber Library, pushed the creation of Zhouyuan Library.

Dong'ou Kingdom and Bailu City

Wenzhou was known as Dong'ou (East Ou) in ancient times, whose origin was from the king Goujian of Yue. In 306 BC, Wujiang, the sixth generation heir of Goujian, was killed by the Chu people, and Yue perished. Some offspring of Goujian were scattered in the old haunts in east Yue, south of the Yangtze River, and some submitted themselves to the rule of Chu, while some founded new kingdoms, proclaiming themselves kings. One branch of them founded a kingdom called Dong'ou along the coast of the East China Sea, namely, the region of Wenzhou, Taizhou and Lishui nowadays. Thus there came "Dong'ou". In 221 BC, the Qin State defeated the other six kingdoms and reunified China. The system of prefecture and counties was implemented, and Minzhong Prefecture which is now in Fujian Province and southeast of Zhejiang Province, was established. The former kings of Dong'ou and Minyue were dethroned and renamed Junzhang. In 209 BC, anti-Qin uprisings emerged like mushrooms around the country. The two former dethroned kings Zou Yao and Wu Zhu commanded the Yue people to follow Wu Rui, who was the county magistrate of Poyang, so as to join the army to overthrow the Qin Dynasty. Later in Chu-Han War, Zou Yao became a valiant general of Liu Bang, who was the leader of Han. According to *Dongyue Biographies*, a chapter in *Historical Records*, in 192 BC, the emperor Liu Ying "wanted to award the credit of Yue at the time of the domination of Emperor Liu Bang and said that the credit of Zou Yao was grand, and the people attached to him. Then he conferred Zou Yao King of Donghai, generally known as Dong'ou King". Zou Yao was the descendant of Goujian and the one who revived Dong'ou. In 138 BC, the King Wang, a descendant of Zou Yao, under the pressure of bad relationship with Minyue, "submitted a request to the emperor of formational migration of Dong'ou, so Wang was allowed to lead the people to the Jianghuai area". Wang led northward his family, people and army, more than forty thousand in total. They were settled in Lujiang County, Jianghuai area (now in the western regions of Shucheng, Anhui Province). Dong'ou kingdom disappeared, and the area was gradually taken over by Minyue, whose king was Yu Shan then. From the time that Zou Yao revived Dong'ou, to the time that Wang migrated inward to Jianghuai, 55 years passed. It was the first time that an administration had been set up in Wenzhou and also the earliest formal record about Wenzhou. Thus, Zou Yao was known as the father of Wenzhou culture.

In 110 BC, the emperor Liu Che destroyed Dongyue. To kill it once and for all, the emperor Liu Che "gave an order that the armies should lead the people to migrate to

Jianghuai area, for Dongyue was situated at a narrow place with lots of natural barriers and the folks were tough and had revolted for not only once. After that, the Dongyue area was deserted".

In 85 BC, due to the fact that more and more adherents of Dong'ou came back, Huipu County was established on the former sites of Dong'ou. The once " Dong'ou Kingdom " had become "Dong'ou Town". In 138, as the population had increased, Dong'ou Town, which had belonged to Zhang'an County, was upgraded to Yongning County. Although it covered an area as large as a state, the residents were less than ten thousand. It was the first time that Wenzhou had become a county. In the Jin Dynasty, the past Dong'ou thrived again. In 323, the south of the Wenqiao Ridge, which had belonged to Linhai County, became an independent county, namely Yongjia County, with Yongning as its capital, which lied on the southern bank of Oujiang River and is the downtown contemporary of Wenzhou. It was said that on the day the city was built, a white deer passed through the city with a flower in its mouth, which the people thought as an auspicious omen, so the city was also called "Bailu City", which means a city of white deer in Chinese. There were nine mountains standing in such a subtle way that it seemed to echo to the stars in the sky, which made Bailu City beautiful to look. This was the first time that a prefecture had been set up and the origin that the place was called "Yongjia". Yongjia Prefecture was vast in territory, which covered the total southern part of Zhejiang Province, including contemporary Wenzhou and Lishui. Since then, Yongjia had become the most admirable place in the Eastern Jin Dynasty.

In 675, Yongjia County and An'gu County were separated from Kuozhou and became an independent state, namely Wenzhou. It was the origin that the place was called Wenzhou. Wenzhou lay south to the Wenqiao Ridge, so it was not so cold in winter and not so hot in summer. The climate was moist, so there was the name Wenzhou, meaning a moist state in Chinese.

Yongjia School and Two Glorious Periods of Wenzhou Culture

In 324, Yongjia County College was established at the foothills of Mount Huagai. Some famous figures had once been the prefecture chief of Yongjia, like Xie Lingyun, Yan Yanzhi and Pei Songzhi. The former two were famous poets during the time of the Northern and Southern Dynasties, and the latter one was a historian who once noted *The Records of the Three Kingdoms*. Qiuchi, a writer, wrote *An Advice to Yongjia People* (*Yongjia Junjiao*) during his tenure as the prefecture chief of Yongjia. About 420, Zheng Jizhi compiled the first local chronicle of Yongjia, *Yongjia Junji*. All these historical facts showed that Wenzhou had a long tradition of putting culture and education at an important place. From the Tang and Song Dynasties and then on, the culture in Wenzhou flourished for not only once, which gained it a fame as the "southeast Zoulu near the sea".

Wenzhou experienced unprecedented prosperity in the Northern and Southern Song Dynasties. During Shaosheng years of the Northern Song Dynasty, Yang Pan, a friend of Su Shi, once wrote a poem to express his admiration for Wenzhou when he served as the prefecture chief of Wenzhou. The poem went like that, "A prosperous city by the sea, famed with a name little Hangzhou. Divided by the waters, the blocks turned into a chessboard. Surrounded by hills, as the painted chambers encircled in the screens". In the late Northern Song Dynasty, the central plains were war-torn for years, and a large number of people migrated southwards. Especially after that the Southern Song Dynasty moved its capital to Lin'an (now Hangzhou), the national political, economic and cultural center began to move southwards, which led to the rapid development of agriculture, handicraft and business in Wenzhou. Cultural activities flourished, and Nanxi (southern drama) of Wenzhou was so popular that it became the source of Chinese operas and dramas. Confucianism of Yongjia School stood out like a dark horse, and formed a tripartite confrontation together with Zhu Xi's Daoxue (rationalism, a Neo-Confucian school of philosophy), Lu Jiuyuan's Xinxue (philosophy of Mind). Reading and writing had become a fashion in Wenzhou and talented people emerged in large numbers. It was the first glorious period of Wenzhou culture in history.

Yongjia School, also called "the utilitarian school", was a leading school among the east

Zhejiang schools in the Southern Song Dynasty. The school originated from Wang Kaizu, Zhou Xingji and Xu Jingheng, etc. in the Northern Song Dynasty and the pioneer scholar was Xue Jixuan, then a successor Chen Fuliang, and at last a great achiever Ye Shi. All these outstanding scholars were born in Yongjia, so they were called Yongjia School. On philosophy, they advocated that theories were to be applied to reality. They put interest before "Yi". Interest could be coordinated by "Yi", but should not be restrained by "Yi". They thought that there was some sort of consistency between interest and "Yi", and disagreed with the Neo-Confucianism, which was full of empty talks and abstract thoughts, but separated from practice. They emphasized the importance of practice and thought the abstract righteousness couldn't be separated from reality. They objected stale ideas and didn't believe in authority thoughts blindly. They didn't care much about history or tradition and didn't imitate the way of their predecessors, neither. They encouraged independent thinking and innovation. They didn't conceal their pursuit for fame and fortune. The idea of "pragmatism" in the east, not only affected the academic research in the eastern Zhejiang Province in the Ming and Qing Dynasties, but also had an extensive and profound influence on the public culture of its birthplace, Wenzhou. According to *The Number of Jinshi from Wenzhou in the Song Dynasty* by Tsukasa Okamoto, the number of persons from Wenzhou who passed the imperial exams each time on average was never fewer than ten since the Southern Song Dynasty, which topped the list. As passing through the imperial exams was a crucial approach to being an official, Wenzhou people began to make their voices heard, so they gradually took part in political affairs not from a marginal standpoint, but from a central one. Sun Yiyan once wrote in *An Inscription on Huiwen College* that, "with careful respect to the origin of Lixue, the predecessors from Yongjia read very much". These words reflected the academic circle in Wenzhou truthfully. Wenzhou people's pioneer spirit can be traced in the pragmatism of Yongjia School.

The paper industry was developed early in Wenzhou. Juan paper, a kind of paper produced in Wenzhou during the Tang and Song Dynasties, was famous for its pure white, fine, symmetrical and frictionless quality. From 995 to 997, this kind of paper was listed as a tribute. The Juan paper was one of the three most famous kinds of paper produced in Zhejiang. The other two were Shanteng paper produced in Sheng County and Youquan paper produced in Yuhang. Zeya and Xi'an both in Ouhai District were commonly known as paper towns, where Siliandui papermaking workshops were preserved since the end of the Yuan Dynasty and still in use today. Siliandui papermaking workshops are important for its heritage of traditional craft of papermaking, honored as a "living fossil" recording how ancient paper was made.

Wenzhou printing was developed during this period. Woodblock printing technology was quite advanced, and books were printed in large quantity, of high quality, and wide spread. "A block-printed copy of *Lanting* made in Yongjia was collected by the emperor Lizong of the Song Dynasty and preserved in the imperial palace listed in the third set" (*Qihai Suotan* by Jiang Zhun, Volume 4). In February 1965, some remaining pages of *Buddha Amitayus Sutra* were found in Baixiang Pagoda located in the suburbs of Wenzhou. Some experts verified that the pages were movable-type printed around the year of 1103, in the Northern Song Dynasty, which were the earliest movable-type printed matter ever found existing in the world. It can be seen that many of the rare books of the Song Dynasty kept in good condition until today, the fonts were standard, the ink was uniform and the scripture was clear, such as *Lotus Sutra* printed in 1015, unearthed at Xianyan Huiguang Pagoda in 1996, *The Great Compassion Heart Dharani Sutra Mantra* printed in 1033 by Hu Zeshi, vice minister of war, and *Dharani Sutra* printed around Qingli periods (1041-1048) and so on. Nowadays, wooden movable-type printing was still succeeded and applied in places like Pingyangkeng Town and Caocun Town in the southwest of Rui'an. It is the only known wooden movable-type printing craft still used in China, and was included in the United Nation's list of intangible cultural heritage in urgent need of protection.

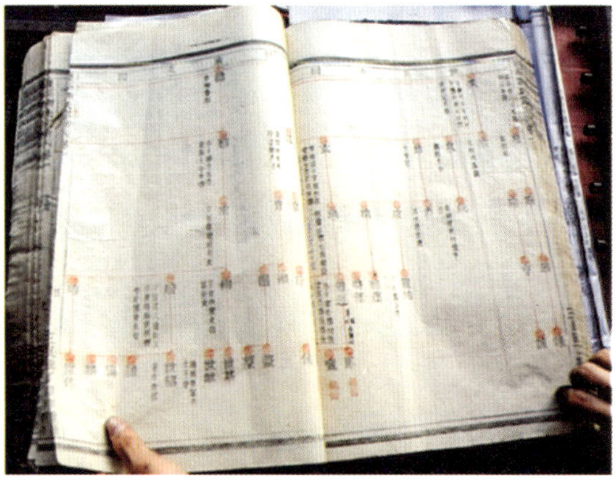

In the Northern and Southern Song Dynasties, benefiting from the booming papermaking and printing, cultural and educational activities were greatly developed in Wenzhou. Academic ideas and book collecting began to flourish so greatly that different kinds of collection appeared, such as private-collections, official state library collection, academy collections, temple collections and other various forms. Pioneer scholars of Yongjia School, such as Zhou Xingji, Zheng Boxiong, and Xue Jixuan, all of them had a considerable book collection. Fuzhi Academy, where Zhou Xingji lectured, owned the greatest collection. A successor of Yongjia School, Chen Fuliang, with "house-building benefited a lot; book-collecting covered as many as ten thousand titles", "held a book city, and enjoyed himself". (*Epitaph of Chen Fuliang* by Ye Shi). Wan Shiyan, a book collector from Yueqing, built a storied house with five rooms for the purpose of preserving books. Xue Gao from Yongjia "had so many books that it stacked series high". Official collection was mainly in Rui'an government office and Wenzhou State College, most of whose books were of local editions, such as *Yili*, *The Anthology of Mr. Zhizhai*, *Yongning Bian*, *Datang Liudian*, *A List of Wenzhou Jinshi*, and so on. Books of the three temple collections, that is collections of Kaiyuan Temple, Tianning Temple, Jiangxin Temple, were mainly Buddhist scriptures.

The brief glory of Wenzhou culture was soon broken by the Mongolia march. The economy and society of Wenzhou wandered in a very long period of the Yuan, Ming and Qing Dynasties. This situation wasn't changed until the First Opium War, which opened the closed doors of the empire by "Western influence spreading eastward". In 1866, a British missionary, George Stott (with a Chinese name of Cao Yazhi), came to Wenzhou to preach his religion from Ningbo, and in the following year, he established a Christian church of China Inland Mission at Garden Lane, Wenzhou. On July 26, the second year of the Guangxu reign (1876), Britain and China signed the *Treaty of Yantai*, by which Wenzhou was designated as a trading port. Wenzhou became one of the 16 earliest open coastal cities. On February 18, the third year of the Guangxu reign (1877), Wenzhou Customs was established and renamed Ouha Customs in August (the new customs). A British man, H. E. Hobson was appointed as the first customs commissioner. On April 29, Conguest, a British passenger and cargo ship belonging to Jardine Matheson, reached Wenzhou from Shanghai, containing cotton and other goods. Then other foreign firms entered Wenzhou one after another, presenting such a scene that "Ou was a state on the sea, with half foreign traders on the fair". In 1897, the missionary of the United Kingdom, W. E. Soothill, for the first time opened a Western hospital, Dingli Hospital, at Yangliu Lane, in the prefectural city. He also established Yiwen College, located at Washidian Road, which was an early try of Western-style education. Courses offered included English, maths, Chinese, and so on.

Scholars in Wenzhou, nourished and influenced by the Yongjia School including both nobles and common people tilling by themselves, took serving people worldwide as their duty. They quickly adapted to the environment that Chinese and Western cultures blended together. They disseminated Western learning actively, promoted reforming thoughts, and sought the path of salvaging the country. Rui'an, which was commonly known as "minor Zoulu in southeastern China", was one of the most important cities promoting the trend of reformation in Wenzhou and even in Zhejiang Province. There came reform groups, such as "three Suns and five Huangs" (Sun Yiyan, Sun Qiangming, Sun Yirang and Huang Tifang, Huang Tili, Huang Tizheng, Huang Shaoji and Huang Shaodi), "three elites of Dong'ou" (Chen Qiu, Song Shu and Chen Fuchen) and so on. Wenzhou scholars represented by them awoke from the dream of "Celestial Empire", abandoned the traditional way to success by imperial examination and started to explore new ways to strengthen the country. As said by Sun Yirang, "the distinction of a civilized nation is not that there existed one or two great scholars, but that all the people across the country had normal intelligence of average level. All in all, when the general knowledge of everyone is around the average level, the nation could be able to work together to improve progress in civilization" (See *Zhulu Notes* (*Continued*), in which Sun Xuan recorded Sun Yirang's speech delivered at the opening ceremony of Yiwen College in Wenzhou, published in *Qinghe*, 1935, the 15th Vol.). Sun Yirang concluded at last that the key to self-improvement lies in education. Hence he inherited and developed the pragmatism of Yongjia School, trying to promote the construction of Wenzhou culture by starting with education. Chen Qiu, a reformist, founded a Chinese medical college, Liji Medical College, in 1885. The college adopted the European and

American teaching mechanism. With the joint efforts of reform-minded intellectuals, Wenzhou culture entered the second great period of glory in the local history.

Xinlan Reading House—A Prototype of Modern Library

In 1872, feeling that Rui'an was located at the "end of Zhejiang Province" with "no book to read", Xu Qichou, Chen Qiu, and others, 26 in total, organized and sponsored a book collection for students to borrow. They offered books and built Xinlan Reading House in Rui'an. What's more, they bought 40 mu of farmland whose rent income could serve as the funds for adding books. Chen Qiu once said in *An Introduction to the Intention of Enlarging Book Collection of Xinlan Reading House*, "Rui'an, located at the end of Zhejiang Province, to get there, if starting from the capital of Zhejiang Province, one should go across mountains, crossing Wuzhou and Kuozhou and then set foot at Dong'ou. Standing by a great river, Rui'an's civilization was held stuck in the county, so its literature and feats were hardly known to the world. Though there was no lack of outstanding people, they didn't have books to read. On the one hand, there were few book collectors; on another, it was difficult to borrow a book unless the owner was their friend. ... My friend, Mr. Xu Zhuoxue initiated Xinlan Reading House in Renshen year of the Tongzhi reign, which brought a lot of convenience to the people with the same interests." The intention of Xinlan Reading House was "to facilitate the fellows of the same group", which broke the tradition that the use of public and private collections was restrained. The books of the reading group were accessible to the public, that is, to citizens for limited use besides the members of the group, which was a big step worthy of description in the history of Chinese library cause. Professor of Peking University Lin Sun said in *An Inscription on the Tablet of Xinlan Reading House*, "they raised money for books and settled the books in a mean alley, which really made a difference." "Their dedication was so great to enlighten the pioneers and followers." The establishment of the house was a reflection of the ideal of "folk gentry", to serve for common people and their curiosity to learn. As the house featured in public service, it could be regarded as China's first prototype of public library. The management system of Xinlan Reading House was characterized, especially in financial aspect. Members raised money to buy books and the farm land was bought to get rent income for buying books, which was a sustainable development pattern and showed the distinct culture characteristic of Wenzhou.

The foundation of Xinlan Reading House was attributed to Yongjia School, and it also helped the revival of Yongjia School. It had helped form a learning atmosphere, enlightened local wisdom, and played an important role in the reformation movement. A famous thinker Song Shu said, "in Tongzhi and Guangxu reigns, booksellers said that the largest number of books was sold in Rui'an, Wenzhou. After Yiwei year, the greatest number of academic journals and news journals as well as books sold out, was also in Rui'an. It owed to the influence of Xinlan Reading House." From these words we can see buying and reading books and journals had become a fashion for the people in Rui'an at that time.

Jade Sea Chamber—A Coordinate of Academic Culture in Southern Zhejiang

In 1888, Sun Yiyan retired as director of Taipushi in charge of the imperial vehicles and horses, and came back to his hometown Rui'an with an ambition of some distinguished feat. He accumulated a library of tens of thousands of volumes for more than ten years. These books were temporarily kept in Xunxue Study Room, in the east of Yishanci Private School, not in sufficient use. Then in the following year, the new building of repute, Jade Sea Chamber, was built. Jade Sea Chamber, Jiayetang, Bisonglou and Tianyige, were four most famous collection houses in Zhejiang. To Sun Yiyan, the purposes of building the library, were, on the one hand, to provide a place for his son, Sun Yirang and his offspring to read and keep books, and on the other hand, to "correct book editions for wider circulation", so "any writings by the sage of Wenzhou, even a piece of paper could not to be missed." There were many ancient books included in the collection, and the collection house was famous for revisions corrected by masters, local documents and rare books of reliable quality. Activities of sorting documents emanated from here, four of which were in large scale. During the periods of Tongzhi and Guangxu reigns, Sun Yiyan published *Yongjia Series* of 15 titles, 252 volumes in total. In 1915, Mao Guangsheng from Rugao edited and published *Yongjia Poets Memorial Hall Series* (*Yongjia Shiren Citang Congke*) of 14 titles, 22 volumes. In the 1920s and 1930s, Huang Qun from Yongjia published *Jingxianglou Series* of 38 titles, 289 volumes. Before the Anti-Japanese War broke out, 402 titles, 1259 volumes of remaining works ofthe local sages and copies of local documents were collected in Yongjia District.

Jade Sea Chamber pushed the Wenzhou culture of the 19th century to the unprecedented height. Sun Yiyan, Sun Qiangming, and Sun Yirang, a model of cultural elites, became the leaders in Wenzhou culture. They inherited Yongjia School created by Wang Kaizu, Lin Shi, Zhou Xingji, Xu Jingheng, Chen Fuliang and Ye Shi. They practiced the philosophy of Wenzhou, characterized by pragmatism and innovative and practical concepts of Dong'ou culture in the late Qing Dynasty. Especially Sun Yirang, who practiced and innovated, dedicated the last half of his life to carrying forward the traditional learning, and introducing the doctrine of pragmatism to the world.

In the late Qing Dynasty and the beginning of the Repubic of China, there were many large private collection houses in Wenzhou, the most famous ones of which were Shensuige of the Huang family from Rui'an, Shuixianting and Zhushulou of brothers Xiang, Duyinyuan of Zhang Gang, Jingxianglou of Huang Qun from Pingyang, as well as Yangxinjilu of Pan Guogang from Yongjia. Abundant books of personal collections became one of the most important sources of collections for Wenzhou Library later.

Section 2

Zhouyuan Library in Its Pioneering Time (1919-1934)

On October 27, 1906, the government of the Qing Dynasty issued an order that all provinces should set up libraries, museums, zoos and parks, which played a positive role in the transformation from book-keeping buildings to libraries. Around the "May 4th" Movement in 1919, new cultures and new ideas spread widely, which promoted the development of modern library in Wenzhou. It happened generally in the sane time that Zhouyuan Library came into the world and modern libraries into China, but the immediate cause of its birth, was to memorize the great master of School of Simplicity (a school of Confucianism), Sun Yirang.

The Birth of Zhouyuan Library

Sun Yirang (1848-1908), courtesy name as Zhongrong, literary name as Zhouqing, born in Rui'an, Wenzhou, was a famous Chinese scholar and educator of recent times. Sun Yirang had studied ancient science for more than 40 years, with writings of more than 30 kinds and had achieved great success in the research areas of Confucian classics, different philosophers, philology, textology, textual criticism, as well as classification of local literature. Zhang Taiyan said that "he had no rivals as a scholar in 300 years." *Zhouli Zhengyi* by him was one of the most outstanding works among notes commentaries of the Qing Dynasty on Confucian classics. *Mozi Jiangu* was also an authoritative work of commentary on Mozi. *Qiwen Juli*, was the earliest work on textual research and explaining of oracle bone inscriptions. *Wenzhou Jingjizhi* (*A Record of the Classics and Writings*), was praised as "the first bibliographical work about the works of a county". *Concise Comments of Siku Quanshu*, of 20 volumes, and *Sibu Bielu*, of 2 volumes, were monographs of bibliography. Sun Yirang served as Director of Wenzhou-Chuzhou Branch of Education Office at his old age. In his tenure, he had established about 300 schools of different kinds and levels in just a few years.

Sun Yirang died in 1908. To commemorate his achievements, the scholars in Wenzhou decided to raise money for building Zhou Gong Memorial Hall in 1913. The old site of Yilüyuan of the Zeng family, located near Doufu Bridge at the end of Dashimen, along the Jiushan Lake, was purchased to build the memorial hall. Another decision was to establish a public library run jointly by the six counties which used to belong to the former Wenzhou Fu, next to the hall.

In the same year, Wenzhou Normal School turned to a provincial school. The council of the six counties of the former Wenzhou Fu, Yongjia, Yueqing, Rui'an, Pingyang, Taishun and Yuhuan, resolved to start an agency to manage education foundation. The agency drew some 2, 000 Yuan as starting funds of the six-county public library from the funds (the sources of the funds were land rent, acting duties, etc.) of the normal school and the secondary school (the latter turned to a provincial school in 1919). Later, Affiliated Exemplary Primary School of Wenzhou Normal School was short of funds, hence the library was degraded as a book keeping house. In the fall of 1914, the six-county council decided to appropriate 1, 800 Yuan as the construction funds of the library and drew some 100 Yuan from land rent income as daily expenditures. The resolution was reported to the provincial government to put on record. For the establishment of library, one gentleman was to be elected from each of the six counties as a director. At last, Ye Shoutong of Yongjia, Zhang Houzuo of Yueqing, Guo Fenggao of Rui'an (after the death of Mr. Guo, Hong Bingqiang took over), Wang Zongyao of Pingyang, Lin Zongqiang of Taishun, Chen Baoli of Yuhuan were elected and consisted a committee to manage the library, which was a prototype of the modern library board. This pattern of establishing a library in alliance was rare in the history of Chinese modern library. "Pioneers' spirit" of Wenzhou was also evident in the construction of the library.

On May 4, 1915, Qu Yingguang, Xun'anshi of Zhejiang, replied to the disposal methods of the funds of the normal school and secondary school in Yongjia County, Ouhai Dao (an administrative district or system from the Ming and Qing Dynasties to the beginning of the Republic of China, ruled by a supervisor, named Daotai or Daoyin, whose rank was lower than a provincial governer, but higher than a magistrate of a prefecture), "the budget of the book keeping house wouldn't be changed, while it should be renamed library. And the books should be allowed to be read in the library. Complete rules should be submitted to be checked." (*Zhejiang Bulletin*, May 13, 1915)

In 1917, Zhougong Memorial Hall was completed. The hall was of wooden architecture, exquisite structure. Famous calligrapher Tan Yankai inscribed the three characters, "Zhou Gong Ci", on the plaque. Zhang Jian, a Zhuangyuan of the late Qing Dynasty, inscribed the two characters of "Zhouyuan" on the blue stone plaque of the door. A portrait of Sun Yirang was placed inside the memorial hall for worship, with a couplet written by a Chinese educator Cai Yuanpei, which reads, "learn widely in literature, and discipline yourself by the courtesy; try to listen more about your suspicions and your blank knowledge, and speak out what you are sure prudently".

In March 1918, the library was completed. It covered an area of 4, 550 square meters. The address was No. 1, Baoanqiao Street, Yongjia County. The construction of the whole Zhouyuan cost 3, 150 silver dollars. On May 9, 1919, the library opened, named Jiuwenshu Public Library. As the library lied in Zhouyuan, customarily it was called "Zhouyuan Library".

Zhouyuan was located at the foothill of Mount Songtai, Wenzhou City, along Luoxia Lake. The shadows of mountains and the reflections of waters blended together, and the environment was elegant, quiet and beautiful. After the completion of Zhouyuan, local gentlemen and literators often partied there, drinking and talking about literature. The civilian and school students were also allowed to get into the library to read books and get new knowledge.

The Hardworking Pioneers

The birth of Zhouyuan Library was also the birth of the first public library in Wenzhou. It was a landmark of social and cultural development in Wenzhou. Its birth was influenced by the modern social background and an inevitable development result of Wenzhou culture. Therefore, the hardship of the wise men who contributed to the library should be remembered. They were the initiator Guo Fenggao, the managers from the six counties, the first curator Wang Yuying and his successors Yan Wenfu, Liu Shaokuan, Yao Pingzi, Wang Xuexi, Sun Yanzhao, Mei Yuqing, etc. Without their affection for their hometowns, tenacity under continuous efforts, collections of Wenzhou Library couldn't have been so famous within the province, leaving a wealth of literature resources.

The Initiator Guo Fenggao

Guo Fenggao (1867-1916), courtesy name as Xiaomei, literary name as Guchai, was born in a family of scholars in Dayinlu of Rui'an in 1867. His father was Guo Qingzhang (courtesy name as Meidi), a Juren (a successful candidate in the imperial examinations at the provincial level in the Ming and Qing Dynasties) in 1891. Guo Fenggao showed his intelligence when he was still a young boy, and he could read Confucian books, histories, poetry, and proses. In 1897, he was selected as Yougong (an excellent Xiucai, one who passed the imperial examination at the county level in the Ming and Qing Dynasties) and a probationary Xundao (an educator of a county) serving as a teacher successively in Meixi Academy and Rui'an Ordinary School as well as the schools in Jilin, Suzhou, etc. In the 32th year of Guangxu reign (1906), he came to Wenzhou to help Sun Yirang establish schools, taking charge of official document department chief in Education Office of Wenzhou and Chuzhou. In the spring of 1908, a new campus of Wenzhou Normal School initiated by Sun Yirang at Jiaoshiguan of Daosiqian, Wenzhou was completed, and Guo Fenggao served as its first supervisor.

In 1913, Guo Fenggao was appointed as Education Chief of Yongjia. In the same year, he proposed raising money to construct Zhougong Memorial Hall. He wrote a letter *A Letter for Raising Money for Constructing Zhougong Memorial Hall* for this proposal. Celebrities of the six counties donated generously and the old site of Yilüyuan owned by Zeng Ruzhang, located near Jiushan River, was bought to construct Zhouyuan and Zhougong Memorial Hall. Guo Fenggao, as a library construction manager representing Rui'an, drew money from the funds raised to construct Zhougong Temple when library construction fund was insufficient. He, together with Lü Weiying and others, won the approval of the provincial government that 1, 000 Yuan was appropriated for daily expenditures of the library from the annual 2, 000 Yuan income of Wenzhou Normal School and Wenzhou Secondary School, which came from acting duties (entertainment tax) and consolidated duties.

Hardly had Zhouyuan and Zhou Gong Memorial Hall been completed when Guo Fenggao died because of overwork in 1916, at the age of 52.

The First Curator Wang Yuying

Wang Yuying (1852-1924), courtesy name as Xuexun, literary name as Junqing, was born in Yongqiang Town, Yongjia County (now Tianhe Town, Longwan District). He was a Lingongsheng (a selected Xiucai) and an undergraduate from Hangzhou Gujing Jingshe College. At the end of the Guangxu reign, he served as the school supervisor of Liangguang Dialect School, helping with school affairs. He was recognized as an experienced and prudent man by his colleagues. In the 3rd year of Xuantong reign (1911), he was appointed as President of Yongjia Education Association. After the Revolution of 1911, he was appointed as the director of Yongqiang Town Council. In 1914, he was the director of the First Civilian Work-house in Yongjia County. In 1919, the six-county library opened, and Wang Yuying was appointed as the first curator by the Department of Education of Zhejiang after public recommendation. He took the charge until his death 5 years later.

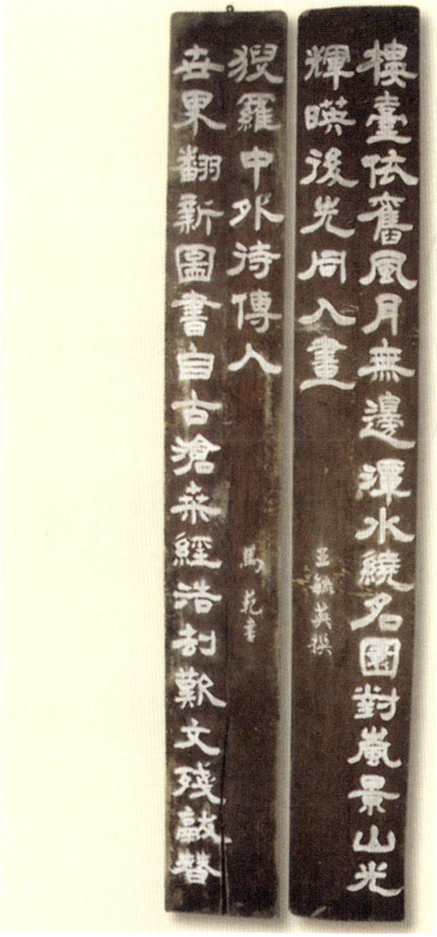

Wang Yuying made contribution to all the fields of modern education, library, public welfare, and poem and prose writing. He was representative of the enlightened gentry in Wenzhou during the late Qing Dynasty and the early Republic of China. He wrote several works, including literary books, *Documents on Library of Wenzhou*, and 46 articles of official papers of 1919-1920. He wrote *An Inscribed Record on the Tablet of Wenzhou's Library* in the year when the library was built.

During Wang Yuying's tenure, there was only one employee in the library. The annual budget came mainly from rent income and acting duties, of which the education fund of Wenzhou consisted. It is self-evident that the condition was so hard. One balance sheet of those years read that:

Revenues: 1, 000 Yuan from the acting duties (in

accordance with the original budget 100 Yuan drawn monthly from the first month to the tenth month of lunar calendar), around 200 Yuan from rent income, with a total around 1, 200 Yuan.

Expenditures: 96 Yuan (8 Yuan per month) traffic allowance for the curator, 144 Yuan (12 Yuan per month) for salary of the librarian, 60 Yuan for salary of the doorkeeper (5 per month), 60 Yuan for salary of the odd-job man (5 per month), 120 Yuan (10 Yuan per month) for administrative expenses and expenses on lamp-oil, tea, charcoal, etc. The total is 480 Yuan.

The curator was a position without pay. With limited funding, Wang Yuying "was able to retrench and there was still annual surplus of some hundreds to add newspapers and books". For lack of fund, books of Zhouyuan Library were only purchased from Zhejiang Provincial Library at cost price, which were editions of Zhejiang official press, like *Shisanjing Guzhu*, and the number of which was fewer than 3, 000 copies. Early collection mainly came from public donations. Lü Weiying, a famous businessman from Wenzhou donated more than 3, 000 items from his personal library and Sengsuige of the Huang family deposited nearly 10, 000 items in Zhouyuan Library.

In October 1923, Lü Weiying initiated and sponsored the establishment of a branch library at the city watchtower. Curator Wang Yuying submitted a report *An Application to Daoyin of Ouhai Dao for Opening a Branch Library at the City Watchtower* to Daoyin of Ouhai Dao, Shen Zhijian, requesting that the branch library should "be open for reading" so that nearby residents could borrow books.

At that time a pub was also located within the tower, with noises affecting the readers. Wang Yuying tried to let it move with a decrepit body, and failed to see any results before he passed away, leaving only the paper *An Application to Daoyin of Ouhai Dao for Moving the Leyuan Pub Away from the Branch Library*. But until the eve of the quit of the next curator Yan Qinyin in early 1925, the pub's migration was achieved. In later historical records of the library, the opening time of the library was in 1925. In January 1929, the branch library was closed to give place to Public Education Center.

Successor Yan Qinyin's Pain

In February 1924, Wang Yuyin died within his tenure. According to the regulations made when Zhouyuan Library was established, the curator candidates should be elected by the six managers of six counties and the appointment should be made by the Department of Education of Zhejiang Province. Later on, the library was supervised by Ouhai Dao according to a resolution by the governor of the province, while running costs were still financially supported by Yongjia County. The Daoyin of Ouhai Dao, Shen Zhijian pushed six counties to consult about selecting a new curator. There were four candidates at that time and at last Yan Qinyin from Yongjia was the winner. He took over the position in March. The reason why there were many competitors for the curator of such a small library was that the only post of influence on Wenzhou's cultural and educational circle existed in the library, apart from Wenzhou Secondary School (Wenzhou Normal School had been incorporated into the secondary school). Most others were private institutes. Thus it can be seen clearly what Zhouyuan Library was in the eyes of scholars!

Yan Qinyin (1893-1996), whose name was Wenfu, but usually called his courtesy name Qinyin, was a member of two poets' clubs, Shenshe and Oushe. Yan Qinyin was 32 when he served as the curator, a younger one compared to other curators. Yan Qinyin had a reputation in Wenzhou of Guqin (a Chinese zither) playing, and he wrote *Yuelü Jinjian* of four volumes (1929) and *Qinyin Lianyulu*. Later, he served as the curator of Dongshan Library, and after that, he was employed as a member of Culture and History Research Institute of Zhejiang in the 1980s. He died in 1996, at the age of 103.

Yan Qinyin served for only one year, and in April of the following year he was removed. There were two unofficial stories about his removal. The first story was the new Daoyin of Ouhai Dao Zhang Zongxiang found that the library was closed to readers when he inspected Zhouyuan accompanied by Mei Lengsheng. Zhang Zongxiang, displeased, thought that the library management should be rectified. Yan Qinyin argued with him and lost the position. The second story was that, early of the year in the Spring Festival, Yan Qinyin had drunk some wine with his friends and then he came back to the library and took a nap in the chair, which happened to be caught by Zhang Zongxiang accompanied by Mei Lengsheng. Yan Qinyin felt shamed and resigned voluntarily. However, Yan Qinyin kept it a lifelong secret and left behind the mystery.

Liu Shaokuan wrote down the story in *Houzhuang Diary* and Mei Lengsheng also wrote it down in *Jinfengge Diary*. The records were more detailed in *Jinfengge Diary* from the 5th to the 14th of the first month of Yichou year (1925). It was Mei Lengsheng who recommended Liu Shaokuan as new curator to Zhang Zongxiang. Obviously, Mei Lengsheng played an active role in the personnel changes.

Yan Qinyin made three main accomplishments during his tenure. First, the collection was added. He went to Hangzhou to negotiate with Lin Tongzhuang who was a descendant of Huang Tifang from Rui'an so that all the books of Shengsuige were donated to Zhouyuan Library. Second, the library catalogue of six volumes was made according to the notices of *Sikuquanshu* (*Complete Library in Four Branches of Literature*). Third, some regulations were made. The library was closed on Monday. Cigarettes and banquets were forbidden within the library. The revenues and costs of the library should be listed and reported to the Ouhai Dao to be audited, and should be put up outside the library for the public. The land rent and acting duties should be budgeted. The income of the crops of two seasons growing at the paddy fields in Qidu of Yongjia and Tangxia of Rui'an, around several thousand mu, was all for purchasing books. All the books added to the collection were on shelves for reading. The salary of librarians was increased while Yan Qinyin himself refused to take a penny.

There was a librarian, Zhang Yang, who had some talents. He worked later at libraries of Wuhan University and Zhijiang College of Arts and Sciences, etc. Zhang Yang wrote a book *Xian Yan Shan Zhi*. In 1963, he was adopted as a member by Culture and History Research Institute of Zhejiang.

Curator Liu Shaokuan and his Little-known "Competition for Curator"

In April 1925, the third curator Liu Shaokuan took office, and his tenure was two years. Liu Shaokuan (1867-1942), courtesy name as Cirao, literary name as Houzhuang, was

born in Liudian, Pingyang (now in Longgang, Cangnan). In 1896, he became a Linsheng (a kind of Xiucai who was given food subsidy for excellent studies), and in the following year a Gongsheng (a title given to selected candidates from counties and prefectures to national university, or to outstanding young scholars selected for Qing civil service examination in the capital). In the 28th year of Guangxu reign (1902), he served as Shanzhang (a dean) at Longhu College in Pingyang. In the autumn of the same year, he went to the provincial capital to take the provincial examination, and then on his way home he went by Shanghai for a short stay and became a student of a famous educator, Ma Xiangbo. As Longhu College was changed into a county school, he promptly returned home and became a Chinese teacher. In the 30th year of Guangxu reign (1904) he went to Japan to investigate education. In June of the 31st year of Guangxu reign (1905), he took part in organizing Wenzhou-Chouzhou Branch of the Education Affairs Office, of which he became the director of Editing and Inspection Department. In April of the following year, he became supervisor of Wenzhou Secondary School. In his tenure of six years, he persisted in reforming the school, and the school had been developed by leaps and bounds. In the summer of 1912, he became chairman of the Education Association of Pingyang County. Later on, he became chief of the county education section, and then chief of the first section of Yongjia County and third section (education section) of Yueqing County. In October 1917, he became principal of the Tenth Provincial Middle School. He resigned because of student movement in the next year. He finished the revision of *A General Records of Pingyang County* (*Pingyang Xianzhi*). In 1935, the Committee to Collect Posthumous Works of Local Sages of the Third Special District (Yongjia District) was established and he chaired as Deputy Director. He was the author of *Houzhuang Proses and Poetry* of five volumes, *Sequel to Houzhuang Proses and Poetry* of ten volumes, as well as unpublished *Houzhuang Diary* of 40 items.

After Liu Shaokuan became the curator, he invited Mei Yuqing to ask Ouhai Daoyin Zhang Zongxiang to send copies of *A Call for Books* to famous book collectors around the country in August of the same year. *A Call for Books* was written by Xia Chengtao, a famous scholar of *Ci* (a kind of Chinese iambic verse). The article was a call for domestic celebrities to donate books to the library. This move was rewarded greatly. "Hundreds of kinds of books were donated and many of them were rare books." Most contributors were book collectors of Guangdong, Jiangsu and Zhejiang Provinces, such as Liu Hanyi, Zhang Shiming, Zhou Mengpo from Wuxing, Zhang Yuanji from Haiyan, Xu Zhongke from Hang County, Huang Zhinan from Nanhai, and so on. A native, Wu Zhongrong from Yongjia, donated *A Sequel to Tripitaka*, too. Till that time, the number of items increased to 26, 192. *Catalogue of Retrieval of the Reading Room* (24, 828 items) of thread-bound Chinese books and *Catalogue of Newly Published Books of the Reading Room* (1, 346 items) of paper-cover books were published, which were classified by Confucian classics, historical books, works of pre-Han great thinkers, anthologies of writers and series books. Written by Liu Shaokuan, *Zhouyuan Notes* told about the establishment of Zhougong Memorial Hall and Zhouyuan Library, the origins of the book collection and library affairs, it was divided into 42 chapters.

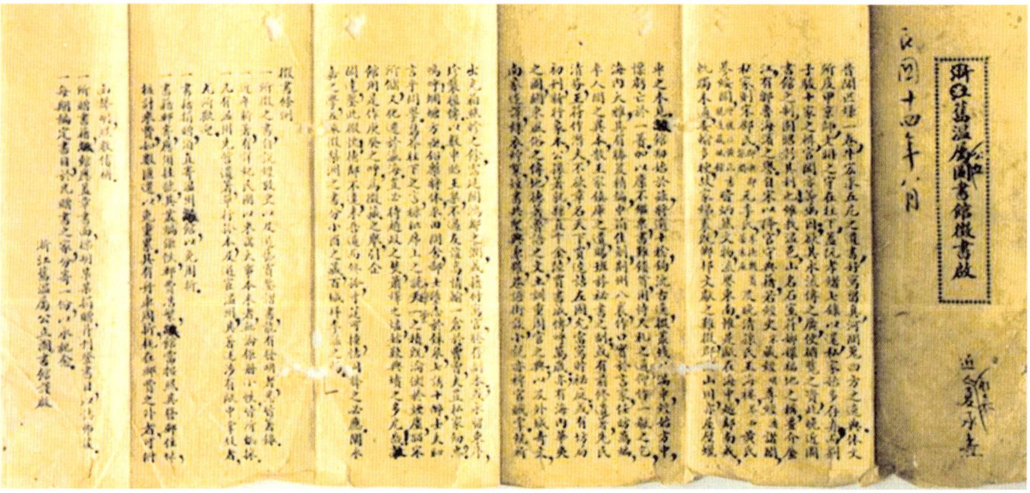

At the end of 1926, Liu Shaokuan, of nearly 60 years old, tendered his resignation because of physical conditions, but the Ouhai Daoyin did not accept it. Later, the Dao system was abolished and Liu Shaokuan had to ask the provincial authority of Zhejiang directly for retirement. Unexpectedly, there came a competition for curator.

When the news about the resignation of Liu Shaokuan let out, a number of persons wanted to take the position of curator and only thought highly of the social status of library curator. Fu Zhang, who had been an official in Wenzhou for a long time, wrote down the incident in *Yihuijingzhai Dairy*.

May 6th of Dingmao year, namely June 5th of the 16th year of Republic of China (1927), Sunny. Yan Qinyin came here and told me that Chen Zhongtao sought to be curator but failed.

May 15th of Dingmao year, June 14, 1927, overcast to clear. I went to talk with Cirao (namely Liu Shaokuan), informed that Chen, Qian, Mei and Ye were all busy for seeking to be the curator.

Chen, Qian, Mei and Ye, namely Chen Zhongtao, Qian Bochui, Mei Lengsheng, and Ye Shoutong, were local gentry and celebrities. However, another competitor appeared halfway. Dramatically, a man named Chen Jing that was appointed as the curator by a joint meeting of Yongjia County Committee of Kuomintang (KMT). Even more unexpectedly, the historical accounts also reflected the contest between KMT and the Communist Party of China (CPC). The dispute was caused by a communist named Dai Shutang.

Dai Shutang was born in 1891 in Baotian, Rui'an. He attended Law and Political School of Hangzhou in his early years, and was a member of Wenzhou Independent Party Branch (WIPB) which was the earliest underground branch of CPC in sourthern Zhejiang.

There was the earliest *Communist Manifesto* in Chinese, translated by Chen Wangdao, among the rare books of Wenzhou Library collection. It was the first printing edition of August 1920, currently only nine existing. On the red cover was a printing error, the Chinese word Gongchandang for Communist Party became Gongdangchan. On the right of the lower corner, a red seal cut in relief was still clear to read, which was four characters "Yinliang Collected and Stamped" (Yinliang was the courtesy name of Dai Shutang). Next to the seal was a blue-ink writing by pen, "stocked in 1924". 1924 was the year that communists Xie Wenjin and Hu Gongmian came back to Wenzhou to create a branch, and in December of that year, WIPB was established and the members were the couple of Zheng Cechen and Hu Shiyin. Early in the following year, Dai Shutang was admitted as one of the first new members by Xie Wenjin and took charge of publicity. In December 1926, Dai Shutang was elected as a member of the Executive Board and became head of Organization Department of Yongjia

County Committee of Kuomintang. In February of 1927, he became the secretary and delegate of Joint Conference of Yongjia County Committee of Kuomintang. He heard that Liu Shaokuan had resigned, and believed it as an opportunity. In Yongjia County Joint Conference of Kuomintang on March 18, 1927, he recommended his old friend, Chen Jing, a teacher of Ouhai Public School as curator, and submitted this recommendation to Council of Zhejiang Province for approval by telegraph. Not waiting for the reply, Dai Shutang let Chen Jing take office. The transition was due on April 12th.

However, on April 12th, "April 12th Coup" took place. Chen Zhonglei, Dai Shutang, and other members of WIPB were arrested. Chen just joined the Communist Party in February and was wanted by the police, so he fled quietly. Liu Shaokuan had to continue serving as curator.

A copy of *A Report to the Council of Zhejiang Province for the Curator of Old Wenzhou Library Recommended by Education Bureaus of Six-Counties* was included in *An Anthology of Liu Jingchen*, which was a joint petition submitted to the Council of Zhejiang Province by 15 Wenzhou natives sojourning in Hangzhou, including Zhang Xianyou, Liu Jingchen, Huang Shisu, Zhou Xijing, Lin Datong, etc. on May 11, 1927. They thought that the curator of Zhouyuan Library "used to be jointly recommended by directors of Bureau of Education in each county, who have been called together by the Daoyin of Ouhai and then appointed by Ouhai Dao", so it was recommended that, "the library is shared by six counties, so the curator should be appointed by Ouhai Dao. Now the administrative system of Dao has been abolished, and no one could make the appointment. From now on, curator of Zhouyuan Library is supposed to be learned and insightful person jointly recommended by directors of Bureau of Education in each county and then the candidate should be reported to the government for authorization. The convention should be written in official rules out of prudence. The appointment shouldn't be authorized by only one county, which may cause controversy. Before a new curator comes to the post, Liu Jingchen should continue serving as curator lest the affairs couldn't be dealed with." (*An Anthology of Liu Jingchen*, Shanghai Social Sciences Academic Press, 2008, Page 136)

Chen Jing was really somebody. He was born in a merchant family in Xiaonanmen, Wenzhou City, in 1893. His courtesy name was Xiaoqiu, used to be called by his courtesy name in his early years. Later he was renamed Chen Zhutong. In 1915 he graduated from Zhejiang Provincial No. 10 Normal School. In 1921 he went back to Wenzhou, served as the principal of Yongjia No. 4 Higher Primary School. In 1925 he became a teacher in Wenzhou Yiwen (Arts and Literary) School. The school expelled some students who had participated in "May 30th Movement", holding a strike and demonstration. Chen, together with Gu Yinhou, Lin Xingzhong, took some of the students from Yiwen (Arts and Literary) School and established Ouhai Public School. After the "April 12th Coup" broke out, he first fled to Shanghai, and in the following year he went to Japan, where he studied philosophy and cultural history of Central Asia in the Research Institute of Tokyo Imperial University. After coming back to China, he taught in Fudan University, National University, Guilin Normal School, as well as Wenzhou Middle School, Provincial Wenzhou Normal School in Pingyang, Guangxi University, Sun Yat-sen University. In 1955, he died of illness in Guangzhou. He was an expert in history of foreign cultures and Asian cultures, on which he wrote lots of monographs.

Female Curator Yao Pingzi: The Latercomer Who Surpassed the Formers

In July 1927, the directors of Education Bureaus of Six-Counties of old Wenzhou jointly elected Yao Pingzi as curator, who was the only female curator in the Zhouyuan era.

Yao Pingzi was also a communist incredibly. She was a classmate of Hu Shiyin in Datong Women School, who was the first female secretary of Wenzhou Independent Party Branch. In December 1924, after the establishment of WIPB, The couple of Zheng Cechen and Hu Shiyin, together with Yao Pingzi actively prepared for the establishment of Wenzhou Association for Women Promotion of National Assembly, and Yao became a party member. The reason why she survived in "April 12th Coup" and was recommended as curator of Zhouyuan was that not long after she joined the party, she went to Zhoushan to teach in Dinghai Primary School in September 1926, with another early member of WIPB, Zhuang Jingqiu (also known as Qinqiu), then to Hangzhou and didn't return to Wenzhou until August 1, 1927. She hadn't joined in political activities, so her political details wasn't known to outside. She did not only avoid the political incident, but also took advantage of social relations to win the support of powerful figures of KMT, Wu Jiangleng and others, and stood out in this "competition for curator".

To review the "competition for curator", the historical background was the successive victories of the Northern Expedition, the still running cooperation between KMT and CPC. Many communists, such as Chen Zhonglei, Xiang Qiang, Dai Shutang, Su Zhongchang, Zhuang Jingqiu, Wang Ji, Dai Guopeng, etc. were executives of Yongjia County Committee of Kuomintang. Joint meetings were hosted mostly by the communists and Kuomintang leftists. The KMT Xishan Conference Faction disliked such situation. Both parties made great efforts to develop their own strength at grassroot level and expand social influence. KMT ostensibly won the competition for Zhouyuan curator, but to their surprise, the competition was secretly won by the CPC. In a word, fate fooled people, but left an interesting history.

Yao Pingzi (1897-1941) was born in a literary family in Wenzhou City. Her father, Yao Yangwu, who had once studied in Japan, was a main organizer of recovering army of volunteers of Wenzhou in the Revolution of 1911. Her father-in-law, Hu Runzhi, was Chen Qiu's son-in-law. Hu was a famous becoming doctor in Wenzhou. Yao Pingzi attended Datong Women School in her early years, one of the first "female scholars" of Wenzhou. In 1915, she graduated from Provincial Woman Normal School in Hangzhou. She was also once the principal of Yongjia Higher Primary School for Girls, and a committee member of Wenzhou Women Association for Women Promotion of National Assembly. She was a women's leader in Wenzhou of that time. She once taught in Dinghai, Shanghai, Yantou of Yongjia and so on. Later she died of illness at the age of 44. The first mayor of Wenzhou (August 1949-May 1950) Hu Jingjian was her eldest son.

On August 1, 1927, Yao Pingzi took over Zhouyuan Library as curator at the age of 30, the ever youngest among all curators. A lady Wu Lianying was hired as librarian, book manager and also took charge of paper work, which was quite rare in public institutions in Wenzhou at that time. Then the library's name was changed to "Jiu Wenshu Lianhe Xianli Library", which means a library joint established by counties of old Wenzhou. In 1928, card catalogs began to be used for paperback books, which were classified according to *Library Classification of the World* written by Du Dingyou. In January 1930, when Yao Pingzi left the position, there were already 3, 615 titles of books, of 26, 580 volumes in total.

Yao Pingzi solved the dispute over the rent income, which had troubled the library for many years. She got 150 mu of the paddy fields back from the paddy fields of more than 300 mu situated around Houjing (now in Yangyi, Lucheng District) which had been assigned to a landlord Wu Zongle by the Yongjia County Government. Besides she had the paddy fields situated around Ganghe Village, Rui'an, measured anew and the rent was collected again. The courage of the woman curator could be seen from this incident. (See Lu Liyang, *Stories of Zhouyuan of That Time*, *Ou Feng*, No. 1, Sept. 2010).

Curator Wang Xiyi

Wang Xiyi (1897-1992), from Yongjia County, also named Xuexi, was the brother of the opera master, Wang Jisi. Wang Xiyi was a graduate from Provincial No. 10 Middle School. He edited *Saving-Nation Presentations Weekly* during "the May 4th" period. He was principal of Yongjia No. 3 Higher Primary School, director of Civil Affairs Bureau of Pingyang County Government. From January 1930 to April 1935, he was curator of Jiu Wenshu Lianhe Xianli Library. Later he served as township head of Jintian, Wutian District and a county senator. He joined the Revolutionary Committee of the Chinese Kuomintang after liberation. In 1985 he was appointed as member of Zhejiang Culture and History Research Institute.

There were few records about Wang Xiyi in the historical documents of the library, but it was sure that he was a bibliophile. His grandfather Wang Dexin, a poet in the late Qing Dynasty left him more than 4, 000 books in Xuejiao Zhai. These books were donated to the library after the founding of PRC. The library received a donation of 2, 244 books from Liu Xirong, a descendant of Liu Quchuan (he had been a magistrate of a county) during Wang Xiyi's tenure. Huang Qun sponsored the printing of the missing 30 plates of *Yongjia Poets Memorial Hall Series* (*Yongjia Shiren Citang Congke*), for which Wang Xiyi did the collation. Wang also raised as much money from the District Commissioner Xu Panyun as to buy *Sikuquanshu*.

In February 1931, Zhejiang Provincial Education Department changed the library name to "Jiu Wenshu Public Library", but changed to "Jiu Wenshu Joint Library" in May 1932. In March 1935, the library name was again changed to "Jiu Wenshu Joint Zhouyuan Library". "Zhouyuan" first appeared in the library name.

Wang Xiyi is often regarded as a transitional curator, because he accomplished an important mission in his tenure, that is, he resigned as soon as the Board of Jiu Wenshu Joint Zhouyuan Library was established in March 1935, only two months later. The board charter had ten articles, of which main contents were as follows: the tenure of members was two years, without salary; it was allowed to be reappointed or reelected consecutively. The tenure of curator was four years. Regular sessions were held once in February, and once in August every year. There were two main duties of the board. One was to discuss and pass the work programmes, budget and final accounts; the other was to elect curator and report to the provincial education department to make the appointment. When the board was just established, the curator was reappointed. The board members consisted of ex-officio members and engaged members. Administrative Supervision Commissioner of the district and the directors of the Education Bureaus of the Six-Counties were ex-officio members, and the former held the post of chairman. The engaged members, who were enthusiastic for library careers, were appointed by six counties of old Wenzhou, The first engaged members consisted of four people, namely Liu Shaokuan from Pingyang, who was vice president of Yongjia Art-Learning Association; Mei Yuqing from Yongjia, who was a member and director of general affair section of Committee to Collect Posthumous Works of Local Sages of Yongjia District; Sun Yandi from Rui'an, president of Rui'an County Library Association; Xu Yuanchang from Yueqing, also known as Xu Jinhou, a famous doctor of traditional Chinese medicine and painter in Wenzhou.

Section 3

Zhouyuan Library of 1935-1949

Zhouyuan Library of 1935-1949 was in nearly endless war, passing through both brilliance and unforgettable ordeal.

Brief Heyday

In May 1935, the first board of Jiu Wenshu Joint Zhouyuan Library elected Sun Yanzhao, the son of Sun Yirang as the sixth curator. Zhouyuan entered a period of rapid development.

Sun Yanzhao (1893-1983), courtesy name as Mengjin, literary name as Xu'an, was Sun Yirang's second son. He got his bachelor's degree on political and economic science from National Law and Politics College in the early years of the Republic of China. He held the post of senior officer of finance department in Beijing government, and then chief of Salt Supplies Department, then Executive Director of General Affairs Office of the Treasury Department, then curator of Zhouyuan Library and at the same time a member of Committee to Collect Posthumous Works of Local Sages of Yongjia District, then curator of Zhejiang Provincial Library, and then chief editor of Zhejiang General Annals House. In 1949 he served as a member of Zhejiang Provincial Cultural Relics Management Committee, in 1953 employed as a member in Zhejiang Culture and History Research Institute. All his life was engaged in the collection and sorting of local literature works. Part of his writings was edited by someone today, named *Chronicles of Sun Yiyan and Sun Yirang*, *Collected Works of Sun Yanzhao*, published as the first and third parts of "Wenzhou Literature Series".

Sun Yanzhao attached importance to collecting local documents. He raised money in multiple ways and collected local literature and the number of books increased to 50, 000 copies. Regulations of book collecting, reading and borrowing were revised. After the outbreak of the Anti-Japanese War, the library supported patriotic students to set up the "Yongjia Youth Service Club of the War Time" in Zhouyuan. Anti-Japanese campaigns were organized and the social influence of Zhouyuan Library was enlarged. There were five main achievements.

First, the fund increased and the staff increased to nine. The library had gotten grant from Provincial Education Department since 1936, and the amount of which was $3, 200 (fabi) in 1940. Second, the library closed on Monday and set May 9 as its anniversary. Third, an exhibition of armed resistance and national reconstruction with 1, 500 pieces of woodcut and cartoons and 7, 000 visitors had been held for three days in November 1940, which was a great hit. Fourth, the Youth Reading Club was set up, hosting many talks, and a rural mobile library was set up. Fifth, the library's cultural tastes were raised. In June 1937, *Shensui Annual* was first published. In 1940, *Zhouyuan Monthly* was published. (Lu Liyang, *Stories of Zhouyuan in the Past*)

The Youth Reading Club of Zhouyuan Library was the largest reading club in Wenzhou. According to *Zhouyuan Monthly*'s "special issue of the establishment of the Youth Reading Club", the club was set up on Nov. 10, 1940, with 73 members, and at the end of the year the number increased to 117. Curator Sun Mengjin was the president.

The Youth Reading Club was highly organized. Besides the president, there was an Executive Committee with 1 director-general in charge of the daily work, 9 officers and 4 alternate officers. Under the committee were general affairs section, organization section, research section, and publication section. Each section had 1 director, 1 vice director and some assistants. The general regulations of the club consisted of 25 articles, 7 chapters, namely, General Principle, Membership, Organization, Conferences, Funding, Mentors and Supplementary Rules. The goal and principle were expounded in *General Programmes of*

Zhouyuan Youth Reading Club, with detailed aspects of organization, research and publication. The club also started "Zhouyuan Forum". Wang Jisi, Wang Yuanhan and other cultural experts had been invited to deliver lectures.

The membership of Zhouyuan Youth Club was interesting. Li Zuoyu, the former librarian now at the age of 96 remembered that, in the beginning of the club's setting up, both KMT and the CPC regarded it as a place to win the hearts of the young generation. The competition sometimes was open while sometimes secret. Among the 14 officers, 3 worked for Zhouyuan Library, another 2 worked for the county government, 1 worked for the County Committee of the KMT, 2 were members of Yongjia Branch of the Youth League of the Three People's Principle (YLTPP), 1 worked for police station, 3 were teachers in primary schools, 1 worked in media, and 1 was pharmacy apprentice. Nearly 50 percent were from party or government offices. The one who worked in media, Sha Jiaye, was chief of Yongjia Bureau of Kuomintang-run Chinese Cultural Service Association and also the founder of *Wenzhou News*, former secretary and monitor of Yongjia County Committee of the KMT, as well as member of Yongjia County Books and Magazines Review Committee. An underground communists, Zhuang Wenjun, at the age of 22, a former team leader, director-general, political instructor of the Political Work Team, whose public identity was the deputy chief of Yongjia Branch of the Youth League of the Three People's Principle (YLTPP), and leader of the Youth Service Team, was highly thought of by curator Sun.

In *70 Springs and Autumns: A Memorial Collection of Wenzhou Library Anniversary*, it was said Zhouyuan Library was in a "golden age" during Sun Yanzhao's tenure. The golden age was because of Sun Yanzhao's extensive contacts in the academic world, such as support from the Administrative Supervision Commissioner Xu Panyun, and so on. It was also owing to the social environmen. In the early days of the war, Wenzhou became the home front of East China, which made the Wenzhou port flourish. There were 940 import and export ships in 1938, and the income of Ouhai Customs amounted to a new record of 3.01 million Yuan. Shipping boom drove the development of industry and commerce in Wenzhou. Wenzhou was known as "little Shanghai" at that time. Social and cultural activities turned active, and book publishing flourished. In April 1935, Committee to Collect Posthumous Works of Local Sages of the Third Special District was established in Wenzhou, branches of which were set up in counties. The committee sorted out rare books of 185 titles. In 1937, Zhouyuan Library received more than 500 titles of posthumous works of local sages of the six-counties from the committee, among which hand-copied books were 402 titles and 1,257 volumes.

It was especially admirable that Sun Yanzhao still concerned about the library development after he left Zhouyuan. Xia Chengtao mentioned in his diary, in 1946 he once visited Li Chaoying, director of Zhejiang Provincial Education Department with Sun Yanzhao to discuss changing Zhouyuan to a provincial library. "On August 27, 1946, I visited Li Chaoying with Mengjin (courtesy name of Sun Yanzhao) to discuss the matter about changing Zhouyuan to a provincial library. Mengjin said that if the collection of Jade Sea Chamber was moved into Zhouyuan someday, Zhouyuan would be a rival of Wenlan Pavilion (*Tianfengge Diary for Poems Study*). Sun Yanzhao donated some valuable books of Jade Sea Chamber to Wenzhou Library twice in 1947 and 1974, some of which donated in 1974 were some masters' calligraphy and paintings as well as works of his family, such as Sun Yiyan's and Sun Yirang's poetry, diaries, manuscripts and the works of himself, *Jingweishi Remains*, *Chronicle of Five Gentlemen of Huang Family from Rui'an* and other manuscripts. His lifelong concern for librarianship was clear and great.

A Long Period of Suffering

In the 1940s, the Anti-Japanese War entered a difficult stage of stalemate. Wenzhou was occupied for three times. Under the Japanese tyranny, industries withered and people suffered great misery. In 1945 after the victory of the Anti-Japanese War, Wenzhou hadn't recovered while the civil war broke out. Social economy virtually collapsed, and people were poverty-stricken. Zhouyuan Library entered a long period of suffering.

In February 1941, Sun Yanzhao was appointed curator of Zhejiang Provincial Library. Mei Lengsheng, who had always been concerned about Zhouyuan and made contributions to its development, became the seventh curator.

Mei Lengsheng (1895-1976), named Yuqing, usually called by his courtesy name Lengsheng, was born in the city of Yongjia (now in Lucheng District, Wenzhou). He studied in Dong'ou Private Law and Politics College in the early years of the Republic of China. In 1917, when Zhouyuan was still under construction, Mei Lengsheng and his friends salvaged 335 plates of *Yongjia Poets Memorial Hall Series* from under the cooking stove of the garrison of the Ouhai Customs and transported them to Zhouyuan for preservation (later these plates were transferred to cultural relics departments). Mei Lengsheng started *Ouhai Tide Weekly* in 1920. He played a part in organizing Shenshe Club. Then he learned from Lin Kunxiang, the Daoyin of Ouhai to write poems. In 1921, he joined in the founding of Oushe Club, and in the same year he became an assembly man of the Third Council of Zhejiang. In 1935, he became a member of Committee to Collect Posthumous Works of Local Sages of the Third Special District, and served as director of general affairs and printing section of the committee. He continued to serve as curator of Wenzhou Library after 1949, and, after 1952, was concurrently deputy director of Wenzhou Committee for Management of Cultural and Historical Relics. Mei Lengsheng edited *Ancient Books Collection Catalogue* of ten volumes in his later years. Mei paid a long attention to local anecdotes, and recorded and compiled them in *A Collection of Wenzhou Local Documents*. He lay down in bed for stroke for ten years during the "Cultural Revolution". He left to the world *Jinfeng Pavilion Remaining Manuscripts* and *A Collected Works of Mei Lengsheng*.

From February 16, 1941 to September 1976, Mei Lengsheng was the longest-serving curator and made the most contributions in the history of Wenzhou Library. He diligently collected books and documents, and protected the library with every effort. There were countless examples. Two of the most memorable were as follows.

First, protecting the collection of rare books. When he went to the post, it was the time that the Japanese army was tyrannizing Wenzhou. The main task of Mei Lengsheng was to organize the staff to transfer precious books, so as to escape the war disaster. On April 19, 1941, in July 1942 and September 1944, Wenzhou was occupied for three times. In order to protect the collection, Mei Lengsheng transported a number of rare books, important books and plates of ancient books to the countryside for preservation. Especially during the three occupations, he first moved the rare books to Xianyan Temple, Rui'an, and then transferred them to more remote and safer Wenchang Pavilion in the coteau situated at Longchuan of Daxue (now Wencheng County), asking the librarian Pan Guocun there for safekeeping. Mei Lengsheng himself taught at a high school in Quxi, and his salary was given to Pan Guocun as board wages. In June 1945 when the Japanese withdrew, all the books were transported back. Yongjia County Government issued an order of commendation to praise his work.

Second, salvaging private collections. Mei Lengsheng was widely learned, and had close contacts with the academic and cultural circles, so he knew well about those important private collections in Wenzhou. After the Anti-Japanese War, the library received over 6, 400 books from Jingxiang Lou belonging to Huang Qun from Yongjia and a part of collection of Jade Sea Chamber owned by the Sun family, and then continued to accept collections of Zongxu Lou owned by Yang Shaolian from the Rui'an, Zhu Jingzhou from Yueqing, Pan Guogang from Yongjia, as well as books donated by Wang Guotong, Li Hongwen who resided in Shanghai and Wenzhou Townsmen Association in Shanghai. In 1949, the library received 3, 465 books collected in Yu Yuan from Lü family and over 5, 630 books collected in Yangxin Jilü. Mei Lengsheng also donated all his private collection of Jinfenge collected for years, 2, 019 books together with the shelves to the library, which included more than 400 kinds of block books printed in the Ming Dynasty and the early Qing Dynasty and poetry anthology of the Qing Dynasty as well as journals, such as *Nanshe Congke* and *Qinghe*.

In early 1951, counties continued to carry out Land Reform Movement in Wenzhou. To avoid the private collections of Wenzhou being lost and damaged, Mei Lengsheng submitted a statement to Li Peinan, the commissar of Military Control Commission, suggesting all the private collections collected in the Land Reform Movement to be transfered to the city library. Li Peinan immediately issued an official document to land reform teams of each county, ordering all books collected to transfered to the city library. Mei Lengsheng directed staff to receive books from land reform teams, paper mills, and even salvaged tens of thousands of precious ancient books from junkyards. With his efforts, all or part of private collections of Chen Fuchen's Zhujianzhi Study, Zhang Gang's Duoyin Yuan in Ruian and Peiying Library for Wu Chengzhi in Pingyang, as well as collections of Dai Jiaxiang and Wang Xuexi from Yongjia, and Liu Shaokuan from Pingyang were preserved. Plus the books accepted from Jade Sea Chamber of 22, 000, and books donated by Ranxue Study of the Xiang family, as well as Hongyi Library and Dongshan Library in Wenzhou, the number of ancient books collected in Wenzhou Library increased suddenly from 60, 000 to 200, 000. As a result, all the famous bibliophiles' collections in Wenzhou were gathered in Wenzhou Library. Mei Lengsheng found *A Record of Wenzhou Prefecture* (*Wenzhou Fuzhi*) printed during the reign of Emperor Wanli, the Ming Dynasty from a hawker who collected scrap with malt sugar in the countryside. It was really a great surprise, because the book turned out to be the only copy in China. This precious book thus survived.

At the time of continually adding books to the library, Mei Lengsheng also gave special attention to the socio-cultural function of the library. He had invited renowned scholars such as Li Li, Xia Chengtao, Xu Guifang, Wang Jisi, Jia Zuzhang and so on to give lectures in the library. He also did lots of things for national salvation movement against Japan and the democratic revolution. In September 1946, he cooperated with a student organization, Union of Students of Junior-and-Higher College in Wenzhou to organize a reading Center on the second floor of Domestic Goods Company in Wuma Street, displaying progressive books, which was praised by readers. Social Science Research Society organized by progressive students often laid on activities in Zhouyuan. Underground CPC took advantage of Zhouyuan to contact with progressive students and guided their movements. All of these wrote a glorious page in the history of Zhouyuan Library in the new democratic revolution torrent.

As curator of the library, Mei Lengsheng's morality could be taken as excellent examples. When he first took over the post, he sent for his son Mei Zhifang, who had worked for many years in the library, and told him in dead earnest that both of them working in the same library wasn't easy to deal with, especially when he was the curator and let Mei Zhifang look for another job elsewhere. Mei Zhifang recalled it in an article, "I'm indignant about my father's sudden decision, and decided to leave the library the next day. It took a long time before I found a new job" (*Morality of the Owner of Jinfeng Pavilion*).

A generation of Zhouyuan people, with Mei Lengsheng as a representative, showed simply stickiness. Their love, obsession, and devotion seemed almost religious, which was a reflection of Zhouyuan's spirit, that is, to love books, love talents, love their hometown, and love the library. Working in the library wasn't economically beneficial at all, but the predecessors were always dedicated and diligent. Without their unremitting efforts, Zhouyuan wouldn't have been a symbol of Wenzhou culture. Mei Lengsheng was known as patron saint of Wenzhou culture. In 1955, when Mei Lengsheng was in his 60s, he intended to retire. Xia Chengtao mentioned it in *Diary of Leaning Writing Poems in Jinfeng Pavilion*, "November 19, 1955: I got a letter from Tianwu, saying that Lengsheng was going to retire from Wenzhou Library and to work in the Zhejiang Culture and History Research Institute."

But Mei Lengsheng failed to leave the post to get a rest. Even though he was in such a bad condition that he had to lie in bed, he was still not able to retire until he died at the age of 81. He was a truly lifelong curator. Feng Zengrong, who served as director of Wenzhou Bureau of Culture and Education in the 1950s, recalled, "Mr. Mei was really a sage with great contribution to the book careers. Since 1941, he has served as curator of Wenzhou Library for 35 years, dedicated, enthusiastic, and made invaluable contribution. He seemed to be sent by God. It was better to say that library career was his life factors and his way to live, rather than to say it was what he volunteered to dedicate to. The library can't survive without him, while he can't survive without the library, either. Library is a cultural symbol of the city. At that time, there weren't many social and cultural institutions, so naturally the library played an important role as local cultural Center. The library spread culture, inspired civilians, helped students, and made great feat. I think Mr. Mei, who was a sent-by-god ambassador of culture, did things for the hometown without name, which was really the fortune of Wenzhou students and scholars." (*A Sent-by-God Ambassador of Culture*, see *Ouge Erji*, Shanghai, Yuandong Publishing HouseDecember 2014, Page154) It was easy to see that the contribution Mei Lengsheng made to the library cause won him respect widely.

02

Chapter 2

Wenzhou Library after 1949

After the establishment of PRC, Wenzhou Library, like the city where it situated, changed as the social environment changed. It went through four phases: the transformation period as authority changed, the standstill period as there were so many frequent movements, the renaissance period, and the taking-off period. Each period made unforgettable memories. Colorful library activities also have confirmed the history of social and cultural development in Wenzhou.

Section 1

The Transformation Period as Authority Changed (1950-1965)

On May 7, 1949, Wenzhou was liberated peacefully. In June, the city's Military Control Commission sent Lin Daxia as military representative to take over Zhouyuan Library. Mei Lengsheng continued serving as curator. On August 26 of the same year, Wenzhou People's Government was founded, and Zhouyuan Library was formally taken over by the government, under the jurisdiction of the Bureau of Culture and Education.

In the early days of the establishment of PRC, all the industries were to be rebuilt. Administrative funds were in shortage. The library expenditure still came mainly from rent income in addition to some subsidies from the Government. To save spending, Puhua Electric Company provided free electric power for the library, so the library could use all the funds for the purchase of new books, meeting the needs of the public to know about the new social and political theories and current policies.

In June 1950, the library was renamed as Wenzhou Municipal Library, funded by the government's monthly allocation. The mode of shop guarantors for borrowing books was cancelled, and the library's services got full development. The library kept open daily, and at the same time books were sent to places such as Zhongshan Park by trishaw to provide mobile access to reading. A book and journal reading room was open on the third floor of Domestic Goods Company in Wuma Street. The place was borrowed. In 1955, the library was officially renamed as Wenzhou Library.

From Luoxia Lake to Canghe Lane

In 1952, Zhouyuan was out of repair for years, and readers' security couldn't be guaranteed.

Book lending and reading departments moved to the old house borrowed from a Wang family, located at Shitan Lane, and kept open. In the same year, the municipal government allocated 8, 000 Yuan to buy a three-door house owned by a Jin family, at Canghe Lane, with an area of about 1, 300 square meters. The government went on to earmark money for house repairs and adding equipment. In May 1953, Wenzhou Library moved to the new site.

At the same time of the relocation of the library, two deputy curators were appointed. Mei Lengsheng's responsibilities were reduced, focusing on the area of ancient books management. Meanwhile, another 8 staff members were hired. The number of staff reached 14 once at the most. Departments of acquisition and cataloging, lending, reading, reading promotion, children's reading and general affairs were set up. Scientific management was stressed, and regulations were revised. A new requirement to the work was made, that is, the service object should be tended more towards industrial and farm workers; service goals should be practical; and service tasks should be diversified. Main activities were as follows.

New books were purchased and catalogued. In 1953, books purchased each year was about more than 7, 000 items on average. In 1956, the government earmarked 3, 000 Yuan to purchase science and technology books of 2, 500 items. Meanwhile, the library received *Bolshaya Sovetskaya Entsiklopedya* (*Great Soviet Encyclopedia*) sent by the Sino-Soviet Friendship Association, and all library books of Wenzhou Cultural Center. Journals like *Peking Academic Journal* were ordered from antique book stores in Beijing and other cities.

Some progressive publications like *China Youth*, edited in 1925 with Yun Daiying as the chief editor were bought from the old-style bookstalls in Wenzhou. The paperback books were at first catalogued by *Book Classification Table* newly edited by Jin Tianyou, who worked in Zhejiang Library, and in 1958 classified by *Medium or Smal Library Classification*. Many bibliographic indexes were printed according to the social or political needs.

In terms of reader service, a comprehensive reading room of 150 seats was established. In the room books were semi-open-shelf for reading, while periodicals were open-shelf. From 1956, a research room for professional readers who were interested in culture-and-history or science-and-technology had been open and academic and professional books, periodicals and reference books were displayed on open shelves.

The library used to organize readers' seminars and host lectures on science and technology, literature and history and current affairs. Academic celebrities such as Xia Nai, Su Yuanlei and Yu Huancheng were invited to the library to give lectures more than 15 times a year on average. Outlines and reference books of lectures were printed and given out. Literature exhibitions such as "version of ancient books", "works of Sun Yirang", "works of Lu Xun", "Chinese island—Taiwan" and so on were organized. The exhibitions also took on tour to other institutions. In the library there was a wall newspaper *Readers' Forum*, which became a platform for readers to read and discuss.

As for serving grassroot libraries, the library provided professional counselling for enterprise libraries, subdistrict libraries and rural libraries, and it also offerd training courses for grassroot libraries. Book circulation stations were established in some factories, rural areas, and residential areas. Books were regularly sent to these stations for readers. Brochures such as *Taking Vigorous Action to Circulate Books in Rural Areas* and *Learning Materials on Library Business for Trade Union Libraries* were edited and printed to help staff in grassroot libraries to make progess in their service.

On Children's Day in 1953, about 20, 000 copies of children's books were purchased. A 60-seat children's reading room and a children's book circulation room were set up. Librarians organized children readers to do self-management. There was almost no seat unoccupied when activities were held. Story-telling sessions and lectures were hosted monthly, which were widely welcomed. In June 1958, children's reading room was moved to

Zifu Temple, at Mount Huagai, and renamed "Children Branch of Wenzhou Library". In 1961, Wenzhou Youth League Committee established Children's Palace at Huagai Mountain, and the branch library was taken over by Children's Palace.

The collection of ancient books went on successfully. The collection of ancient books in Wenzhou Library accumulated to more than 200, 000 items in the 1950s. Limited by the location, funds and human resources, the books were roped and then piled up, facing the threats of mildewed rot and biting of rats and worms. In 1957, Mei Lengsheng started to organize these books. A deputy curator was in charge of the specific affairs. Two casual workers were hired. Some different-sized, different-style old boxes and ten simple book shelves were used to put the ancient books after the ropes were removed. Then the books were registered and catalogued one by one. The classification of these books mainly referred to *Decimal Classification* newly edited by Jin Tianyou, and referred to other classifications for subdivision. Workers were replaced for several times in the process, but Mei Lengsheng adhered to his post. Finally in 1959, when PRC had celebrated her tenth birthday, *A Catalogue of the Ancient Books* of ten volumes were mimeographed. Nearly 150, 000 items of ancient books were classified and put on shelves. More than 30, 000 items were transferred to other county libraries. About 20, 000 incomplete copies remained in the library for interlibrary loan service.

Dedicated Librarians

In the early days of the establishment of PRC, all industries needed to be recovered.

Library funds were in short and staff members weren't enough. The conditions were very difficult. There were only 8 staff members in all of the 7 departments of the library. Each member was responsible for not one aspect of affairs, but many aspects.

There was an essay, *Memory of Mother* on the journal of Wenzhou Library, *Zhouyuan*, No. 1, 2014. It's written by Qiu Xiaochun, a daughter of an old librarian, Huang Dongjun. Huang Dongjun was one of the first librarians after the establishment of PRC in Wenzhou Library and worked as an ordinary librarian for 20 years from 1952 until 1972. The article is very delicate, reminding the scenes of the time. Huang Dongjun moved with her family to Canghe Lane as the library moved from Zhouyuan. Their house was only separated by a wall from the library and owned by the same landlord Jin. There was a two-block door at the backyard of their house, which was an access to the right yard of the library. As their house was just next to the library, Qiu Xiaochun and her two sisters were usually at the library if they were not at home every day. Therefore, the memory of her mother and the library was vivid.

In the eyes of Qiu Xiaochun and her sisters, the library was like a big family. "There were the tall, gentle and kind old curator Mei with black-rimmed glasses and the deputy curator He Hao, who had been in an army and still kept wearing a military uniform and had the soldier-like character." "There was busy while friendly Mrs. Xu Xiaozhong in her plain clothes and sleeves at the circulation desk on the first floor." "In Rural Books Section was Mrs Ni Xinzhen, red-faced, often laughing aloud, and she worked tirelessly." "Aunt Ruohua in Acquisition and Cataloging Department was fair, clear, and slim. In Accounting Office was serious Uncle Huang Shunqing, strict in work."

The reading room was on the second floor of the library, where Qiu Xiaochun's mother worked. Her mother was also in charge of basic book stack room and "nine separate stack rooms". The work was busy, trivial and heavy. In order to make opening preparation, her mother got to the library an hour earlier every morning. First, she drew water from the well on the ground floor to stairs. Then, she wiped each desktop in the reading room, sorted out the newspapers of yesterday, and put newspapers of the day one by one on the shelves. Everyday readers came to the library in a continuous stream to borrow or return books, so Huang Dongjun was as busy as a bee. Because of staff shortage, librarians in service department couldn't leave to have meals until colleagues of other departments came to replace them for a while. After the readers went away and the library was close, her mother put the books and journals back one by one, and then sprinkled water and swept the floor, and finally put the tables and chairs in their place. When her mother was at home, it was uaually at 10 o'clock at night. The girls used to act as their mother's little helpers and volunteer librarians. They helped put books and do the cleaning. There were two most memorable things. One was to help their mother bind newspapers or magazines and another was to count out the number of readers.

In the reading room there were dozens of newspapers and magazines in bound volume for lending. Each kind of magazine was to be stapled by year, while newspapers were to be bound by month. This work needed patience and efforts. The stacks of newspapers and magazines in bound volumes were all hand made by her mother. Slightly free, her mother worked like a craftsman in her apron, a hammer in one hand, an awl in another, hammering on a large carved paperweight stone, designed specially for binding magazines and newspapers. Later, the three girls often helped their mother do the binding. They carefully put 30 newspapers of a month together in an orderly way, then laboriously drilled holes, and finally sewed them. They became skilled "bookbinders" at last as time went by.

But the girls liked to help their mother count reader the most. When readers entered into the reading room they were asked to put a soya bean into a small cabinet at the door. There were 5 holes in the cabinet, representing readers' vocation of workers, peasants, businessmen, intellectuals (or students) and soldiers respectively. The girls counted the number of the soya beans in each hole to know how many readers were in the room. But later soya beans were replaced by small cards. These cards were stacked by number on the cabinet. Readers got a card when they came in and the number of readers could be known by reading the number of the last card.

Ni Xinzhen, a colleague of Huang Dongjun, remembered that the circulation department located in the first floor was as busy as the reading room. "When the library opened, readers in queue outside the library flooded in. Some were to borrow books, while some were to return. Xu Xiaozhong had been in the post for many years. She was quick, skilled, but not hectic, dealing with it calmly. There were tens of thousands of books on dozens of the shelves in each stack room. Throughout the day, she was busy with book lending and book returning. She went here and there, touring constantly among the shelves. The distance she walked amounted to several miles in one day and several circumferences of the earth for years!"

Ni Xinzhen herself was a member of reading promotion (coaching) group, the main task of which was to provide services for workers, peasants and soldiers. There were 8 administrative regions, more than 40 more rural communes (townships), over 500 farming (fishing) production brigades in Wenzhou, as well as dozens of factories in different sizes. But public transport was nowhere to be seen. There was even not a bike in the library. People had to go out on foot.

Making reading promotion in the city and suburban factories was easier, where workers were more concentrated and there was needed space. As long as the promotion was in the right way and valued by the leaders, a factory library was easy to be established. The book resources were to be solved by combining books purchased by the factory and borrowed from the city library.

It was much more difficult to make the reading promotion in rural areas around the city. The villages covered a large area, with scattered residents. The residents were of lower educational level. Books were hardly found, so it depended entirely on books to be sent to the countryside. However, "sending books into the mountains" was really a hard job. According to Ni Xinzhen, she often walked a day before reaching the destination. There were no hotels or guest houses, so one had to carry a cotton quilt in winters and found a place in the commune to sleep. She still remembered the experience she went with Yu Zongjian to Linyang Commune. Starting from Zeya early in the morning, they climbed hills after hills and waded through waters after waters. When they finally reached the destination with their trembling feet it was time for supper.

The dedicated librarians became the most lovable persons in the eyes of readers. The library became their "paradise". Huang Dongjun's daughter said "Mother was honest and enthusiastic. She became close friends with many readers. At that time there were a lot of young readers in the reading room learning by themselves. Some of them couldn't go to college because of coming from 'bad family' with the background of class struggle, some of them dropped out of

school due to family difficulties, and some of them couldn't find a job though having certain skills. The library became their place to learn. Mother always supported them as much as she could. She encouragedd them to use knowledge to change their fates. She firmly believed that young people who loved to learn and read couldn't be wrong." In the age of scarcity, the library gave these readers a steady flow of spiritual nourishment. Many learned by themselves in the library and some of them later became college teachers, newspaper editors, outstanding scientists and experts. For example, Zheng-Zhang Shangfang, a researcher on linguistics at Chinese Academy of Social Sciences from a poor family, he was dismissed from his job because the country was in a difficult period. He had special interest in linguistics. The library gave him help in study and offered a part-time job in the library. When Zheng-Zhang Shangfang became famous, he claimed himself to be a graduate from "Wenzhou Library University", and he would never forget the librarians such as Huang Dongjun, "When I recalled the days in Wenzhou Library, what warm help and care she gave me. At the thought of the warm help comrade Dongjun gave me, of her enthusiasm for other readers too, I appreciated it very much. Her love for readers would remain forever in Wenzhou Library readers hearts."

"I have always imagined Paradise as a kind of library." As Borges put it. For young people who loved reading and learning, the library at Canghe Lane was just the heaven in their hearts, while Huang Dongjun and her colleagues were "the people who were willing to build a ladder to the heaven!"

The first 17 years after the establishment of PRC was the period of Zhouyuan Library changed and developed into Wenzhou Library. The feature of it in this period was that outside the library there were lots of movements, while inside the library there were lots of tasks. Professional activities were relatively more constant.

Since the middle of 1950s, in order to respond to all kinds of movement, the library often wrote and edited some special indexes and references of books and periodicals. For example, in the time of "Great Leap Forward", technological innovation activities were carried out in industrial and mining enterprises in the city. The documents in the library weren't enough, so the excerpts of successful experience on the newspapers and magazines were printed in small leaflets to give reference to relevant factories and communes. Once in a season, 15 kinds of experiences and 150 leaflets were sent out to 53 production organizations. This practice was welcomed by industrial and mining enterprises, and increased a lot of work in the library. More than 30 newspapers and 100 periodicals needed to be scanned, searched, sorted out, copied by hand, and printed every day. Although the activities responding to the social movements had great times limitation, the dedication and hard work of the librarians were still worth respecting.

On May 15, 1964, Guo Moruo, vice chairman of the Standing Committee of National People's Congress, president of Chinese Academy of Sciences, and chairman of China Federation of Literary and Art Circles, came to Wenzhou to inspect, and he visited Wenzhou Library. He left an inscription. Now the handwritings of Wenzhou Library's name came from his inscription.

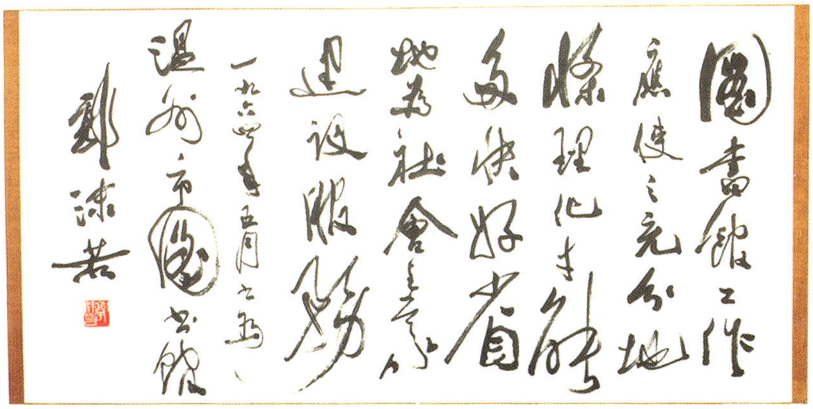

Section 2

The Period of Stagnation from 1966 to 1976, Isolated from the Outside World

Since 1966, China was trapped in the ten-year turmoil. The Chinese culture suffered a great disaster. Wenzhou was one of the worst-hit areas by "Cultural Revolution". In the chaos of partisan struggle and "vandalism" era, as one of the socio-cultural activity centers, the library bore the brunt of impact.

Rescuing Books from the Disaster

At the beginning of "Cultural Revolution", Wenzhou Library had to be closed for as long as four years. The terrible trend of burning books spread to Wenzhou. Naive and ignorant "red guards" confiscated the cultural relic books and private collection of books. The city library with a collection of over 400, 000 books was labeled as "a camp of feudalistic, bourgeois and revisionist books. "Young red guards" came to the library for several times. According to the memories of Yu Zongjian, who was the first curator after "Cultural Revolution", and of the old librarian Ruan Yanling, the eight old and sick librarians were anxious and tried very hard to find a way to protect hundreds of thousands of books in the library. At last, they took the strategy of "inflicting an injury on oneself to win the enemy's trust" from *The Art of War*. They put some books and comics together, which were supposed to be destroyed, in a big warehouse which was sealed with the note "harmful books prepared to be burned". The stack room of ancient books were also sealed with interesting notes, such as "already sentenced to death, suspended implementation", "a negative example for later use", "reserved for further check". When "young red guards" came, librarians showed them around, repeatedly explained about the notes, and patiently sent them off. The books and documents survived the catastrophe.

In 1967, before Wenzhou Old Book Store stopped business, Wenzhou Library bought 20,000 books under the hard conditions of the time from the store, including the earliest translation of *Communist Manifesto* and other precious books. Librarians also went to rural areas, schools and residential areas to collect "four old books and paintings" (old ideas, old culture, old customs and old habits), rescuing a large number of precious books and cultural relics. Some of the confiscated private collections were also brought together and preserved in the library, the number of which was more than 20,000. After "Cultural Revolution", these books and cultural relics were returned to their owners.

Librarians went to the sites where there were so many "four olds" books to transport tens of thousands of books and documents to the library by tricycle. Red guards questioned, "These are all poisons. How could you take them away?" Huang Dongjun answered with so great wisdom that her daughter remembered freshly, "The library is just like a herbal medicine shop, where there existed both tonics and toxics, such as ginseng and arsenic."

During the ten years of "Cultural Revolution", the most dangerous thing Wenzhou Library witnessed was two factional militant fights which posed great threats to the stack rooms of the library. When the fight ended, except those books and newspapers which were used as bunkers, there was no loss. However, there were bullet holes in the library building.

Another incident was worth mentioning. Although the work of Wenzhou Library was suspended, the librarians didn't idle away their time. They collected leaflets and documents in the streets every time they had the opportunity, gathering a total of 21,785 titles of leaflets, more than 60,000 copies and more than 2,000 items of books, which served as rare documents for researching Wenzhou history of the time.

The New Building Built on the Ruins

During the period of "Cultural Revolution", not only precious collections were preserved in good conditions in Wenzhou Library, but more than 100,000 items were added to the collection and a four-storey library building was built at Xianqiantou.

The new library building was built on the ruins of the original Liberation Cinema. The cinema was burned down in the early days of "Cultural Revolution" when the rebels fighted. Later the administration intended to rebuild the cinema, but they thought that the original site area was too small, so the site wasn't used. At this point, the library merged with Wenzhou Cultural Relics Administration Committee into "Cultural Relics and Books Group of Wenzhou Revolutionary Committee in the Cultural Field". Later the group was renamed "Wenzhou Cultural Relics and Books Center" and opened in October 1970. Collections increased but the space was not large enough, the head of the revolution leading group of the Center Zhang Zhengyin applied to the municipal Revolutionary Committee in due course for the constrution of a new building. At that time, the head of Revolutionary Committee was originally the director of the division political department of the PLC troops, had a certain sense of culture. In the end of 1971, the construction of a new library building began on the ruins of the cinema.

In July 1973, the new library building was completed, covering an area of 1,484 square meters. There were six stack rooms, two reading rooms and a circulation office. The library was officially opened on October 1. Funds and staff increased in this phase, but there were not many publications. Large quantities of copies of books were purchased.

During the decade of "Cultural Revolution", Wenzhou was in a disastrous situation. Staff of Wenzhou Library stuck to their posts in the dangerous social environment. They not only protected the original collection, but also added books to the collection and constructed the new library building, which was a miracle in that particular era. Traditional spirit of Zhouyuan culture was reflected in this generation, and also laid the foundation for the prosperity of Wenzhou Library.

Section 3

The Renaissance Period (1977-1990)

In 1976, "Cultural Revolution" ended, and people across the country were joyful for new lives. The library also felt the warmth of spring. In March 1979, the library was separated from Wenzhou Cultural Relics Administration Committee and retaken "Wenzhou Library" as its name.

In 1984, Wenzhou was listed as one of the 14 open coastal cities, and then was designated as an experimental economic zone. The second reform and opening-up gave Wenzhou an opportunity of changing dramatically. In the social tide of taking economic construction as the Center, the library found a new direction, which was taking the initiative to provide information for the development of market economy in Wenzhou. Wenzhou Library made great contribution to the economic takeoff of Wenzhou, highlighting the characteristic library service work in the age.

New Services for Users

To satisfy the readers' demands for documents, the library gradually gave out more library cards. Library cards have been accessible to all the public since 1983. Opening time of the library gradually increased to 67 hours from 48 hours per week. To improve reading conditions, the library made adjustments for twice in 1985 and 1988. Facilities were added, and the environment was beautified. Newspapers and periodicals were on open-shelves for reading. A part of books of high circulation frequency were also on open-shelves for lending out.

As for reading promotion activities, besides the daily new books recommendation, the library started to publish *Book Review* in 1978. Famous scholars Wang Jisi, Zhao Ruihong, Zhang Liwen and Luo Hanchao were invited to the library to give lectures. To respond to "the revitalization of Wenzhou", five lectures on "Knowledge about Wenzhou" were held in 1984, and in 1986 "Knowledge Contest among Readers" and other activities were held. New mode of city library's cultural services for the public was continuously explored.

Meanwhile, Wenzhou Library began exploring ways to serve economic construction. A variety of beneficial measures were taken for readers to use scientific research literature, such as the extension of the lending period, the increasing number of lending books, and the interlibrary loan agency service, to help them find foremost information on scientific research as soon as possible. Scientific and Technological Information Consultation Department was set up. It cooperated with Wenzhou Bureau of Culture in editing *Cultural Reform Information* and organizing "Foreign Product Samples Exhibition" and a press conference for scientific and technological information dissemination and other activities. In 1988, four kinds of professional technology publications *Recorders*, *Fans*, *Photography Equipment* and *Watches* were compiled for information communication. The total issue reached 90 and got good social responses. In 1987, when Zhejiang Provincial Department of Culture held "Exhibition on Service Results of Public Libraries in Zhejiang Province", 27 items of Wenzhou Library were selected. In 1988, another more than 10 items of major results were added.

A New Stage of Literature Construction

Along with the economic development of the city, library funds increased year by year. Literature acquisition of Wenzhou Library served especially for the requirements of local economic development based on the original collections. Meanwhile, the library continued and strengthened the collection of traditional cultural and local literature. From 1987 to 1988, photocopies of *Sikuquanshu*, *Veritable Records of the Qing Dynasty*, and *Daozang* (*Complete Taoist Scriptures*) and other large series of ancient books were ordered. And the library systematically called for collecting the books by experts and scholars born in Wenzhou but working all over the country.

From 1982 to 1984, the catalogue of all the general collection in the library was revised according to *Chinese Library Classification*. In 1985, cataloguing of all the non-rare books and serial publications was standardized. 3 catalogues with classification as access point and 2 catalogues with title as access point were compiled. This kind of work laid the foundation for effective document management.

In 1980, Wenzhou Library made a comprehensive inventory of the collection of ancient books and finished the acceptance check of the related parts of *Chinese Ancient Rare Books Bibliography* by Ministry of Culture. 223 titles of ancient books in 6, 914 volumes, 2, 105 items from the library were included in *Chinese Ancient Rare Books Bibliography*, and 222 titles, in 11, 119 volumes, 2, 961 items were made as a supplementary report to the bibliography. If counting the ancient books not included but qualified for rare books as well as precious books among local documents, the library had more than 9, 000 items of rare books. In 1982, one catalogue with classification as access point and one catalogue with title as access point of ancient books were compiled after reclassification. An ancient-book-repair group was established, and a repair plan for the damaged ancient books was developed.

In 1983, a three-storey building of Ancient Book Department began to be constructed in Shangcun Road, and completed on December 20, 1986, covering an area of 1, 047. 58 square meters. The preservation and utilization of ancient books in the library reached a new level.

A Great Improvement in Professional Capability

In 1980, Wenzhou district and city were united as a prefecture-level city, so the administrative system was changed, too. Wenzhou Library became the region's central library. Providing professional counselling for grassroot libraries in every county has become one of the basic responsibilities of the library.

To promote exchange among the libraries around the city, *Library Information* and *Wenzhou Library* were compiled and issued respectively for 3 times from 1980 to 1981, and from 1986 to 1987, so as to provide professional guidance for grassroot libraries. In order to improve the business level of grassroot libraries, the library gave different types of professional training courses, and sent teachers to each county to give professional training classes. In 1985, Wenzhou Library hosted "Basic Knowledge Training Course in Zhejiang Provincial Libraries" organized by Zhejiang Provincial Department of Culture. 73 librarians from public libraries across the province attended. The training lasted for 42 days, highly praised by the provincial department of culture and students alike. From 1985, Wenzhou Library offered two library professional courses in Wenzhou Radio and Television University and two correspondence courses for secondary specialized school students. Professional competence began to change fundamentally.

Wenzhou Library attached importance to the improvement of its employees' professional abilities. Employees had been sent to Beijing, Hangzhou, and Chengde, to attend professional training for several times. Two young employees had been sent to Hangzhou

University for full-time study. Five young employees finished library professional courses in Wenzhou Radio and Television University and got diplomas. And employees attended repeatedly academic seminars organized by provincial associations in East China. Wenzhou Library organized two study tours to other city libraries in Guangdong and Hunan Provinces. In 1987, in the first national evaluation of public library professional title, 2 professional workers were given the title of associate research librarian, 7 the title of librarian, 9 the title of assistant librarian, 8 given the titles custodian (library clerk) in Wenzhou Library

In December 1980, initiated by Wenzhou Library, Wenzhou Member Group of Zhejiang Province Society for Library Science was set up. This group assisted Wenzhou Education Bureau and Wenzhou Federation of Trade Unions in holding a number of professional trainings and 2 academic seminars. In November 1984, Wenzhou Library initiated the establishment of the first municipal society in the province, Wenzhou Library Society, to promote academic researches and communications, and to develop the library cause in the region.

The Benefits and Drawbacks of Paid Service

In 1980, to make up for insufficient funds, staff of Wenzhou Library, who had the tradition of utilitarianism, organized paid services according to the market-oriented policy "to develop culture by cultural income". The two main projects were as follows.

One project was to start copy service, serving the outsiders. Former curator, Pan Xulong, who was then an art designer, remembered that at that time photocopier was available only in Institute for Industrial Science Research in Wenzhou. He went there to have a look and thought the copier was very advanced, and the library might need it, so the library raised the necessary funds, purchased a copier and started providing copying services. There was no copy-shop in Wenzhou market then, so the exclusive business turned out good economic benefits. In 1983 a license was obtained and the first photocopy service sales department in Wenzhou was set up. Though the photocopying work was so dirty and tiring that the workers' nostrils were black when they returned home after work, the service was not only good for readers but also improved the utilization frequency of books and made some profits. Equipment continued to add. A full range of light printing equipment, including computer typewriters, photocopiers, mini offset presses, etc. was purchased and the services were varied. Besides making photocopies for readers and academic institutions, some collected ancient books were reprinted for other libraries to collect according to their requirements and the demands of Geographic Name Office and Local History Office. Meanwhile, social services were actively offered. Factory newspapers, compilations of information, product descriptions, drawings and materials were printed for enterprises and institutions. The social feedback was good.

Another project was that the library ran the business of a bookstore concurrently. In April and May of 1985, Shen Ping, a retired manager of Xinhua Bookstore in Wenzhou, was entrusted by Provincial Publishing Group to find partners for its subordinate Southeast Book Company. Shen Ping contacted Wenzhou Library and her idea coincided with the intention of the library. The two sides agreed that the library provided the venue and staff, while Southeast Book Company provided books.

On July 22, 1985, Wenzhou branch of Southeast Book Company was set up. East newspaper wall of the library in Xianqiantou was torn down and converted into a promenade-style street store. Shelves, bookcases and backgrounds were designed and tailored by curator Pan Xulong himself, who was good at art designing. Chen Shounan, then responsible for managing the store, recalled that the bookstore gradually became characteristic and won lots of readers within a short time for sticking to the managing philosophy. However, for various reasons, the bookstore closed in less than two years. It resulted in an air of melancholy among the people concerned.

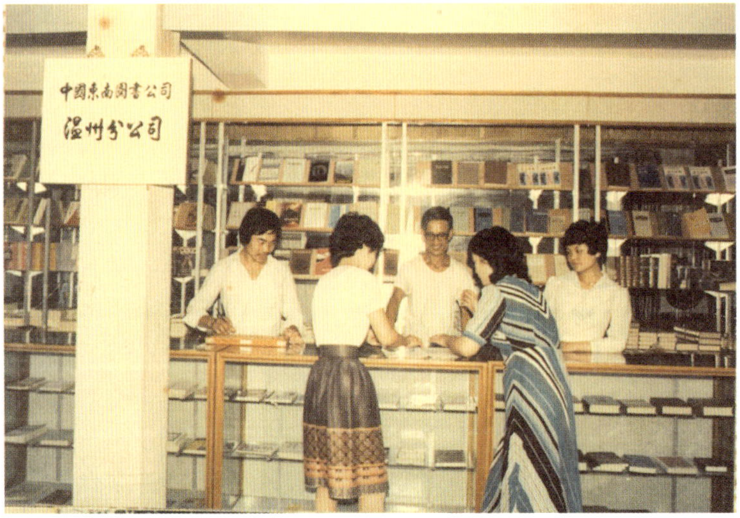

For Thousands of Readers

On February 14, 1981, *For Thousands of Readers*: *Wenzhou Library Profile* written by a reporter Shen Limin was published on the Weekend Features column of *Zhejiang Daily*, The report reflected systematically the changes of Wenzhou Library in recent years. It described that the librarians were studying hard and dedicating to serving readers. It also expressed the gratitude of the readers who had benefited from taking advantage of the library. The hard work of the librarians was paid back.

金钱为之黯然失色

运用多种形式加强思想政治工作

东风大队实行一定三年专业承包责任制

为了千万个读者

In 1990, the number of staff in Wenzhou Library was 40. There were seven groups, that is, administration, acquisition and cataloguing, local literature, circulation, general reading, newspaper reading and photocoping, and two departments, that is, ancient books and training. The library consisted of 3 buildings, covering a total area of 3, 000 square meters. It had annual funding of 300, 000 Yuan and over 500, 000 books, and the annual lending books exceeded 500, 000 items.

Section 4

The Development Period (1991-2000)

Benefitting from the further opening policy in the 1990s, the society and economy of Wenzhou took off. The culture was developing every day. Wenzhou Library also came to a rapid development stage and made unique achievements among the libraries around China, leading the trend of the information age.

Constructing a New Knowledge World

In the 1990s, urban construction in Wenzhou developed rapidly. Skyscrapers sprang up along the bank of Oujiang River. Wenzhou University, Wenzhou Normal University, Wenzhou Sports Centre and other cultural institutions turned new looks. However, Wenzhou Library was too old to meet the service standards of modern library. To build a new library was put on the agenda.

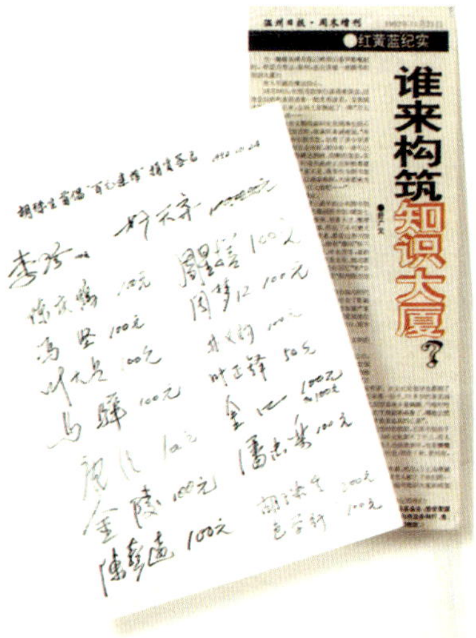

On October 24, 1992, Wenzhou Library held a reader seminar to communicate and to honor outstanding readers. Unexpectedly, there came the enthusiasm of "building the library with one hundred Yuan". Hu Zhusheng, a regular reader of the library and a famous historian in Wenzhou said, "With a history of as long as 73 years, Wenzhou Library has nurtured countless academic celebrities. Now all the industries are flourishing in Wenzhou, but the library can't match the economy. The crude premises are incongruous with the image of Wenzhou. I have heard that the government is actively preparing for constructing a new premise, but facing the serious shortfall in fund. We, as regular readers of the library, should repay as much as we can, so I suggest that everyone here donated 100 Yuan for the construction of the new library..." With these words, he took out 200 Yuan and handed it to the library leader. People on the spot made donations one after another. After that, many readers who hadn't attended the seminar also came to donate after hearing about the event, among whom there was the over 70 year-old poet Ma Hua. In the 1990s, 100 Yuan was not so much money, only a fraction of funds required to build a library, but many a little makes a mickle. The first to donate were intellectuals who weren't rich, and their behavior touched the librarians as well as other citizens. Thus, Wenzhou Culture Bureau started the Library Construction Foundation to accept construction donations of people at home and abroad.

In 1995, Ms. Zhang-Yao Hongying living in Taiwan, generously donated 1 million dollars, with a heart to make a contribution to Wenzhou culture and benefit the people at hometown. In the same year, the Municipal Government decided to transfer the premise at Shangcun Road to the Municipal Landscape Administrative Office, whose old site at the foot of Mount Jigu and along Chuncao Pool was to build a new library. In June 1996 the construction was started, and finished in May 26, 1998, at a cost of 26 million RMB. The library opened on October 1 of that year.

The new library covered a floor area of 2, 500 square meters and building area of 9263 square meters. The building was located at the city Center. The transportation was easily accessible. Mount Jigu was in front and Mount Huagai in the back, while Zhongshan Park was on the left and the Chishang Chamber on the right. The library was surrounded by green hills and clear waters. The environment was really pleasant. The new library was designed in accordance with the service needs of the 1990s, laying the foundation for the modernization of library management. To commemorate the donation of Ms. Zhang-Yao Hongying, the newly completed library building was named "Hongde Building". On the occasion of the opening day, Wenzhou painters and calligraphers sent their paintings and calligraphy works for the new library, which made a beautiful scenery.

Wenzhou Library Taking on a New Look

After moving into the new building, Wenzhou Library improved in a lot of ways.

The qualities of librarian team improved. The number of staff increased to 61, with more than 60% having a college degree or above, and 65% having senior professional titles. High quality papers were published in library science and related professional journals every year.

The service environment changed. Many professional service rooms were opened, such as social science books borrowing room, science and technology borrowing room, newspapers and journals reading room, foreign-language books and periodicals reading room, e-reading room, ancient and local literatures reading room, parent-child reading room, self-study room, and so on. Readers could get access to the books with a library card. Except ancient book and special collection rooms, other collection rooms were open to readers. Readers could go into the rooms to find the books needed.

The collection reached more than 700, 000 items, of which over 150, 000 were ancient books and 54, 000 were newspapers and journals. Then ancient book collection was of a large quantity and high quality, which was the library's main feature. After the 1987-1989 National Survey of Literature Resources, Wenzhou Library was listed as a literature Center qualified for research subjects (research on Wenzhou).

The level of automation was improved. Construction of computer system building was a key project of the new library. In order to strengthen the library automation infrastructure, preparations had been made since 1996. Integrated Library Automation System (ILAS) was applied to digitize bibliographic data. The system was based on AMP (Accelerated Massive Parallelism) structured cabling system and high speed switched Ethernet technology, consisting of enough Pentium 586 (or above) PC, many sophisticated servers and the central switch. The system took advantage of 128KpsDDN to form the Internet/Intranet network information development and publishing platform. A network service Center and data exchange Center was built within the library, and the professional work processes automation was achieved. An E-reading room opened for the first time among the prefecture-level city libraries in the province. The electronic reading room, the consulting guidance system and "Wenzhou Library Online" made it possible for readers to browse online and get service of access to information, document retrieval, CD reading, data download, document copying, multimedia, remote dial-up login and many other services. Meanwhile, a machine-readable bibliographic database was set up, with up to 170,000 entries. 10 full-text databases featured on local culture were also established.

The Shining Second Classroom

Staff of Wenzhou Library was replaced regularly, but all of them were always keeping the tradition of serving the society actively and enthusiastically. Following the spirit of "Readers First, Service First", the library kept open to all without vacations, for 79 hours per week, while some of the main service departments were open for even 82.5 hours per week. The books were on open-shelves for borrowing. Besides, 14 thematic reading service windows were open. In addition to the traditional borrowing service, information consultation, download online, thematic clipping, information research, document copying, interlibrary borrowing, books reservation, online renewal services were provided. Meanwhile, new services were employed. Books were constantly delivered to forces, residences, villages and towns, and enterprises. 9 outside circulation sites were set up.

Library is the citizens' lifelong school. To let more people go into the library and make use of it, Wenzhou Library made great efforts to provide the second class for citizens and regularly held various activities for readers. Colorful exhibitions guided the social trends, and carried forward the spirit of the age. Especially, "Exhibition of Wenzhou's Contemporary 100 Writers' Works", "Wenzhou Culture Celebrity Hall", "Current Popular Science Corridor" impressed the public. Various speech contests and knowledge contests made it possible for readers to get knowledge and refine temperament with the joy of participating in it. Experts and scholars gave lectures and academic reports on holidays, ranging from classical literature and popular laws to health keeping, tourism and so on, which fitted the needs of different groups. Almost all of the lectures were overcrowded. Training Center of Wenzhou Library carried out long-term training courses of foreign languages, computers and art and opened the girls' schools, which were the second class for people to get cultural education.

The issue of *Wenzhou Reading*, "the selection of contemporary top ten book collection families in Wenzhou", and the activities carried out by Wenzhou Reading Association played strong roles in "Promoting Civil Reading, Building a Reading Society", and promoted the national "Knowledge Project" and "Bookshelf Project of Wenzhou".

"A Pure Land That Had Not Been Flooded in the World"

From 1919 to 2000, from Luoxia Lake to Yuanxi Lane, Wenzhou Library in the 80-year history had passed through two different eras. In the former 30 years, it struggled very hard to move ahead; in the latter 50 years, although faced many difficulties, it still managed to move on. On the 80th anniversary of the birth of Wenzhou Library, there was a collection of more than 700, 000 items of literature in the library, which made it an important document and information centre of the southern Zhejiang. There were more than 30, 000 readers with library card. In 2000, the library received 850, 000 visitors and lent out 1, 400, 000 books.

For decades, Wenzhou Library dedicated to serving readers, making itself a veritable "university without walls". The society also gave the library numerous rewards. Wenzhou Library was awarded "Civilized Service Example of Wenzhou", "Civilized Institute of Wenzhou", "Advanced Example of Zhejiang Provincial Libraries", "Civilized Library in Zhejiang Province" as well as "Advanced Institute of National Culture System". The readers "graduated" from this "Library University" left many warm words from their hearts.

Hong Zhenhuan, the late member of Central Committee of China Democratic League, former vice-chancellor of Wenzhou University, a historian of physics, said that, since Zhouyuan Library was built, there were quite a few comrades with a wide knowledge of ancient literature here. They were not only keepers of ancient books, but also proficient researchers of ancient books. If the readers encountered problems in the use of ancient books, they often got satisfactory solutions. His impression of Wenzhou Library could be summarized as one sentence, "Good books, and better staff."

Hu Yuda was a professor at Shanghai Jiao Tong University. After he graduated from primary school in the 1940s, he taught himself middle school courses in Zhouyuan Library. Then he got into East China Normal University to study mathematics after the establishment of PRC and later became a celebrated mathematician. He thought "the self-learning ability cultivated in Zhouyuan is greatly beneficial to me during my study at university and later in my engagement in teaching and scientific research. Having the self-study method that suits myself, I constantly absorb new ideas, master new knowledge, and make new achievements."

Hu Zhusheng, who researching the history of Scociety Party in China said, "For decades, I have ever been to the Library of Peking University in Congress Street and Shatan Street, I've ever been to Peking Library in Wenjin Street, I have visited Shanghai Library and Hangzhou Wenlan'ge Library, I have ever borrowed books from the Library of Renmin University of China and the Library of Hangzhou University, I have ever copied documents in The First Historical Archives of China, but it is Wenzhou Library that provides me with main information comprehensively. Therefore, I came through my academic road mainly depending on Wenzhou Library."

Jin Ling, who held a post in Wenzhou Municipal Committee of the Chinese People's Political Consultative Conference for a long time, was a loyal reader of the library. He once wrote an article, *A Pure Island in the Money Worship Waves.* The article introduced that many celebrated scholars, such as Ma Tiji, Zheng-Zhang Shangfang, Zhou Mengjiang, Hu Zhusheng and Zhang Chengjian, had a self-taught experience by using the library. The article recorded the service and dedication of Wenzhou Library from the 1950s to 1990s.

"Wenzhou Library, this book collection treasure of south Zhejiang, has cultivated incalculable academic elites. Here is a pure land that has not been flooded by the turbid world. It attracted so many readers by its rare books, unique copies and other rich ancient and modern books as well as sincere and selfless hospitality..."

More social groups and individuals directly expressed their love for the library by action. For example, Xingji Holdings Group, Tingyu Group, Dr. Michael Foreign Language Training School, and other companies, as well as Zhao Ruihong, Tang Shi, Chen Shen, Meng Qingjiang, Hu Xuegang, Li Zhen and other experts born in Wenzhou and a large number of ordinary readers donated books or provided financial support for the construction of the library.

Honor of Wenzhou Library in the Past 30 Years

Year	Honorary Title	Issuing Departments
1986	Advanced Institute in Library Work of Zhejiang Province	Zhejiang Provincial Department of Culture
1988	Civilized Library	Zhejiang Provincial Department of Culture
1991	Advanced Institute in Culture Work of Zhejiang Province	Zhejiang Provincial Human Resources Department, Zhejiang Provincial Department of Culture
1995	Civilized Library	Zhejiang Provincial Department of Culture
1997	Advanced Library Group	Zhejiang Provincial Department of Culture
1998	First-Class Library (The Second National Public Library Evaluation)	Ministry of Culture of PRC
1999	Advanced Institute in National Culture Work	Ministry of Culture of PRC, Ministry of Human Resources Department
2000	Readers-beloved Library	The Leading Group of the National Knowledge Engineering

(Continued)

Year	Honorary Title	Issuing Departments
2005	First-Class Library (The Third National Public Library Evaluation)	Ministry of Culture of PRC
2009	"Excellent Lecture Brand of Zhejiang" for "Zhouyuan Platform"	Zhejiang Provincial Department of Culture
2010	First-Class Library (The Fourth National Public Library Evaluation)	Ministry of Culture of PRC
2010	Top Ten Website of Culture Sharing Project in Zhejiang Province (Public Library)	Zhejiang Provincial Department of Culture
2010	Innovation Award at the Sixth Juvenile Reading Festival in Zhejiang Province	Zhejiang Provincial Department of Culture
2013	Honorary Civilization Unit of the First National Respecting the Aged for the Aged Branch, Wenzhou Library,	Committee of National Affairs of Aged People
2013	First-Class Library	Ministry of Culture of PRC
2013	Civilized Institute in Zhejiang	Zhejiang Provincial Department of Culture
2013	One of the 60 "Incorruption Culture Education Bases" of National Cultural System	The CPC Central Commission for Discipline Inspection (CCDI), Ministry of Supervision
2013	"Star Awards" in the tenth China Art Festival for "Children Knowledge Bank" of Wenzhou Library	Ministry of Culture of PRC
2014	National Public Cultural Experimental Institute of Corporate Governance	General Office of the Ministry of Culture of PRC

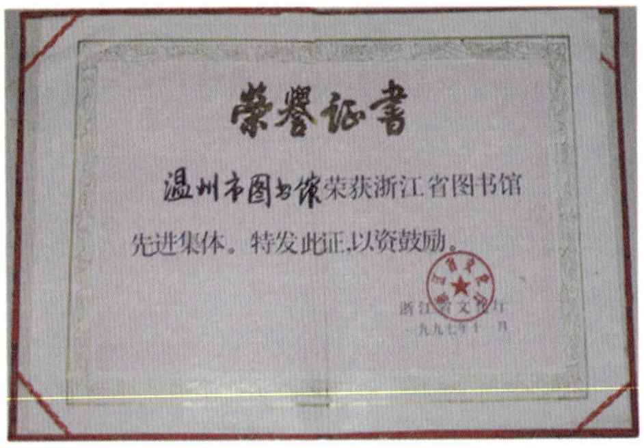
荣誉证书
温州市图书馆荣获浙江省图书馆
先进集体。特发此证,以资鼓励。
一九九七年十一月

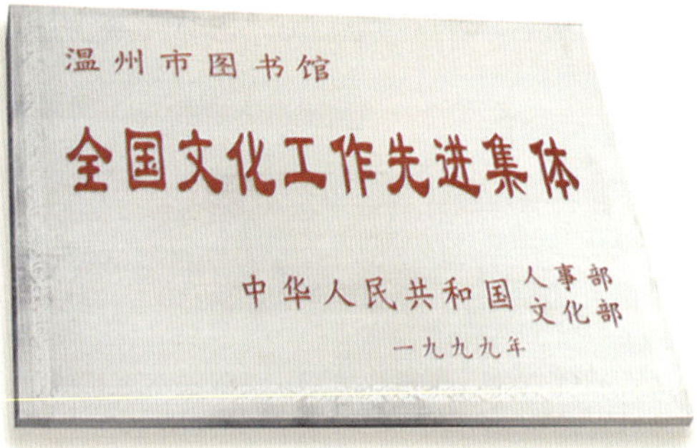
温州市图书馆
全国文化工作先进集体
中华人民共和国 人事部 文化部
一九九九年

浙江省文化工作
先進集体
浙江省文化厅
浙江省人事厅
一九九一年

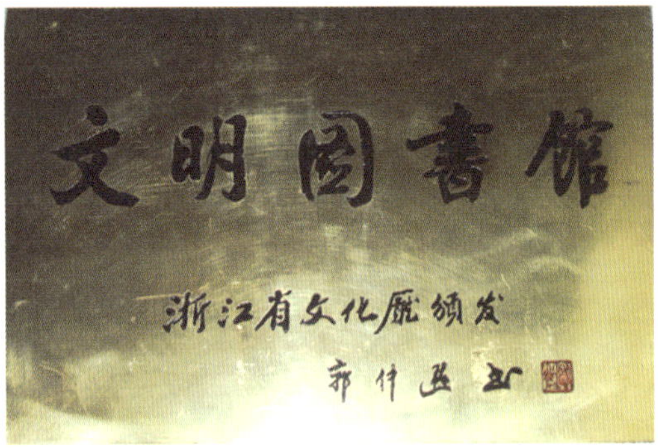
文明图書館
浙江省文化厅颁发

浙江省
图书馆先进集体
浙江省文化厅颁发
一九九七年十一月

荣誉证书
温州市图书馆
在全国公共图书馆开展的评选"读者喜爱的图书馆"活动中,荣获"读者喜爱的图书馆"称号。
特发此证。
荣誉证书
全国知识工程领导小组

授予
温州市图书馆全国文化工作先进集体荣誉称号。
一九九九年
全国文化工作先进集体
荣誉证书

New Era

Wenzhou Library in the 21st Century

03

Chapter 3

Wenzhou Library on Sail

The rapid development of economy in Wenzhou continued in the 21st century, and Wenzhou Library came to a golden age of rapid development. With the support of the municipal government, another new library was built in Shifu Road. Wenzhou Library has the fifth new home. The construction of the new library was an important opportunity of development. To make a balance between keeping the tradition and transforming activities and to construct a library with modern social functions to meet the challenge of the new century were the new explorations of Wenzhou Library staff who were brave pioneers.

Section 1

New Look in the New Century

It is required that services should be open, integrated and diversified and resources should be digitized and accessible online for modern city libraries, so as to meet the needs of the times that public libraries should provide the functions of education, scientific research, information and entertainments. Wenzhou Library set the requirements as a goal, to start a new round of innovation and development.

The Celebrations of Moving into New Home

From the late 20th century, libraries of the world began to transform greatly. The function of the library as a community information Center in the digital environment attracted more and more attention. The public required more of service qualities of libraries besides providing knowledge. The construction of the new library was supposed to try to grasp the pulse of the times, to adapt to the development goals of Wenzhou and highlight the historical and cultural contents of Ou and Yue. Under the guidance of this basic idea, a nationwide bid of the new library construction project started.

Six pieces of works were received in the bidding. The design models were displayed openly so the public could comment and vote. The responses were summarized and sent to experts to be reviewed. Finally, the No. 1 design by Beijing Institute of Architectural Design was chosen. The building's outlook of the design was in a simple and elegant style. As international libraries usually did, the inside was large and open, combining the rooms for reading and preserving. The design also took into account of the stage need for automation, network and digitalization. The design laid a long-term foundation for the development of the library in the digital age.

The new library would be located in downtown, sharing the building with Municipal Archives. The building would cover a floor area of 21, 000 square meters, while the library would cover a building area of 32, 000 square meters. The construction began in August 2002 and ended in July 2005.

In order to make the new library play social functions as early as possible, all the preparations and relocation should be finished within just three to four months before it opened. It took the library staff only 1.5 months to move the books off the shelf. The books were carried away from October 15 and later were put on the shelves. At the same time the installation of computer system and fine decoration within the building proceeded. On November 14, the library opened as a trial. On December 10, a new Wenzhou Library of 32, 000 square meters opened. Wenzhou spirit and efficiency were reflected again.

In the morning of December 10, 2005, Wenzhou Library at Wenzhou central administrative district was permeated with a festive atmosphere. There were banners fluttering on the south square of the new library. The opening ceremony of new Wenzhou Library was held grandly. Government officials, experts and scholars as well as library donators and excellent readers, more than 500 in all, participated in the opening ceremony. 10 excellent readers acquired library card at the ceremony. Chinese calligraphers and painters created wonderful works of more than 30 pieces on the spot to express their good wishes for the library.

The Charm of the New Library

The new library is located to the west of the Century Square, at the north of Shifu Road, to the north of the Hualong River, to the east of Fuxi Road. Located at the north and faced the south, right beside the water, the new library is like a ship loaded with knowledge and mooring in the harbor, ready to set off. Its completion adds a unique cultural landscape to the energetic city. The unique charm of the palace of culture is showcased.

The library was one of the ten major landmarks of Wenzhou City at the time. The outside walls are made of sheet metals and glass curtains, facing the Century Square, echoing with

Wenzhou Museum, Wenzhou Science Museum and Wenzhou Grand Theatre. It's like that all the stars twinkled around the bright moon. The building is spindle-shaped, like a huge ship in a clear bay. Both sides of the main entrance of the library and the central hall are decorated with one antithetical couplet respectively, which might be the largest couplets of Wenzhou. The couplet on both sides of the main entrance reads, "Hard days to read Confucian classics, easy days to read histories; ten years to cultivate a tree, hundred years to cultivate a man." Gold-filled characters written with firm strokes are vigorous and elegant, which agrees with the connotation of the library. The scriptor Sun Qiangming is the younger brother of Sun Yiyan, the landlord of Jade Sea Chamber in Rui'an. The couplet at the central hall reads, "Books are to be understood with one's personal experiences; truth is to be known with one's peaceful mind." The writer is Huang Tifang, the landlord of Shensui Pavilion in Rui'an. The style follows Wang Xizhi and Yan Zhenqing. The characters are intaglio in an elegant style, dyed with malachite green. Both of the two couplets are inscribed on hardwoods, 5.2 meters in height, 0.8 meters in width, 200 kilograms in weight each, quite magnificent.

温州市图书馆

总平面导视

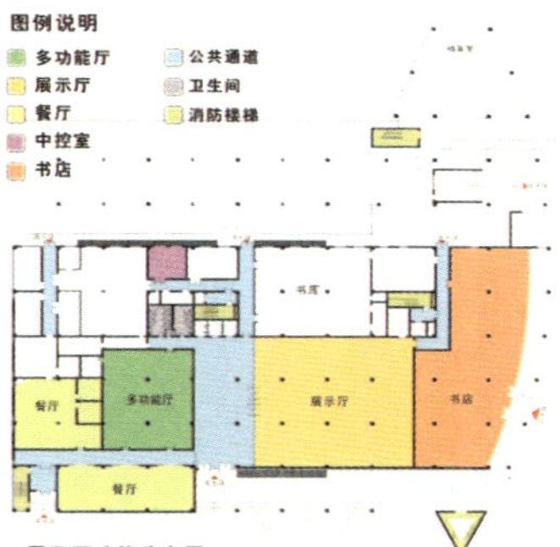

一层平面功能分布图

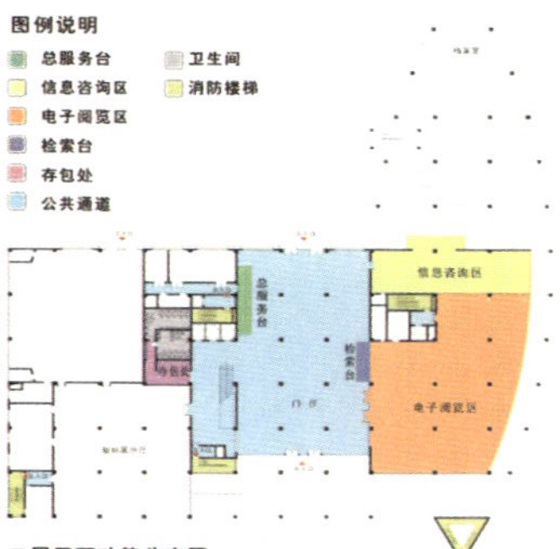

二层平面功能分布图

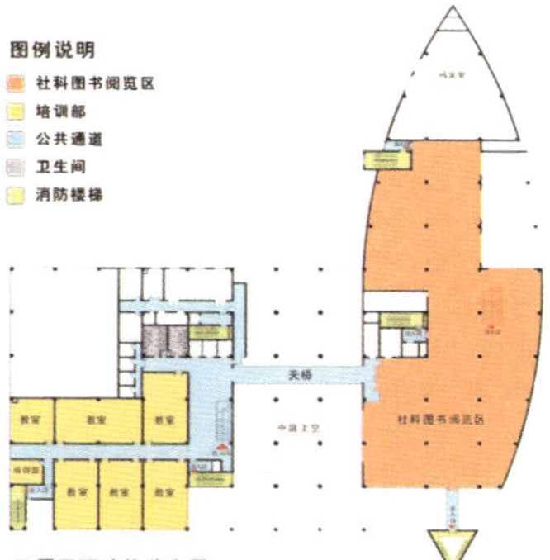

三层平面功能分布图

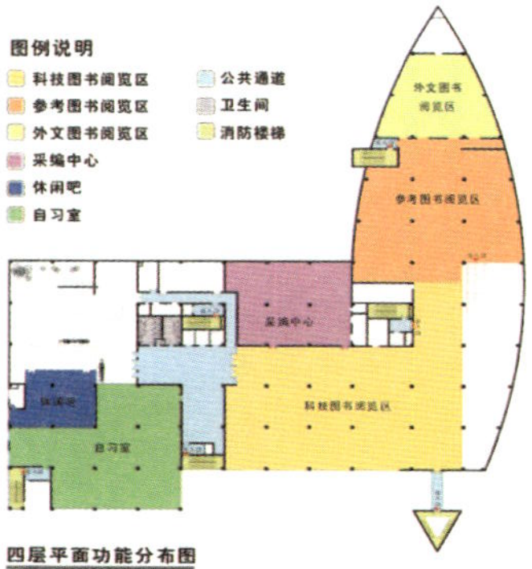

四层平面功能分布图

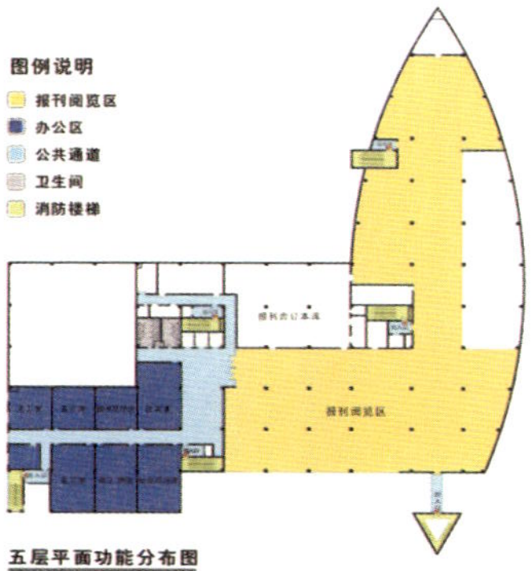

五层平面功能分布图

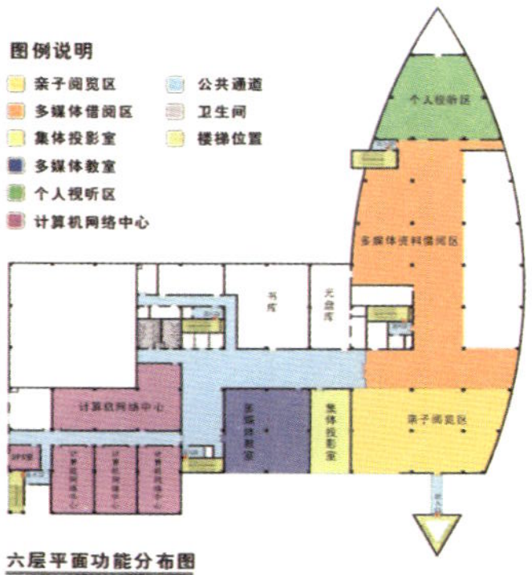

六层平面功能分布图

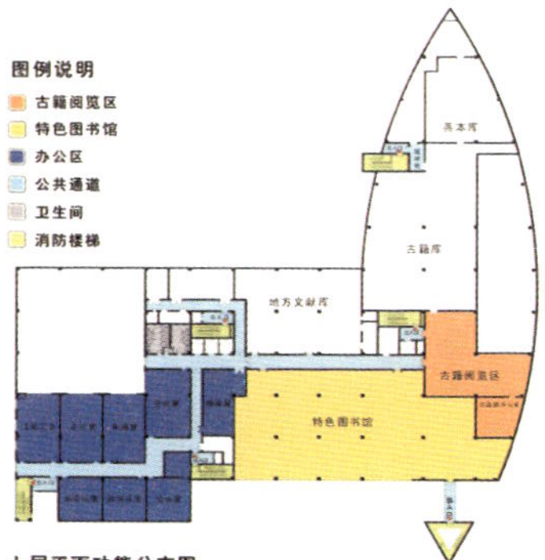

七层平面功能分布图

The new library has seven floors above ground and one floor under ground. The ground floor is used in many ways with a 500 square meters exhibition hall, a fast-food restaurant and others. The second floor is used as service hall. The front desk is set there, providing services such as registration, consultation and book returning. A family reading room is also set there, with picture books, periodicals, and other books for minors. The rooms on the third floor are reading rooms of social science books and more than 10 classrooms used for continuing education, providing learning, training and other services. The four-floor rooms are used for both borrowing and reading of scientific literature and multimedia documents. There are also an information reference reading room and a lounge bar. The newspaper periodicals and newspapers reading room with periodicals and newspapers across the country and the electric reading room with 200 computers are on the fifth floor. The periodicals can also be borrowed out. On the sixth floor there is a theme library, Clothing and Shoe Leather Library, designed to serve for Wenzhou shoe and clothing businesses, also a practice base for local school students of related majors. A personal study area and an audio-visual projection room are also on this floor. On the seventh floor are ancient books and local documents reading room, with ancient books of 160, 000 item, among which more than 10, 000 are rare books, including "the treasures of the library", that is, *Wanli Wenzhou Fu Zhi*, Sun Yirang's manuscript, Xia Chengtao's diary manuscripts, *Liuliuzhou Collected Works* of the Yuan Dynasty edition, and with local literature of more than 30, 000 items. A parking garage is located at the basement.

New Functions and New Designs

The new library seeks to be perfect on the premises and facilities. Equipped with intelligent building management system and office automation system, the library is ready for the modernization of facilities, the construction of service network, the intellectualization of management. As a large-scale modern public library, it is an integration of cultural, educational, research and entertainment functions. There are four new functions in the new library, i. e. the integration of borrowing and reading books, self-service, the Internet connection of county and city library, the integration of physical and electronic reading. The integration of borrowing and reading puts traditional reading and borrowing services together, which is convenient for readers to get the most of the library resources. As for self-service, a series of automatical library system has been adopted. Without help from staff, readers could borrow books by themselves by using of the machines. Outside the library is a book return machine working for 24 hours to make it convenient for readers to return books at any time. All the reading rooms are equipped with computers, and 2, 000 Internet interfaces are provided. Readers could bring laptops or use the computers of the library to get online, free of charge. Paper books and electric books are for readers to choose from freely. Besides, the library is connected with 11 county libraries of Wenzhou by Internet. The books of these libraries could be borrowed and returned freely. The network has connected all the public libraries within Wenzhou district, which makes it possible for the resources to be shared. A "big library" is constructed.

The services of the new library reflect strong cultural caring. It has subverted the traditional idea that "library was a place to read and borrow books". The concept, "readers-Centered, people-oriented", could be reflected by the hardware facilities. The open level-layout lets the readers feel like that "they are in the books, while books are in them" as soon as they come into the reading rooms. When readers walk through the book shelves, all kinds of books and materials are readily available. Online information access is set up throughout the reading desktops, so that readers can enjoy the happiness and convenience of acquiring information from books, newspapers, electronic literature or network resources. Comfortable chairs, tables and sofas make reading a part of the leisure life. Not only all kinds of reading activities are held in the function room and lecture hall, but also films and DVD and other audio services can be enjoyed there. The family reading room is specially designed for parents and kids to read together, and children led by their parents to toddle into the library, and to share culture edification with their parents. Elevators and wheelchair accesses designed for people with disabilities facilitate their access to all service sites.

The bookstore, casual snack bar, exhibition hall, and restaurant and other services are also within the new library, highlighting the humane care of the library. As a result of seeking the overall image design of the new library and the landscaping project by public bidding, requiring that the logo could identify the elements of Wenzhou local culture and reflect the cultural characteristics of the long history and outstanding people of Wenzhou, the designs of Wenzhou Library have integrated the geographical characteristics, history, culture and anecdotes of Wenzhou as well as the innovation of modern sense into the logo, which have received praises from the public.

Section 2

Management Culture

Since the beginning of the 21st century, Wenzhou Library has been known for its distinctive management system and standard business management to the fraternity. Wenzhou Library has been upholding the development idea of keeping pace with the times,

the people-oriented management model and the strong while flexible management method. These have been improving and optimizing the cultural atmosphere in the library.

Pioneer of Reform

In 2001, Wenzhou Library was listed as one of the experimental institutions of the city to reform personnel system. Competition mechanism and personnel appointment system were adopted. The change of personnel policy triggered the development pressure of the library staff. The librarians actively participated in a variety of in-service continuing education to make up for their short bucket of knowledge. The internal reform of distribution system stimulated initiatives and innovations of the staff.

In 2003, Wenzhou Library, as one of the three experimental institutions within the cultural system, reformed its professional skill evaluation system. As a result, professional qualification and title evaluation and offer were separated. The reform added new impetus to the library professionals and had a positive effect on promoting the library work.

In 2004, Wenzhou Library began to recruit staff through open public examination. The "open, fair and just" recruitment environment attracted excellent graduates from Wuhan University, Zhejiang University, Northwestern University and other colleges to join.

In March 2005, Wenzhou Library was chosen as one of the experimental public-beneficial reform institutions within the cultural system. The personnel management reform of Wenzhou Library covered the institutional reform, the personnel system reform, the distribution system reform, the establishment of contract management mechanism that employees could take or leave the post accordingly, the establishment of recruitment mechanism, which was a process of competitive two-way choice between the staff and the institution, and the establishment of distribution mechanism.

The first step of the reform was to select middle-level managers. Directors of each department competed for the posts through personal recommendation, public recommendation or their leaders' recommendation. The candidates delivered competitive speeches, in which duties were stated. Then the crowd voted for the first round, and the leading group voted for the second round on the spot to select 11 department directors. Finally, except that the ancient-book department director was a little old, the average age of other directors was 30.

Personnel management was to choose out staff according to the post needs by the approved titles index. It was a two-way choice and competitive process. If there were two or more candidates for a post it was required for them to compete for the post. The way of management turned the passive choice which means for the staff that "I am wanted to do something" to an active choice which means that "I want to do something". The atmosphere was positive.

As for the change of distribution system, management, technology, skills, duty and labor intensity were included as distribution factors under the principle of "Efficiency in Priority, and Giving Consideration to Equity", strengthening the incentive function of distribution. Real wages were separated from file wages. The salary standard was divided into six levels based on job responsibility, technical content, labor intensity and actual workload. The workers were paid by post, by task and by performance. The traditional distribution way, meaning that "it was the same to do or not to do" and "it was the same doing well or bad" for the staff, was changed. The new system provided development space for the staff.

After the Third Plenary Session of the 18th Central Committee of CPC it was required that cultural institutions establish corporate governance. Public libraries, museums, cultural Centers, and science museums were asked to form their councils to absorb participation of the public in the management. In February 2014, as an experimental institution, Wenzhou Library actively carried out the preparatory work for corporate governance. On the one hand, experiences of corporate governance practices of foreign cultural institutions of the same kind were learned; on the other hand, experiences of the libraries of Guangzhou, Shenzhen, Wuxi, which had adopted corporate governance earlier, were studied.

Wenzhou Library recruited citizens of various groups publicly to join in the council. It not only truly attracted public participation in the management, but also achieved diversity, inclusiveness and transparency of the council membership. This was also a bold exploration since the national "institution corporate governance" reform. At first the candidates were interviewed. Then their enthusiasm, abilities, experience and prestige in the library world were compared and assessed by the relevant administrative departments. Finally, the council members were affirmed. Currently there are 13 directors. One is appointed by the administrative department, 2 are library workers, and 10 are of other backgrounds, including 3 working on culture and education, 3 working on business and industry, 3 readers and 1 library volunteer. It was a highlight of the management mechanism reform that the council members of other social backgrounds make up so great a proportion.

The council of Wenzhou Library was established on June 6, 2014. At the first council meeting, Li Guosheng, vice chairman of Wenzhou General Chamber of Commerce, was voted as the first president. He recommended Zheng Xuejun, a senior editor of *Wenzhou Evening News*, as vice president. This recommendation was passed unanimously. That the president was taken up by a public figure showed the library's determination to guarantee public participation right. Later, *Regulations of Wenzhou Library* was drawn up, in which the duties of the council and the supervisory board were affirmed, and the relationship between the council as the truster and the administration as the trustee was clarified. In accordance with the *Regulations of Wenzhou Library* the council has the decision rights in matters of construction and development plans, major projects, important services, high expenses and salary, and the administrative right in matters of organizing socio-cultural services, while the administrative departments were responsible for regulating general affairs.

Wenzhou Library was the first batch of government-owned organizations which had achieved great success in corporate governance reform after the Third Plenary Session of the 18th Central Committee of CPC. Council members were openly recruited, so the social forces participated. A representative of business and industry world was selected as the council president, so the supervision and management of the library by the government were separated. The leadership by the government was more efficient. The governance of interest-related groups was ensured, so the social forces were encouraged to participate in the construction of public cultural undertakings. The reform got the affirmation of Ministry of Culture of PRC and Zhejiang Provincial Department of Culture and caused wide influence in the library world. Recommended by Zhejiang Provincial Department of Culture, Wenzhou Library was successfully selected as one of the 10 pilot public cultural institutions of corporate governance by Ministry of Culture of the PRC.

Administration Advancing with the Times

According to the development planning of the library, the administration of Wenzhou Library was organized scientifically. There was one curator and 3 deputy curators. Business management was divided into 3 parts, that is, the basic part, the front part and the extending part. These parts consisted of 12 departments. The administration organization is shown in the following chart.

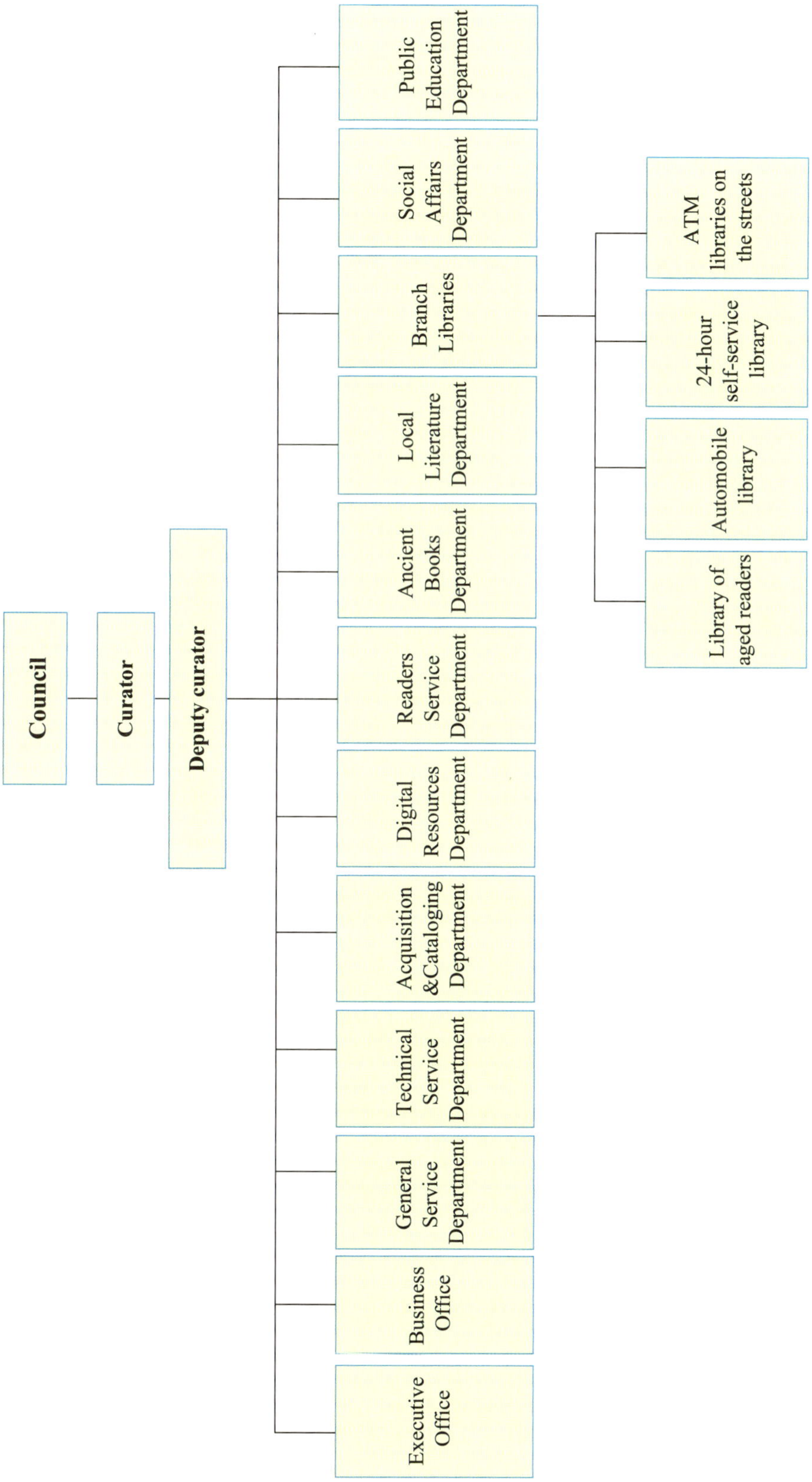

Council
Curator
Deputy curator
Executive Office
Business Office
General Service Department
Technical Service Department
Acquisition &Cataloging Department
Digital Resources Department
Readers Service Department
Ancient Books Department
Local Literature Department
Branch Libraries
Social Affairs Department
Public Education Department
Library of aged readers
Automobile library
24-hour self-service library
ATM libraries on the streets

A table of Wenzhou Library offices and departments in 2013

No.	Departments	Functions and responsibilities
1	Executive Office	To manage personnel, salary, assets, paperwork, finance and business archives, to welcome visitors and exchange with the outside, as well as to organize important library activities; to assist library leaders to do revision of regulations and do supervision and examinations, to organize activities that made the library a civilized institution; responsible for the management of state-owned assets.
2	Business Office	To analyze business data and coordinate related business work; responsible for staff training; to do well in business counselling and the training for branch libraries and grassroot libraries (rooms); to coordinate with Wenzhou Bureau of Culture, Broadcasting, Television, Press and Publication; to do well in the establishments of branch libraries of villages and community libraries; responsible for choosing sites for automobile libraries, ATM machines and 24-hour libraries and doing surveys about them; to carry out daily tasks of Library Society of Wenzhou, and to edit and issue the library journal, *Zhouyuan*, and the journals of Library Society of Wenzhou.
3	General Services Department	Responsible for fire prevention, safety and security, property management and sanitation.
4	Technical Service Department	Responsible for the planning, construction and implementation of automation of the main library and branch libraries; taking the duty of managing and maintaining of computer network, website, computers and various electronic equipment, and other state-owned assets; taking the duty of the application, development and maintenance of softwares, the construction and management of IT service projects; responsible for the automation of main libraries, branch libraries and grassroots libraries, as well as the training and guiding of network technologies; responsible for the technology maintenance and database construction of digital resources platform.
5	Acquisition &Cataloging Department	Responsible for the construction planning of library-wide literature resources, making and implementing the library's literature acquisition policies, and the purchasing of Chinese and foreign-language books, featured shoes and clothes literature; responsible for indexing, cataloging, processing and items distribution of Chinese and foreign-language books, featured shoes and clothes literature, audio-visual materials; responsible for book recommendations, dealing with readers' book recommendations.

(Continued)

No.	Departments	Functions and responsibilities
6	Digital Resources Department	Responsible for the construction of digital resources and non-book materials, promoting the collaboration and sharing of digital resources; responsible for the management of sharing project, and management, maintenance, promotion of the library's digital resources, and the training for readers. Responsible for developing and constructing databases, the acquisition and editing of multimedia materials.
7	Social Affairs Department	To hold lectures and exhibitions, and to organize other forms of social and cultural activities aiming at all the citizens; to propagate to the outside media, to design the library image; to organize and carry out library services; to design billboards for all kinds of reader activities; to rent activity venues; in addition, responsible for the lending of featured shoes and clothes literature, and web services of Shoes and Clothes Information Web of Wenzhou; to provide professional services for shoes and clothes designors; to popularize books.
8	Public Education Department	To provide all types of public education and public training activities; to manage various types of associations; to serve at the family reading area and plan for family activities.
9	Ancient Books Department	To collect, process, keep and do research on ancient books; to serve ancient book readers; to cataloge and protect the ancient books; to edit *Journal Series of Wenzhou Literature* and *Wenzhou Reading*.
10	Local Literature Department	To collect, process, keep and do research on local literature; to serve local literature readers; to complete the collection goal of local literature; responsible for coordination and guidance of local literature work.
11	Readers Service Department	To purchase journals and audio-visual resources; to circulate various literature of Readers Service Department, to be specific, to provide borrowing, reading, copying, retrieval, consulting, retrieval-agent, and special topic services as well as reading guidance and readers activities (including the reception desk on the 2nd floor, social science book room on the 3rd floor, science and technology literature, multimedia, foreign-language literature, and information services on the 4th floor, current newspaper and journals on the 5th floor, electronic reading room and so on); to ensure the literature of Readers Service Department in good condition, to guide readers of the lending sections, and to ensure safety of the sections.

(Continued)

No.	Departments	Functions and responsibilities
12	Branch Libraries	To manage the library of aged readers, 24-hour self-service libraries, and auto-mobile libraries; to manage ATM borrowing machines; to allocate books and carry out other businesses; responsible for management and implementation of the training of the aged.

Strict but Flexible Management

Wenzhou Library runs under the effective combination of systematic management and humanistic concern. Everyone is equal in the system, which guarantees the orderly operation of the library. All the staff should be on work with their work badges, otherwise, he should be punished according to the regulations, even though he is the curator.

Regulations and decisions should be made only after full discussion by the collective, in order to ensure common compliance of the system. Every morning on Friday it is the time to review the work of the week, which is also a way to construct professional ethics, to make librarians understand what to do and how to do and eventually behave consciously. The good atmosphere of the library would make the new librarians adapt to the environment quickly.

The library often organized activities for librarians to display themselves. Contests of balls, tug-of-war, speech and knowledge, gala celebrations and study tour, with participation of all the librarians, were organized to reinforce bondings and feelings among the librarians. It is the heart voice of the librarians that "Wenzhou Library is our home, and we should take good care of her".

Section 3

The Bearing of Librarians

The buildings of Wenzhou Library have changed not a little, and the curators are not the same one, but the self-reliant and creative library spirits are still alive. The librarians are energetic because on the one hand, the average age of the team decreases, and on the other, the team members have higher professional skills.

Charming Librarians

The average age of the staff is 32, so it is a young and dynamic team. Since 2000, professional college graduates throughout the country majoring in library science, information science, foreign languages, computer and others have come to work at the library through public recruitment one after another. At present, the library has a staffing establishment of 80 librarians (68 on the job) and 64 contractors (53 on the job). More than 90% of them have college education or above, and nearly 80% of them have a bachelor's degree. Nearly 50 have got senior professional technical titles.

More han 95% of the workers on the service line in Wenzhou Library graduated from college, and many with associate senior librarian title. The front-line service is a window of the library, where the library's value is shown. Therefore, the front line staff mostly formed the library's image in the minds of the public. When the readers' education level has been enhanced, librarians are to provide answers to readers' questions, guidance to retrieval and network guidance service, so it's the service demand of the public for excellent workers to stand on the service line. At present, apart from professional posts such as network management, literature purchasing and cataloging, most librarians are on the window service. The front-line workers account for more than 75% of established employees.

In July 2008, Wenzhou Library took part in Services Etiquette Performance in the 4th Youth Academic Forum held by Library Society of China in Shanghai. Four librarians wrote, directed, and performed "book cart dance". The performance showed through body language the busy, full, and happy work picture of the library with book cart, books, and so on as stage property in beautiful and cheerful background music. The performance was a reflection of the actual library service scene. It praised the librarians' service spirit, and showed the librarians' charm to the national library world. The performance touched the judges and participants deeply. They said, "How library work could be so happy, so beautiful!"

The four librarians could behave themselves flexibly and properly when finishing the specified library service actions. Their excellent performance enjoyed widespread support and won the "Prize for Services Etiquette Performance".

A Well-trained Team

The professional code of ethics, environmental specifications, appearance code, behavior code, and language code are strictly regulated in *Service Specifications of Wenzhou Library*. Experts are invited to give training in etiquette and polite language every year regularly. The good image of librarians is shaped by appearance, make-up art, service language, body language and other aspects. The staff is forbidden to lean against desks and cross their legs in chair on duty. The librarians must stand with feet together and talk softly when serving readers. Television presenters and professional teachers are invited to the library irregularly to give Mandarin training, of which both the training rate and pass rate are 100%. There are 35 librarians with a certificate of Mandarin.

A healthy spirit of the librarians would help to provide readers with high quality service. The spiritual atmosphere, including their enthusiasm and responsibility for work, their behavior, interpersonal skills and other work details, is an external reflection of internal spirits. In November 2006, Academic Seminar of Library Society of Zhejiang was held in

Wenzhou. Wenzhou Library, as the host, left the participants a deep impression with a good team spirit. Many participants thought that the uniform of the librarians was beautiful, quite decent on them. In fact, the uniform of Wenzhou Library is in a simple style, and not all workers are pretty, but the secret lies in the librarians' own temperament. Suitable hairstyles and costumes are matched with each other flexibly in color and style, which improved the overall workers' dress effect and personal charms of the librarians are enhanced by their high and specific qualities. All these have formed the unique spirituality of Wenzhou Library staff.

Various professional and competitive activities are often organized in Wenzhou Library to improve the professional abilities of the librarians. For example, annual thematic speech contest and quarterly professional knowledge contest help to develop self-learning consciousness of the librarians. The daily "Teach and Learn from Each Other" is the main way of the librarians to share knowledge, of which "Librarians Lectures" and "Seminars on New Technology Topics of Interest" are the main implementation ways. "Librarians Lectures" are usually delivered by knowledgeable and experienced librarians, featuring the history of the city, Wenzhou figures, social culture and library world. "Seminars on New Technology Topics of Interest" are directed mainly by the young, featuring academic progress in the field of library science, library and information technology development, as well as a variety of contemporary scientific impacts on libraries, and so on. Many librarians walk up to the podium to share their knowledge, experience, and research conclusions with their colleagues.

From 2010 on, Wenzhou Library has established a scientific research project featuring its own development to encourage grassroot young librarians to learn more about operations and improve their ability of academic research. The following is how it is achieved. First, a big provincial or municipal subject is decomposed into several small subjects to be completed by different research groups. For example, the database project of historical celebrities in Wenzhou was decomposed into 10 small projects. Second, young librarians are encouraged to form various research groups to apply for subjects researching on post duties. After the application is passed by library-level operation conferences, the subject is usually to be completed in a year. These measures have encouraged the work passion of the young librarians. Their problem-solving initiatives are improved. Wenzhou Library has thus become a learning organization. The librarians' consciousness of teamwork is roused.

迈检站图书分馆揭牌

流动阅读 便民服务

04

Chapter 4

Wenzhou Mode of City Library Service System

Public library system is an integral part of social and cultural service system at large. Due to some historical economic and institutional reasons, the service system of Wenzhou public library was relatively weak in the past. In recent years, the staff of Wenzhou Library have explored actively, and created a city library service system with Wenzhou characteristics, and formed a service system of Wenzhou mode.

Section 1

Joint-Innovation Mode: the Characteristic of the Service System of Wenzhou Public Libraries

From 2008 on, Wenzhou Library, as the largest public library and the Center library in Wenzhou, has played its role in the Wenzhou city library system assisted by the Library Society of Wenzhou. Wenzhou Library has achieved the coordinating function as the Center library. It organized business communication between libraries. It provided business counseling and various business courses. Meanwhile, it extended actively new services. Combined with the construction of center-branch libraries, the joint-innovation mode has been preliminarily formed, providing both immobile services inside the libraries and mobile services outside.

The Exploration of Joint-Innovation Center-Branch Library Mode of Public Libraries

The joint-innovation Center-branch library mode was developed from the four-level library web of city-county-township-community, serving different classes and industries. The prefecture-level city library serves as the Center library, the county (or county-level city, district) libraries as the Centers of the administrative division, Center town libraries as the ties, community libraries as the terminals, while school and college libraries, enterprise libraries, administrative agency libraries, army libraries and other independent libraries as an addition. ATM libraries, bookmobiles and 24-hour self-service libraries provide more convenience. These facilities complement one another and develop together, forming a new pattern of urban public library service web.

In 2005, the conception of Wenzhou Center-branch library mode was formed. In 2012, a complete service system of Wenzhou public libraries was initially achieved. In the practice of Wenzhou joint-innovation Center-branch library mode, some members of Wenzhou Library have left their wits in some key points.

In 2005, the new Wenzhou urban library service system started. Wenzhou Library as the Center library, together with Longwan District Library, Dongtou County Library, Taishun County Library, Wencheng County Library, Pingyang County Library, started to construct union catalog Center, in order to achieve standardization of cataloging and automation of business. To be specific, the project was to satisfy the requirements of the standardization of book identification, the centralization of management, the unification of platforms, as well as highlighting features and sharing resources. "All-in-one Card" for borrowing and returning books from the above libraries and resources sharing among the libraries were realized. The work laid groundwork for the construction of the Center-branch library system.

On September 27, 2008, four branch and sub-branch libraries subordinate to Wenzhou Library opened. The four libraries were Ouhai Library, Liming Branch of Wenzhou Library, Xiedu (Capital of Shoes) Library, Lingkun Library, the 3 sub-branch libraries. These libraries were located at Lucheng District, Ouhai District, Longwan District respectively, together with Xianqiantou Branch of Wenzhou Library, covering the south, north, east, west and the Center of Wenzhou City. Libraries of different districts have been developing in common since then. On the same day, the books could circulate among all the branch and Center libraries without boundary, as well as the digital resources. Readers of the city could participate in cultural activities in each of the branch libraries, such as Zhouyuan Forums, exhibitions, and reading salon. The citizens of Wenzhou began to feel the library service everywhere.

In 2010, Wenzhou Library began to set up branch libraries of the army and the aged.

In 2011, ATM libraries were equipped in schools, enterprises and communities. Modern library management technology was applied further under the joint-innovation mode. The computer systems of county (or county-level city, district) libraries were fully upgraded.

In 2013, ATM libraries were set up in Wenzhou city. What's more, bookmobiles were used. Cultural service projects such as "Wentu Xiaoba" (meaning Mini Bibliobus of Wenzhou Library) started up, and books and lectures began to be delivered to countryside. After that, immobile service inside the libraries and mobile service outside were both provided.

In 2014, the 24-hour self-service library in Xianqiantou began to function.

At present, there are 1 prefecture-level city public library, 3 district libraries, 8 county libraries, 74 Center-town branch libraries, 5 24-hour self-service libraries, 6 bookmobiles, and 12 service sites with ATM. Community physical branch libraries, mobile library vehicles and block mini libraries, just as a three-in-one library net, have covered communities, schools, enterprises, military camps, urban and rural areas. A universal, equal, free, and barrier-free public library service network has been completed.

A Moving Cultural Scenery of the City

On August 30, 2013, bibliobus services of Wenzhou started, including 6 bookmobiles of Wenzhou Library and 2 of Wenzhou Children's Library. The bookmobiles were transformed from passenger bus. Each bus can hold more than 2000 items of books, equipped with book shelves, computers, and registration counters. A driver and a librarian are on service per bus. The bookmobiles visit 36 communities every week, covering more than 70% of the city area.

Bibliobus services of Wenzhou libraries were provided "for three targets", that is, "for the communities, for the schools and for the disadvantaged groups". Some of them came at fixed stops and times just as the buses running at the right route, while some provide customed services flexibly.

Communities are main service targets of automobile libraries. At the beginning of every month the latest "service route" are declared. The 6 bookmobiles run and stop along designated routes regularly. Services, including activating the library service of citizen cards (a kind of multifunctional IC card can be used as library card but with more accesses than ordinary cards), registration, lending and getting back books (CD-ROMs), renewals, annual check, book retrieval and so on, are provided free of charge. Every bookmobile runs 6 hours each day and takes a day off each week. The bookmobiles change their service time depending on the season. In the summer of 2014, morning and evening services started, especially on a square or in a mall where there are crowds. The evening services are more popular.

Schools are where the library services outreached, also an extension of the "bus route" services, mainly targeting schools around communities. The bookmobiles take into account of school schedules, while stagger community service hours to take the most of the bookmobiles. Besides on-site registration, book borrowing or returning, information search, downloads and other basic services, the bookmobiles also cooperate with school libraries in construction, providing reading guidance activities such as promoting the use of digital resources, and promoting lectures to be held in the schools. Schools which cooperate with the bookmobiles are Wenzhou Yuying International School, Wenzhou Xiushan Middle School, Wenzhou Ouhai No. 2 High School, Ouhai Panqiao Middle School, Wenzhou Baililu Primary School, Wenzhou Shuangqiao Primary School, Ouhai Tangxia Middle School, Wenzhou Yangyi Middle School, Ouhai Panqiao Primary School, etc.

In October 2013, "Wentu Xiaoba, Vehicle of Love" started, targeting the disadvantaged groups with customed services. The bus route was customized based on cultural activities of Wenzhou Library, and according to demand. The bus has been to Wenzhou Detoxification Center, Huanshan Community Cultural Activity Center of Yaoxi, Compulsory Drug Rehabilitation Center subordinate to Wenzhou Municipal Public Security Bureau and other government-owned organizations to hold lectures, exhibitions, reading and other activities. On April 23, 2014, the World Reading Day, a project named "Wentu Xiaoba, Vehicle of Love" cooperating with schools to construct book corners in classes started. The first task of the project was at *She*-Ethnic Central Primary School in Siqian Town, Taishun County. With the help of caring donator, book corners of 24 classes were established, with 2, 600 items of classic books newly purchased.

Wenzhou bookmobiles serve around 16, 000 readers monthly. The books borrowed monthly are more than 11, 000 items, surpassing the average number of books lent out by all county libraries. of Wenzhou The contribution of the bookmobiles is great.

A Watcher of the City Culture

In 2008, after a market research of ATM libraries in Shenzhen, Dongguan and other places in Guangdong Province, Wenzhou Library decided to purchase and equip ATM libraries. The project was listed as one of practical projects of the Wenzhou government in 2010.

In 2011, RFID (Radio Frequency Identification), an automatic book management system was introduced into Wenzhou Library. The system provided technical support for the ATM libraries. The ATM machines were also set up in 12 communities or government-owned organizations at the districts of Lucheng, Ouhai and Longwan,

In 2014, in order to increase service effectiveness of the ATM libraries, Wenzhou Library tried to cooperate with other organizations. For example, two ATM machines were set up at Wenzhou Hospital of Integrated TCM and Western Medicineand at the 2nd Affiliated Hospital of Wenzhou Medical University; an ATM library was set up at Jinlun branch bank of China Construction Bank.

An Eternal Light of Cultural Wisdom of the City

Different from bookmobiles and ATM libraries, the 24-hour self-service libraries are physical libraries with a certain area of premises equiped with complete infrastructure. The books available for borrowing are rich in type. The 24-hour service breaks the time limit of traditional library services, playing a positive role in improving the urban cultural grade.

In 2011, Wenzhou Library opened its first 24-hour self-service library on the first floor of the main library building. On April 16, 2014, a 24-hour self-service library was finished in Xianqiantou Library, which was the first outside the main library. The self-service library covers an area of 1800 square meters, with books of more than 30, 000 items, of which 5, 000 are available for borrowing. The library is equipped with self-borrowing machines, comfortable desks and sofas, which make an elegant and modern atmosphere.

Self-service libraries open 24 hours. In general, there are no librarians. Readers can apply for and get library cards or put citizen cards into use, borrow and return books, recharge cards and pay for overdue fees, by following the instructions. Readers with library cards or citizen cards may at any time come here to borrow or return books, or just sit here to read quietly.

The self-service libraries can be observed at any time through the central control system of Wenzhou Library. As the libraries located downtown, there are readers late at night. In May or June, some readers often stay for a whole night.

The 24-hour self-service libraries are like peaceful heavens in the noisy bustling city streets. Especially late at dark night, the lights of the libraries not only give a warm feeling, but also a signs of wisdom and spiritual strength.

During the first 8 running months, the 24-hour self-service library in Xianqiantou had 117, 078 visitors and the average readers each day were more than 500, the borrowed books were 53, 360 items and 2, 738 new cards were issued, which can match a county library in Wenzhou area.

As the 24-hour self-service library inXianqiantou had served well, the 24-hour library chain project started. The new project was open for communities or government-owned organizations which were qualified to set up the infrastructure of the 24-hour self-service library to apply. The system of the 24-hour self-service libraries was constructed in a systematic way, with consistent "form, techniques, and management". 4 chain 24-hour self-service libraries opened one after another at Ling'ou Community, at Dong'ou Zhiku 67, at municipal government compound, Lucheng District, and at Jingshan Community, Ouhai District.

Section 2

From Cities to Villages—Cultural Sharing Project Covers Every Corner of Wenzhou

In 2002, Wenzhou Center of National Cultural Information Resource Sharing Project was set up. Supported by related government departments, Wenzhou Library has been expanding and deepening the ways of cooperation, while enhancing and enriching digital resources. Soon afterwards Wenzhou achieved the goal that there was a sub-Center in every county, a primary Center in every rural town and a service point in every village and community.

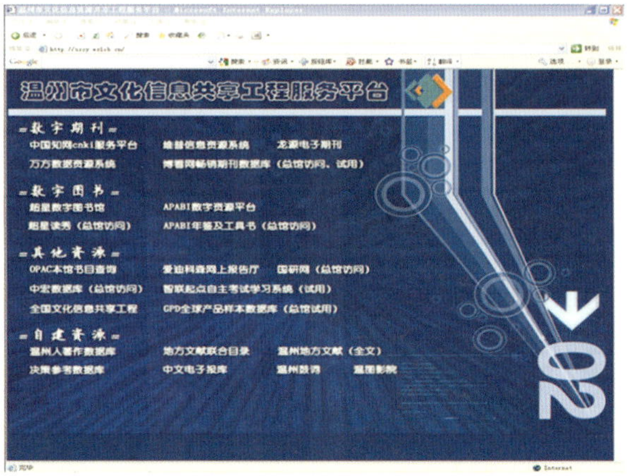

There were two kinds of ways to set up Grassroot Service Centers (points). One was to set up demonstration Grassroot Service Centers (points). Wenzhou Library had made the standard of qualification of setting up exemplary Grassroot Service Centers (points). The county branches of National Cultural Information Resource Sharing Project would be in charge of instrument installation work. Another was to take advantage of network and 5, 989 points of distance education for rural party members in Wenzhou to achieve cultural resource sharing.

The culture and finance departments issued a regulation that the cultura demonstration villages (communities), the Web of the Golden Coast Culture, the Cultural Pearls Project of East China Sea should take part in the project. Constructing the sharing project was a necessary condition for opplication. If the application was approved by Wenzhou Center of National Cultural Information Resource Sharing Project, they could get a subsidy of 10, 000 yuan for each demonstration point. From 2008 to 2012, the prefecture-level finance supported the county (county-level city, district) cultural common facilities with about 60 million Yuan. Each county (county-lever city, district) government has also made encouraging policies to ensure that the cultural facilities were opened.

In 2008, Wenzhou Center and Wenzhou Federation of Trade Unions jointly launched the "Enterprise Book House" project. 200 enterprise book houses with reading service of cultural information resources sharing project were built within enterprises.

The National Cultural Information Resource Sharing Project converged with the digital library. Wenzhou Center of the Project made a deal with suppliers of digital resources, and purchased all the right for readers to use all data inside the library. After the cultural information resource of the project and digital library integrated together, every sub-Centers and Service Centers (points) could use them free of charge.

Wenzhou Center of the Project was committed to the construction of featured databases. According to the local characteristics and needs of the public, Wenzhou Library has built 19 featured databases, such as Local Literature Full-Text Database of Wenzhou and Video Database of Zhouyuan Lecture.

Three measures have been taken to promote the sharing project. At first the mirror server was used. Each Service Center (point) was equipped with a server and several computers, and the library sent data to the countryside. The second measure was by VPN networks. It was the first time that VPN technology was applied to construct the network of National Cultural Information Resource Sharing Project. The third measure was the use of SSO (single sign on). A username and a password were set up for each primary Service Center (point), with which to login and to use the resource of the project.

The power and duties of the three levels, prefecture-level city, county (county-level city, district) and village, were confirmed. Wenzhou Center was responsible for managing and maintaining all the resources and equipment. County-level Centers were responsible for the installation, maintenance, and management of primary Service Centers (points). There were specially-assigned staff in each primary Service Center (point). Special report system was carried out, and news was reported rapidly. Prefecture-level Centers were also responsible for training the workers in all the Centers and Sub-centers. County-level Centers organized some relevant training, too.

Section 3

Wenzhou Library Society—Bonding the City Libraries Together

In November 1984, Wenzhou Library initiated to set up the first prefecture-level society for library science in Zhejiang Province, Wenzhou Library Society. The society was run under council management system. The members of the council were selected every 4 years and now it is the 8th council. Members of the society have amounted to 450, of which 77 have senior titles (including 13 research librarians and 64 associate research librarians), and less than 400 have intermediate titles. More than 95% of the members have college or higher degrees. Knowledge structure of the members has been diversified. Some members have library expertise, and others have professional knowledge and skills of language, computer, information consulting, etc. The science quality of the Society has been enhanced.

With the support of all the members, Wenzhou Library Society played the role as a bridge or a link. It has united all the city's library workers to promote the construction of urban library service system. The Society has done well in promoting academic communications, vocation training, and developing the organization.

Promoting Academic Communication and Research

The society organized seminars on various themes and academic exchange activities in proper time. There were a variety of organizing ways.

Organizing members to participate in all levels and kinds of academic communication activities

The members were organized to write papers, and to participate in the annual meeting hosted by Library Society of China. Members of Library Society of Wenzhou were frequently seen in parallel sessions of Library Society of China. The Society organized the members to participate in the "Seminar for Development Strategy of Community and Countryside Libraries". Many recommended papers have got awards. In addition, Wenzhou Library Society involved in various academic forums organized by different professional committees of Library Society of China and local academic communication activities, helping members to broaden their horizons and showing the performance of Wenzhou Library staff.

On October 12, 2014, Wenzhou Library undertook the 17th session of the annual meeting hosted by Library Society of China, "Corporate Governance in Public Libraries: Progress, Problems and Prospect". President Li Guosheng and Curator Hu Hairong attended the session and successfully hosted the "Corporate Governance in Libraries" section. Hu Hairong was selected as one of "Library Figures of the Year 2014 in China", the youngest among the eight winners.

In seminars of the past years hosted by Library Society of Zhejiang, the members of Wenzhou Library Society also proved themselves quite well. In 2008, 10 members' works were selected as seminar papers. In 2010, some members' papers won the second prize given by Library Society of Zhejiang. At the parallel session of "Culture Communication and Promotion", there were members named as best debaters of "Library Culture Reflection Debate". In the writing competition hosted by the Seminars on Historical and Local Literature Work of Zhejiang Public Libraries, the libraries from Wenzhou also had excellent performance.

Carrying out a variety of academic activities

Wenzhou Library Society's activities were rich in content and full of energy. Librarians could express themselves in terms of their academic achievement, business skills and professional quality, etc.

At the annual meeting in October 2002, Dr. Li Huawei, honorary curator of the Library of Ohio University and American Chinese expert in library science, was invited to make an academic report "Libraries in the Age of Digital and Networked Knowledge", to which more than 260 people in Wenzhou Library circle attended. At the annual meeting of 2007, Professor

Wang Yuguang, vice president of Library Society of China and director of Department of Information Management, Peking University, Xu Yan, vice director of Library History Research Committee, professor of Department of Information Management, Nanjing University, and Cheng Huanwen, director of Library History Research Committee, professor of School of Information Management, San Yat-sen University, were invited to make featured reports respectively, "The Public Reading of Libraries", "Library Reader Service Work" and "The Users Were Always Right". The annual meeting of 2009 was for library workers to show their professional styles. A presentation of "Library Service Declaration", library service situation performance and the style show were the three sessions, attended by nearly 10 teams from libraries in Wenzhou. Some of them delivered strong speeches, some of them answered service questions flexibly and deftly, while others gave witty and wonderful performances to express their love for the library career and to show their professional demeanors.

The Society organized academic seminars on different topics. There were practical lectures such as "Seminar for Accounting State-Owned Assets in Library System", "Thematic Seminar for Digital Reference Service, Cooperatnication and Improvement", "Thematic Academic Seminar for Humanism and Scientific Management", and "How to Write Professional Papers and a Contribution Directory for Librarians", "How to Find Out News in Libraries", "Librarians' Etiquette", and also special reports such as "Resources Utilization and Readers' Right" by Fan Bingsi, professor at East China Normal University, and "The Evolution of Library Paradigm: Opportunities and Challenges" by professor Huang Chen.

Encouraging members to write papers as a way to participate in scientific research

The Society had a paper selection every two years, with more than 30 awards every time. It encouraged its members to submit papers to the 12th and 13th selection of Best Papers on Natural Sciences of Wenzhou. Of the 15 papers recommended by the Society in the 12th selection, 2 received the second prize, and 2 received the third prize. Of the 9 papers recommended in the 13th selection, 1 received the second prize, and 2 received the third prize.

The Society also recommended 12 papers to be submitted to the 12th selection of Best Achievements on Social Science of Wenzhou. 1 monograph obtained the third prize of the monograph category, 1 paper obtained the second prize of the paper category, and 4 papers received the third prize and 6 papers received academic progress prize.

The Society organized the members to apply for research projects. There are research projects approved every year. In 2009, "About Collecting and Collating *The Complete Works of Hou Yiyuan*" was approved as a scientific research by Library Society of Zhejiang. In 2010, "Long-Term Preservation, Service Promotion and Academic Communication of Digital Resources" was named as a key academic project of prefectural-level society. In the same year, "Library Website Revision and the Promotion of Digital Resources to Enhance the Content and Popular Science Utilization Frequency of the Sharing Project" was listed as a key popular science promotion project of Wenzhou Association for Science and Technology of 2010. In 2011, Wenzhou Library undertook "A Study on the Equalization Index of Public

Cultural Services", a sub-project of "National System Design Researchof Public Cultural Services (in East China)", which was carried out by Zhejiang Provincial Department of Culture, trusted by Ministry of Culture. In 2013, "Research on the Public Reading in Wenzhou 2012-2013" initiated by Wenzhou Library, a scientific research project of Library Society of Zhejiang, was the first theme project for public reading in the province.

With encouragment from the Society, the quantity and quality of the members' papers published improved. In the seventh session of the Society, there were 322 papers published at provincial or senior publications, among which 68 were core publications. *The History of Ancient Paper Making at Wenzhou Area, Zhejiang, China*, written by the Society members Pan Mengbu and Zhang Yongsu, was included in the English version of *IFLA Pulication* 141: *The History and Cultural Heritage of Chinese Calligraphy, Printing and Library Work* (published by DE GRUYTER SAUR), which was the first Wenzhou paper that had been included in the IFLA pulication.

Wenzhou Journal for Library Science, journal of the Society, is for members to share work experience, academic research results, and also the main channel of information interactions between peers. The editorial department, considering the real situation, makes efforts to ensure the continuity, scholarship and interest of the journal through thematic seminars, paper competitions and other means. From 2001, there were 24 issues and more than 400 articles were published. Special issues such as "Seminar of Genealogy in South Zhejiang", "Cooperative Digital Reference Seminar", "Humane Spirit and Scientific Management: A New Exploration of Library Core Values", "The First Reading Festival in

Wenzhou" and *The Tenth Anniversary Colletion of Wenzhou Journal for Library Science* were praised by the members.

Communicating with brother librarians

Learning management ideas and experiences of other provincial or prefetural-level libraries is an important way to broaden horizons of the members and promote the development of the libraries in Wenzhou. The society organized the members several times to visit other libraries in Zhejiang or other provinces.

In August 2009, executive vice president Zheng Xiaoxiao, executive director Wang Xiaoming, attended the 75th IFLA General Conference as delegation members of Library Society of China in Milan, Italy. They visited different types of libraries in Germany, Italy and other countries, which deepened the understanding of libraries in developed countries.

In October of the same year, Primary and Secondary School Service Department of Wenzhou LibrarySociety held "Reading Seminar of Children Sub-committee of Library Society of Zhejiang Province". The seminar was hosted by Children Sub-committee of Library Society of Zhejiang Province. 45 delegates of public libraries and school libraries attended. There were three sessions, open demonstration lesson on reading, lecture and discussion. Professor Fan Bingsi, dean of Informatics Department of East China Normal University, made a report, "Reading and Library Science in China", and professor Li Chaoping, vice dean of Library Information Science Department of Zhejiang University, made the report "Several Thoughts on Promoting Reading among Minors". Ute Hachma, curator of Brilon Municipal Library, Germany and Janette Achberger, director of Roppe Juvenile Library, Hamburg (Jugend Bibliothek, Hamburg), made a report together, "Children's Reading in Germany", which introduced children's reading promotion in Germany, and broadened the horizons of the society members. The discussion was about the theme of "Children's Reading Guidance".

Sticking to Popularizing Science Knowledge, Training and Coaching

The Society held many science popularization activities with the resources and venues of Wenzhou Library. On the annual "National Science Day", activities were held on the square.

There were topic exhibition boards and science popularizations, such as "Great Affairs, Cultural Marks", and "Low-carbon Economic, Healthy Life: To Protect the Environment from Daily Chores". Colorful and diverse science lectures and exhibitions were held to spread science knowledge and advocate a healthy life.

Professional training was carried out every year on different topics according to the development demand of libraries. There have been more than 40 sessions of training courses in the last decade, with more than 1, 500 trainees. These trainings improved the professional qualities of library workers and promoted the standardization of library work. Furthermore, teachers of library science increased.

The Society also participated in the construction of primary libraries (book rooms). From 2007 to 2013, it helped Wenzhou Library establish 14 branches and 13 book circulation stations. 35, 000 items of books were sent to school libraries, army libraries, community libraries and so on.

温州市图书馆
WENZHOU LIBRARY
儿童知识银行

05

Chapter 5

Library of Everyone

“Make everyone enjoy the right of public libraries” is by no means a slogan in Wenzhou. If you love reading, the doors of Wenzhou libraries' are always open to you! Many readers take Wenzhou Library as their home and “a school where to self-teach”.

Wenzhou Library believes in the philosophy of “Readers First, Service First”, persisting in serving the public and developing diversely. Services inside and outside the library have been improving, while special services have been noticed. Wenzhou Library has become the library of every citizen.

Section 1

Service Windows Facing the Public

The main services of Wenzhou Library is the circulation of all types of books, periodicals and audio-visual materials, including providing literature reading, lending, copying, helping in retrieval and special-subject consultancy, as well as popularizing literature and providing reading guidance. The library has been trying to improve its service methods, and paying special attention to the young, old and disadvantaged groups, which has won the public praises.

Keep Making Improvement and Innovation: The Key to the Door of Reader Service

After stepping into the 21st century, the number of readers received and the number of books borrowed have been increasing every year. The reason is that the library keeps making management innovation and improving its services.

Readers Received and Books Circulated of Wenzhou Library (2005-2014)

Year	Readers Received (ten thousand)	Books Circulated (ten thousand)
2005	73. 48	36. 86
2006	105. 06	88. 82
2007	126. 14	158. 12
2008	135. 60	136. 50
2009	138. 25	134. 66
2010	157. 17	140. 14
2011	177. 7	175. 48

(Continued)

Year	Readers Received (ten thousand)	Books Circulated (ten thousand)
2012	210. 00	235. 00
2013	226. 45	246. 75
2014	264. 90	256. 98

Wenzhou Library introduces new services every year, which have made it more accessible to and convenient for readers. For example, readers are allowed to enter the library with their bags and without cards; it is free of charge to apply for cards, and suspend borrowing privileges by overdue; new borrowing cards have been introduced; it is free of charge to activate the borrowing function of citizen cards; the borrowing quota has been increasing, etc. The right to choose books freely is guaranteed and the reading demands of readers are satisfied.

With contemporary computer information management technology, Apps such as phone library, Microblog and WeChat were developed and improved. Multimedia information release

system has been used. Activity notices, new book recommendations and newspaper headlines can be timely acquired by SMS (short message service), so it is convenient for readers to be informed of library activity news and to decide which one to take part in. Card application, book renewal and book reservation can all be achieved on Internet, and the latter two can also be finished on phone. It is convenient for readers to make use of digital resources. WiFi has covered the whole library, of which readers can make use by inputting card number and password to log in with hand-held terminals. The innovation of service contents and ways has made the library more attractive. Reading in library has become a fashion for citizens.

Children's Knowledge Bank: A New Model for Minors Reading

As a starting point of "lifelong education", libraries have the social responsibility to educate adolescents. "Parent-child reading room" was set up in 2006 and has been open since then. All kinds of youth reading activities were held in order to create a comprehensive mode of minors reading promotion.

After years of exploration, Wenzhou Library made an integration of different kinds of parent-child reading, and launched the project "Children's Knowledge Bank" on New Year's Day of 2012. Knowledge is thought as similar to money in the way that it can be stored. The project is to encourage young readers to take part in all kinds of reading activities to create their own knowledge wealth. Adolescents at the age from 3 to 13 are the service targets of the project. Reading behaviors, reading reflections and reading experiences of young readers are transformed into "knowledge currency", simulating the banking procedures of account opening, depositing, withdrawing, and getting interests. Reading and studying in the library has become a visible wealth storing process. The creative project reflects the unique thinking way of Wenzhou people.

儿童知识银行

WENZHOU LIBRARY
儿童知识银行

By the promotion of "Children's Knowledge Bank", reading activities, such as "Brother Turtle Tells Stories", "Booklovers' Club", "Sharing a Good Book Monthly" and "Care New Residents: Children's Camp" were launched one by one, so young readers could take part in reading activities every week and accumulate knowledge "currency" by reading every day. Readers increased sharply. The number of children's books lent out amounted to 600, 000 items in 2012, twice as many as in 2011, and then the number in 2013 increased by 45%, to 880, 000 items. "Children's Knowledge Bank" and its effects on service attracted media attentions, as well as the attention of peer libraries. In 2013, the project earned the "Stars Award" given by Ministry of Culture.

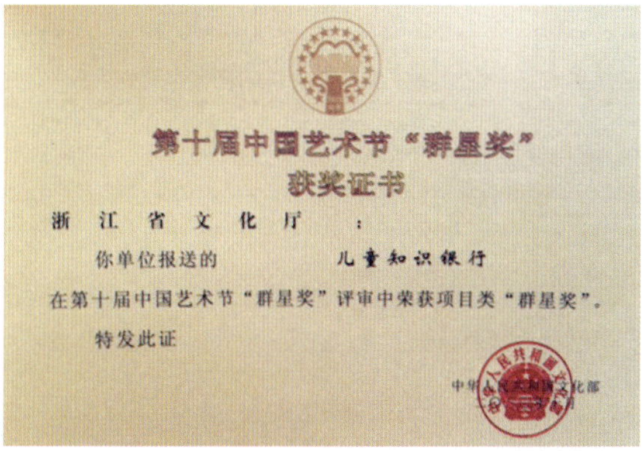

Wenzhou Library has tried its best to provide services to young readers. With space limited, there was a "picture book section" for them. Reading activities, such as "Camphor Tree School", "Golden Heart School" and "Firefly Parent-Child Reading" were held. The reading demands of children of different ages and education levels from kindergarten to higher grades have been satisfied. "Brother Turtle Tells Stories", mainly led by community volunteers, was the most effective one, showing the prospect of public library service.

The Aged Serve the Aged: New Services for the Aged Readers

In April 2010, Wenzhou Library transformed the branch library in Liming Road into a library for the aged to provide reading, relaxing and entertainment for the aged readers. There are more than 10, 000 readers coming in and more than 10, 000 books borrowed each year. Activities and training for the aged readers are very popular.

知识就是力量
温州市图书馆
老年分馆

温州市图书馆老年分馆
温州都市报晚霞俱乐部
共庆建党90周年联欢

温州鼓词

温州鼓词

The activities of the branch library can be divided into two categories, "entertainment for the aged" and "knowledge for the aged". The former includes Zhouyuan Arts Talk—Wenzhou Guci, Free Films on Weekends, Riddle Contest in the Latern Festival, etc. The latter includs Zhouyuan Public Podium, Reading Newpaper in Wenzhou Dialect, Zhouyuan School for the Aged, etc. Trainings on computer application, calligraphy, bird-and-flower painting, mountain-and-water painting, vocal music, traditional Chinese medicine, photography, Tai Chi, Tai Chi fan (a branch of Tai Chi, playing Tai Chi with a fan), gymnastics, Rouliqiu (a branch of Tai Chi, playing Tai Chi with a soft ball and a racket) are provided, with more than 30 classes. Thus the library is praised as the "College for the Aged".

The Branch Library for the Aged believes in the concept that "the aged serve the aged well". The elderly with some expertise, willing to make some achievements and contributions were recruited to form a voluntary serving team "Cun Cao Cun Xin". The team provides a chance for the aged who want to do something. They can be main organizers, planners, and managers of activities for the aged. Some benefited aged people also have done something as a return, just learning from the volunteers of "Cun Cao Cun Xin". They have enjoyed the happiness of serving others and being served by others.

The volunteer team consists of "librarians in charge + mainstay volunteers + media volunteers + social support". Relatively regular mainstay volunteers are chosen to take charge of the project planning of "cultural activities module". Librarians in charge show the annual plan of "cultural activities module" to the mainstay volunteers. Then they discuss together to decide the practical detailed plan. Finally, the mainstay volunteers organize and manage the activities. Besides the regular "cultural activities module", mainstay volunteers and media volunteers also plan and organize activities on important festivals, such as the Mid-Autumn Festival, National Day, Double Ninth Festival and the Reading Festival on April 23th.

On October 25, 2011, *Chinese Culture* reported the activities of the Branch Library for the Aged, titled *A Cosy Nest for the Aged*. A number of old volunteers were referred to. For example, 70-year-old Dai Yuanqin initiated and organized "Reading Newspaper in Wenzhou Dialect", with dozens of "old fans". After the establishment of the branch library, Dai

Yuanqin was a guest lecturer for "Zhouyuan Reading Newspaper". He came to read newspapers and talk about the news in the library, which attracted more aged readers. And for another example, 73-year-old Huang Shiguang came to the library at 8: 30 every day. He read news online with a computer, or read books and journals in the reading room. The library was mainly where he spent his retired life. He also often made advice on library service, unconsciously becoming a volunteer of library service.

In 2013, the Branch Library for the Aged won the honorary title of the first national "Respecting-the-elderly Organizations".

Section 2

Creative Services with Local Features

Wenzhou Library never stops serving the citizens, as well as social and economic development needs. The goal of the library is promoting the development of society, economy and culture. The library has adopted diversified service strategy to provide a variety of creative information service for governments, enterprises and professional workers.

To be a Good Information Carrier for Social Development

The highlight of Wenzhou Library information reference service is to provide decision-making information support for the government. Advisory workers were sent to the Information Office of the Municipal Committee to learn about the local government information needs and provide constant featured information services in cooperation with relevant departments and agencies. The Advisory Department of Wenzhou Library was a member of Wenzhou Think Tank which was under the leadership of Advisory Committee of Wenzhou City, so Wenzhou Library attended the ask-for-advice meeting hosted by the Think Tank regularly. *New Reference* was edited and issued by the library monthly to be distributed to more than 200 government departments and agencies. An issue of *Policy Research* (*Zhengce Dongtai*) was provided weekly for the Municipal Policy Research Office, while three issues of *Wenzhou-related Reports* (*Shewen Baodao*) and *Experts Review* (*Zhuanjia Shijiao*) were provided for the information office. Besides, featured reference materials were provided for the Provincial Policy Research Office.

In 2011, Wenzhou Library provided different featured information of more than 1.5 million words printed or in electronic form, most of which were adopted by *Wenzhou Information*. In 2012, the library was named Excellent Institute in Government Information Research and Excellent Institute of Decision-making Consultation of Wenzhou. In November 2013, in the first Public Library Information Services Product Competition of Zhejiang Province, *Wenzhou Review* by Wenzhou Library was awarded the best column layout, and the restricted publication *Incorrupt Government Reference* got "Gold Award for Reference".

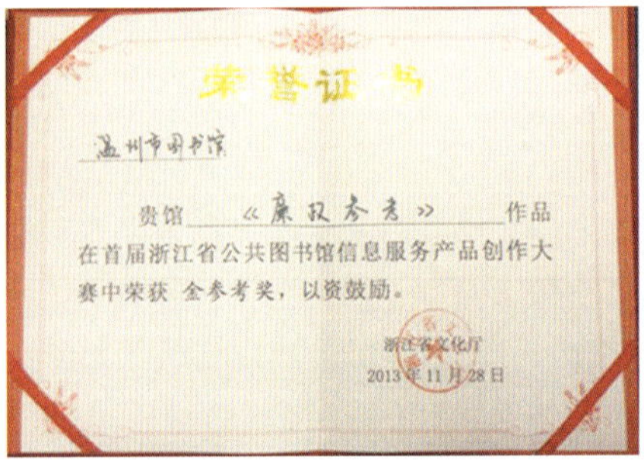

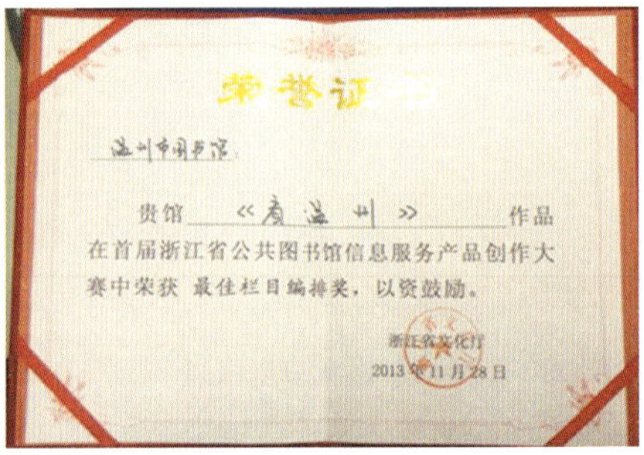

To Establish a Featured Library for Economic Development

Wenzhou Library made great efforts to expand the scope of information service. After an integration of a variety of social resources for the development of economic information service, China Shoes Capital Library and Wenzhou Clothing Library were constructed according to local economic characteristics. Wenzhou Library has paved a way for specialized economic information service, and also for branded service. The service has become an important driving power of Wenzhou economic development.

In November 2001, Wenzhou was chosen as "China Shoes Capital". Wenzhou Library took the opportunity, and constructed the first library of shoe literature in China with Wenzhou Leather Association, China Shoes Capital Library. The library brought together professional

books, publications, pictures and CDs on shoes and leather, and a comprehensive database was constructed. The library began to provide books for borrowing, literature for reference, professional training and other information consulting services for enterprises that made shoes and leather. The library has become an important place to find information, learn new knowledge, and communicate experience.

Shoes Capital Library made a multimedia CD *Wealth Information* every two months, carrying the latest style of shoes, expert discussion, and market information, which was very popular among the industry. Shoes Capital Library participated in a variety of shoe leather or leather exhibitions and fairs of light industry to show information services and information products. The library's influence expanded. In the meantime, a website of the library was constructed. Registered members were not only from Wenzhou, but also from Shanghai, Wuhan, Chengdu, etc.

Attracted by its reputation, merchants from Italy, India, Malaysia, Hong Kong, and other places come to the library. The information about local shoes industry provided by the library helped them choose their investment directions. The library was an information bridge connecting international businesses.

China Shoes Capital Library was established by the support of Wenzhou Library, so it had the advantage of resource construction and information collecting and processing. A bridge of resource management and information service between enterprises and Wenzhou Library was formed by cooperating with Wenzhou Leather Association and other professional associations. Shoes Capital Library ran under membership system. There were core members and regular members, who were provided with differentiated services. The former provided funding for the purchase of specialized books and equipment, which was a complementation of the library funding gap of resources and equipment. The library provided literature and documents for regular members. Various information processing technology and equipment provided by core members satisfied the requirements of digital library development. There was a "corporate image counter" in the library, displaying product samples, advertisements and restricted newspapers of local shoe businesses. These items showed the enterprise images and culture, eventually becoming a special composition of the collections of the library.

In April 2004, Wenzhou Library and Wenzhou Fashion Association cooperated to establish Wenzhou Apparel Library which was a public service institution serving for clothing businesses, especially for small and medium enterprises, under membership system. Wenzhou Library and Wenzhou Fashion Association sponsored the apparel library with more than 1 million Yuan as the initial investment, of which 400, 000 Yuan was for the purchase of manuscripts and books relating to clothing styles, fabric design, etc. from home and abroad, and economic and management books about modern technology application, scientific enterprise management, modern marketing, etc. The library collected professional books and journals, provided information retrieval and consulting, and issued fashion trends, all of which made it an information base for the development of the city's clothing industry.

After the completion of new Wenzhou Library in 2005, Capital Shoes Library and Wenzhou Apparel Library merged into one—Clothing Featured Library. It continued serving mainly for businesses and teams, under membership system. Funds from the members were for the purchase of books and publications on clothing. The literature collection of the featured library consisted mainly of literature on shoe leather and clothing in the form of books, periodicals, and fashion manuscripts.

The featured library cooperated with Wenzhou Vocational and Technical College, and then with Wenzhou University to establish a teaching and research base for shoes and clothing industry. Students of relative majors were organized to come to the the library regularly for on-the-spot teaching. The library became the second classroom for students and a cradle for innovative designs. After 2009, paid services of the featured library were cancelled. The library ran in new modes but still served local pillar industries, promoting the economic development in Wenzhou.

In June 2010, Clothing Culture Salon of Wenzhou Library was established to provide a communication platform for the fashion circle. A fashion publication was recommended monthly in the form of salon or lecture, and experts were invited there to give reviews and analyses on personal image design, color and skin color matching, clothing style, basics of fabric, clothing brand appreciation, etc.

In 2011, a shoes and clothing professional information website was introduced by the featured library. The website provided shoes and clothing enterprises information about global consumption trend forecast, professional clothing planning, current styles, big fashion shows in the world, hot trend patterns as well as news and recruitment of local shoes and clothing industries and various professional training activities. Featured services were provided for the development of local industries.

Section 3

Growing Digital Wenzhou Library

The development direction of all libraries is digitalization in the 21st century. The construction of Digital Wenzhou Library went through three stages: prototype, improvement and popularization. Websites were constructed, Microblog and WeChat have been used as interactive platforms, and mobile phone library service has been provided. Wenzhou Library has been following the era of digitalization and network service.

Prototype of the Digital Library: E-age Library (2001-2004)

In August 2001, Wenzhou E-age Library was opened, supported by Wenzhou Branch of China Unicom and Beijing Shiji Chaoxing Information Technology Development Co., Ltd. E-age Library was a prototype of digital library, the basic belief of which was that "any person who signs in the digital library at any place and at any time has direct access to information and knowledge". Four databases on fashion shoes design around the world, biography, Internet literature and local literature were established by digitizing some special collections, and adding 250, 000 titles of digital books about literature, history, law, military, economics, science, medicine, engineering, architecture, traffic, computer, environment protection, etc. There were resources as much as 10TB, with shoe pictures of 2TB, and there were 20, 000 titles of digital books, and 10GB of digital resources annually added or updated. E-age Library was a combination of traditional library and digital network, which was a new development direction of Wenzhou Library.

E-age reading cards were introduced. Readers could enjoy reading according to the following steps: getting a card of Wenzhou E-age Library, signing in E-age Library, downloading SSReader to PC and registering online. Readers with the cards could also enjoy personalized services, such as network notepad, e-age square, e-age department store and fixed line. Up to 2003, there had been 2. 16 million hits and 1. 21 million books downloaded. In June 2004, E-age Library had covered three county (prefecture-level city) libraries, exploring the popularization of digital library services.

Digital Library's Growth: Digital Resource Service Platform Based on VPN (2005-2010)

In 2005, when the new Wenzhou Library was to open, "Chaoxing E-books", "Shusheng Zhijia" (meaning scholar's home), "Apabi E-books", "Wanfang Full-text Journal Database", etc. were introduced. A virtual library of more than 400, 000 titles of digital books and thousands of digital periodicals was established. VPN was applied, so readers with valid library cards could register online and access all the digital resources without charge by signing in. A super-large digital library came to life by the support of a retrieval system across heterogeneous databases. The virtual collection and physical collection were integrated for readers. It became more convenient and timely to retrieve and query the physical collection. In April 2006, e-books, e-journals and resources of eight databases, such as CNKI, VIP, Wanfang, Chaoxing, etc. were free to all readers. There were multimedia cultural resources with local characteristics on the digital platform, such as "Home of Nanxi" (Nanxi is an ancient form of Chinese drama originating from Wenzhou), and "Wenzhou Culture Information Network".

Digital Library's Popularization: Based on SSO (Single Sign-On) (2011-Now)

In October 2011, the digital resource platform of Wenzhou Library was upgraded again. InterlibSSO developed by Guangzhou Tuchang Software Development Co., Ltd. was applied to providing one-stop services for readers. Readers just need to get a library card in Wenzhou Library and sign in before having direct access to all different resources and services of many databases. For some readers with literature requirements who can't come into the library, they can take advantage of online accreditation provided for digital readers. Readers their ID card, phone number and other information online, and after checking they get the card account and password by SMS sent by the library, they could sign in and get all the services.

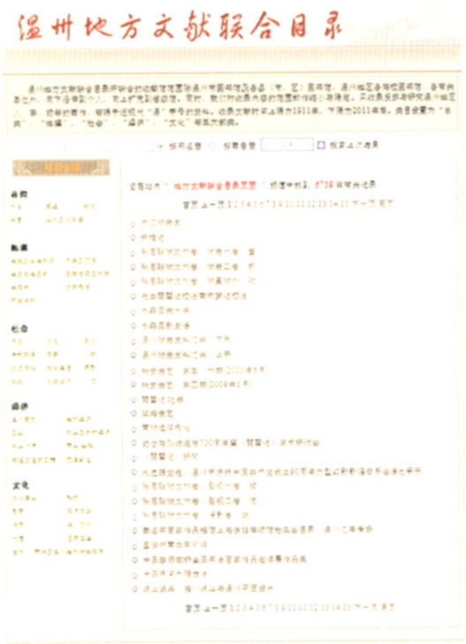

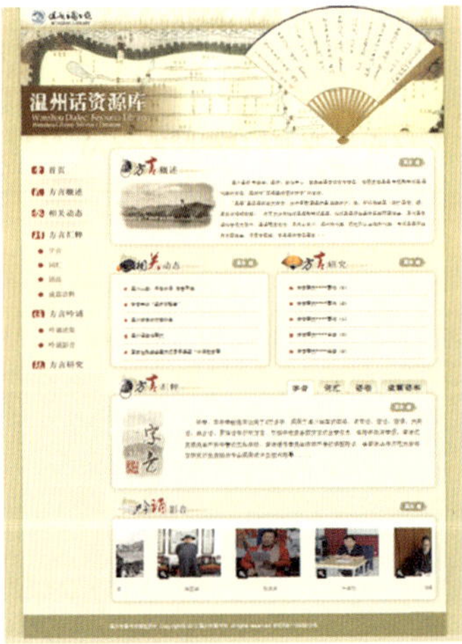

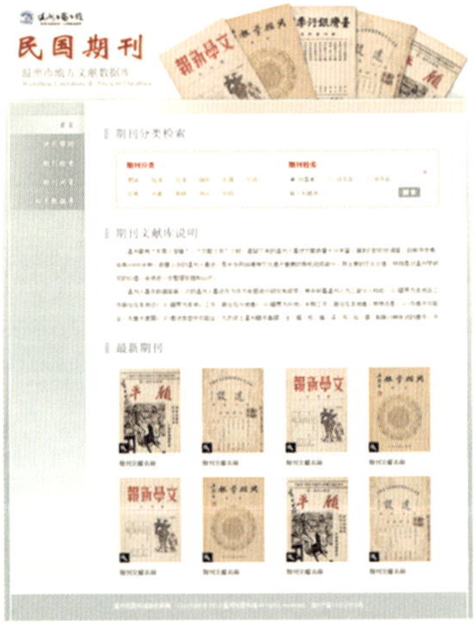

By the end of 2014, there had been more than 15, 000 titles of electronic journals, 1 million items of e-books purchased, remote access to over 2 million e-books and more than 35, 000 video lectures, with resources as much as 60TB in total. The site got over 6 million clicks in 2014.

Section 4

Flexible Reading Promotion

Promoting nationwide reading is an important function as well as a social mission of libraries. Considering that readers of different ages had different reading habits and characteristics, Wenzhou Library offered reading promotion services through multiple channels. Reading publications were edited and mobile platform were launched.

Wenzhou Reading Monthly

In January 1997, *Wenzhou Reading Monthly* was issued by Wenzhou Library, quarto, 4-page. Up to December 2014, there had been 211 issues, a total circulation of 420, 000.

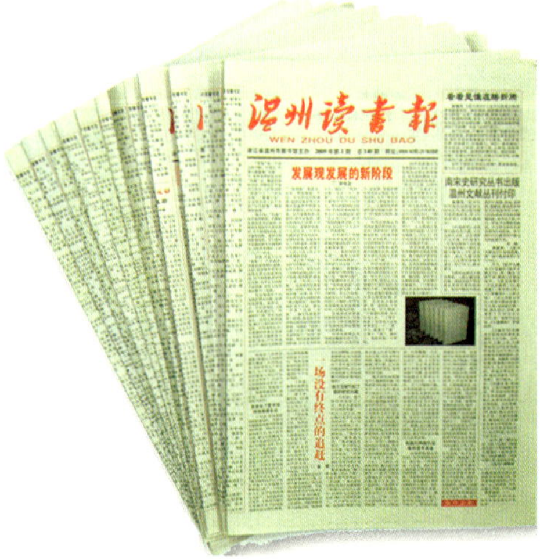

Wenzhou Reading Monthly is based on the locality, facing the whole country, while looking abroad. The front page is Literature News, covering book reviews and publishing news. The second page is Book Window, a column by columnist, and "new book gallery"; the third page is *Book Scent*, where readers share their reading experiences; the fourth page is *Ou Style*, which contains historical stories and cultural anecdotes of Wenzhou. *Wenzhou Reading Monthly* and local document collection, daily academic interaction and other daily activities help each other forward. A virtuous cycle of social culture and readers activities has formed.

The writers of *Wenzhou Reading Monthly* come from 21 provinces. The newspaper is like a business card introducing local culture and history, or like a window showing the spirits of the library workers, and has received the recognition and support from readers. Many essays praised *Wenzhou Reading Monthly* for its "non-profit" mode, such as *Wenzhou Library and Wenzhou Reading Monthly* (by Dong Guohe) appearing on *China Reading Weekly* on February 5, 2007 and *The Universe of a Small-sized Newspaper* (by Zhuge Yibing) appearing on February 3, 2010, *A Humanities Landscape of Wenzhou* (by Zhou Zhenhe) appearing on *Wenhui Reader's Weekly* on September 23, 2011.

In 2011, on the Ninth Annual Meeting of Folk Reading hosted by Wenzhou Library, *Ou Ge*, a selection of essays from *Wenzhou Reading Monthly* was first issued. Later, 200 lectures were held. Zhu Zheng, Zhou Zhenhe, Chen Tushou, Wang Zhenyu, Zhang Xin and other cultural celebrities were invited to attend and give presentations, which was very popular. *Wenzhou Reading Monthly* was named "A Garden Full of Book Scents" by Reading Promotion Committee, Library Society of China. In April 2014, it was selected as "Top Ten Internal Publications of Libraries in China".

Zhouyuan, Journal of the Library

Zhouyuan, the journal of the library, was first launched in the 1940s when the library was

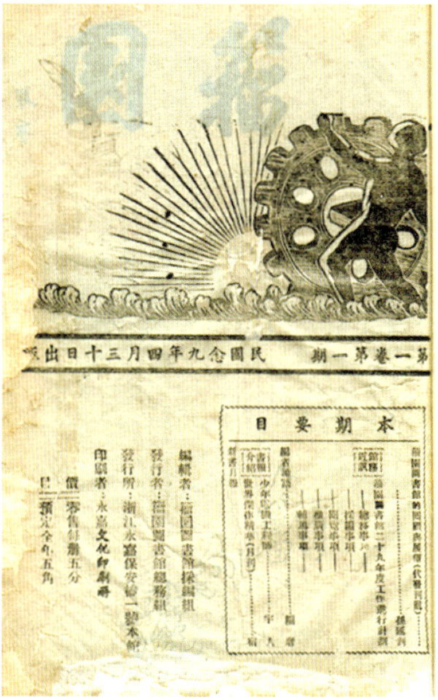

still named Zhouyuan and it contributed greatly to the cause of Wenzhou Library. In April 2011, *Zhouyuan* publication was resumed, issued quarterly, with "books" as the main topic. Articles or information about "knowing books", "reading books" and "using books" were published. There were 15 issues and more than 800,000 Chinese characters, more than 2,000 pictures since it was resumed, winning recognition from readers and the library circle.

Column List of *Zhouyuan*

Column	Column Title	Main Contents
Feature	Depending on the theme of each issue	A topic was chosen to be discussed in a couple of articles according to the current reading focuses.
Business	Statistical analysis, research and practice, etc.	Analysis and discussion on library business.
Librarians	Chief-editor's message, Zhouyuan featured articles, Langhuan comments, Librarians' feelings, Librarians' forum, Memory of Zhouyuan, Zhouyuan book talking, etc.	Focusing on the experience of librarians, work and learning, as well as the feeling of the public towards the library.
Readers	Book People and News, Past History of East Ou, Reading Pleasure, Reading Experience, The Era of Reading Pictures, Calligraphy and Painting workshop	Anecdotes about readers and Wenzhou literature circle; understandings and tips of reading and writing.
Activities	Zhouyuan Lecture, Zhouyuan Book Sharing Salon, Cultural Exhibition Halls, Episodes of Activities, Community Activities	Speeches by experts, talking scripts of the reading club, facts about lectures, exhibitions, and reading activity by words and pictures.
News	Wenzhou Library News, Branch Library News, Information Window	Covering news and information about the library and the circle.
Miscellanea	New shelves, Letters to Editors, Editorial Notes	Recommendation of new books in the library, feedback information.

Mobile Services

Microblog, WeChat Services

Microblog, as a new network platform for information exchange, was promptly applied to management and serving readers in Wenzhou Library. In March 2011, Wenzhou Library began to use the Weibo account of "Wentu microblog". The library made microblog a platform to show its services and activities, with the participation and wisdom of all the librarians and readers.

There were 5 sections of "Wentu microblog", Wentu Discovery, Wentu Notice, Wentu Sharing, Wentu Cnsulting, Wentu Curator Online. The account was managed by the Executive Office, encouraging the participation of the whole library. The management team consisted of creative and responsible workers assigned by each department. One or two pieces of news were issued each day. At present, there are over 10, 000 fans.

In March 2013, Wenzhou Library began to take advantage of WeChat to push information and services, mainly about Zhouyuan Book Sharing Salon, reading promotion, the WeChat special issue of *New Reference*, activities forecast, as well as policies and regulations of the library. In April 2014, the services on WeChat were changed. The information posted was adjusted according to the statistics of picture and text hits. Topic books focusing on current affairs were recommended according to the popularity, which made up the basic services. The WeChat menu was redesigned and divided into three sections, hand-held Wentu, the library journal and the library newspaper, and wonderful micro-journal. It was only a year after the WeChat account was opened that subscribers reached 14, 000, winning the Wenzhou Public Cultural Service Innovation Award. It ranked the 4th among top influences of Chinese mainland WeChat public account of public libraries according to *China Library Weekly*. It had been listed in the top political influences of culture and education category among the national WeChat accounts by public opinion monitoring room of People's Daily Online, which was the highest and most frequent nominee among library WeChat accounts.

Mobile Library Services

In November 2012, Wenzhou Library launched its mobile Wap service. Readers could access m. wzlib. cn via mobile phones for bibliographic search or the latest news and activities of Wenzhou Library, as well as renewing borrowed books. Users with temporary information requirements could sign on the library website through text messaging verification code after putting in the phone number, and then got full-text reading of e-books, e-newspapers, dissertations and other literature.

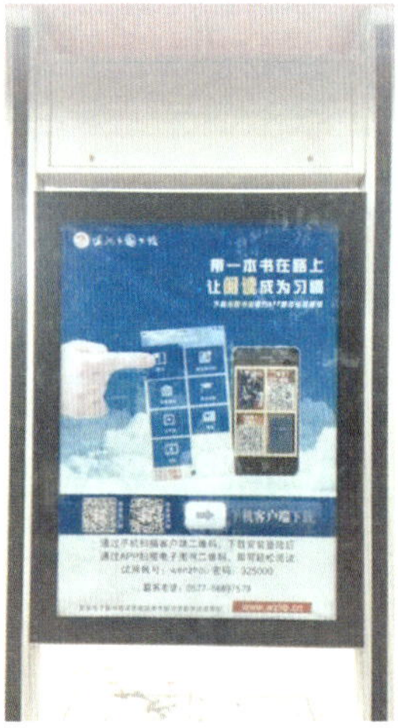

At the end of 2013, "APP of Wenzhou Library" was launched. Readers can download the APP of IOS or Android to catch literature or relative information of Wenzhou Library at any place timely. The APP helped readers in the following ways. (1) Direct access to the full texts of the library literature database, including e-books, periodicals, newspapers, dissertations, conference papers, standards and patents. (2) As for literature not collected in the library, document delivery was available. The full texts of more than 600 libraries could be retrieved. Readers just need to send a document delivery request over their mobile phone with their email address, full text of the document will be sent to their email box.

Section 5

Effective Research and Development of Literature

It was a tradition of Wenzhou Library taking the responsibility of promoting local culture and paying attention to the management, development and utilization of local literature. But there was only one publication on literature research, *Shensui Annual*, in 1937 throughout the 20th century because of the limited conditions. Since 2000, there was a fast development in the sorting and research on local literature.

New Opportunity: The Establishment of South Zhejiang Genealogy Research Center

In June 2000, the project of *The Total Contents of Chinese Family Tree* (*General Catalogue of Chinese Pedigrees*) was officially approved by Ministry of Culture of PRC, which brought a fashion of family tree collection and research. On December 24 of that year, South Zhejiang Genealogy Research Center was established by Wenzhou Library, of which social repercussions were unexpectedly great. The public showed unprecedented enthusiasm. A great many of them donated family trees or provided clues. Genealogical Centers have been set up all over Zhejiang. Dongyuan village of Pingyangkeng town, Rui'an city, where wood movable type printing of family trees was the main business, became a wood movable type printing culture village in contemporary China owing to the fashion.

In 2001, Wenzhou Library finished the compilation of Wenzhou section of *The Total Contents of Chinese Family Tree* (*General Catalogue of Chinese Pedigrees*) and *The General Catalogue of Zhejiang Family Tree*. Later three titles of *South Zhejiang Genealogy Literature* and seven titles of *South Zhejiang Genealogy Research Series* were published.

Breakthrough: The Publication of *Wenzhou Literature Series* and *A Sequel to Wenzhou Literature Series*

In 2001, Wenzhou Government invested 2 million RMB to set up Editing and Publishing Committee of *Wenzhou Literature Series*, for the purpose of planning the systematic rescue of valuable and influential local historical documents in Wenzhou. Wenzhou Library was entrusted the daily work of the committee office and editorial board. As the executive of the project, Wenzhou Library took part in making the publishing plan, compiling the general notices, editing the manuscripts, as well as contacting relative experts and scholars, and so on. Meanwhile, Wenzhou Library was responsible for the editing of *Wenzhou Jingji Zhi*, *Huang Qun's Works*, *Dong'ou Anecdotes*, and so on. With the support of relevant departments and organizations, 41 scholars made 4 parts of 40 titles of 48 items of *Wenzhou Literature Series* published after 7 years of redaction and edition. The series was the most perfect collection of historical documents of Wenzhou.

The project of *Wenzhou Literature Series* started the research and publication tradition of Wenzhou Library. Subsequently, as the continuation of *Wenzhou Literature Series*, *A Sequell to Wenzhou Literature Series* of 10 titles of 14 items was also edited and published by Wenzhou Library. In 2003, the first comprehensive directory of local literature, *The Catalogue of Local Literature of Wenzhou* was compiled and published.

In 2010, Wenzhou Library began the edition of *Series of the Diary Collection.* As one of the featured collections, there were 23 titles of 350 items of diaries of celebraties from the late Qing Dynasty to modern times, covering such aspect as modern politics, education, culture, economy and society of Wenzhou, of more than 7 million or 8 million words in total, which was of great value for historical research. Two editions, the photocopy edition and the edition with punctuation, were planned to be published. The photocopy version was published by Zhonghua Book Company in the first half of 2015.

Highlight—A Rapid Development in 2011

In 2011, the editing work of local history documents culminated and ushered a climax. The first book of *Zhouyuan Book Series*, *Ou Ge* was published, praised as a window showing the workers' spirits in Wenzhou Library, and a business card of local history and culture.

Subsequently, *Journal Archives of Wenzhou Historical Literature* was published, inheriting the tradition of *Shensui Annual*. At the end of the year, Wenzhou Library took on the overall compilation of *Wenzhou Dialect Literature Collection* at the suggestion of famous linguist and scholar Zhengzhang Shangfang.

In the same year, the biggest project, *General History of Wenzhou* started. In early 2011, Wenzhou Municipal CPC Committee and the Government of Wenzhou decided to make *General History of Wenzhou* edited. Wenzhou Library volunteered to undertake the task. As the leading organization of the project, Wenzhou Library was responsible for the implementation of the project. Seven volumes were planned to be edited. It was estimated to be 3 million words. Thirty matching featured history books were to be published at the same time. The project was planned to take 6 years.

The editing of *General History of Wenzhou* was an improvement project of culture construction, and also an important component of creating a historic and cultural city. Wenzhou Library tried its best to escort the project by way of providing documents for the compiling. Many seminars about the editing were organized by Wenzhou Library. The featured catalogue of *General History of Wenzhou* was completed. *A Newsletter for Editing General History of Wenzhou* was issued. The website and database of *General History of Wenzhou* was established. The "historical and cultural tour" was organized.

The featured book series of *General History of Wenzhou* was carried on at the same time, and initial results were achieved. In June 2014, the first title of the featured history, *Antique Atlas of Wenzhou* was published by Shanghai Bookstore Publishing House.

The thrust of literature editing and research work of Wenzhou Library was to explore local literature resources and keep regional culture alive, and provide academic researchers with first-hand sources.

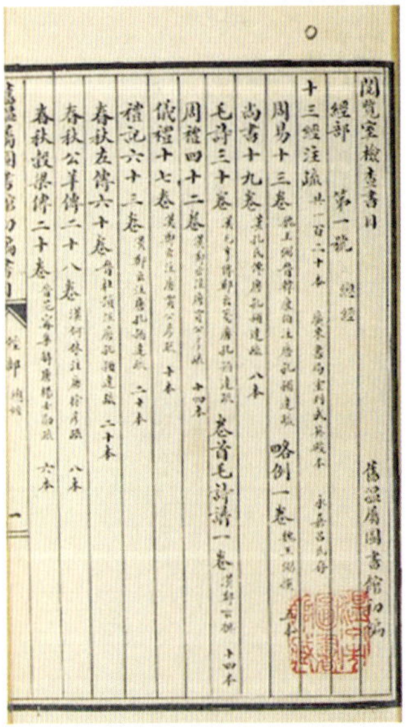

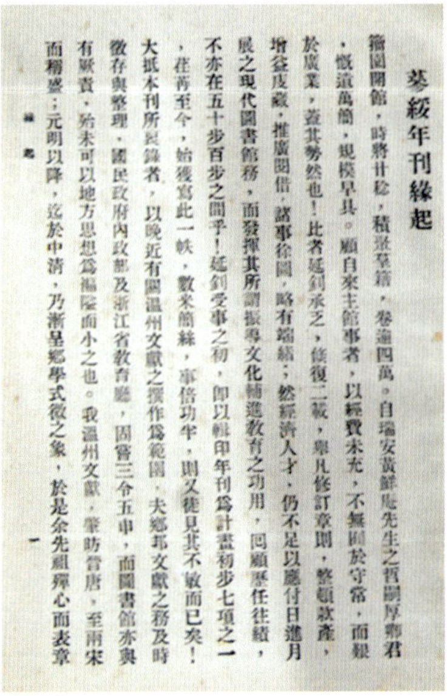

蔘綏年刊緣起

籀園開館，時將廿稔，積聚羣籍，卷逾四萬。自瑞安黃鮮庵先生之哲嗣厚弗君，慨遺萬簡，規模早具。顧自來主館事者，以經費未充，不無囿於守常，而艱於廣業，蓋其勢然也！比者延釗承乏，倏復二載，舉凡修訂章則，整頓款產，增益庋藏，推廣閱借，諸事徐圖，略有端緒；然經濟人才，仍不足以應付日進月展之現代圖書館務，而發揮其所謂振導文化輔進教育之功用，回顧歷任往績，不亦在五十步百步之間乎！延釗受事之初，即以輯印年刊爲計畫初步七項之一，荏苒至今，始獲寫此一帙，數米簡絲，事倍功半，則又徒見其不敏而已矣！大抵本刊所甄錄者，以晚近有關溫州文獻之撰作爲範圍，夫鄉邦文獻之務及時徵存與整理，國民政府內政部及浙江省教育廳，固嘗三令五申，而圖書館亦與有厥責，殆未可以地方思想爲褊陋而小之也。我溫州文獻，肇昉晉唐，至兩宋而稱盛；元明以降，迄於中清，乃漸呈鄉學式微之象，於是余先祖殚心而表章

緣起 一

After years of practice and accumulation, an academic research team has been formed. The members mostly had master's degree in philology, history, etc. They were experienced in project choosing, proofreading, and editing, as they had taken part in many publishing projects. At the same time, Wenzhou Library constructed actively an academic communication platform, where experts and scholars at home and abroad were invited. For example, the project of *General History of Wenzhou* was led by domestic well-known scholars, while *Series of the Diary Collection* was led by a local scholar.

With *Wenzhou Literature Series* as an example, the academic influence of local literature study expanded and was valued widely by experts and scholars at home and abroad. The publications edited by the library were issued to the domestic large and medium-sized cities, as well as other countries by China International Book Trading Corporation, such as America, Germany, South Korea and Japan.

06

Chapter 6

Urban Culture Station

It is a fine tradition of Wenzhou Library to hold various activities of different themes and forms. As the library has the responsibility to promote reading, different organizations have been established for readers to learn, communicate, discuss, and show themselves, such as groups, training classes, clubs, and salons. The duties of the library mainly lie in initiating projects, while the library integrate different social forces through the interaction among readers and gradually turn daily activities into the ones led, organized, planned and implemented by readers. The activity forms can change flexibly, such as lecture, exhibition, mass artistic performance, community salon, knowledge competition, free training class and so on. After years of practice, featured cultural activity brands have been formed, such as Zhouyuan Lecture, Zhouyuan Book Sharing Salon, Zhouyuan School, School for the Aged, Wenzhou Library Exhibition, English Corner of Wenzhou Library, Reading Drama Club, Speech Contest of Newly-migrated Wenzhounese, Brother Turtle Tells Stories. On every weekend, citizens come to Wenzhou Library in groups to join in activities where they enjoy and meet friends with common hobbies. The library has become an important cultural station for the urban residents.

Section 1

Emphasizing both Lectures and Exhibitions

Among various activities for readers, lectures and exhibitions are of the longest history, and they also attract the public the most. Their popularity lie in the closeness to public life, as well as the attention to current events. The topics are diverse, and the contents are abundant. Especially the serialization of lectures attracts not only the public, but also social elites, who consider it their pride and honor to deliver lectures and hold exhibitions in the library. On every weekend, the library lecture hall and the exhibition hall are full of citizens. Coming to the library for lectures and exhibitions has gradually become one of the fashionable ways of life for many citizens.

The History and Others of Zhouyuan Lecture

It is a tradition of Wenzhou Library to invite culture celebrities, experts and scholars to hold lectures. According to the history records of the library, at the end of 1940, when the Youth Reading Club had just been established, many lectures were held. Curator Sun Yanzhao invited Wang Jisi, a professor from Zhejiang University to give lectures, "About Reading" (1940. 12. 8), "How to Write Essays on Current Affairs" (1940. 12. 22), "The Status of Wenzhou Nanxi in Chinese Dramatic History" (1941. 9. 21) and invited the chief editor of *Southeast Daily*, Wang Yuanhan to give a lecture, "Analysis of the Pacific War" (1941. 12. 21). These are the earliest record of lectures in the library files.

In the summer of 1943, professors and scholars from Wenzhou came back home to spend vacation and Zhouyuan Library invited them to the library to give lectures. There were seven in total, "Patriotic Poet Lin Jishan" by Xia Chengtao, "Current Events and Careers" by Wang Jisi, "War News and News War" by Wang Yuanhan, "The Theory of Evolution" by Jia Zuzhang, "Space and Time" by Xu Guifang, "Cost Accounting" by Pan Shangyuan, "Industry for Hot Cracking of Fat" by Cai Kongyao, which were of unprecedented success.

In August 1945, over 30 people, including Liu Jingchen, Xia Chengtao and curator Mei Lengsheng, initiated Wenzhou Bodhi Society. A series of Buddhist lectures were given in the library. In the same year, there were other lectures of diverse themes and rich knowledge, such as "How to Realize the Birth Time and Place of Chinese Characters" by Li Yanqing (10. 14), "The Discussion of Atomic Bomb" by Xu Zhenchi (10. 21) and "Nature of Natural Numbers" by Xu Guifang (10. 28), etc.

On May 9, 1949, Wenzhou was liberated, which brought a new stage for libraries as well as lectures.

In July 1954, borrowing the venue of Great Hall of the People of Wenzhou, Chen Jiye gave a lecture "A Classical Novel: *Water Margin*"; Dai Xiuchuan sang Wenzhou Guci, "Black Whirlwind Li Kui" (Li Kui is a fictional character in *Water Margin*); and Xie Yinxin sang Dagu, "Wu Song Killing the Tiger" (Wu Song is a fictional character in *Water Margin*), with audiences over 1, 000. In October of the same year, three talks on "Taiwan Issue" were given with the help of Wenzhou Association for Science and Technology Popularization.

In September 1955, the library cooperated with Sino-Soviet Friendship Association of Wenzhou and the cinema in hosting a literary report, "Gogol and His Work, *The Government Inspector* (*The Inspector General*)", with Ye Manji as the speaker.

In 1957, lectures on the history of Chinese literature were held every half a month. More than ten celebraties were invited, such as Ma Xijian, Wang Futong, and so on.

In the 1980s, as the library cause flourished, the lecture activities mushroomed. Especially after the library moved to Yuanxi Lane in 1998, there was a separate lecture hall which could accommodate 200 to 400 people. From then on, academic lectures became one of the regular services of the library. Social Activity Department was established in the next year, which contacted celebrities from all circles in many ways. Monthly lecture became one of the basic services of the library.

In 2005, the library moved to the new building on Shifu Road. In order to strengthen the impact of library lectures on Wenzhou citizens and keep the cultural connotation of library lectures, the lectures still take on the name, to make "Zhouyuan Lecture" a public service brand.

"Zhouyuan Lecture" continued to be oriented by social hot topics and public concerns, held once or twice a week, over 100 per year, covering politics, education, literature, art, history, law, economics, psychology, health, reading and other fields. There had been nearly 1, 000 lectures by the end of 2014, with a total of more than 200, 000 listeners. Many cultural celebrities became guest speakers, such as Zhou Ruijin, Ge Jianxiong, Cao

Wenxuan, Ma Licheng, Ye Xin, Han Shishan, Sun Liqun, Xie Yong, Zhang Ming, Zhang Ling and Yan Chongnian, etc. Wonderful lectures greatly enriched the cultural life of Wenzhou people.

Due to the limited capacity of the venue, from 2002 on, the authorization of speakers was obtained to record lecture videos and upload to the website of Wenzhou Library, which also made it possible for audience who couldn't come to the scene to watch the demeanor of masters and obtain cultural knowledge.

In 2009, Zhouyuan Lecture was named "Excellent Lecture Brand of Zhejiang" and was awarded "Advanced Cultural Brand" by the Civilization Office of Zhejiang Province in 2011.

Meanwhile, Wenzhou Library also organized several series of lectures in cooperation with other organizations.

Since 2006, entrusted by Wenzhou Municipal Publicity Department of CPC, the Civilization Office, the Women's Federation of Wenzhou, *Wenzhou City News*, lectures such as "Darongshu Public school" "Learner Lecture" Civilization Lecture", "Female Classroom" were opened, which gave citizens another choice of hobby.

"Learner Lecture" was chiefly planned by a columnist of *Wenzhou Daily* Jin Hui. Experts and scholars who had influence on the profession or academy and who were born and educated in Wenzhou were invited to Wenzhou Library to give speeches. There were Ye Yonglie, Huang Bencheng, Zhuge Yibing, Fu Guoyong, Meng Qingjiang, Li Qihu, Wang Weixi, Lin Guanfu, Huang Shizhong, Zhou Ruijin, Zhengzhang Shangfang, Xiang Biao and so on.

Lecturers of "Famous Weibo of Wenzhou" were local scholars who had certain specialized research capability and used Weibo early. Among them were family descendants of traditional Chinese medicine, financial experts, public service volunteers, as well as contemporary literary youth. Their passion could be expressed just in their hometown, sharing their knowledge with the citizens.

The History of Wenzhou Library Exhibition Hall

The exhibition activities of Wenzhou Library dated back to the 1930s. "Wartime Books Exhibition" and "Defense Books Tour", etc. were once held. The biggest and most influential was "Exhibition of Woodcut and Cartoons about Armed Resistance and National

Reconstruction", held in Zhouyuan in November 1940, on which 1, 194 of over 1, 500 exhibits were made by local artists, and many were by famous domestic print painters. Originally the exhibition was scheduled for three days, while it was prolonged by one day as requested by the audience. Despite two days of heavy rain, the number of audience still reached more than 7, 000, and 1, 800 each day on average. The exhibition publicity was also well done. *The Special Report of Exhibition of Woodcut and Cartoons about Armed Resistance and National Reconstruction* appeared on the supplement of two local leading newspapers, *Zheou Daily* and *Wenzhou Daily* the day after the exhibition opened. The library not only published *Special Issue of Exhibition of Woodcut and Cartoons about Armed Resistance and National Reconstruction*, but also edited *Exhibition Catalogue* and *An Anthologyof Woodcut and Cartoons about Armed Resistance and National Reconstruction*.

After 1949, there were still frequent exhibitions in Wenzhou Library. Sun Yirang's Literary Remains Exhibition in 1962 was one of the influential exhibitions, not only attracting many scholars in Wenzhou, but also national well-known scholars. Guo Moruo and Gu Jiegang even sent inscriptions. In October 1980, "Exhibition of Books Published by American Time-Life Company" jointly held by Wenzhou Library、Xinhua Bookstore and other organizations was very much welcomed by the public. After the exhibition, all 324 items of Chinese or English books were collected by Wenzhou Library.

In the 1990s, exhibitions in Wenzhou Library became more and more frequent. More than 1, 200 books by nearly 300 writers of Wenzhou were displayed on "Exhibition of Contemporary Works by 100 Wenzhou Writers" on September 29, 1990. The exhibition ran a month, which broke the record of Wenzhou exhibitions. Wenzhou Library also made *A Bibliography of* Contemporary *Works by* 100 *Wenzhou Writer*s edited and published, which laid the foundation for "The Database of Wenzhou People Works".

After 1998, as the library covered a larger and larger area and "Wenzhou Cultural Celebrity Hall" opened, the exhibitions were not held in the reading room and corridor any more, but in special hall, and exhibition services were provided outside Wenzhou and around the world. There were more than 20 exhibitions each year. The exhibition form changed from hanging paints or sinks, reprints to collect original works, theme art works exhibitions. Some featured exhibitions planned by the library acquired praise, such as "100 Celebrities Talk about Reading", "Works of Wenzhou People around the World", "Return to Childhood—

Wenzhou Folklore Pictures Exhibition", "Illustrating Nanxi, Exhibition of Wenzhou Female Calligraphers' Works", "Exhibition of Calligraphy Art of the Past Dynasties", and "Invitation Exhibition of Shanghai Watercolor Masters and Shenzhen Watercolor Biennial Exhibition". Among them, "100 Celebrities Talk about Reading", "Illustrating Nanxi", "Works of Wenzhou People around the World" came to schools, communities, institutions, county and district libraries on an exhibition tour for many times.

In November 2011, after "Invitation Exhibition of Shanghai Watercolor Masters" ended, 16 famous and active Shanghai watercolor masters, such as Liu Yi, Zhu Dabai, Wang Beizhen, Wang Hong, Song Zhaonian, Song Jianshe, Feng Xinqun, Liang Gang, Fu Gang, Chen Jian, Yin Guanghua, Chi Zhenming and Wang Weimin, etc. left their works to Wenzhou Library because they felt it a beautiful thing for friends in Wenzhou to enjoy the charm of watercolor original works. Therefore, a precious art collection was added to Wenzhou Library.

In 2012, the exhibition hall of Wenzhou Library was transformed to meet the needs of different professional fine art exhibitions. As a result, there were more exhibitions, such as "Exhibition of Painting and Calligraphy by Teachers of College of Fine Art and Design, Wenzou University", "Photo Exhibition of Guqin History", "Heshan, Yiyang—Ouhai, Wenzhou Youth Calligraphy Exchange Exhibition", "Wandering in England: Oil Painting Exhibition of 15 People Traveling in England", "The Ink Dyed Forest, Black Cattle Ploughing: Lin Xichun's Paiting Exhibition", etc. Exhibits of higher artistic level would pay back in a long run by fostering the cultural taste of Wenzhou citizens.

In the Spring Festival of 2012, "Return to Childhood—Wenzhou Folklore Pictures Exhibition" was renamed "Wenzhou Local Folklore Picture Exhibition" to be held in Shanghai Library.

In May 2012, the seventh "Taiwan—Zhejiang Cultural Festival: Wenzhou Culture Week" was held in Taipei, Hsinchu and other places, while "Edition Exhibition of Xuanjue's Surviving Works" with 26 invaluable collections planned by Wenzhou Library was held in Songshan Cultural and Creative Park, Taipei.

In December 2012, "Guangzhou—Wenzhou Culture Week" opened with the theme party, "Dream Home". "Exhibition of Wenzhou People's Works" planned by Wenzhou Library was held in Guangzhou, which showed Wenzhou culture throughout the past and present as well as the spiritual wealth of Wenzhou.

The "2013 Annual Conference of Chinese Libraries" and "Chinese Library Exhibition" were held in Pudong New District, Shanghai, from November 7th to 9th, 2013. Wenzhou Library was one of the eight public libraries invited. "Achievements of Wenzhou Library" appeared at the Shanghai World Expo displayed in a retro classic style, showcasing successfully the brilliant development process of Wenzhou Library not only with the feature of traditional library but also of the locality and the times.

Section 2

Various Reading Activities

In order to develop the public's interest in reading, many theme reading activities were held. In 2004, there was "English Star TV Competition". In 2005, there was "Speech Contest of Newly-migrated Wenzhounese", and in 2006, "The Voice of Spring Recital". In 2010, there was "Meet in Wenzhou Library, Read Together" and so on. Different patterns of activity were planned for different reading groups, arranged in spring, summer, autumn, and winter. Numerous large-scale reading and cultural activities were like cultural feasts for the urban public.

Beautiful Reading Sound in Spring—The Voice of Spring Recitals

From 2007 on, in the evenings of the annual "World Book and Copyright Day" (23 April), Wenzhou Library would hold "The Voice of Spring Recitals". Readers came together to recite poems and essays about landscape and history of Wenzhou. The activities became a tradition of the library.

"The Voice of Spring Recitation" attracted a lot of participants from various fields. They went on the stage to perform or just interacted actively with the performers. Passionate words and emotional recitation touched the audience so deeply that they would recite their familiar sentences unconsciously with the performers.

Dreams in Hot Summer—Speech Contest of the Newly-migrated Wenzhounese

"Speech Contest of Newly-migrated Wenzhounese" has been continually held for 8 years. It was specially designed for a special group, migrant workers of the city, to tell their own ups and downs, to attract and encourage them to participate in library activities, and to make them find a sense of belonging to Wenzhou.

"Speech Contest of the Newly-migrated Wenzhounese" was held by the library in cooperation with Wenzhou Federation of Trade Unions, the Education Bureau, and mainstream media, and aimed at providing new citizens of Wenzhou a chance and stage to show themselves. It was held once a year, in July or August, divided into preliminary contest, secondary contest and the finals. Up till now there have been over 1,000 participants. They came to the stage to tell emotionally their struggle experiences in the second home and their dreams. Media presenters, college professors, and language experts were all moved by their experiences when acting as their trainers and judges. Some players changed their career paths through this stage, for example, from a middle school teacher to a television presenter; some rebuilt their confidence, from a down-and-out salesman to a professional manager by struggle; the most of them received warm wishes and opened up a whole new way of life bravely.

The contests started from the library. The finals were held on the square, or recorded and broadcast on TV. The performances of the players at every stage made themselves received and understood by the public and won themselves respect and honor.

Intense Cultural Clash in Autumn—English Star TV Competition

In 2004, based on activities in English Corner, a spoken English contest, "English Star

TV Competition" was held in cooperation with Wenzhou People's Friendship Association with Foreign Countries and Wenzhou Foreign Language Association. The contest was designed to discover talents, cultivate talents, and improve public literacy, as well as promote the export-oriented development of Wenzhou and constructing a learning society.

Considerate organization, lively scene, and exciting competition provided English fans of Wenzhou a stage to show themselves and made the competition one of the largest non-profit cultural activities of the city. During more than 10 years of the history, the number of participants increased from hundreds to thousands. Many English teachers, translators, diplomats and foreign affair workers, went to the world from here. The "English Star" winner at the first competition is a good example, who gained the first prize at High School English Speaking Contest of Zhejiang the following year, the world's highest scholarship the third year, the scholarship of Wesleyan University Freeman Asian Scholars Program, $ 200, 000, and was admitted by University of California-Berkeley to study for PhD degree with full scholarships four years later.

In 2013, "English Star TV Competition" was transformed into a pattern of English carnival, in a mood of "happy English, where there were you and there was me". With East-West cultural communication as the focus, oral expression and comprehensive knowledge were equally emphasized, while players were not divided into groups any more, and written tests were abandoned. The players were first selected by their oral English, which made it easy for them to participate. The new pattern focused on improving English in communication and the competition turned into a group activity of English communication, which symbolized that the cultural level of Wenzhou advanced.

A Warm Meeting in Winter: Meet in Wenzhou Library, Read Together

In 2005, when the library moved to Fuxi Road in the new urban district, the neighborhood was mostly under construction, and the residential areas hadn't been finished, with hardly any direct bus lines, which made the library's appeal to readers dropped greatly. To strengthen the social and cultural influence of the library, a lot of readers activities were planned, such as "Welcome the Spring with Calligraphy: Calligraphers Write Spring Festival Couplets", "Lantern Festival Riddle Quiz" and other traditional folklore activities. The quantity of cultural activity was increasing year by year. In 2010, the activities "Reading Success Show", "Encyclopedic Knowledge Competition in Spring Festival", "Welcome the Spring with Calligraphy: Calligraphers Write Spring Festival Couplets", "Lantern Festival Riddle Quiz" and other activities, were integrated into a series of activities "Meet in Wenzhou Library, Read Together".

In the Spring Festival over years, it was "Welcome the Springwith Calligraphy: Calligraphers Write Spring Festival Couplets" before the Spring Festival and "Lantern Festival Riddle Quiz" after the Spring Festival among cultural activities of the library that the public expected most. When the couplets were sent out as presents, there were citizens waiting for four or five hours in queues that the calligraphers of Jingxin Calligraphy and Painting Institute, were touched by the enthusiasm of the citizens, so they kept writing for half a day. Nearly 1, 000 couplets were sent out each year. It was filled with a rich cultural atmosphere inside and outside the library. Every Lantern Festival night, on the square in front of the library, over

2, 000 original riddles by Wenzhou Riddle Association were dispiayed for citizens to enjoy and guess. On account of different needs of citizens, riddles for family, riddles for the aged, and other riddles were specially provided. Riddle services were provided to grassroot libraries, which made it possible for local people to guess riddles and celebrate the festival at the same time.

Reading Feast of the City: the First "Wenzhou Reading Festival"

In 2010, the first "Wenzhou Reading Fstival", with Wenzhou Library as the main organizer, became a reading feast of the city.

Colorful activities around books were held at the Reading Festival. The overture was a book selection, "My Favorite Book". 300 titles of books were named by a committee of experts at first, then citizens voted; finally a list of 50 titles of books with both the charm of classics and the contemporary social reading trend was born, which provided a book collection reference for local families.

About these 50 recommended books, a "deep reading" activity was further carried out, "Love Reading, Read Good Books, Read Well" reading notes competition by the committee. The competitors were asked to pick out one sentence or passage which impressed them greatly or inspired them from 1-2 books to write recommendations and comprehension. More than 1, 300 student readers of different groups participated in this competition.

In the Reading Festival, "Selection of Top 100 Book Collectors" was another activity. Numerous collectors or book collection organizations were the main participants. During the two months from application to the awards ceremony, there were 155 participants from 11 local counties and districts, among which there were 14 families with a book collection of over 10, 000 items of books, with 80, 000 as the largest. From May 11 to June 10, the members of the evaluation group went to all the local counties and districts, including Yueqing, Rui'an, Yongjia, Pingyang, Cangnan, Wencheng, Taishun and Dongtou, covering trips more than 4, 000 kilometers long in total, so as to visit the families to investigate their collections. Eventually 68 families, 21 enterprises, and 34 communities were selected.

"Books Accompany Life, Reading Increases Wisdom" master lecture was the most attractive activity during the Reading Festival. Well-known scholars, such as Zhuge Yibing, Ge Jianxiong, Xie Yong, Sun Liqun, Zhang Zhaozhong, and so on, came to visit Wenzhou, bringing a memorable cultural feast. Books are the carriers of knowledge. To listen to the ideas of the authors who wrote the books face-to-face was "the first intimate contact" between readers and the knowledge creators, which gave readers more understanding and enjoyment beyond the original books.

The biggest activity during the Reading Festival was "100-Reading-Lecture Tours". The speakers were mainly local culture celebrities. The lectures were about "reading and life", "reading and learning", "reading and career" and "classics reading". The lecture tour went to schools, communities, rural areas, enterprises and institutions, making new knowledge and information available for students, cadres, workers, farmers in the workplace or home. Meanwhile, itinerant exhibitions were held in counties and districts, such as "Picture Exhibition of the Most Beautiful Books in China", "Hundred Celebrities Talking about Reading" and "Exhibition of Service Achievements of Public Libraries in Wenzhou", etc.

Wenzhou entrepreneurs' involving in the Reading Festival activities was also a highlight. Gong Pengcheng, known as "the first gifted scholar" in Taiwan, and Zhao Lingliong, known as one of the "golden couple", were invited to give speeches by the sinology class of enterprenuers. Several contemporary famous scholars of sinology, such as Bao Pengshan, Wu Guang and Zhu Hongzhao were also invited to discuss classics and share their wisdom with the entrepreneurs.

At the same time, "Reading Festival Photography Contest" was held. Many photographers picked up their cameras to record "enjoying reading" pictures of many families, preserving Wenzhou charm of knowledge, which became the first public photography contest with "reading" as the theme. The notice of inviting contribution was released on April 22, and 336 entries were received in less than a month, and 90 works were listed for exhibitions after voting by experts. These works were from different perspectives. Libraries, bookstores, schools, forums, exhibition halls, studies, rugged roads in mountains, fishing boats and the wild ... there were traces of Wenzhou people's reading and living everywhere.

On May 22, "Book Trade Fair" was held in Wenzhou Library. Dozens of "bookworms" of different ages and classes came with their own books which they were proud of and set up a stall to communicate and exchange with readers who shared the same tastes. Special "Parent-Child Book Finding Matches" with 25 parent-child participants, brought the family reading atmosphere to local families. During this time, five "family tours of the library" with "reading starting from kids, reading accompanying growing up" as the theme were organized. Nearly one hundred young readers and their parents came to the library to participate in "fun reading activities" and "library operations internship", and they got "free book recommended catalog" and other souvenirs.

On June 22, the activity "Light a Lamp on the Book Sea for Blind Children" was held in Oubei Special Education School. Nearly 100 items of Braille books were brought there for the children. It was agreed between Wenzhou Library and the school that the books left there would be changed each season. Therefore, a Braille book purchase plan was made, for the purpose of bringing reading and happiness to the blind children.

The Reading Festival set off the reading enthusiasm in Wenzhou again and again. There were over 180 activities, with over 200, 000 participantsin total.

Section 3

Flourishing Reader-oriented Club Activities

There was a long history of Wenzhou Library reader clubs. Zhouyuan Library Youth Reading Club of the early 1940s was the origin, while Wenzhou Reading Association of the 20th century developed greatly with as many members as 1, 000, which topped reading clubs in Wenzhou. In the 21st century, Wenzhou Library made efforts to create a reader-oriented platform, encouraging all kinds of reader clubs for readers to express themselves. A wide range of cultural activities planned by readers developed well.

Contact the World from Here: English Corner

When Wenzhou Library was still at Park Road, there was an elegant little tea room near the gallery of Zhongshan Park, next to the waters, where English Corner initiated by the citizens located. It was one of the most common human landscapes in big cities across the country in the 1980s.

In 2000, in a corner of the third floor of the library was a foreign-language audio-isual reading room, divided into the audio and visual two regions. English Corner on the first floor was therefore moved to the foreign-language audio-visual reading room. The service here was markedly different from others. Not only foreign language literature reading service was provided, but also foreign-language audio and video guide and English learning activities were organized. As participants increased, English Corner turned into English Club of Membership, with "happy learning, easy communication and facing the world, enjoying the charm" as the aim. Members would learn something new every time. Some activities were held every Saturday, such as film salons, featured discussion, communication with foreign teachers and fellowship activities. Big events, such as speech contest, Christmas party and the "English Star" contest were held every year.

In 2005, Wenzhou Library moved to the new premises, and the English club was relocated on the fourth floor where it was more spacious and elegant. The social services were improved, too. In cooperation with Wenzhou Foreign Language School, the library regularly invited foreign teachers from the school to discuss hot topics and explore English language learning skill. The English corner was becoming an oral practice base for the students of the foreign language school every Saturday afternoon.

Along with reading activities, English Club also introduced a series of classes about English learning and original English illustrated books reading. The library curator of Kean University and other American teachers were once invited here to talk about American culture and history. Activities of English Corner came to the green fields of the library, welcoming readers warmly and embracing the world.

There Was Such a Group of People—Wenzhou Library Reading Drama Club

On December 1, 2009, Reading Drama Club was set up to meet the social drama enthusiasm by Wenzhou Library in cooperation with Wenzhou Online and *Wenzhou Evening News*. It attempted to show fine literature and make a visible improvement to the mass popularization of classical literature by way of drama.

More than 100 literary youth were hired as members of "Reading Drama Club". By reading adapted literary classics or original works, the inner world of classic characters was searched to explore and understand the writers' ideas. Performance training, literary lectures, film appreciation and performances of original screenplays were conducted by the Drama Club regularly to build a high-quality cultural site and lead the urban cultural development in Wenzhou.

On the stage of the Drama Club, literary reading and stage performance were combined together. Many ordinary citizens improved their abilities to act and appreciate literature, and realized their performing dream through performing on the stage. Some of them even fell in love or found their love on the stage, which were the real versions of "Cinderella and the Prince".

Around ten dramas were rehearsed and put on show in five years, including such classic dramas as *Sunrise*, *Thunderstorm*, *Amber*, as well as contemporary new dramas, *Secret Love in Peach Blossom Land* and *The Magic of the Chair*. On October 7, 2011, a public-interest performance, *Long Time Not Seeing You*, *My Dear Comrade*, and original dramas by the Drama Club, *Monkeys* (*Qun Hou*) and *Hostage* (*Ren Zhi*), were held at Wenzhou Grand Theatre, which was also for the first time that an amateur drama group had performed at Wenzhou Grand Theatre.

In 2014, at the 5th anniversary of Reading Drama Club, Wenzhou Library cooperated with Wenzhou Cultural Center and Wenzhou Grand Theater in initiating "Wenzhou Drama Festival". Classical and original fantastic dramas were played, connecting the traditional classics with modern life and audience with "drama stars". On November 22, *Wives and Concubines*, a classical work by Su Tong, was vividly played. On December 22, an inspirational drama, *Youthful Dreams of Haixia* (*Haixia Qingchun Meng*), was jointly launched by the Drama Club and Dongtou County Committee of CPC. It told a story that three

Dongtou girls with different youthful dreams and aspirations, came to different lives, which was a reflection of Haixia spirit of the new era. Furthermore, the library also organized a photo exhibition, "Drama in Wenzhou", which showed the one-century drama history in Wenzhou.

As the Reading Drama Club succeeded, Wenzhou Library founded the "Yuexiuhui Reciting Club" and started a new exploration by using "the live-action library" model in 2014.

One Book Each Month among a Group of People: Zhouyuan Book Sharing Salon

On August 3, 2011, Zhang Yongsu and Li Xinde, translators of *A Mission in China*, and over 30 readers discussed and shared William Edward Soothill's Wenzhou memories at the reader salon on the fourth floor of Wenzhou Library, which started Zhouyuan Book Sharing Salon. The salon was convened once a month to discuss one special book. It acted as a bridge or a platform for reading communication.

Generally, local scholars, professors and writers were invited to be the hosts at Zhouyuan Book Sharing Salon. Ideas and understandings about reading were shared at the salon. It aimed at encouraging Wenzhou people to share books together, from *The Flowers of War* by Yan Geling, to *Thinking Back on Literature* by Mu Xin, from *Tao Te Ching* by Lao Tzu to *Wenzhou Shengyijing* (*The Business Skills of Wenzhou People*) by a local writer Wang Shou. Many attenders would be inspired and left their understandings or insights at each book salon, and among them there were students and young white-collar workers who had stepped into the society. Stories came from books, new acquaintances were made by reading, and wisdom met here and spread.

70

Library Collection

Featured Resources of Wenzhou Library

温州漆艺
温州楠溪行
温州发绣
温州瓯茶
温州泰顺乡土建筑
温州刺绣
温州文化史图说

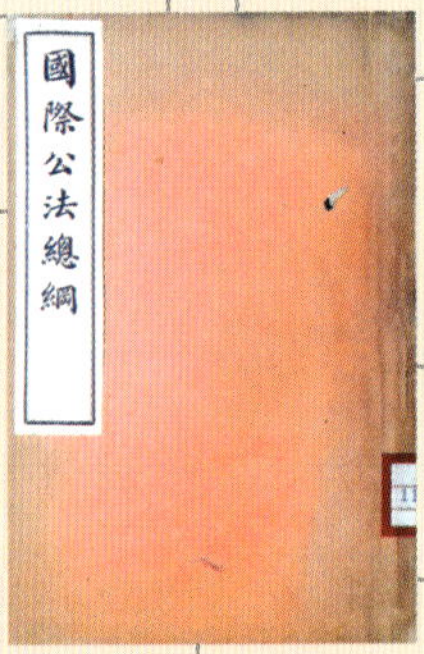
國際公法總綱

07

Chapter 7

A Summary of the Collections

When Wenzhou Library was established, there was only a collection of over 2, 000 items. Under every curator's tireless efforts, many celebraties donated books generously to the library. Tens of thousands of items were received from many private collections, such as Shensui Pavilion, Jade Sea Chamber, Yu Yuan, Jingxiang Chamber, Zongxu Chamber, Yonge Study, etc. In 1951, the collections of Chen Jieshi's Zhujianzhi Study in Rui'an, Zhang Zhenxuan's Duyin Yuan and Wu Qifu's Peiying Library in Pingyang were rescued, as well as collections of Liu Shaokuan of Pingyang, Xiang Shenchu, Dai Bingcong, Lin Sun of Rui'an, Wang Xiyi and Dai Jiaxiang of Yongjia. Books of many well-known collectors were almost gathered together, which formed the featured collection of Wenzhou Library. Ancient books therefore reached 200, 000, the largest of prefecture-level city libraries in Zhejiang, well-known in the south areas of the Yangtze River.

In recent years, general principles of literature acquisition has been developed according to the local political, economic, scientific, cultural, and educational construction needs. All local documents and works written by Wenzhou people are collected by purchase or donation. Chinese literature published in the mainland are the priority while books published in Hong Kong, Macao and Taiwan of China and other countries are acquired selectively. Paper literature is the priority, while the collection of audio-visual materials and electronic publications is enhanced. It is reasonably allocated between entity documents and virtual documents. A collection of complete categories and distinctive characteristics is formed. Wenzhou Library has become a literature Center of the city.

By December 2014, the total collection of Wenzhou Library reached 2.78 million items (pieces), consisting of 1, 734, 432 items of paper books and 133, 016 items of bound periodicals, 42, 207 items of bound newspapers, 216, 656 pieces of audio-visual materials and 1, 147, 402 titles of e-books.

Section 1

Paper Literature

The collection of Wenzhou Library is mainly of paper literature, which can be divided into basic books and featured books. The former includes ordinary Chinese or foreign-language books, newspapers and magazines, which is the main body of the library book collection and user services resources.

Chinese Non-rare Books

There are 1. 54 million Chinese non-rare books in Wenzhou Library, covering all fields of contemporary science, foreland research and popular science books. Collection priority is given to books published according to nationally planned projects and books that have won national awards, such as "National Book Award", "National Outstanding Science-and-technology Book Award", "National Outstanding Foreign-literature Book Award", "National Book Awards for Ancient-book Collation", etc. Reference books of all disciplines were also collected almost completely, such as bibliographies, indexes, lexicons, dictionaries, encyclopaedias, yearbooks, manuals, chronicles, reports, papers (here "papers" meaning a kind of publication, such as white paper, green paper, blue paper, brown paper, etc.) and so on. Books are relatively rich on disciplines like philosophy, law, economics, education, history, literature, art, medicine, and computer science, etc. In addition, there is a large collection of delicate albums of art, architecture, decoration, advertising, clothing, and so on. It is a treasure of both academic and popular books.

Chinese books published in Hong Kong, Macao and Taiwan are acquired selectively, to be specific, mainly monographs on humanity and social science, books on social life, reference books, literature books that have won influential awards of the world, as well as local literature and its relative research works.

Children's book collection is very great. Contemporary popular picture books, fables and fairy tales of the world, English popular science books are collected with attention to making young people familiar with the diverse cultures around the world. In 2005 after moving to Shifu Road, the library began to add parent-child books, which contributes to the construction of scholarly families and a harmonious society. It is an exploration to expand the library functions.

Foreign-language Non-rare Books

There are about 30, 000 items of foreign-language non-rare books. Foreign language books published before 1949 were private donations or received in the early days of PRC, mostly publications on humanities originally published in Europe and Japan in the 18th or 19th century, mainly philosophical, religious, military, historical, or geographical books. The acquisition purpose of foreign-language books after the founding of PRC was to serve local economy, science and technology, culture, and education development needs, so it was the principle to select books of great academic value, as well as encyclopedias and reference books in various languages. Since the reform and opening-up, a large number of books have been received from the donations of the Asia Foundation, Bridge to Asia and so on, mainly literature, art, history, geography, language and other popular science books, as well as travel books and children's books.

Newspapers and Periodicals

There are over 2, 000 titles of periodicals, over 110, 000 bound volumes, and more than 200 titles of newspapers, more than 40, 000 bound volumes. Newspapers and periodicals edited and printed by national, provincial and ministerial agencies and national organizations, associations and societies are generally complete, covering the core periodicals listed in *A Guide to the Core Journals of China*. Periodicals are collected as complete as possible in order to meet the needs of local readers. Many newspapers are collected from the first issue, of which many are of great reference value.

Section 2

Digital Resources

As the digital era comes, network technology has developed rapidly and new recording materials has emerged, which pushes libraries to set up new goals. Digital resources of Wenzhou Library mainly consist of audio-visual materials, electronic books and journals, and database resources, etc. The database resources began to take shape, which provided services for readers through the library's digital service platform.

Audio-visual Materials

The total amount of audio-visual discs in Wenzhou Library reached 210,000 pieces, covering history, geography, business, management, health, domestic and foreign music classics, famous films and televisions, foreign language teaching materials and children's books, etc. Foreign-language discs are mainly about social cultural, history, geography, economics and management, such as documentaries of BBC and Discovery.

Electronic Books, Newspapers and Periodicals

Huiya e-books were purchased from Chaoxing Company, and China digital library was purchased from Founder Apabi Technology Company. There are 1 million items of purchased e-books, and another 2 million books used as library package for remote access. Nearly 3,000 titles of e-journals of Longyuan Electronic Journals Network are issued synchronously with the paper editions.

Database Resources

By the end of 2014, the capacity of Wenzhou Library's digital resource platform had reached 60 TB, which was the largest and most complete digital library of Wenzhou.

Academic Information Database

Six sub-databases of CNKI are accessible by the digital resource service platform of Wenzhou Library, namely China Academic Journals Full-text Database (1915 onwards), China Doctoral Dissertations Full-text Database (1984 onwards), China Excellent Masters' Dissertations Full-text Database (1984 onwards), China Proceedings of Conference Full-text Database (1953 onwards), China Core Newspapers Full-text Database (2000 onwards) and China Statistical Yearbooks Full-text Database (1999 onwards). Digital journals of Medical Association of China, Vip Journal Integration Platform (1989 onwards), Wanfang Science Periodicals Database (2000 onwards) were also accessible. The Late Qing Dynasty Periodical Full-text Database (1833-1911) purchased by the library collected 302 titles of journals from 1833 to 1911, which was necessary for the research and study of the late Qing Dynasty. Full-text Database of Chinese Periodical Published in the Period of the Republic of China (1911-1949) collected 25, 000 journals, nearly 10 million full-text documents.

Video on Demand Database

Video resources primarily come from Edu&Sun Education Company's Online Lecture Hall. There are three sections, "featured culture", which is to inherit traditional Chinese culture, "culture for the public", which is to meet the needs of different groups, and "cultural community", which shows the life of local common people. There are currently 30, 000 videos. Meanwhile, new videos are taken when Zhouyuan Lecture, Zhouyuan Book Sharing Salon and Zhouyuan Arts Talk are held, and then subtitles are added. By this way the self-made videos are accumulated.

Self-built Databases

Wenzhou Library has been making the special collections of the library digitized for a long time. There are 19 databases that have been built, finished and on run.

Self-built Databases of Wenzhou Library

Number	Database	Introduction
1	Union Catalogue of Wenzhou genealogies	More than 1,300 entries, available to be retrieved by the genealogy name, compiler, or region.
2	Wenzhou historical figures database	Historical figures from the time of Zou Yao to the Republic of China, including individuals of great achievements who died after the founding of PRC, and some celebrities who lived in Wenzhou.
3	Wenzhou people's works database	The works and literature about the life of writers who were born in Wenzhou or lived in Wenzhou for a long time.
4	Catalogue of Wenzhou local literature	Catalogue of works discussing or recording local people, things and events.
5	Reference database	Reference literature serving for social development and decision making.
6	Wenzhou Library online gallery	Documents about art and picture exhibitions held in Wenzhou Library.
7	Chinese electronic newspaper database	Electronic editions of Chinese newspapers.
8	Cliff inscriptions	Introducing the culture and scenery of Yandang Mountains.
9	Zeya paper making	Documents about Zeya, where localities lived on paper making for generations.
10	Old photos of Yueqing	Over 2,000 old photos Yueqing which recorded the society, culture and scenery of Yueqing.
11	Longwan folklore	Customs and traditions of centuries in Longwan, including sports, dance, folk art and painting.
12	Yongjia landscape	Texts, pictures, and videos showing the landscape of Yongjia.

(Continued)

Number	Database	Introduction
13	Taishun lounge bridges	Texts, pictures, and videos introducing Lounge Bridges of Taishun.
14	Wenzhou dialect database	Texts, pictures, and videos about Wenzhou dialect.
15	Wentu online lectures	Videos of Wenzhou Library lectures.
16	Taishun puppet show	Documents about Taishun puppet show.
17	Wenzhou local literature full-text database	Nearly 6, 000 items of Wenzhou full-text local literature.
18	Wenzhou *fu* tea	Locations of Wenzhou *fu* tea, a kind of herbal tea for summer, and related information such as recipes.
19	Wenzhou people's works database	Documents about old streets of Wenzhou.

08

Chapter 8

Special Resources

Local literature collection is the main body of special resources, mainly printed in paper, including thread-bound ancient books, manuscripts and transcripts, publications of the Republic of China, comic books, pamphlets, maps, paintings and calligraphy, etc. There are two parts: general local literature and featured literature.

Section 1

Local Literature

Every curator of Wenzhou Library attached importance to the collection of works by local masters and writers. Through tireless collection generation after generation, there are over 900 titles of ancient books, over 1, 000 titles of books of the Republic of China, and nearly 20, 000 titles of contemporary books among the local literature. There are lots of precious resources, such as ancient rare books, manuscripts, corrected codices, first editions and signed editions as well as the literature written or edited by Wenzhou Library workers specially. These are the basis of local literature collections written write.

Since the 1980s, self-publications increased greatly, mostly research works on local literature. The library set up a local literature group with professional members to collect these works. A department was set up to replace the group at the beginning of the 1990s. After the library moved to Yuanxi Lane, an ancient-and-local literature department was set up, as well as a local literature database. The systematic collection, organization, and research work of local literature began. The following are the characteristics of local literature collection.

First, the "Ji" collection (anthologies of Chinese literature) is of great number. Celebrities such as Shi Xuanjue of the Tang Dynasty, Wang Shipeng, Xue Jixuan, Chen Fuliang, Ye Shi, Xue Zhao, Xu Ji, Zhao, Shixiu and Weng Lingshu (the last four were called Yongjia Siling) of the Song Dynasty, Li Xiaoguang and Gao Ming of the Yuan Dynasty, Lin Jingxi, Liu Ji, Zhang Lun and Wang Zan of the Ming Dynasty, Sun Yiyan and Sun Yirang, Song Shu of the Qing Dynasty, Hong Bingwen, Liu Shaokuan and Xiao Chengtao of the contemporary wrote many books. Collection of their works provides reference for academic research on Yongjia School, Yongjia Siling, and Nanxi (South Opera) or literature creation.

Second, there are many precious local chronicles. *Wanli Wenzhou Fuzhi* printed in the Ming Dynasty is the only copy in China. Other literature such as *Kangxi Yueqing Xianzhi* and *Qianlong Rui'an Xianzhi* printed in the Qing Dynasty, *Qianlong Yueqing Xianzhi* and *Dong'ou Jinshi Zhi* annotated and corrected by experts, the manuscript of *Wenzhou Jingji Zhi* by Sun Yirang are all very rare.

Third, the genealogical document collection began to take shape. Genealogy Collection-and-Research Center was established in December 2000. Some rare genealogies were collected through home visits to copy or photocopy. There are nearly 1, 300 titles of genealogies, covering some 300 surnames. The library took part in the editing of *The Total Contents of Chinese Family Tree* and *The Total Contents of Zhejiang Family Tree*, declaring more than 1, 000 genealogy entries.

Fourth, there are a great number of corrected codices. Hundreds of them were from Jade Sea Chamber, Jingxiang Chamber, and over 400 were from Committee to Collect Posthumous Works of Local Sages of the Third Special District. After years of collection, there are over 2, 000 titles of codices of great reference value.

There are also a great many diary manuscripts of 23 people of the late Qing Dynasty, including Sun Yiyan, Sun Qiangming, Zhang Gang, Liu Shaokuan, Fu Zhang, and Sun Xuan, etc. There are 350 items of about 7 million or 8 million words in total, covering politics, economy, society, culture and education of Wenzhou in the late Qing Dynasty or the Republic of China period. These diaries provide precious information on the research of modern history of Wenzhou, especially *Guolai Yu* by Zhao Jun, *Houzhuang Diary* by Liu Shaokuan, and *Duyin Yuan Diary* by Zhang Gang. In recent years, manuscripts and letters of contemporary celebrities have been collected gradually, such as Xia Chengtao's diary, Xia Nai's letters and Zhao Ruihong's and Ye Yonglie's manuscripts.

Fifth, there is a rich collection of local literature series, such as *Yongjia Series* edited by Sun Yiyan, *Yongjia Poets Citang Congke* edited and published by Mo Guangsheng of Rugao in 1915, *Jingxianglou Series* published by Huang Qun in the 1930s and 1940s, *Collected Posthumous Works of Local Sages of Yongjia District* scribed and corrected by Committee to Collect Posthumous Works of Local Sages of The Third Special District, as well as *Wenzhou Literature Series* and *A Sequel to Wenzhou Literature Series* edited by Wenzhou Library, etc. , which are great achievements of Wenzhou local literature management.

Besides, there is a considerable amount of ancient documents recording or studying Wenzhou dialects in Wenzhou Library, such as *Liu Shu Gu*, which was reprinted by Mao Jin of the Ming Dynasty. Since the Ming and Qing Dynasties, ordinary dictionaries and rhyming dictionaries developed rapidly, so did Wenzhou dialect records.

Section 2

Ancient Book Collections

The number of ancient-book collection of Wenzhou Library is ranked number four among all the libraries in Zhejiang. In 2009, Wenzhou Library was listed as one of the second group of key organizations preserving ancient books. 36 titles of ancient books were listed in the national rare ancient-books, and another 28 listed in provincial rare ancient-books, both of which were of high value in historic, academic and artistic research.

There are more than 2, 000 titles of rare books of more than 20, 000 items. One title was printed in the Yuan Dynasty, 257 titles were printed in the Ming Dynasty, and 307 titles were printed in the early Qing Dynasty. 220 titles were manuscripts, codices, with annotations or postscripts, lots of which were the only copies or very rare copies.

There are also local chronicles, poetry and essay anthologies of the Qing Dynasty, *leishu* (a genre of reference books historically compiled in China and other countries of the Sinosphere), and *congshu* (a collection of books, which was collected as a series, but not published as a series). The history, geography, literature and reference books accounted for 70% of the total collection of ancient books. Many books are very rare. As for literature books, there are a great many poetry and essay anthologies of the Qing Dynasty. Most of the collection of masters' works are complete, mainly the first editions. As for general books, *leishu* encyclopedias from *Beitang Shuchao*, *Yiwen Leiju*, *Taiping Yulan*, *Wenyuan Yinghua* of the Tang and Song Dynasties to *Tushu Jicheng* of the Qing Dynasty, were all collected and many are rare books. Especially, the earliest *Beitang Shuchao* in China is the edition printed by Chen Yumo in 1600, which was not only collected by the library, but also annotated by Sun Yirang according to the Zhudong Shushe edition in the year of 1518. There are 453 titles of *congshu*. Local *congshu* are mostly included, which means that a large number of historical documents in Zhejiang are preserved.

Section 3

Books of the Republic of China

Books of the Republic of China generally refer to books published or issued from 1911 to 1949. Since 2011, Wenzhou Library began to build a database of the literature retrospectively, and the cataloguing was already finished. It was accounted that there were over 19, 000 items of books, 1, 800 titles of periodicals, 70 titles of newspapers and 56 maps.

The traffic was bad in Wenzhou in the time of the Republic of China, so books published by local publishers were mostly issued in local places. Apart from a few rare books, such as first editions, books with postscripts, signed books, limited editions, books collected were mainly local literature. Works by famous scholars born in Wenzhou were complete, such as Wang Hongnian, Zheng Zhenduo, Lin Sun, Jiang Qi, Zhou Yutong, Xu Xuan, etc. During the Anti-Japanese War, book houses in Shanghai, Hangzhou and other nearby cities moved to Jinhua and Lishui, leaving a considerable number of books. Wenzhou Library is the only receiver of books in the time of the Republic of China in the whole South Zhejiang region.

The collection of Wenzhou local periodicals before the foundation of PRC is quite complete. There are just over 140 titles of periodicals published in Wenzhou from the late Qing Dynasty to the Republic of China, and 137 titles of them are collected by Wenzhou Library, most of which had not been listed in 1833-1949 *National Union Catalogue of Chinese Catalogues* (*updated version*). Some periodicals are the first of the subjects. For example, *Liji Medical School Journal* is the earliest general medical periodical in China. *Suanxue Monthly* published in 1897 and *Shixue Monthly* published in 1899, both by Huang Qingcheng, are all the first of each respective subject (the former is about mathematics, and the latter is about history). In particular, during the Anti-Japanese War, the press and publishing industry developed greatly in Wenzhou, which was the "rear area" of east China. Publications thrived, with a total number up to 62.

Section 4

Special Collections

Collection of Paintings and Calligraphy

There are 51 pieces of paintings and calligraphy works in Wenzhou Library. Some of them were donated on one's own name, and some were donated as a congratulation token at the 70th anniversary of the library or the completion of the new library in 1998. They are mostly calligraphy, with only 17 paintings. Earlier collections were all donations from the sixth curator, Sun Yanzhao, in the 1970s, including a number of famous masters' precious works, such as of Liang Qichao, Yan Fu, Qi Baishi, Luo Zhenyu, Ma Xulun, Tan Jiefu, Ding Fuzhi, Yao Mangfu, Ruan Xingshan, Xia Chengtao, Chen Xunci, Li Chengquan, etc. The earliest one is a painting that Qi Baishi gave to Sun Yanzhao, dated in July 1922. The words on the painting read, "The tower is outside the mountain; the wind is outside the cloud. All the painters are similar at first. It took 30 years to get rid of the similarities, but who knew me in the capital of Yan? The work is entrusted by His Excellency Meng Jin. July, *renxu* (a Chinese method to record time, the year Renxu was 1922) by Qi Baishi." Another words signed at the end read, "The stream near Shanmen clean and winding, even The Peach Blossom Spring could never match. Today the fishermen isn't returning, but I want to know if I could move and live here. The painting finished, it would be given to Meng. I put here another *jueju* (a short poem), by Baishi."

Works by Guo Moruo is the most among the collections. At the "Sun Yirang's Literary Remains Exhibition" in 1962, famous scholars such as Guo Moruo and Gu Jiegang presented their dedications. Guo Moruo came to visit the library on May 15, 1964, leaving one dedication. There were 4 dedications of him in total. At the 70th anniversary of the library in 1989 and at the completion of the new library in 1998, famous calligraphers sent their wishes and encouragement through their works, such as Gu Tinglong, Wang jisi, Su Buqing, Lin Ximing, Tang Dacheng, Yang Han, Wang Jingshen, Su Yuanlei, Zhang Pengyi, Xie Yun, He Lisheng, Han Tianheng, Zeng Liansong, Wu Linsheng, Zhou Cangmi. *Patriotic Pact of Wenzhou People from All Industries* created by the famous seal-carver, Fang Jiekan, with 37 seals, 298 words, is really an elaborate work.

Comic Strip

There are over 7, 000 items of comic strip after the establishlent of PRC in the library. The Municipal Antique Shop donated in the 1990s more than 1, 000 items of comic strip of the period of "Cultural Revolution", and Meng Qingjiang, born in Wenzhou, donated part of his works, too. There were works adapted from ancient classics, traditional operas, historical stories, as well as original works reflecting the reality of the 20th century such as early works of Liu Danzhai, Cheng Shifa and other famous Chinese painters, and works that had acquired national comic strip awards of He Youzhi, Hua Sanchuan, Liu Jiyou, Wang Shuhui, Gu Bingxin, etc.

09

Chapter 9

Examples of Distinctive Collections

Wood-Block-Printing

Figure 1: (Wanli) *Wenzhou Fuzhi*, compiled by Tang Rizhao and Wang Guangyun (the Ming Dynasty) , Wanli edition. It was listed in the fourth batch of National Rare Ancient Books.

Figure 2: (Zhengde) *Xingning Zhi*, four volumes, compiled by Zhu Yunming (the Ming Dynasty) , Zhengde edition. At present, it is the only remains of the book. It was listed in the first batch of National Rare Ancient Books.

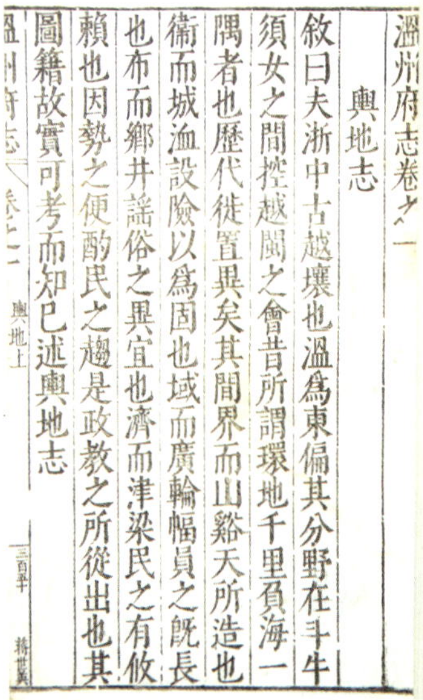
溫州府志卷之一
輿地志
敘曰夫浙中古越壤也溫爲東偏其分野在斗牛
須女之間控越閩之會昔所謂環地千里負海一
隅者也歷代徙置異矣其間界而山豁天所造也
衛而城洫設險以爲固也域而廣輪幅員之旣長
也布而鄉井謠俗之異宜也濟而津梁民之有攸
賴也因勢之便酌民之趨是政教之所從出也其
圖籍故實可考而知已述輿地志
溫州府志　卷之一　輿地上

Figure 1

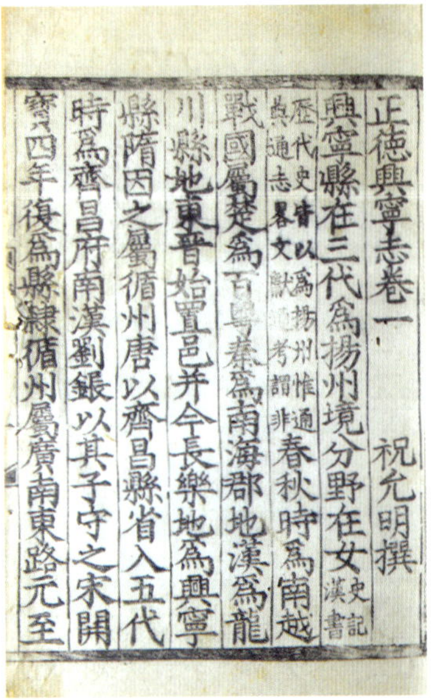
正德興寧志卷一
祝允明撰
興寧縣在三代爲揚州境分野在女史記漢書
歷代史書皆以爲揚州惟通典通志畧文獻通考謂非春秋時爲南越
戰國屬楚爲百粵秦爲南海郡地漢爲龍
川縣地東晉始置邑并今長樂地爲興寧
縣隋因之屬循州唐以齊昌縣省入五代
時爲齊昌府南漢劉鋹以其子守之宋開
寶四年復爲縣隸循州屬廣南東路元至

Figure 2

Figure 3: *Chengyibo Liu Xiansheng Wenji*, 24 volumes, edited by Liu Ji (the Ming Dynasty) in 1519, Chuzhou edition.

Figure 4: *Beitang Shuchao*, 160 volumes, by Yu Shinan (the Tang Dynasty), annotated by Sun Yirang in 1600, Chen Yumo edition.

Figure 5: *Xinjuan Zengbu Songyue'e Wumuwang Jingzhong Huibian*, 14 volumes, edited by Gao Yingke (the Ming Dynasty) in 1628 . It was listed in the first batch of Zhejiang Rare Ancient Books.

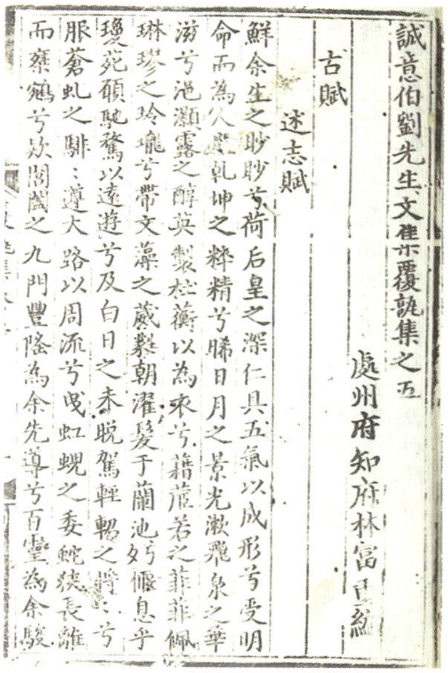
誠意伯劉先生文集覆瓿集之五
處州府知府林富
古賦
述志賦
鮮余生之眇眇兮荷后皇之深仁具五氣以成形兮受明命而為人處乾坤之粹精兮睎日月之景光漱飛泉之華滋兮挹灝露之醇英製芰蘅以為衣兮擷蘭若之菲菲佩琳璆之玲瓏兮帶文藻之葳蕤朝濯髮于蘭池兮偃息乎瓊苑領駛鸞以遠遊兮及白日之未晚駕輕軺之□□兮服蒼虬之騑騑遵大路以周流兮曳虹蜺之委蛇猿長離而寀鵷兮歘閶闔之九門豐隆為余先導兮百靈為余駿

Figure 3

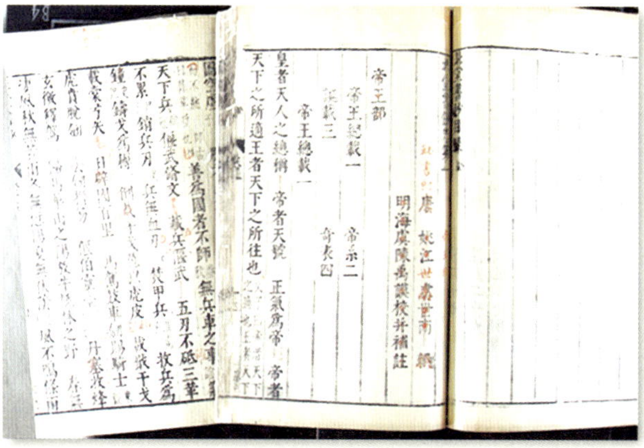

Figure 4

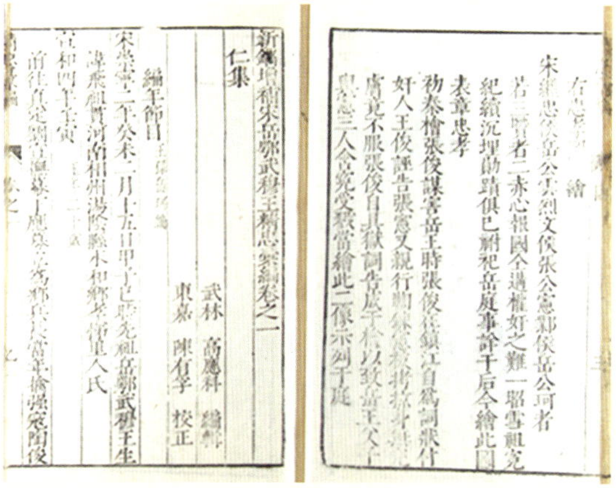

Figure 5

Figure 6（a）, 6（b）: *Fanshi Qishu*, namely *Tianyi Pavilion Masterpieces*, compiled by Fan Qin (the Ming Dynasty), Jiajing Tianyi Pavilion edition. *Tianyi Pavilion Masterpieces* was a series of books printed by Fan Qin. There were 18 subtitles in Wenzhou Library, which was the most of all the libraries in China. It was listed in the first batch of National Rare Ancient Books.

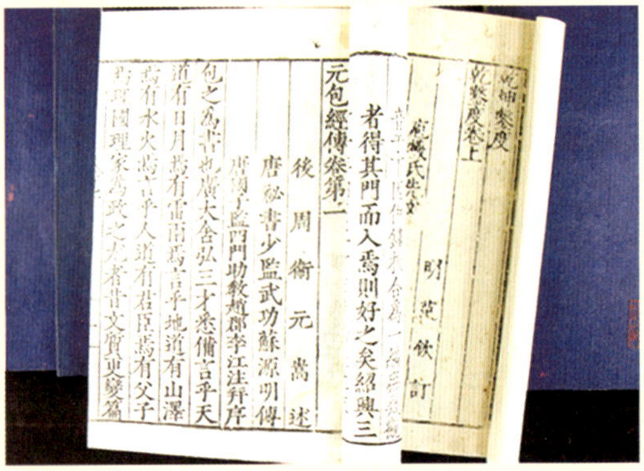

Figure 6（a）

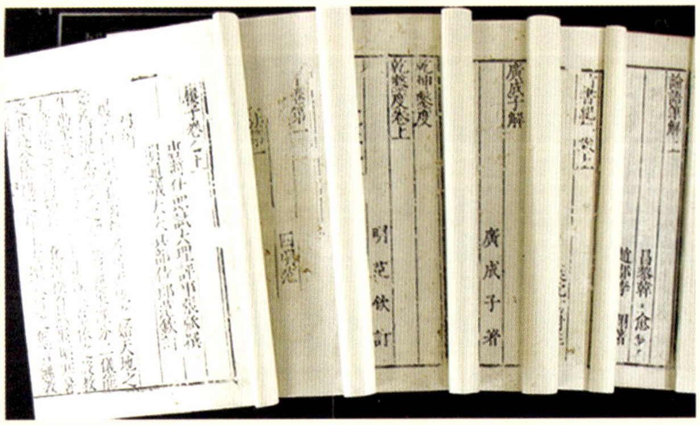

Figure 6（b）

Figure 7: *Xin'An Zuotian Huangshi Zhengzongpu Paixi*, compiled by Huang Jiyu (the Ming Dynasty) in 1558. It was listed in the first batch of National Rare Ancient Books.

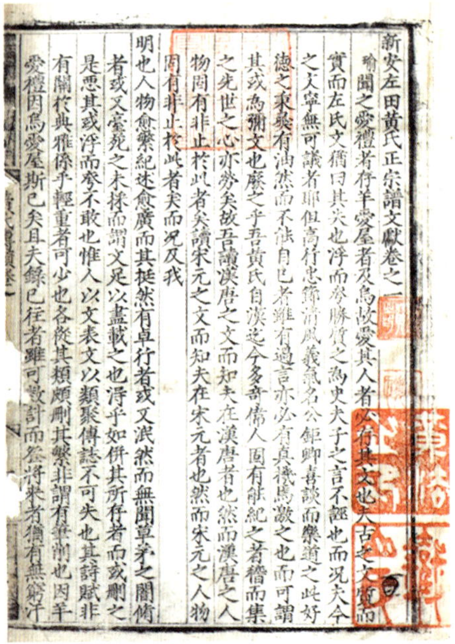

新安左田黄氏正宗譜文獻卷之一
喻闔之愛禮者存羊愛屋者及烏故愛其人者必存其文也大古之文質而
實而左氏文猶曰其失也浮而夸勝質之為史夫子之言不誣也而況夫今
之文寧無可議者耶但高行忠節清風義氣名公鉅卿喜談而樂道之此好
德之秉彝有油然而不能自已者雖有過言亦必有真機焉激之也而可謂
其或為猶文也靡之乎吾黄氏自漢迄今多奇偉人固有能紀之者稽而集
之先世之心亦勞矣故吾讀漢唐之文而知夫在漢唐者也然而漢唐之人
物固有非止於此者矣讀宋元之文而知夫在宋元者也然而宋元之人物
固有非止於此者矣而況及我
明也人物愈繁紀述愈廣而其挺然有卓行者或又泯然而無聞草茅之闇脩
者或又毫死之未採而謂文足以盡載之也浮乎如併其所存者而或删之
是惡其或浮而夸不敢也惟人以文表文以類聚傳誌不可失也其詩賦非
有關於典雅係乎輕重者可少也各從其類頗删其繁非謂有筆削也因羊
愛禮因烏愛屋斯已矣且夫錄已往者雖可數討而徵將來者猶有無窮汗

Figure 7

Figure 8: *Dong'ou Jinshi Zhi*, 10 volumes, compiled by Dai Xianbi (the Qing Dynasty), annotated by Sun Yirang and Zhu Mo in 1877, movable type edition.

Figure 9: *Baihai* (four titles extant), compiled by Shang Rui (the Ming Dynasty), proofread by Bao Tingbo and Wu Jian, Wanli edition.

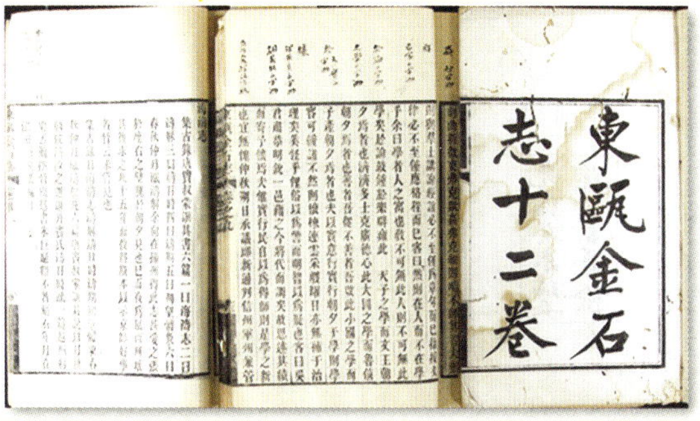

Figure 8

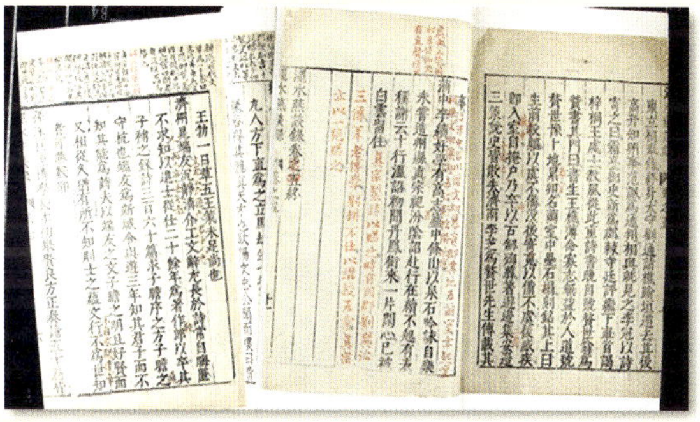

Figure 9

Figure 10: *Yiwen Leiju*, 100 volumes, compiled by Ouyang Xun (the Tang Dynasty), Ming edition.

Figure 11: *Wenyuan Yinghua*, 1,000 volumes, compiled by Li Fang, etc (the Song Dynasty), Wanli edition.

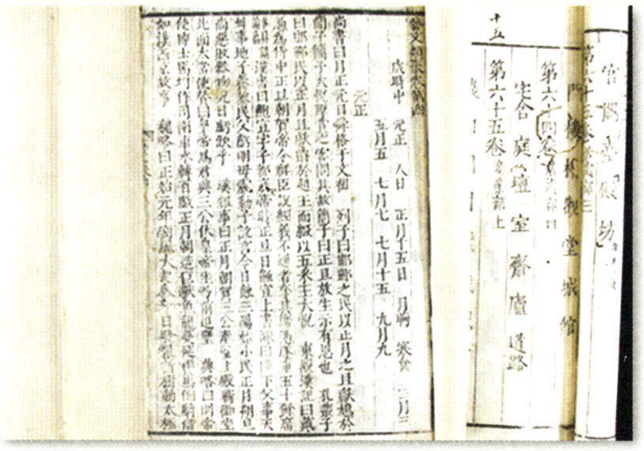

Figure 10

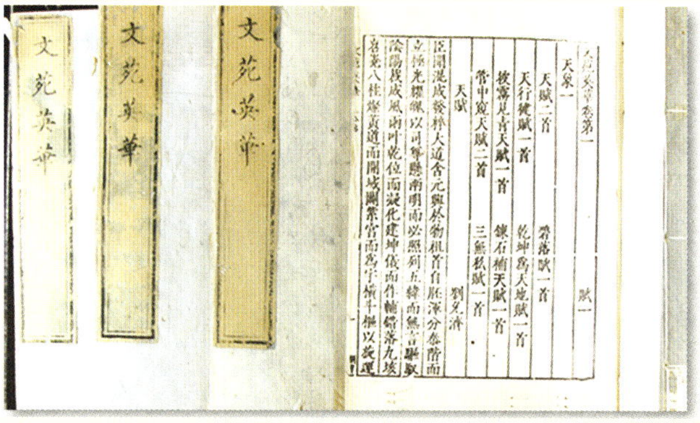

Figure 11

Figure 12: *Kuaiji San Fu*, four volumes, by Wang Shipeng (the Song Dynasty) in 1621, Ling Hongxian block-printing chromatograph edition.

Figure 13: *Yongjia Chanzong Ji Zhu*, two volumes, by Shi Xuanjue (the Tang Dynasty), annotated by Shi Chuandeng (the Ming Dynasty) in 1631, Wulin edition.

Figure 14: *Jishan Xiansheng Shiwen Ji*, five volumes, by Lin Jingxi (the Song Dynasty) in 1963.

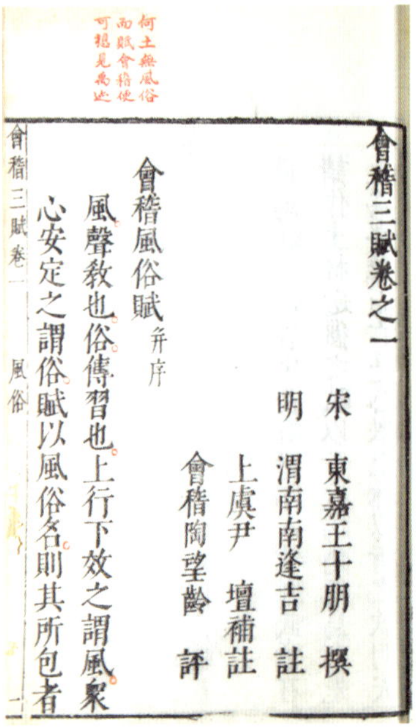
何土無風俗而賦會稽使可想見焉此
會稽三賦卷之一
宋 東嘉王十朋 撰
明 渭南南逢吉 註
上虞尹 壇補註
會稽陶望齡 評
會稽風俗賦 并序
風聲教也俗傳習也上行下效之謂風衆
心安定之謂俗賦以風俗名則其所包者
會稽三賦卷一 風俗 一

Figure 12

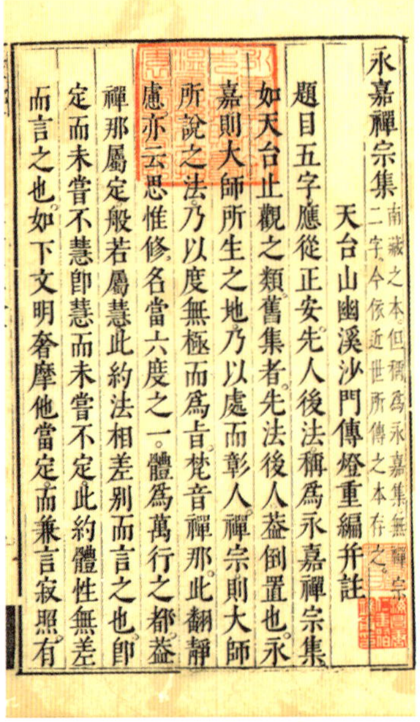
永嘉禪宗集 南藏之本但稱為永嘉集無禪宗二字今依近世所傳之本存之
天台山幽溪沙門傳燈重編并註
題目五字應從正安先人後法稱為永嘉禪宗集
如天台止觀之類舊集者先法後人蓋倒置也永
嘉則大師所生之地乃以處而彰人禪宗則大師
所說之法乃以度無極而為旨梵音禪那此翻靜
慮亦云思惟修名當六度之一體為萬行之都蓋
禪那屬定般若屬慧此約法相差別而言之也即
定而未嘗不慧即慧而未嘗不定此約體性無差
而言之也如下文明奢摩他當定而兼言寂照有

Figure 13

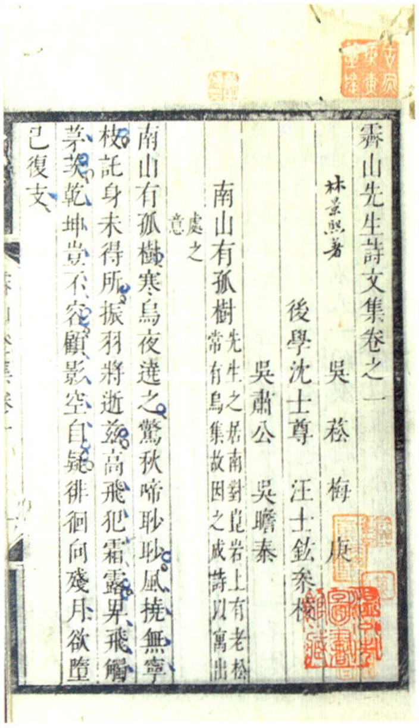
霽山先生詩文集卷之一
林景熙 著
吳菘 梅庚
後學沈士尊 汪士鋐 參校
吳肅公 吳瞻泰
南山有孤樹 先生之居南對崑岩上有老松常有烏集故因之成詩以寓出處之意
南山有孤樹寒烏夜遶之驚秋啼耿耿風撓無寧
枝託身未得所振羽將逝兹高飛犯霜露卑飛觸
茅茨乾坤豈不容顧影空自疑徘徊向殘月欲墮
已復支

Figure 14

Figure 15: (Yongzheng) *Tekai Yuhuan Zhi*, four volumes, compiled by Zhang Tanxiong (the Qing Dynasty) in 1732.

Figure 15

Figure 16: *Shuixin Wenchao*, ten volumes, by Ye Shi (the Song Dynasty) in 1789.

Figure 17: *Guangyizhou Shuangji*, six volumes, by Kang Youwei, annotated by Huang Shaoji in 1893, Nanhai Kang's Wanmu Caotang edition.

Figure 18: *Sisheng Zhengwu*, one volume and Fan Qiefa, one volume, compiled by Xie Size (the Qing Dynasty) in 1895.

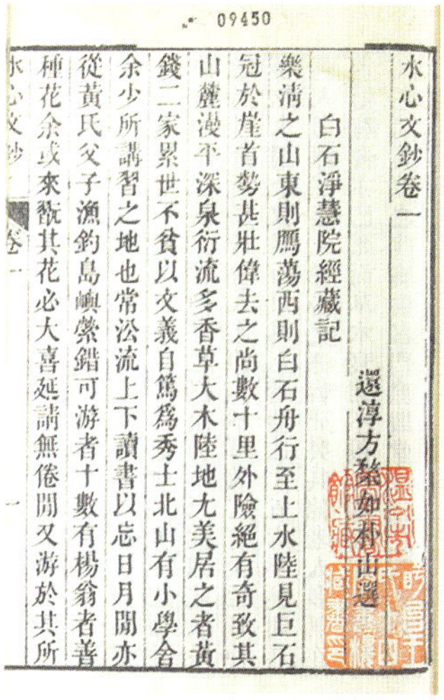

Figure 16

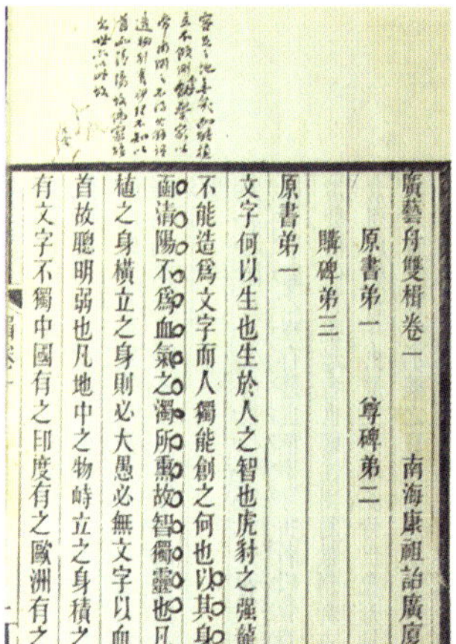

Figure 17

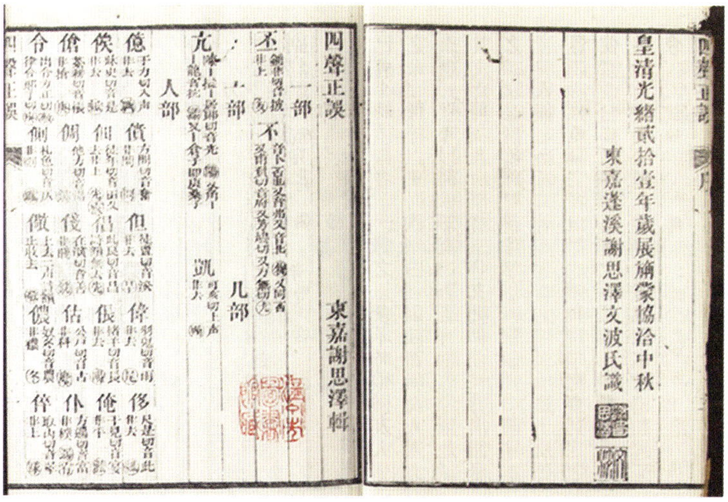

Figure 18

Manuscripts and Codices

Figure 19: *Liu Shu Gu*, 33 volumes with another volume of notes, by Dai Tong (the Song Dynasty), codex.

Figure 20 (a): *Wenzhou Jingji Zhi*, 25 volumes with another volume and words identifying errors not in volumes, by Sun yirang (the Qing Dynasty), annotated by Sun Yiyan, first draft version. Sun Yirang's correction, rewriting and additions took up three to four tenths of the book. The author's father Sun Yiyan also corrected many places in the head margins or pasted note. The book was listed in the first batch of National Rare Ancient Books.

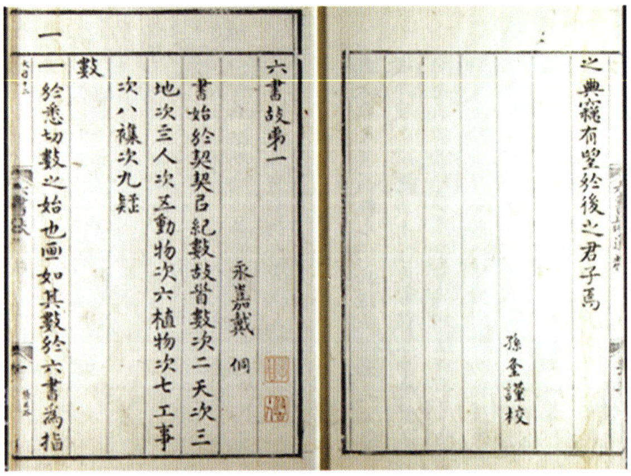

Figure 19

Figure 20 (b): *Wenzhou Jingji Zhi*, 33 volumes with another two volumes and words identifying errors, by Sun Yirang (the Qing Dynasty), fair version. It was annotated by Sun Yiyan, 32 extant volumes. The book was listed in the first batch of National Rare Ancient Books.

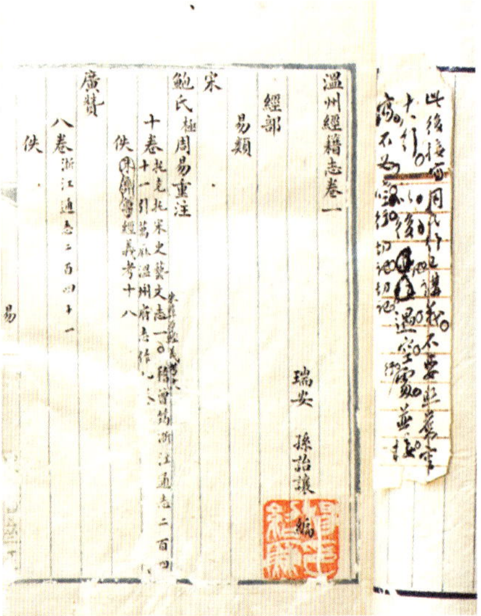

Figure 20 (a)

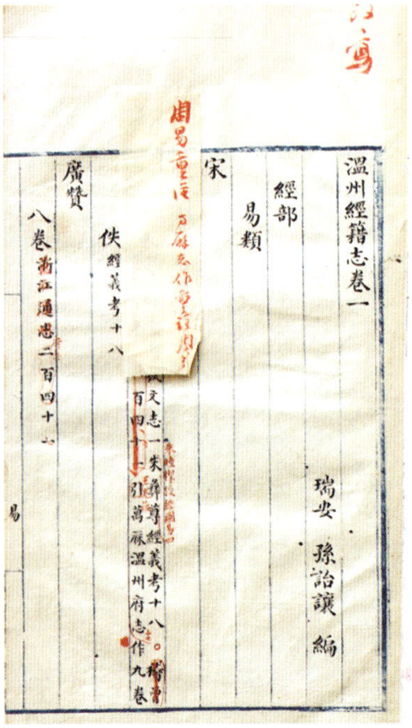

Figure 20 (b)

Figure 20 (c): *Wenzhou Jingji Zhi*, 33 volumes with another two volumes and words identifying errors, by Sun Yirang (the Qing Dynasty), final version, proofread by Yang Shaolian and Sun Yanzhao. There were 12 extant volumes. The book was listed in the first batch of National Rare Ancient Books.

Figure 21: *Ouhai Yiwen*, 58 volumes, compiled by Sun Yirang (the Qing Dynasty), manuscript. It was listed in the first batch of National Rare Ancient Books.

Figure 22: *Zhou Li Zheng Yi*, 86 volumes, by Sun Yirang (the Qing Dynasty), manuscript, with postscript by Fei Nianci. There were 40 extant volumes. It was listed in the second batch of National Rare Ancient Books.

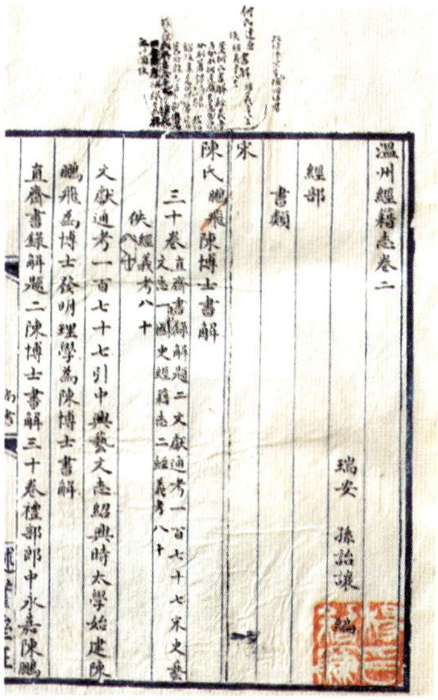
溫州經籍志卷二
經部
書類
瑞安 孫詒讓 編

Figure 20 (c)

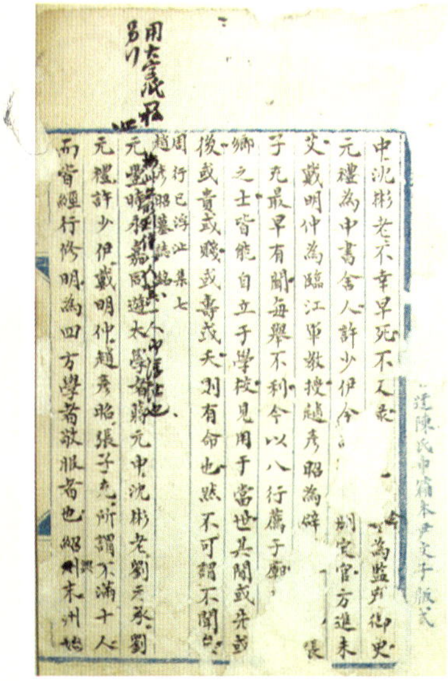

Figure 21

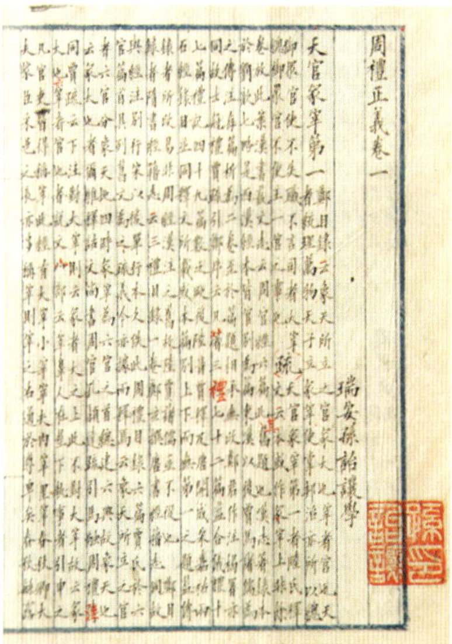
周禮正義卷一
天官冢宰第一
瑞安孫詒讓學

Figure 22

Figure 23: *Qian Lu Yuan Shu*, 1 volume, by Huang Tifang (the Qing Dynasty), manuscript. The book was listed in the second batch of National Rare Ancient Books.

Figure 24: *Wenzhou Shizu Yunbian*, by Sun Qiangming (the Qing Dynasty), manuscript. The book was listed in the first batch of Zhejiang Rare Ancient Books.

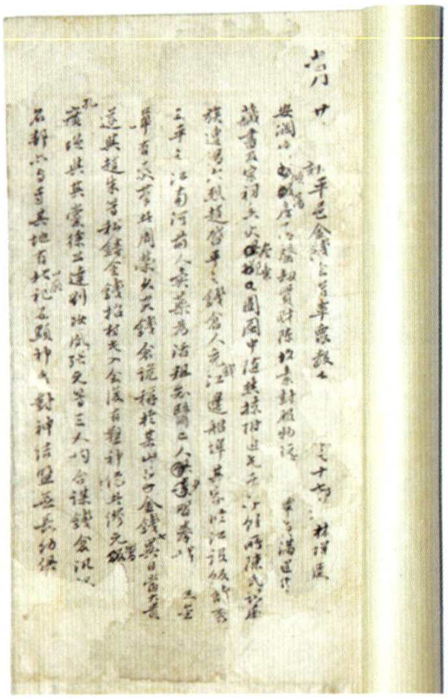

Figure 23

Figure 24

Figure 25: *Ji Yun Kaozheng*, 10 volumes, by Fang Chenggui (the Qing Dynasty), manuscript. The book was listed in the second batch of National Rare Ancient Books.

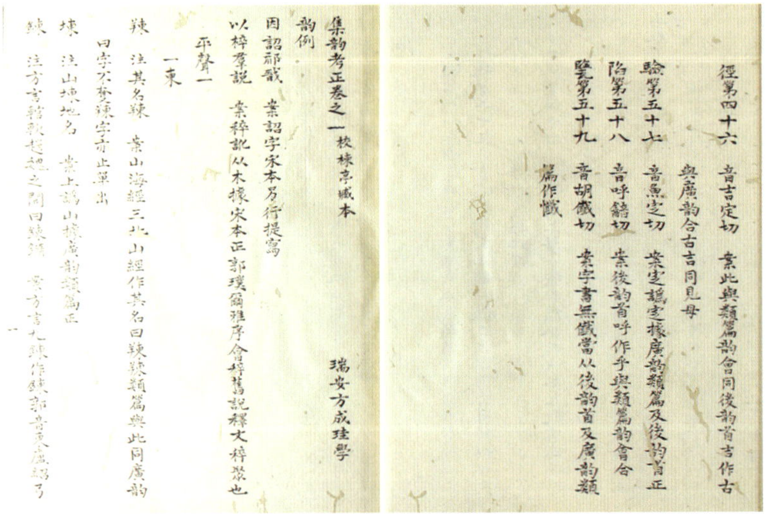

Figure 25

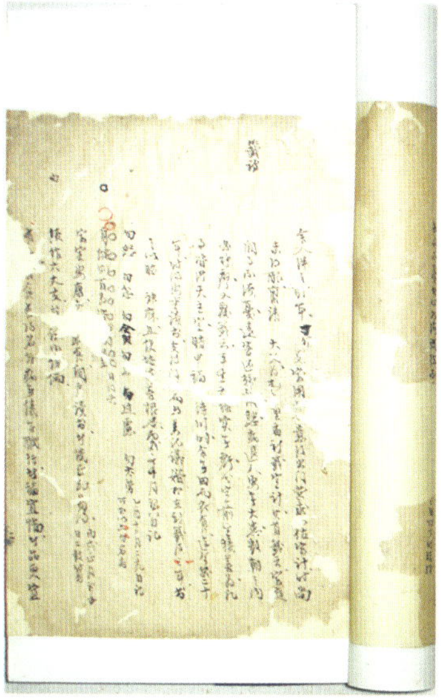

Figure 26 (a)

Figure 26 (a), 26 (b): *Guolaiyu*, by Zhao Jun (the Qing Dynasty), manuscript. The book was listed in the second batch of National Rare Ancient Books.

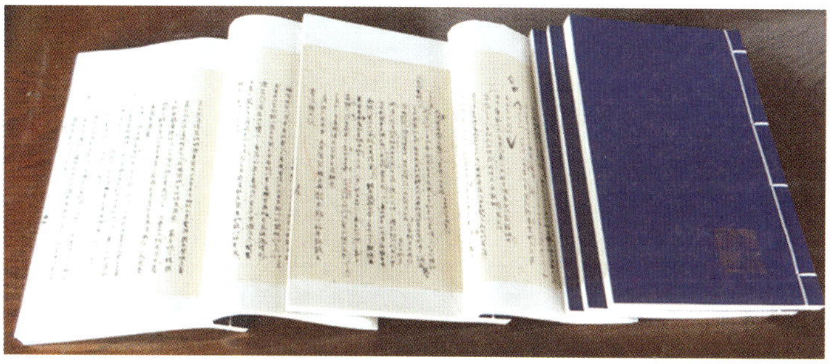

Figure 26 (b)

Figure 27: *Qin Ming Dayu Lu*, 2 volumes, compiled by Zhang Cong (Zhang Fujing, the Ming Dynasty), Jingxiang Lou transcript.

Figure 28: *Suzibian*, 1 volume, compiled by Yu Guoguang (the Qing Dynasty), transcript.

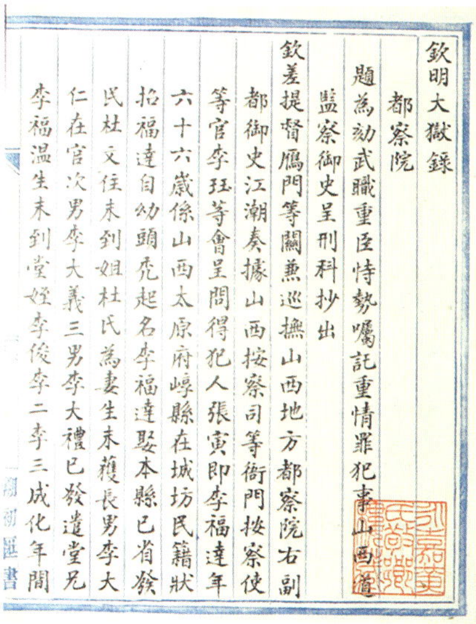

欽明大獄錄
都察院
題為劾武職重臣恃勢囑託重情罪犯事山西道
監察御史呈刑科抄出
欽差提督鴈門等關兼巡撫山西地方都察院右副
都御史江潮奏據山西按察司等衙門按察使
等官李珏等會呈問得犯人張寅即李福達年
六十六歲係山西太原府崞縣在城坊民籍狀
招福達自幼頭禿起名李福達娶本縣已省發
氏杜文住未到姐杜氏為妻生未獲長男李大
仁在官次男李大義三男李大禮已發遣堂兄
李福溫生未到堂姪李俊李二李三成化年間

Figure 27

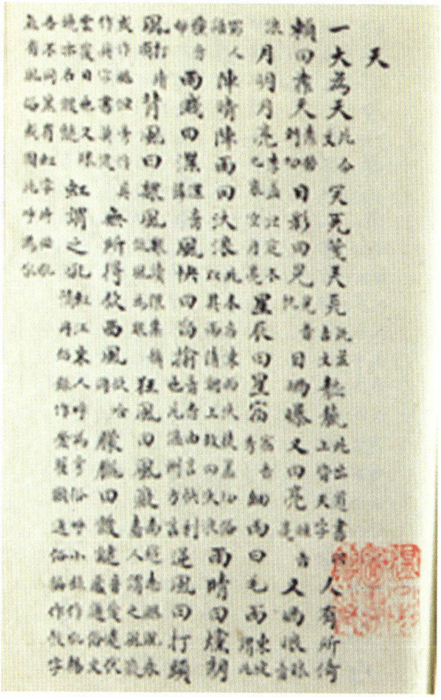

Figure 28

Figure 29: *Haishi Fangyan*, 4 volumes, by Lin Dachun (the Qing Dynasty), Jingxiang Lou transcript.

Figure 30: *Ouhai Fangyan*, 1 volume, by Yang Shaolian (the Republic of China), Jingxiang Lou transcript.

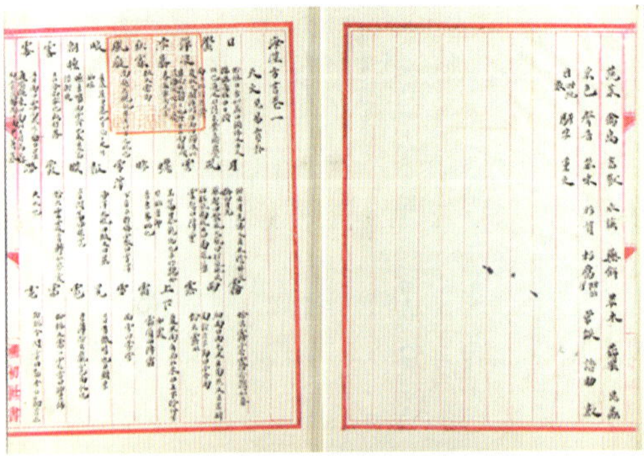

Figure 29

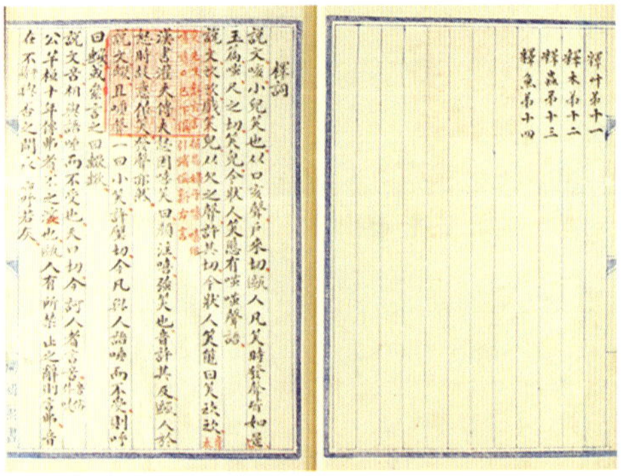

Figure 30

Figure 31 (a), 31 (b): *Houzhuang Riji Huichao*, by Liu Shaokuan, manuscript, 40 items.

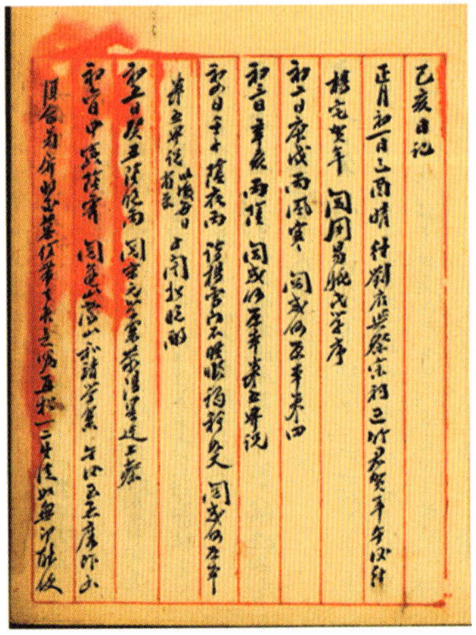

Figure 31 (a)

Figure 31 (b)

Figure 32: *Duyinyuan Riji*, by Zhang Wang, manuscript.

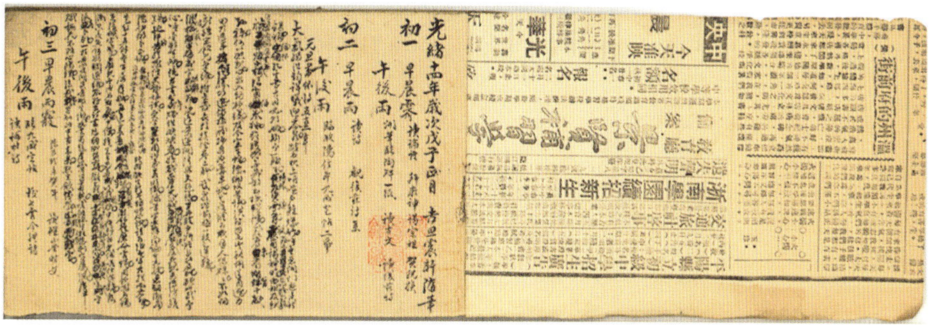

Figure14

Figure 33: *Yinxu Shuqi Qianhoubian Shiwen*, 4 volumes, by Wang Guowei, transcript, donated by Dai Jiaxiang.

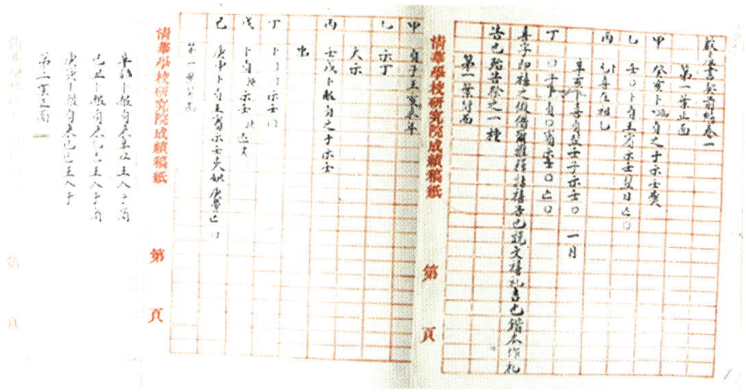

Figure 33

Figure 34: *Xia Chengtao Riji* , from October 25, 1922 to July 30, 1924, by Xia Chengtao, manuscript.

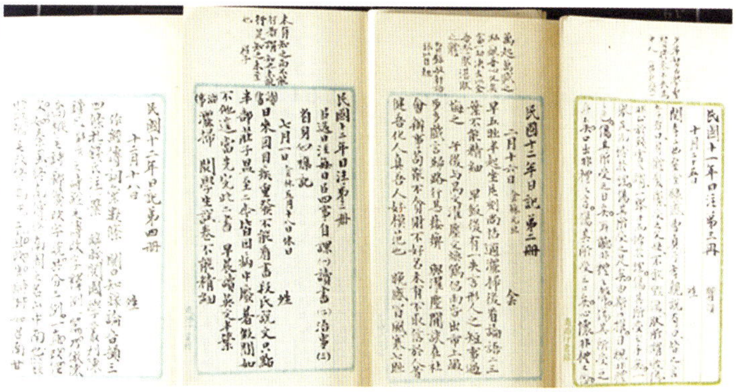

Figure 34

Figure 35: *New Translation of the Red and the Black with Annotations*, translated by Zhao Ruihong, manuscript. Zhao Ruihong finished the first Chinese version of *The Red and the Black* in 1944, while this edition was his new translation in his old age, donated to the library in spring of 1998, 15 chapters of the first volume,.

Figure 36: *The History Chose Mao Zedong*, by Ye Yonglie, manuscript, donated on November 24, 1999.

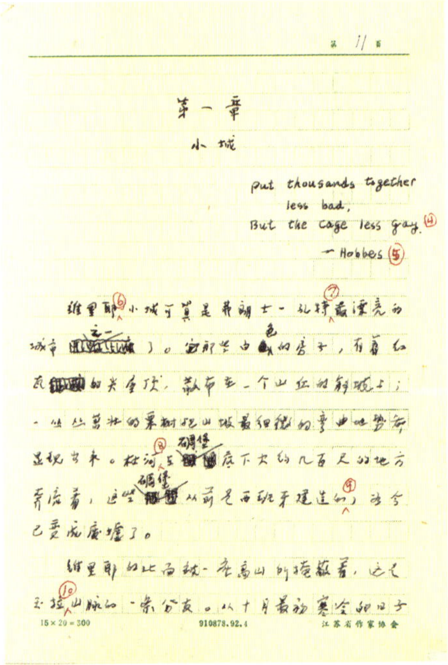

Figure 35

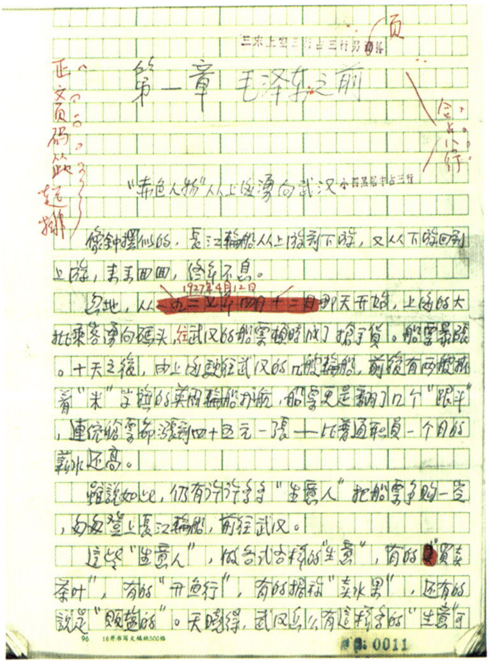

Figure 36

Local Literature Series

Figure 37 (a), 37 (b), 37 (c): *Yongjia Series*, 15 titles, 252 volumes, compiled by Sun Yiyan (the Qing Dynasty), Tongzhi (1862—1874) to Guangxu (1875—1908) Yishan Cishu block-printed edition.

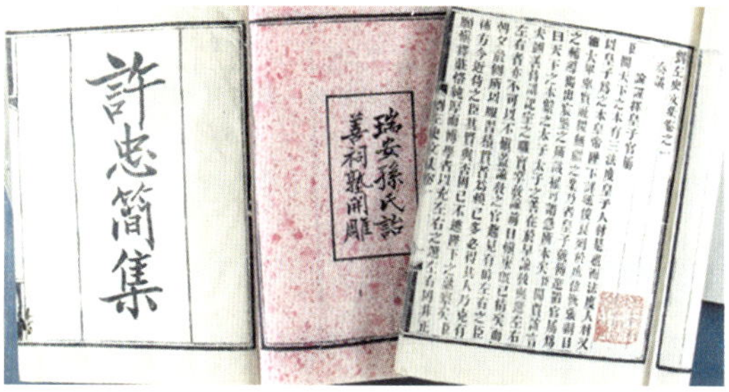

Figure 37 (a)

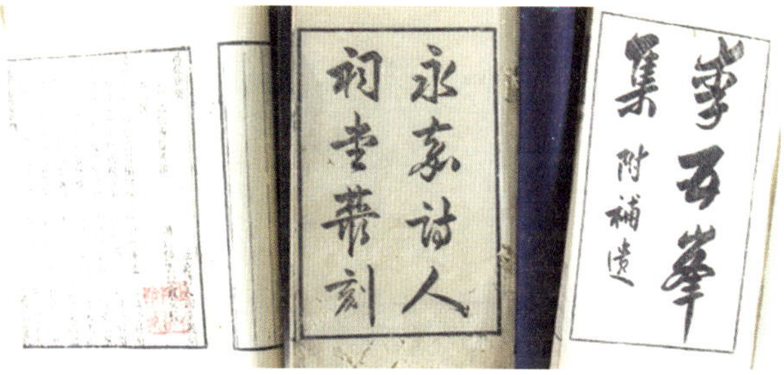

Figure 37 (b)

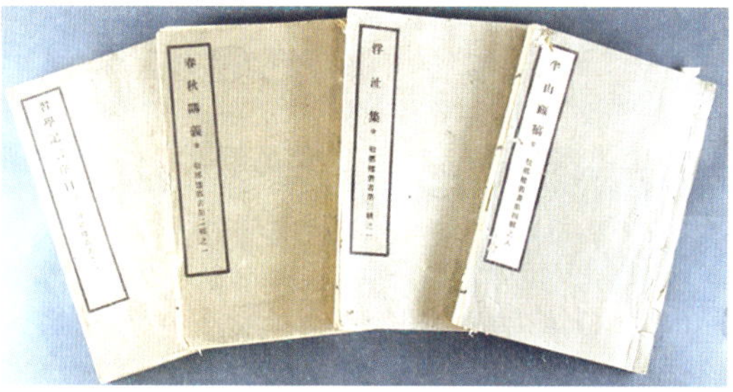

Figure 37 (c)

Figure 38: *Yongjia Shiren Citang Congke*, 14 titles, 22 volumes, compiled by Mao Guangsheng, 1915 Rugao Mao Guangsheng edition.

Figure 39: *Jingxianglou Series*, 4 episodes, 38 titles, 289 volumes, compiled and printed by Huang Qun from 1928 to 1935, stereotype edition.

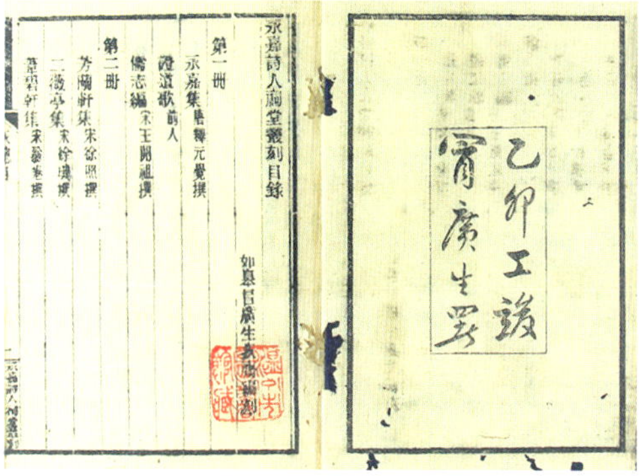

Figure 38

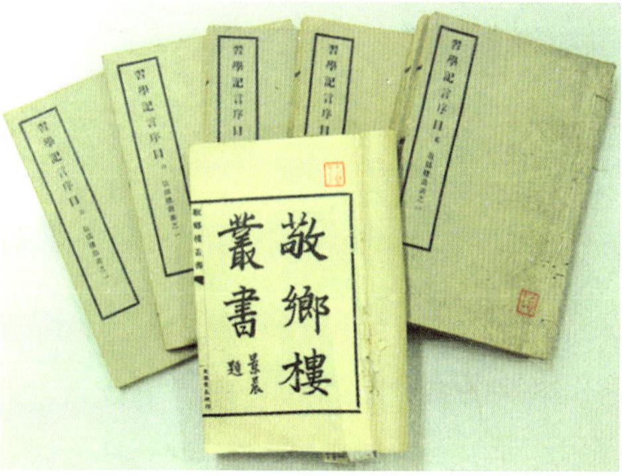

Figure 39

Figure 40: *Collected Posthumous Works of Local Sages of Yongjia District*, 402 titles, 1259 volumes, Committee to Collect Posthumous Works of Local Sages of the Third Special District, from 1935 to 1937, transcripts.

Figure 41: *Wenzhou Model Series*, Lin Bai as chief editor, published by Guangxi People's Publishing House in October 1987. There are eight books, including *The Rise of Wenzhou*, *Theorectical Exploration of Wenzhou Model*, *Farmer-entrepreneurs of Wenzhou*, *Wenzhou Cadres*, *The Market in Wenzhou*, *Wenzhou People's Spirits*, *Wenzhou New Style* and *Talking in Wenzhou*. It is the first set of books reflecting the Wenzhou model.

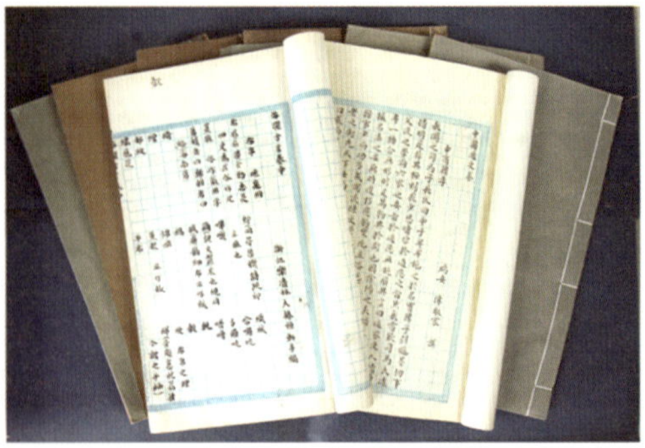

Figure 40

Figure 41

Figure 42 (a), 42 (b): *Wenzhou Literature Series*, 4 episodes, 40 titles, published by Shanghai Academy of Social Sciences Publishing House from 2002 to 2008, by far the most complete, accurate, and authoritative historical literature series of Wenzhou city.

图42（a）

图42（b）

Figure 43: *A Sequel to Wenzhou Literature Series*, 10 titles, published by Huangshan Publishing House from 2009 to 2012.

Figure 44: *Series of Old Wenzhou*, compiled by Wenzhou Archives and Wenzhou Daily Press Group, published by Huangshan Publishing House from 2012 to 2013, including *Old Advertisements of Wenzhous*, *Old Supplements of Wenzhous*, *Old News of Wenzhou*, *Old Drama Scripts of Wenzhou*, *Old Periodicals of Wenzhou.*

Figure 43

Figure 44

Figure 45 (a), 45 (b): *Wenzhou Local Culture Series*, 14 titles, published by Zhejiang Photographic Press from 2008 to 2012. The series covered local people, local places and local things, revealing the features and essence of local culture. The series includes *Wenzhou Well-known Families*, *Wenzhou Old Streets*, *Wenzhou Carved Boards and Copper Foils*, *Wenzhou Eaves Tiles and Carved Eaves*, *Wenzhou Cangnan Jiaxie*, *Wenzhou Lacquer Art*, *Wenzhou Embroidery*, *Wenzhou Paper Cutting*, *Taishun Local Buildings*, *Hair Embroidery*, *Wenzhou Ou Kilns Celadon*, *Trip to Wenzhou Nanxi River*, *Ou Tea*, and *An Illustration of Wenzhou Cultural History*.

Figure 45 (a)

Figure 45 (b)

Figure 46: *Anthologies of Wenzhou Scholars*, published by Huangshan Publishing House from 2008 to 2011, *The Works of Hu Zhusheng*, *The Works of Xu Shunping*, *The Works of Hu Xuegang*, *The Works of Xu Dingshui*, *The Works of Zhang Zhigang*, *and The Works of Chen Xuewen have* already been published.

Figure 47: *Series of Hundred Calligraphies of Hundred Calligraphers in Wenzhou*, 5 episodes, 20 items, compiled by Wenzhou Federation of Literary and Art and Wenzhou Calligraphy Association, published by Xiling Seal Engravers' Society Publishing House from 2008 to 2011. Calligraphy and seal carving works of 100 contemporary Wenzhou calligraphers were selected.

Figure 46

Figure 47

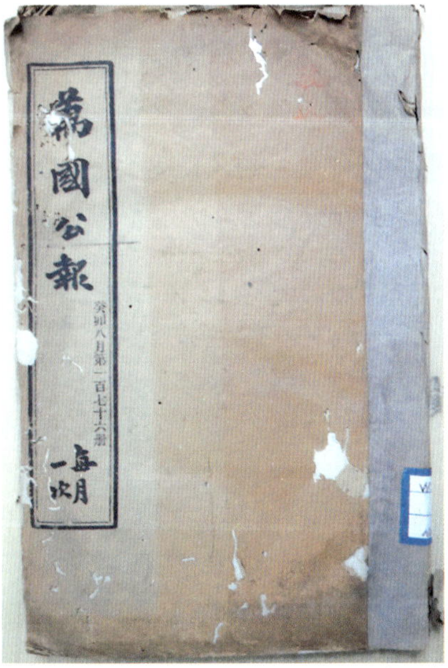

Figure 48

Modern Newspapers

At the end of the Qing Dynasty

Figure 48: *A Review of the Times* (*Wanguo Gongbao*), founded in Shanghai on September 5, 1868, formerly known as *The Church News*. Founded and edited by an American Methodist missionary Lin Lezhi (English name: Young John Allen), published under the name of Linhua Institute, printed by the American Presbyterian Mission Press. It was the longest and most extensive Chinese letterpress publications founded by foreign missionaries.

Figure 49: *Shiwu Bao*, founded on August 9, 1896, published every ten days, lithographed edition on Lianshi Paper. It was the official newspaper of the Reformists of the late Qing Dynasty issued in Shanghai and founded by Huang Zunxian, Wang Kangnian and Liang Qichao. Liang Qichao was the chief commentator and Wang Kangnian was the general manager.

Figure 50: *Liji Medical School Journal*, compiled by Chen Qiu, published every half a month, founded on January 20, 1897 at Fuqian Street in Wenzhou, official journal of Liji Medical School of Rui'an, the first journal that was founded by a Chinese in Zhejiang Province, also the first general medical journal in the history of China.

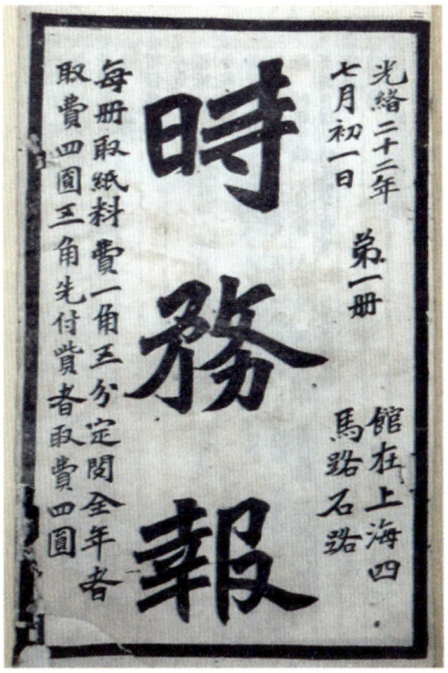

Figure 49

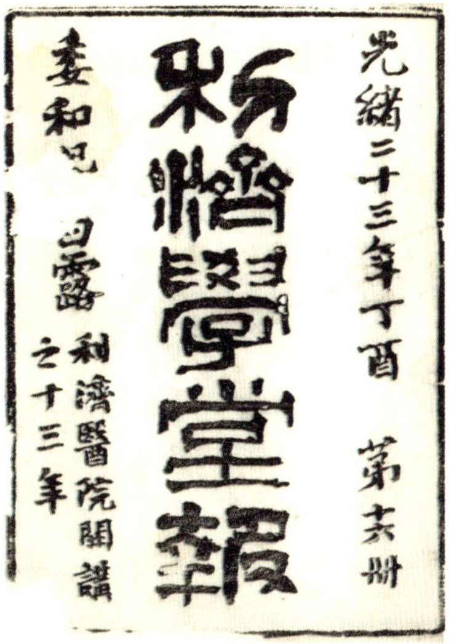

Figure 50

Figure 51 (a), 51 (b): *Maths*, founded in July 1897 at Fuqian Street in Wenzhou, initiated and edited by Huang Qingcheng. A branch was set up at Meifuli, Xinmalu, Shanghai, since the second issue, and distrbutors were set up at Shiwu Bao Office, Chinese Scientific Book Depot (Gezhi Shutang), Liuxian Bookshop, and Zuiliu Tang, etc. It was the first periodical of mathematics in the history of China.

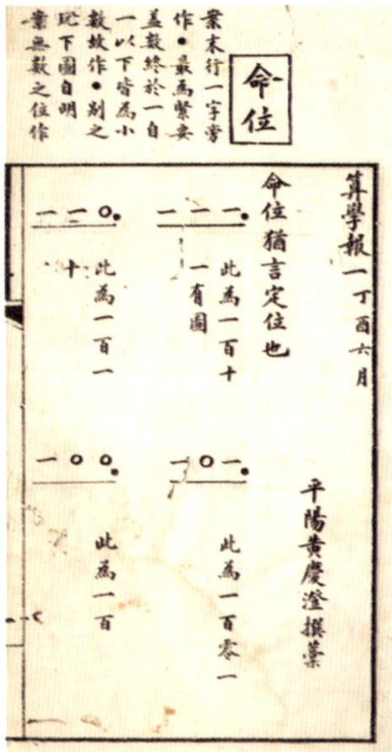

Figure 51 (a)

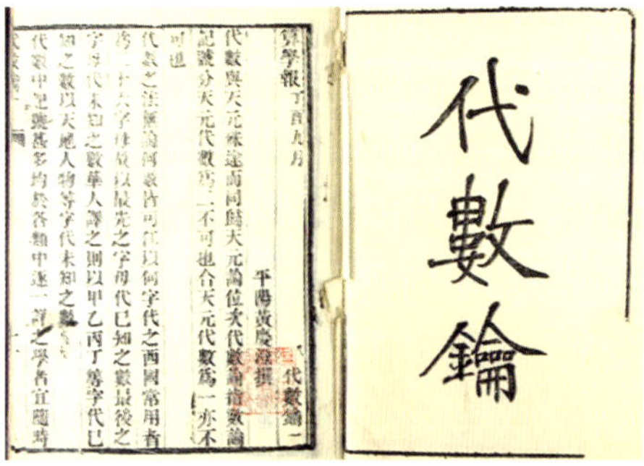

Figure 51 (b)

Figure 52 (a), 52 (b): *Ouxue Monthly*, founded by Huang Qingcheng in 1899, initially named *Historiography Monthly* (*Shixue Bao*), renamed *Ouxue Bao* from the 3rd issue on. The office was located at City God Temple of Wenzhou. It was the first historical periodical in the history of China.

Figure 52 (a)

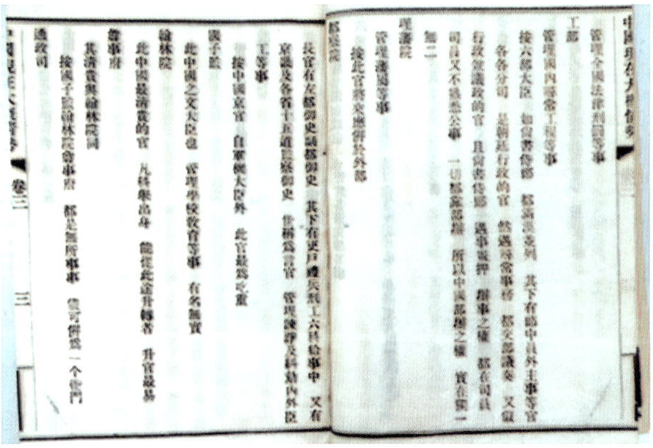

Figure 52 (b)

Figure 53: *Xinmin News*, founded in January 1902 by Xinmin Newspaper Office, Yokohama, Japan, stereotype edition. Feng Zishan was the nominal editor and publisher, while Liang Qichao was in charge. Most important articles were written by Liang Qichao. It advocated a constitutional monarchy, and opposed democratic reforms.

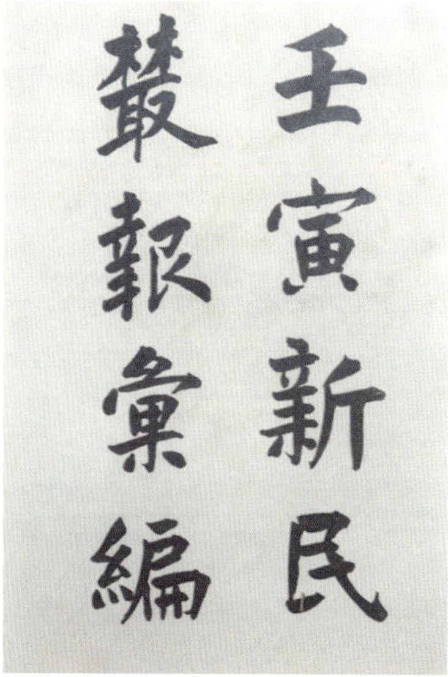

Figure 53

Figure 54: *Diplomacy Daily*, founded in Shanghai on January 4, 1902, published every 10 days, with Zhang Yuanji as chief editor, published by the Commercial Press. It was the first newspaper reviewing international issues in modern history of China, covering international situation, international law, foreign policies towards China, domestic and foreign affairs of different countries, etc. There were many translated articles about current affairs from dozens of foreign newspapers.

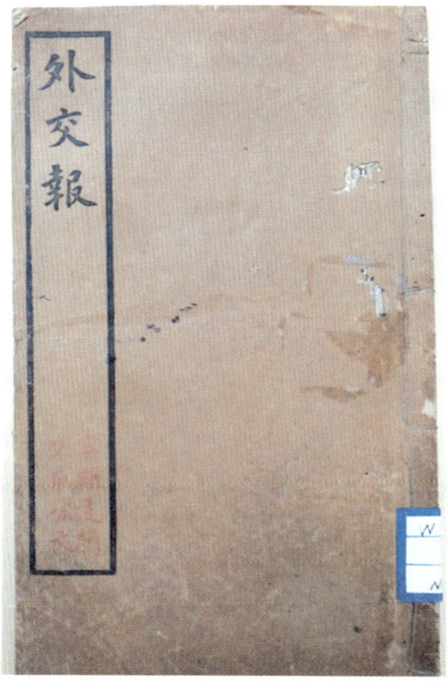

Figure 54

Figure 55 (a), 55 (b): *New World Journal*, founded in Shanghai on September 2, 1902, semimonthly, with Chen Fuchen as chief editor, a famous historian born in Wenzhou. 17 columns were set up according to the modern Western subject system, that is, classics, history, psychology, ethics, politics, law, geography, physics, finance, agriculture, engineering, business, military science, medicine, mathematics, education, religion, etc. It was founded by Chinese, printed on both sides, bound in a Western way.

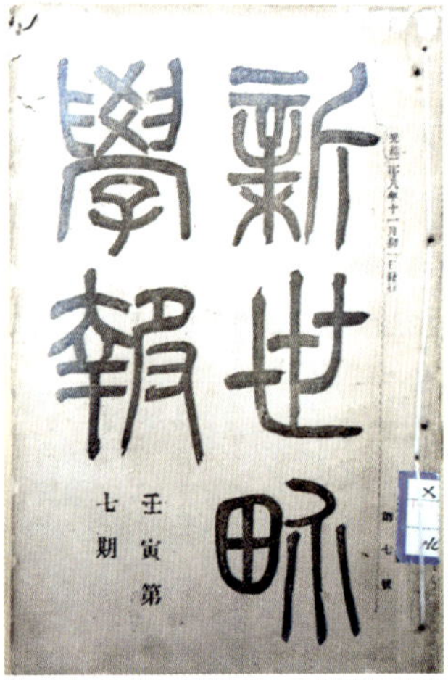

Figure 55 (a)

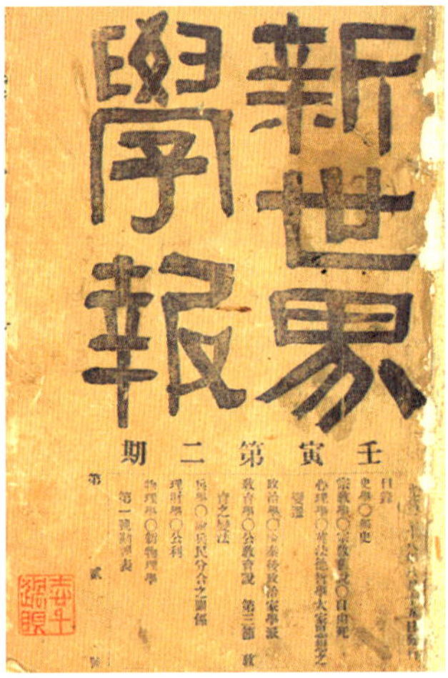

Figure 55 (b)

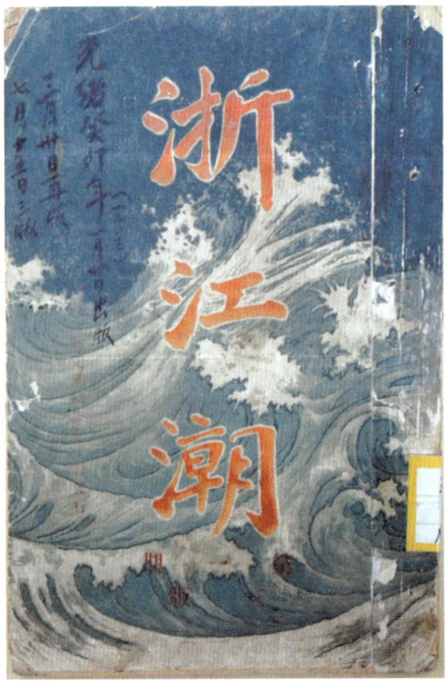

Figure 56

Figure 56: *Zhejiang Chao Monthly*, founded in Tokyo on January 20, 1903, edited by Zhejiang Association. Sun Yizhong, Jiang Fangzhen, Ma Junwu, Jiang Zhiyou and Wang Jiaju were the editors. It was a comprehensive monthly journal of arts and science published by Zhejiang students in Japan. The journal reported the anti-Russian movements of Chinese students in Japan in detail, with dozens of reports published. It covered politics, economics, national defense, transportation, education, products, tax, commerce, press, agriculture, religion, customs, people, and natural geography, etc. It was a precious information resource of the society of the time.

Figure 57: *Min News*, the party newspaper of Tong Meng Hui (the Chinese Revolutionary League) founded in Tokyo on November 26, 1905. It was suppressed in the winter of 1908 by the Japanese government. Then in January 1910 it was printed secretly in Japan with Paris as the nominal publishing place, and discontinued after two weeks. There were 26 issues in total. The editors and publishers with their names on the newspaper were Zhang Ji, Zhang Taiyan, Tao Chengzhang and Wang Jingwei. It disseminated the bourgeois-democratic revolutionary ideas, argued heatedly with *Sein Min Choong Bou* founded by the Constitutional Group.

Figure 58: *Business Daily*, founded in 1906, stereotype edition by Newspaper Office of Shangwu Guanbao, Beijing Department of Agriculture, Industry and Commerce.

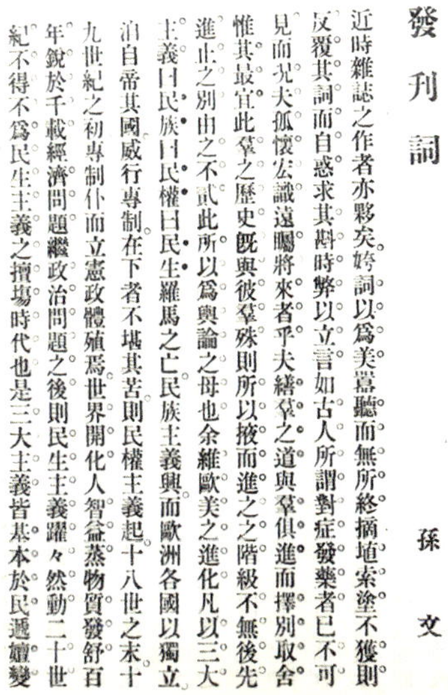

發刊詞　孫文

近時雜誌之作者亦夥矣婞詞以爲美囂聽而無所終摘埴索塗不獲則反覆其詞而自惑求其斟時弊以立言如古人所謂對症發藥者已不可見而況夫孤懷宏識遠矚將來者乎夫繕羣之道與羣俱進而擇別取舍惟其最宜此羣之歷史既與彼羣殊則所以掖而進之之階級不無後先進止之別由之不貳此所以爲輿論之母也余維歐美之進化凡以三大主義曰民族曰民權曰民生羅馬之亡民族主義興而歐洲各國以獨立洎自帝其國威行專制在下者不堪其苦則民權主義起十八世之末十九世紀之初專制仆而立憲政體殖焉世界開化人智益蒸物質發舒百年銳於千載經濟問題繼政治問題之後則民生主義躍々然動二十世紀不得不爲民生主義之擅場時代也是三大主義皆基本於民遞嬗變

Figure 57

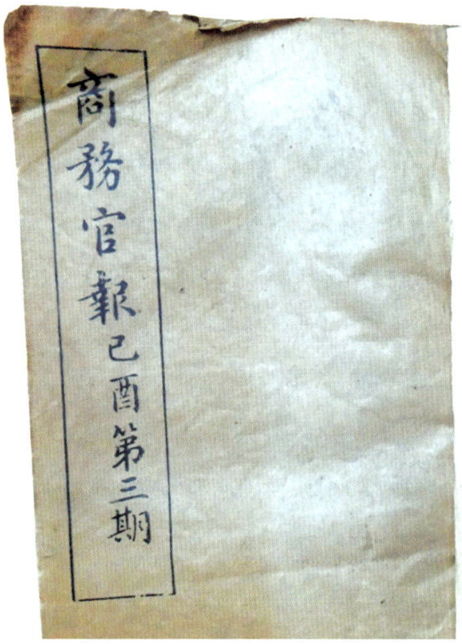

Figure 58

Figure 59: *Chinese Women's Newspaper* (*Zhongguo Nübao*), with Qiu Jin as chief editor, published by the Newspaper Office of Zhongguo Nübao, Shanghai. It disseminated revolutionary ideas, suggested that the emancipation of women be combined with the anti-Qing movements and criticized the Confucian ritualism and androcentrism.

Figure 60: *The World* (*Shijie*), founded in November 1907, the first periodical of picture and photography in the history of China, published by Chinese overseas students in the name of "The World Society" in Paris, France. The chief editor was Yao Hui, and editors were Wu zhihui and Li Shiceng. There were only two issues and rarely extant. There were around 100 photos with text descriptions or articles in each issue.

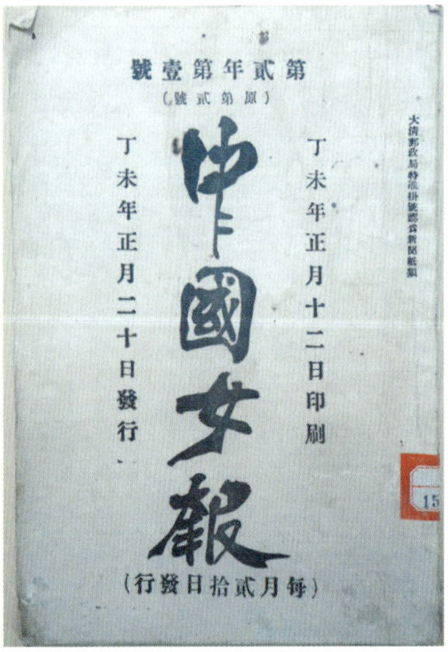

Figure 59

Figure 60

During the Republic of China

Figure 61: *Journal of Lin Sun*, founded in September of 1913, written by Lin Sun, issued by Huang Shang, edited by Jiang Jiayi, printed by Wenzhou Wuben Lithographic Company. It discontinued after publishing one edition. The journal was founded by Lin Sun alone, so it was distinctive with individual characteristics.

Figure 61

Figure 62: *The New Youth* (*Xin Qingnian*). Chen Duxiu founded *The Youth* in Shanghai in September 1915, which was renamed *The New Youth* from the 1st issue of volume two in September 1916. The last issue was in July 1926. Its headquarters was first in Shanghai, then Beijing and Guangzhou. It was a very famous revolutionary journal in modern history of China, and became the official journal of the Communist Party after its establishment.

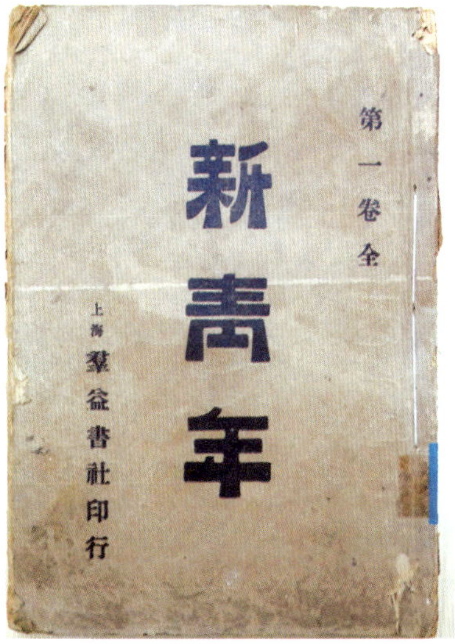

Figure 62

Figure 63 (a), 63 (b): *Ouhai Chao*, founded in 1916 by Mei Lengsheng, etc., lithographed edition, discontinued in 1917.

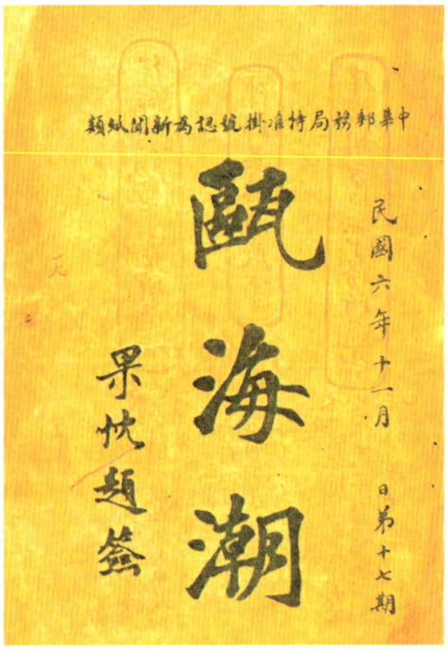

Figure 63 (a)

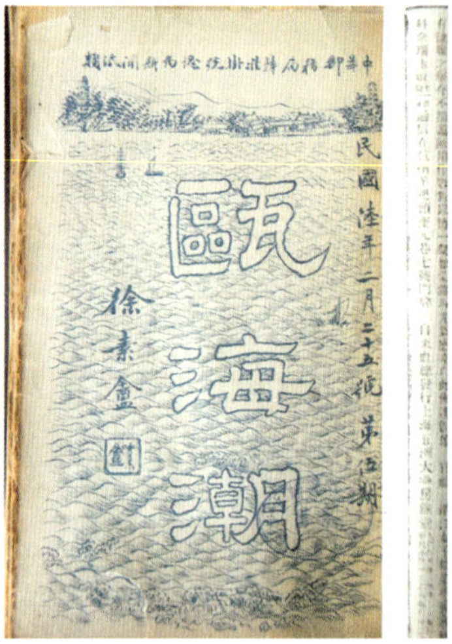

Figure 63 (b)

Figure 64 (a), 64 (b): *National Salvation Speeches Weekly* (*Jiuguo Jiangyan Zhoukan*), founded by Zheng Zhenduo, Chen Zhongtao and Wang Xiyi in Wenzhou in June 1919, lithographed edition. It covered comments, researches, speeches, anecdotes, proses, etc. It reported widely on patriotic actions in the later period of May Fourth Movement. There were 6 issues in total.

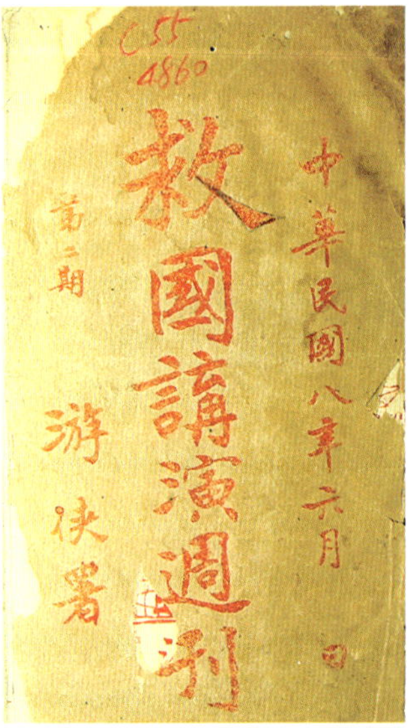

Figure 64 (a)

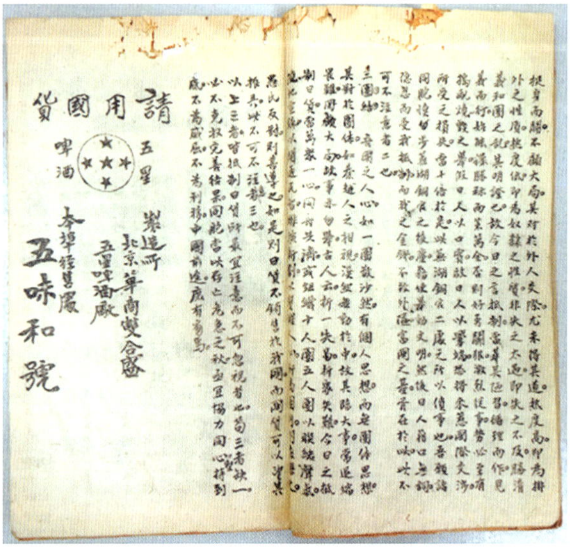

Figure 64 (b)

Figure 65: *New Learning Journal* (*Xin Xue Bao*), founded in 1920, published semi-annually, sponsored by New Learning Society of Yongjia. The headquarters was located at Daohou, Wenzhou. The editors were Yang Qisu, Jiang Qi and Hu Rongquan, etc. Zheng Zhenduo participated in editing and published *The Problem of the Highest Art*, *The Emancipation of Women in China*, *Crack Social Classes*, advocating patriotic and democratic ideas. The journal was closed in the following year, with three issues in total.

Figure 66: *Humanity* (*Ren Dao*), founded on August 5, 1920, only one issue. It was founded after *New Society* (*Xin Shehui*), a journal published every ten days and founded by Zheng Zhenduo, Qu Qiubai, etc., had been suppressed.

Figure 65

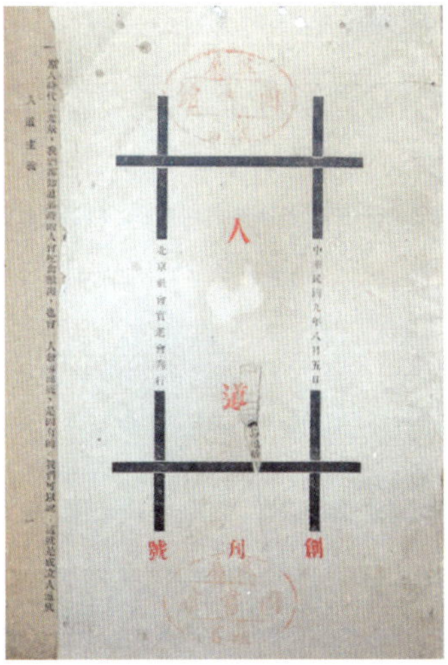

Figure 66

Figure 67: *New Ouchao Daily*, founded by Li Wenhou, Zhu Xi, etc. at Caoxian Lane, Wuma Street, Wenzhou, in August 1921, appearing as a piece of four folio pages every day. It was closed after the Outbreak of the Anti-Japanese War.

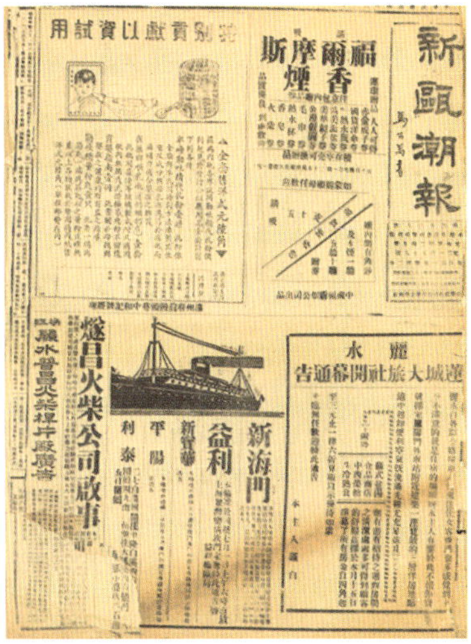

Figure 67

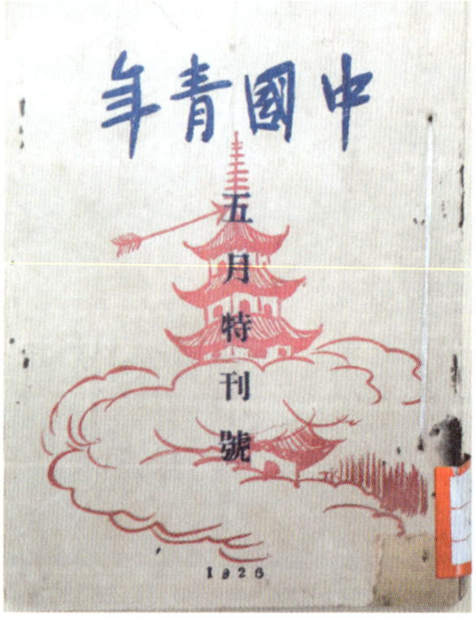

Figure 68

Figure 68: *China Youth* (*Zhongguo Qingnian*), with Yun Daiying as chief editor, founded in October 1923, official journal of the Communist Youth League of China.

Figure 69: *Ou Feng*, with Chen Mi as chief editor, founded at Liji Hospital, Yangya Street, Rui'an, in January 1934, monthly, stereotype edition.

Figure 70: *Wenzhou New Newspaper* (*Wenzhou Xin Bao*) , founded at the end of 1932. The headquarters was located at Gaogongqiao No. 5, Wuma Street. The sponsors were Yang Shaofo, Sha Jiaye and Yao Zhige. It appeared as one piece of four folio pages every day and closed at the beginning of the Anti-Japanese War.

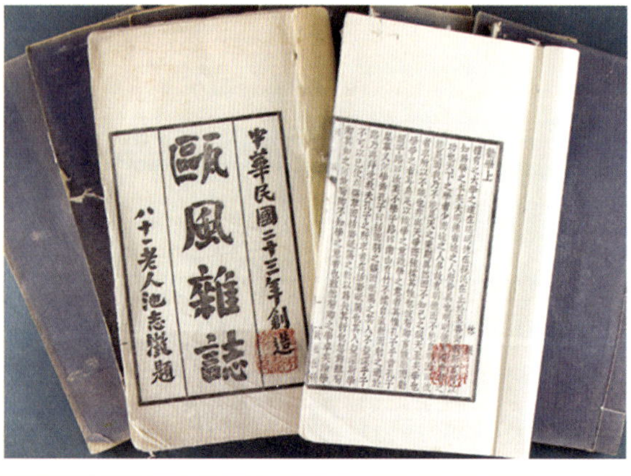

Figure 69

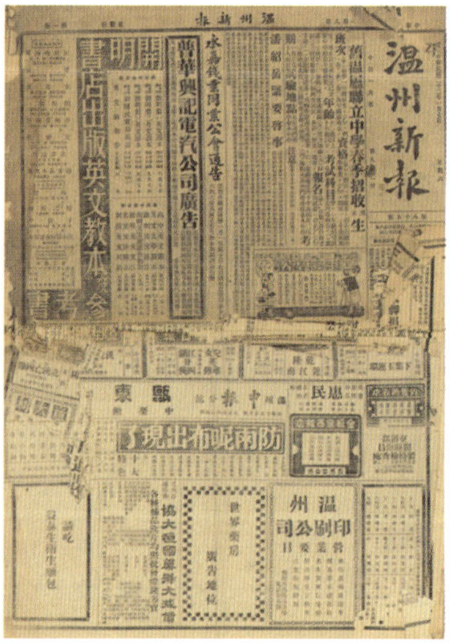
溫州新報

Figure 70

Figure 71: *Zhe'ou Daily*, founded in September 1930, formerly known as *The Republic Daily of Wenzhou Region*, renamed in September 1934, mouthpiece of the local Committee of Kuomintang, closed in May 1949 when Wenzhou was liberated peacefully, the first large-scale comprehensive daily newspaper in the history of Wenzhou, also the oldest newspaper in Wenzhou during the time of the Republic of China.

Figure 72: *Xia Duo*, monthly, with Wu Tingyang as chief editor, founded on January 1, 1937, mouthpiece of Chinese Methodist Church of Wenzhou and Ningbo parishes. There were such columns as Editorial, Research Lectures, Biographies, Novels, Poetry, The Parish Newsletters, etc. , which published the news of the church in East Zhejiang.

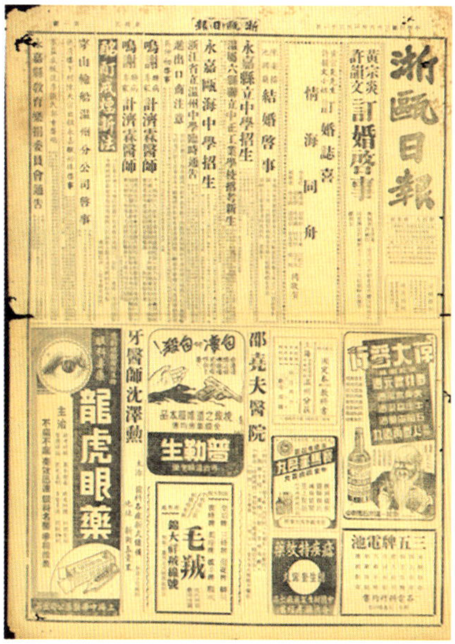

Figure 71

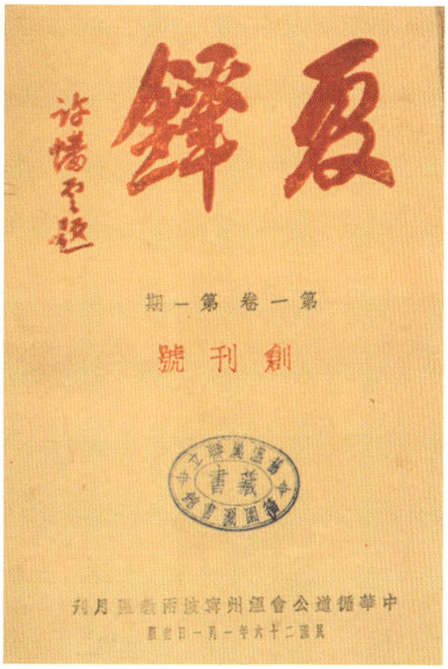

Figure 72

Figure 73: *Living Line* (*Shengxian*), founded in Wenzhou on New Year's Day in 1938, appearing semimonthly, 1, 500 copies per issue, published by the underground leadership of CPC in Wenzhou, chief editors including Gu Chongxi and Xia Yeshi. Hu Jingjian, Zheng Jiazhi and Ma Hua were some contributors. The headquarters was located at Gaogongqiao No. 6, Wenzhou. There were 8 issues in total.

Figure 74: *Zhejiangchao*, appearing every ten days, founded in 1938. Yan Beiming was the publisher and editor-in-chief. Apart from the provincial chairman Huang Shaohong, famous scholars, writers and communists were main contributors. From the first to the sixth issue, this journal was published in Wenzhou. Articles used to discuss the war situation at home and abroad and introduce the war circumstances of Zhejiang Province.

Figure 73

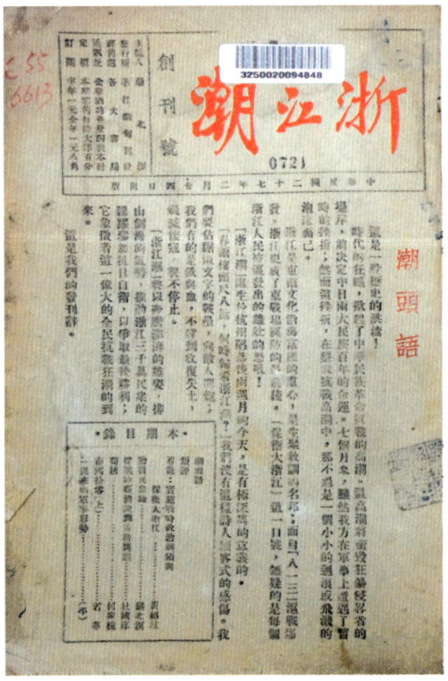

Figure 74

Modern Books

Figure 75: *General Principles of International Law*, compiled by Wang Hongnian, self-published in 1901, printed by Tokyo Sanxie Joint Venture Commercial Firm. It was the earliest attempt to build a system of international law in the history of China.

Figure 76: *Travel to the Saint Louis Exposition on the New Continent*, also known as T*ravel to the American Exposition*, by Chen Qi and Chen Dehui, printed in June 1905 and released in August of the same year. Zhang Jian inscribed the title. There were 32 pictures at the beginning of the book, all black-and-white photographs, and a preface written by Sun Yirang in April 1905. The book consisted of 14 chapters, including the origin of Saint Louis Exposition, China's participation history, overview of the exposition, a tour around the exposition, pavilions, government offices, the Chinese pavilion, etc. .

Figure 75

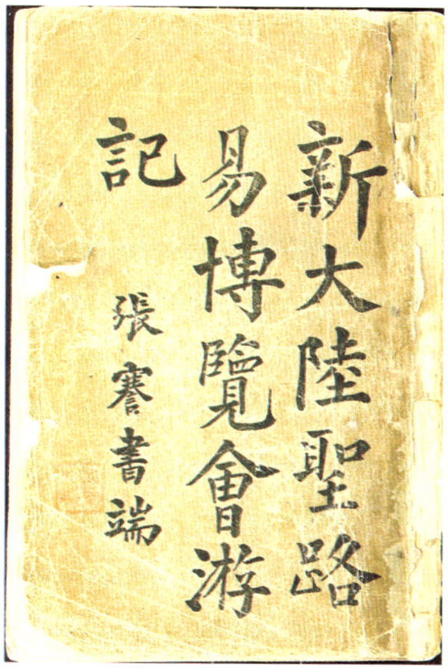

Figure 76

Figures 77 (a), 77 (b): *A Mission in China*, by S. Soothill, published by Oliphant, Anderson & Ferrier in 1907. It was a memoir of an English missionary in Wenzhou for 25 years. The book was donated by Xia Nai in the early 1960s.

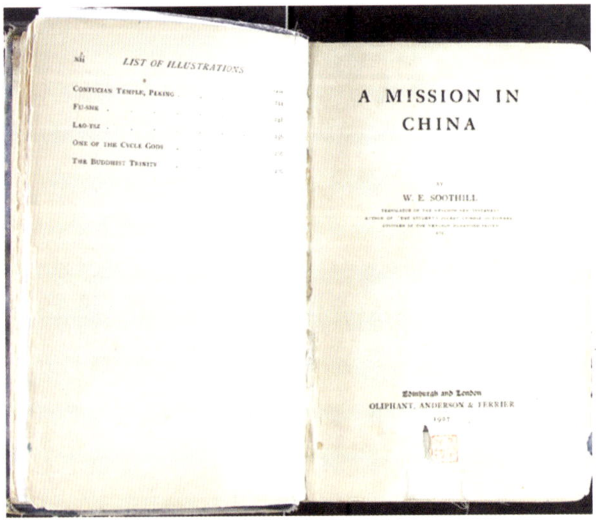

Figures 77 (a)

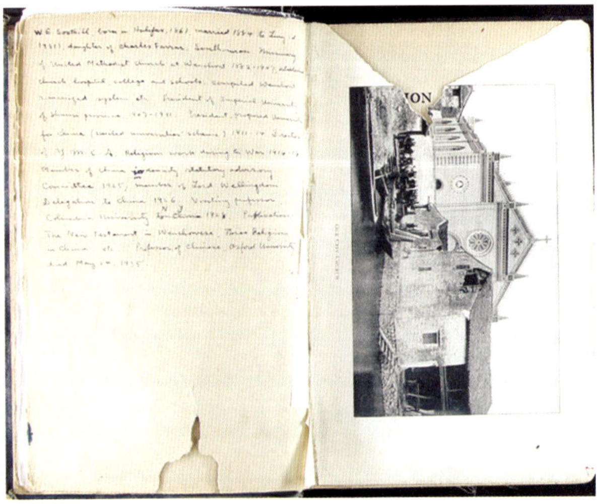

Figures 77 (b)

Figure 78: *The General Theory of the Yongjia School*, by Lin Sun, stereotype edition in the beginning of the Republic of China.

Figure 79: *An Introduction to Chinese Morality* (*Zhongguo Guomin Daode Gailun*), by Jiang Qi, printed by Bingchen Society in 1917, stereotype edition.

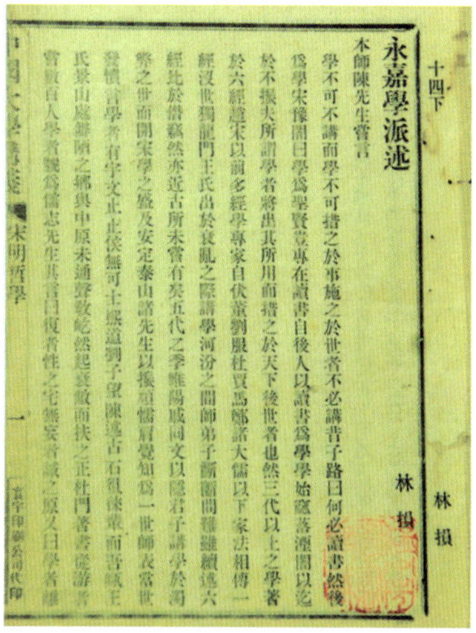

Figure 78

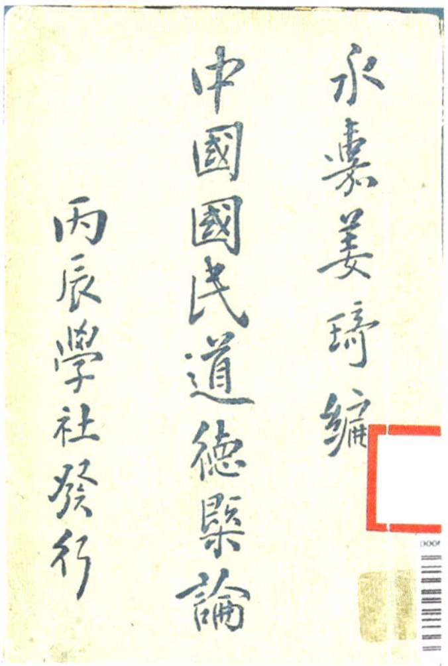

Figure 79

Figure 80 (a), 80 (b): *The Communist Manifesto*, translated by Chen Wangdao, the first edition in August 1920. It was the first title of *Socialist Study Series*. There was an error in the title "Gong Dang Chan Xuanyan", which should have been "Gong Chan Dang Xuanyan". There were 1,000 copies of the first edition, with 11 extant. The book was purchased from Wenzhou Old Books Store in 1967.

Figure 80 (a)

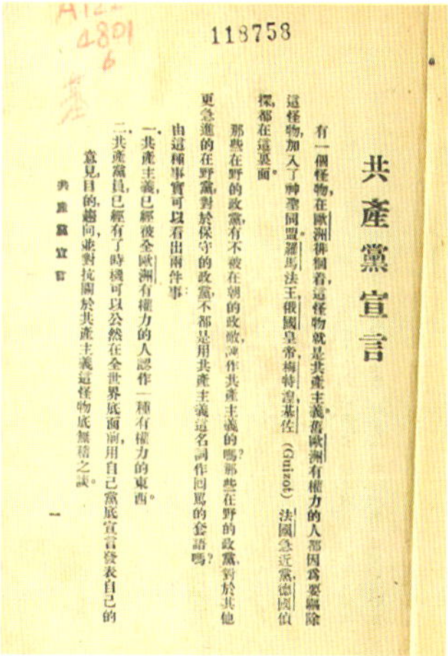

Figure 80 (b)

Figure 81: *Ouhai Guanzhenglu*, by Huang Qinglan, stereotype edition of 1921.

Figure 82: *Bian Kungang*, by Xu Zhimo and Lu Xiaoman, the first edition printed by Shanghai Crescent Moon Bookstore (Xinyue Bookstore) in July 1928. *Bian Kungang* was the only work by Xu Zhimo and Lu Xiaoman together, also the only drama of Xu Zhimo.

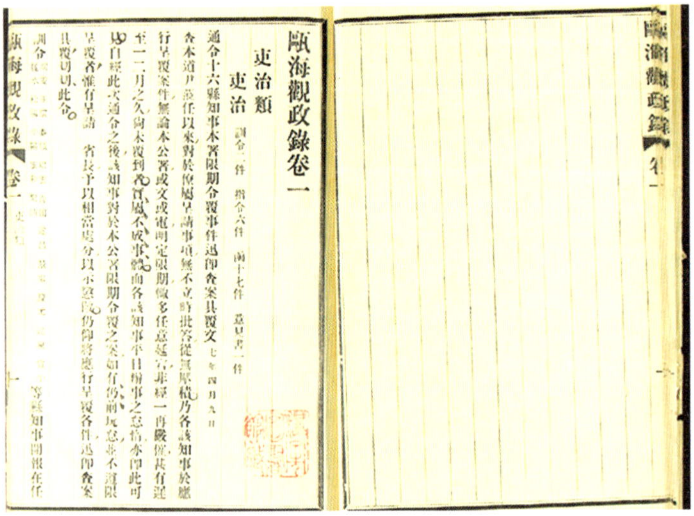

Figure 81

Figure 82

Figure 83

Figure 83: *Paintings of Kouji Fukiya*, printed selectively by Dawn Blossoms Society (Zhaohua She), published by Shanghai Heji Educational Stuff Publishing House in July 1929. It was the series of *Yiyuan Zhaohua* compiled by Rou Shi and Lu Xun. The first series was *Anthology of Modern Woodcuts* (*Jindai Muke Xuanji*). These series introduced the foreign woodcuts for the first time.

Figure 84: *She Is a Weak Lady*, by Yu Dafu, published by Shanghai Hufeng Publishing House in April 1932. The novel was one of the *Literary Creation Series*. Each book of the series was suppressed by the Kuomintang Administration because the series took the left-wing cultural movements as its background. The extant books of the series were extremely scarce.

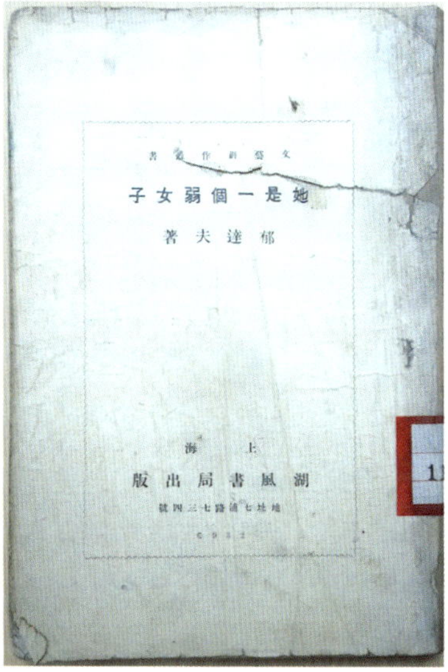

Figure 84

Figure 85

Figure 85: *An Overview of Yandang Mountain*, by Jiang Shu'nan. The first edition was published by Shanghai Xiling Seal Engravers' Society in 1934. The book was excellently written with illustrations, fine printed on Dowling paper. The book consisted of four parts: an overview of Yandang, ancient literature and art about Yandang, travel schedule in Yandang, journal of traveling in Yandang.

Figure 86: *Route Map for Tenders of Wenzhou Port*, made in 1934 by Wenzhou Office of Shanghai Maritime Administration Bureau, Ministry of Transport.

Figure 87: *Memorial Album of Zhejiang Yongjia District Art Exhibition*, 1 volume, compiled by Xu Panyun, published by Xuanhe Publishing House in 1936.

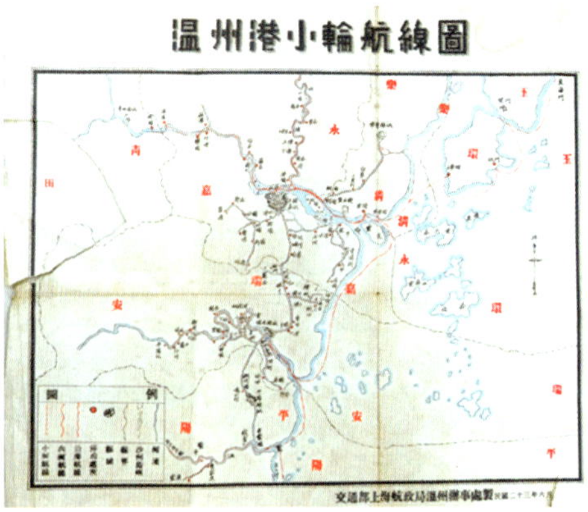

Figure 86

Figure 87

Figure 88 (a), 88 (b): *Ouhai Fishery* (*Quhai Yuye Zhi*), compiled by Fang Yang, published by the Fishery Office of Zhejiang Provincial Construction Department in 1938. The book was about the fishery economy, geography, personnel and the administration of five coastal counties among the six counties of Wenzhou, that is, Yongjia, Yuhuan, Yueqing, Rui'an and Pingyang. It was the only industrial recording in Wenzhou in the time of the Republic of China.

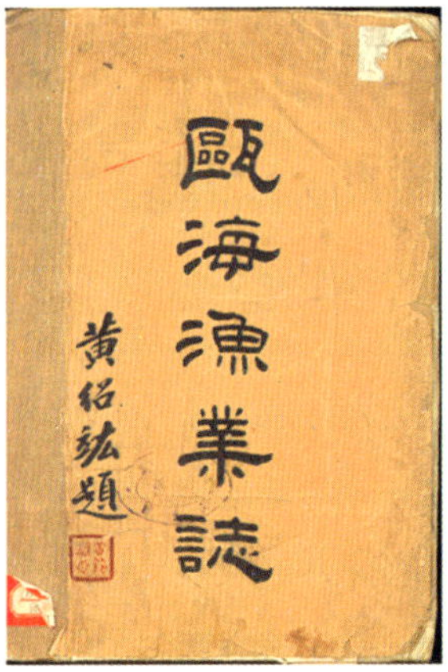

Figure 88 (a)

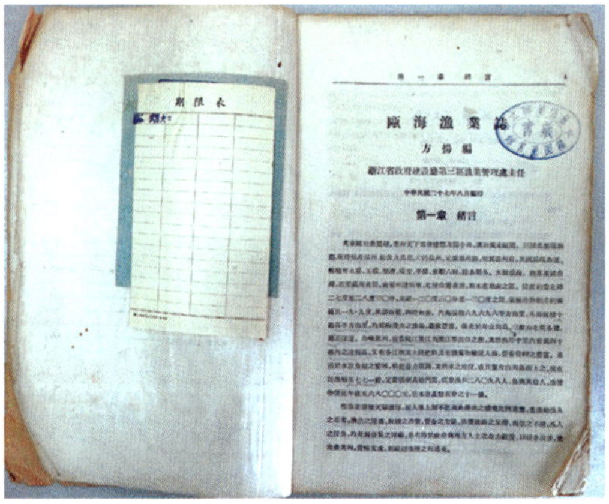

Figure 88 (b)

Figure 89: *False Liberty* (*Wei Ziyou Shu*), also known as "Dubious Works" (*Bu San Bu Si Ji*), by Lu Xun, published by Shanghai Qingguang Publishing House in 1933. In October 1933, the book was published by Shanghai Beixin Publishing House but under the name of Shanghai Qingguang Publishing House. The book was suppressed as soon as it was published. The cover was designed by Lu Xun himself, as well as the artistic calligraphy of the book title. The book was a result of the struggle between Lu Xun and the censorship of the Kuomintang, only very few remaining in the world.

Figure 90: *The Collection of Zhangshizhai's Thesis on Local Records* (*Zhangshizhai Fangzhi Lunwen Ji*), by Zhang Xuecheng, edited by Zhang Shufen, printed by Rui'an Wenchu Fanggu Printing Press in 1934. The book consisted of four chapters. At the end of the book was a booklist and a chapter list of local records that Zhang Shizhai took part in the writing.

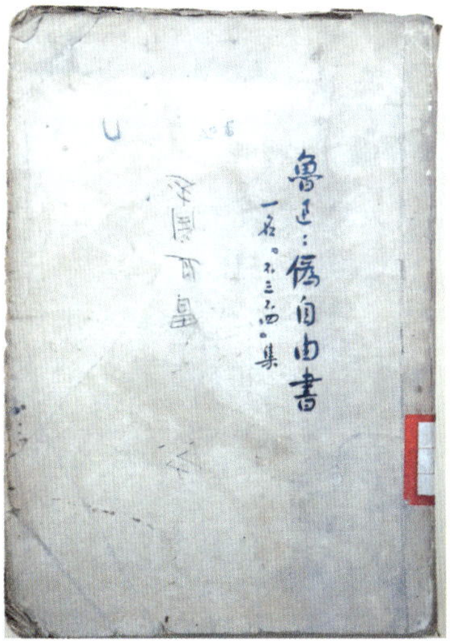

Figure 89

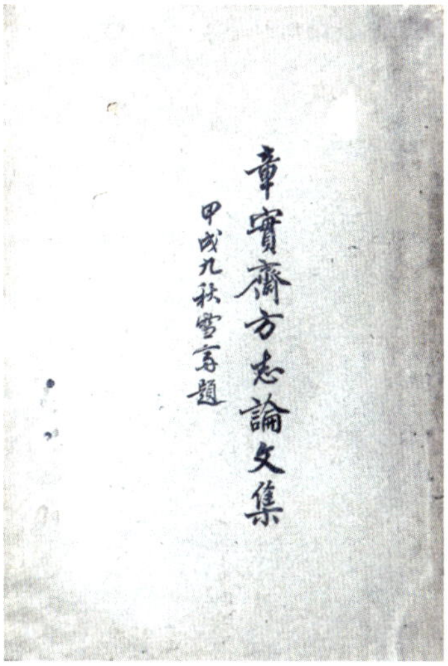

Figure 90

Figure 91: *World Literature Library*, with Zheng Zhenduo as chief editor, the first edition distributed by Shanghai Life Bookstore in 1935, in 12 items. It was a series of books introducing systematically Chinese and foreign literature classics by various famous writers, translators and scholars.

Figure 91

Figure 92: *An Autobiography of Mao Zedong*, dictated by Mao Zedong and recorded by Edgar Snow (USA), translated by Wang Heng, published by Shanghai Abstract Publishing House in November 1937, distributed by Liming Bookstore. The book was one of the "Abstract Series" published by the progressive publishing house—Abstract Publishing House. At the top left side of the the cover was a photo of Mao Zedong. *Discussions on Sino-Japanese War* by Mao Zedong and *A Biography of He Zizhen* were attached to the end of the book.

Figure 93: *Traveling Westward Comics*, by Xiao Hua, which was in fact drawn by Huang Zhen and prefaced by Xiao Hua. There was a route map of the Long March undertaken by the Red Army at the beginning of the book. The book consisted of 25 cartoons about the Long March with text explanations. At the end of the book was *Notes on Traveling Westward*.

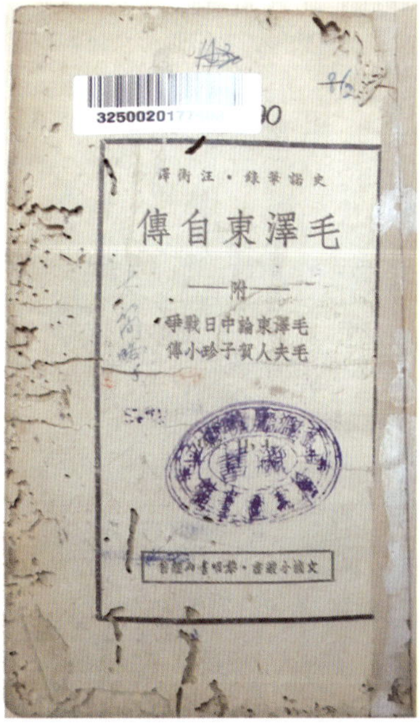

Figure 92

Figure 93

Paintings and Calligraphy by Celebrities

Figure 94: Ink scroll painting of mountains and waters by Qi Baishi in 1922.

Figure 95: The set of couplets in regular script by Liang Qichao in 1924.

Figure 94

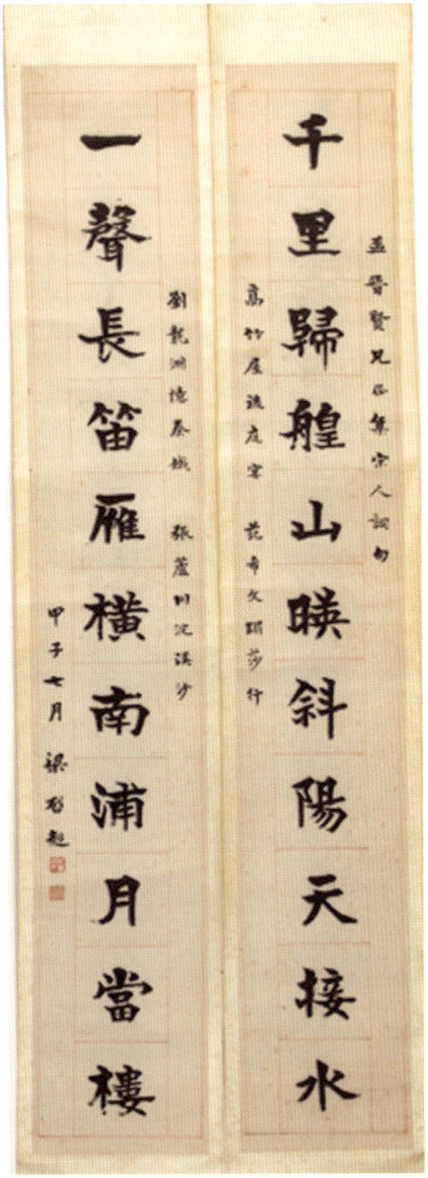

Figure 95

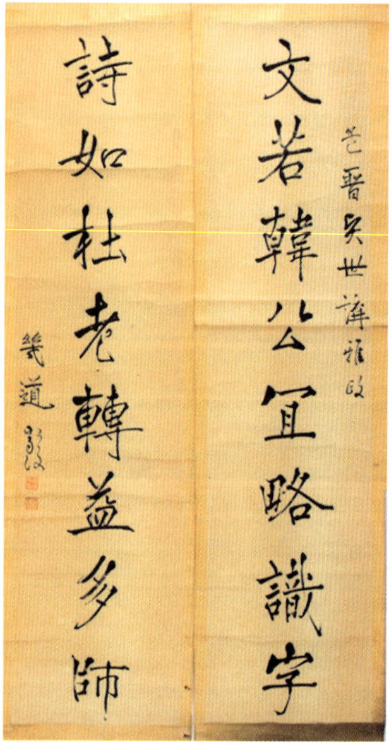

Figure 96 (a)

Figure 96 (a), 96 (b): *Seven-Character Poem for Long-Lost Beauty* on the fan and a set of couplets in regular script by Yan Fu.

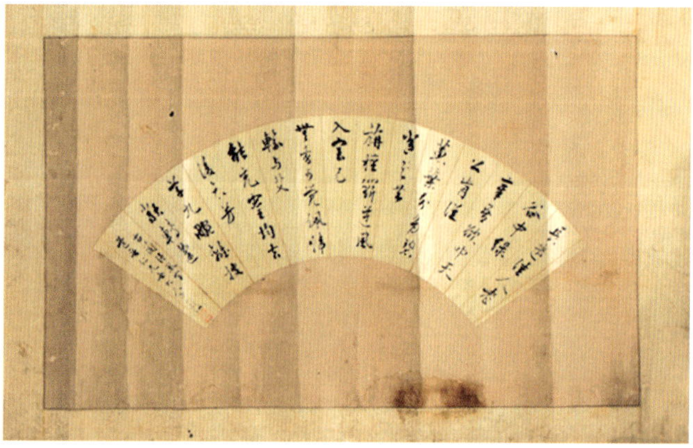

Figure 96 (b)

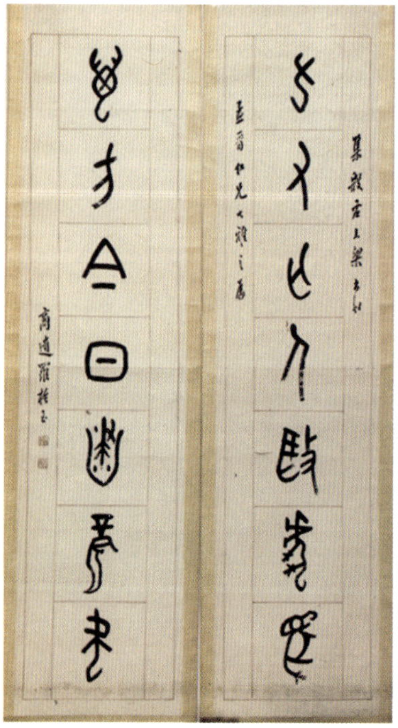

Figure 97

Figure 97: The set of seven-Character couplets of more than 90, 000 oracle bone scripts collected from Yinxu by Luo Zhenyu.

Figure 98 (a), 98 (b): The flower painting and poem on traveling at Yandang Waterfalls on the fan by Liu Jingchen in 1934.

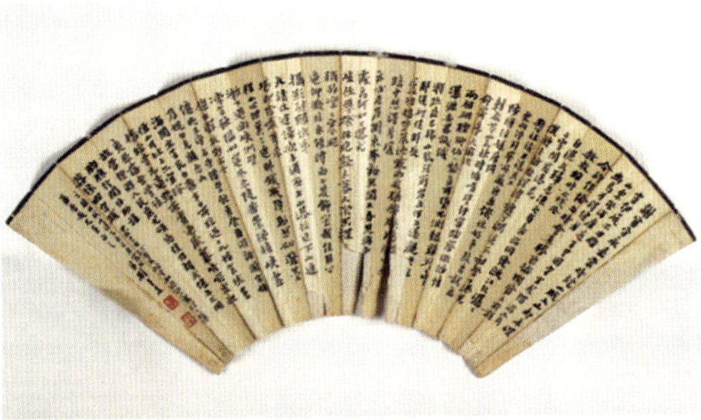

Figure 98 (a)

Figure 98 (b)

Figure 99 (a), 99 (b): The painting of red plum blossom on the fan by Ding Fuzhi in 1936.

Figure 99 (a)

Figure 99 (b)

Figure 100: Semi-cursive script on the fan by Ma Xulun.

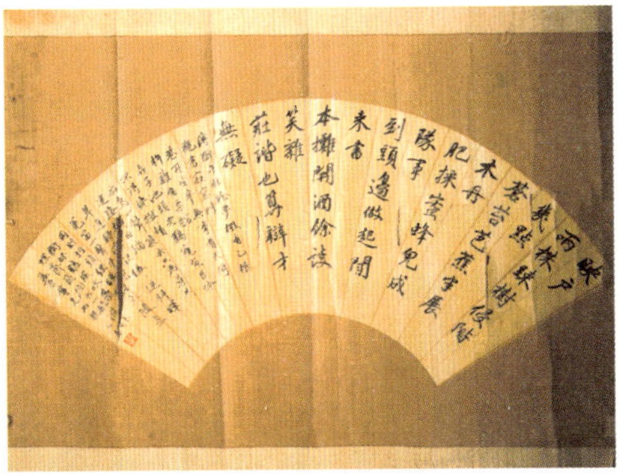

Figure 100

Figure 101: Calligraphy by Tan Jiefu: inscription for the Exhibition of Literary Remains of Sun Zhouqing.

Figure 102: The carving scroll of Patriotic Pact of Wenzhou People from All Industries in the early 1950s by Fang Jiekan.

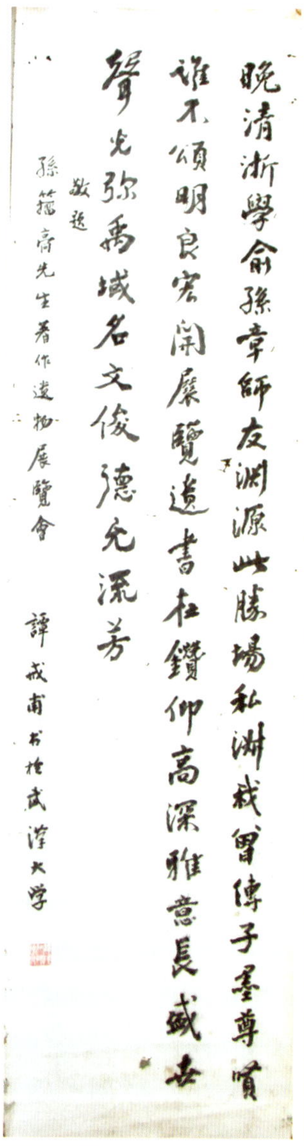

Figure 101

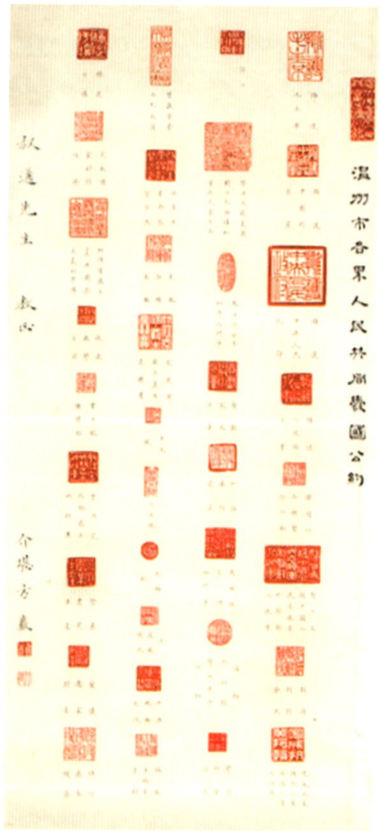

Figure 102

Figure 103 (a), 103 (b): The vertical scroll of semi-cursive script and the banner of inscription reviewing Sun Yirang by Guo Moruo.

Figure 104: The inscription for the Exhibition of Works of 100 Contemporary writers of Wenzhou by Su Buqing.

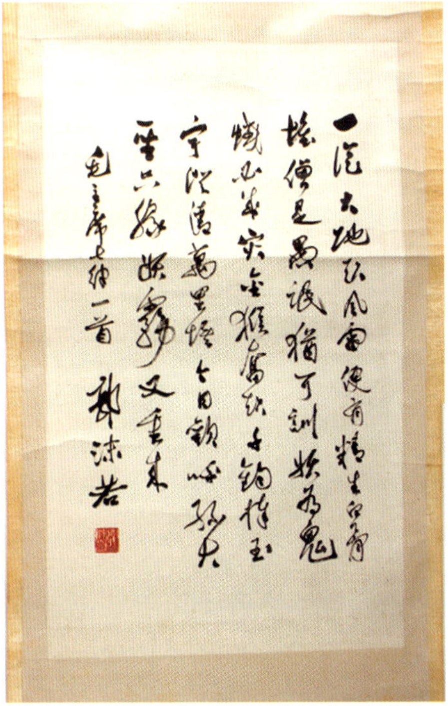

Figure 103 (a)

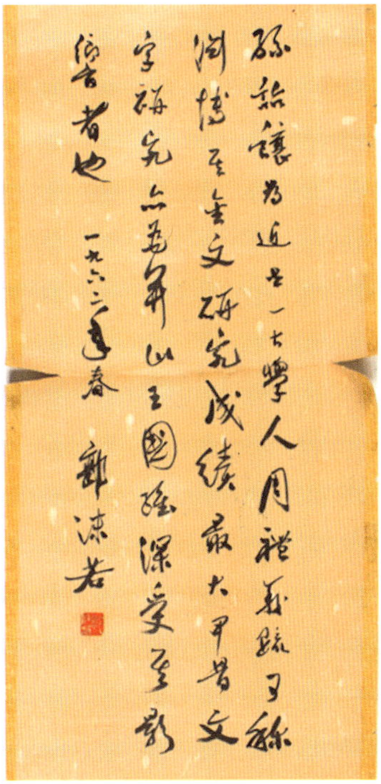

Figure 103 (b)

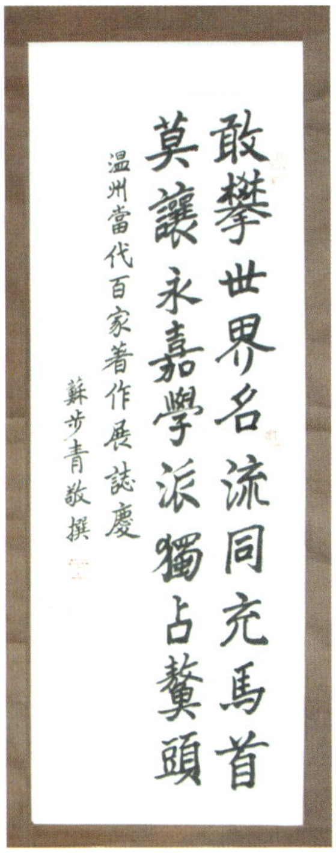

Figure 104

Figure 105: The inscription for the 70th anniversary of Wenzhou Library by Gu Tinglong.

Figure 106: The ink painting of *Coming Back Home from Fishing on the River* by Lin Ximing.

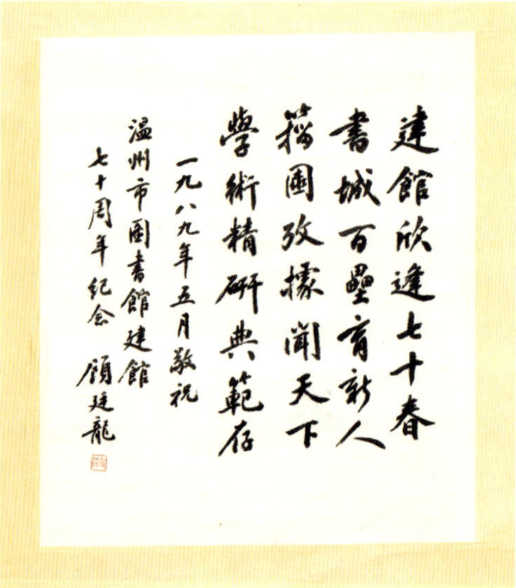

Figure 105

Figure 106

Figure 107: The painting of *Mountains and a Stream in Morning Fog* by Zhou Cangmi.

Figure 107

Postscript

With almost a century of vicissitudes from 1919 to 2017, Wenzhou Library moved from Luoxia Lake to Shifu Road, while the seeds at Zhouyuan have grown up lushly. Now it is time to review the history of Wenzhou Library. Therefore, we accepted with great pleasure the invitation from Tianjin University Press to participate in the editing of "Series of China's City Libraries in the 21st Century" last March. A writing group was founded under the leadership of curator Hu Hairong while I was in charge of the compiling work as an chief editor. Later, the work was divided according to the drawn-up outline: the contemporary part was written by Cao Xuemei (Chapter 3 and 5) and Su Xiannü (Chapter 4 and 6), the resource part was written by Zhang Yiqian (Chapter 7, Section 3 and 4 of Chapter 8, Section 4 and 5 of Chapter 9), Wang Yan (Section 2 of Chapter 8, Section 1, 2 and 6 of Chapter 9) and Wu Xiuhua (Section 1 of Chapter 8 and Section 3 of Chapter 9), while I wrote the history part and was the final editor of the manuscript compiling. At the same time, Pan Mengbu and Lu Liyang were invited to be advisors, Zeng Haining was the art designer, and Wu Jingyu was responsible for the editorial work.

I had thought that it was easy to write such a short book because we had rich library references and a group of experienced writers. To my surprise, due to the lack of a unified model and a clear direction, the writing went on with difficulties. When the first draft was handed in, it was really disappointing. First, the styles of different writers were really contradictory. Some was serious, some lively, some boring, some conclusive, some emotional, and some quoted too much. Second, the historical facts were put down differently, some in great details, while some very briefly and even dry. Third, the selection of collection samples was of different standards, in a total mess. Obviously this draft was miscellaneous, and couldn't be organized well in a short time. There was quite a way to go before the book being published.

Fortunately, a meeting about the editing of the series of books was held by Tianjin University Press on January 10, 2015. Professor Xu Jianhua and Mr. Wang Zongyi helped us sort out our thoughts and settle the different understandings. The principle "to state but not to comment" was adopted. Mr. Wang Zongyi not only helped us revise a large number of citations in the second draft, but also gave us detailed revision opinions, according to which, I made not a few modifications and adjustments when doing the compilation. I changed a lot of direct citations, added more cultural meaning to the book collection of Wenzhou Library. I tried to avoid the book being as dry as "an event calendar" and not to reduce readability. Besides, to avoid the contradiction caused by classifying the collections both by contents and carriers, I replaced local literature with local series books and collections with more local distinctions, which made the presentation of the library collection more clear.

I would like to thank all the colleagues hereby, for it was your hard work that had ensured the book; thank Mengbu and Liyang, your advice made the book much better; thank Mr. Wang Zongyi for your wisdom, which led us out from confusion; thank Deputy President Wang Yunshi and Tianjin University Press for your support, without which the book wouldn't had been published.

Everything we have done is to present a real Wenzhou Library to the world. Despite our hard work, there might be some inevitable shortcomings due to our limited knowledge and experience, so any criticism is welcomed!

Zhang Yongsu